Anton Liebetrau

Turbo Pascal 5.5
von A . . Z

Anton Liebetrau

Turbo Pascal 5.5 von A..Z

Ein alphabetisches Nachschlagewerk
zur Programmiersprache
mit Beispielen und Querverweisen

2., überarbeitete und erweiterte Auflage

Friedr. Vieweg & Sohn Braunschweig / Wiesbaden

CIP-Titelaufnahme der Deutschen Bibliothek

Liebetrau, Anton:
Turbo Pascal 5.5 von A ... Z: ein alphabetisches Nachschlagewerk zur Programmiersprache mit Beispielen und Querverweisen / Anton Liebetrau. – 2., überarb. u. erw. Aufl. – Braunschweig; Wiesbaden: Vieweg, 1989
ISBN 3-528-14613-3

NE: HST

1. Auflage 1988
2., überarbeitete und erweiterte Auflage 1989

Das in diesem Buch enthaltene Programm-Material ist mit keiner Verpflichtung oder Garantie irgendeiner Art verbunden. Der Autor und der Verlag übernehmen infolgedessen keine Verantwortung und werden keine daraus folgende oder sonstige Haftung übernehmen, die auf irgendeine Art aus der Benutzung dieses Programm-Materials oder Teilen davon entsteht.

Der Verlag Vieweg ist ein Unternehmen der Verlagsgruppe Bertelsmann.

Umschlaggestaltung: Graphik-Design Wittholz & Seewald, Taunusstein-Bleidenstadt
Druck und buchbinderische Verarbeitung: Lengericher Handelsdruckerei, Lengerich
Printed in Germany

ISBN 3-528-14613-3

Vorwort

In der aktuellen Fachliteratur mangelt es an Büchern, die ausführlich auf die Besonderheiten der einzelnen Prozeduren und Funktionen von Turbo Pascal eingehen. Aus diesem Grund habe ich begonnen, Erfahrungen aus meiner Programmierpraxis in einem kleinen Heft zu sammeln, und als bereits das zweite und dritte voll von Hinweisen und Ideen war, beschloß ich, dieses Buch zu schreiben.
Es kann nicht die Aufgabe dieses Buches sein, Ihnen die Grundlagen der Programmiersprache Pascal beizubringen oder das Systemhandbuch von Turbo Pascal zu ersetzen. Dieses Buch versteht sich als umfassendes Nachschlagewerk, das Ihnen bei Fragen (Prozeduren, Funktionen, Datentypen ... betreffend) Antwort geben soll, so daß Sie neue (und noch unbekannte) Möglichkeiten kennenlernen und keine Zeit beim eigenen Experimentieren verlieren.
Den einzelnen Begriffen sind, wo nötig, kurze Programme hinzugefügt, um die einzelnen Erläuterungen zu verdeutlichen. Sie sind alle auf einem Olivetti M24 erprobt worden.
Jedem Begriff im lexikalischen Teil ist eine Befehlsgruppe zugeordnet, die darüber Aufschluß gibt, zu welchem Einsatzgebiet sich eine Prozedur oder Funktion einordnen läßt. Daneben wird vermerkt, wenn ein Begriff nur in einer bestimmten Version Gültigkeit hat.
Dieses Buch ist in zwei Teile gegliedert. Im lexikalischen Teil finden Sie die einzelnen Begriffe des *vollständigen* Sprachumfanges von Turbo Pascal alphabetisch geordnet, im Anhang werden nützliche Tabellen aufgeführt und die Umwelt des gesamten Programmiersystems beschrieben.
Ich hoffe, daß Ihnen dieses Buch bei vielen Fragen weiterhelfen kann.

Dank

Ganz besonders möchte ich meinem Vater danken, der mir als erster Leser viele Anregungen und Verbesserungsvorschläge unterbreitet und als interessanter Gesprächspartner viel zu diesem Buch beigetragen hat.
Herzlich danken möchte ich auch Regina, die mich so oft entbehren mußte und mir nach arbeitsreichen Stunden die üble Laune mit guten Worten und starkem Kaffee zu vertreiben suchte.
Meinem Mitstudenten Marc Otto, der mir selbstlos seine Festplatte zur Verfügung gestellt hat, und den Mitarbeitern des Vieweg-Verlags, die immer für mich Zeit hatten, möchte ich an dieser Stelle meinen Dank bekunden.

Winterthur, August 1989 — Anton Liebetrau

Inhaltsverzeichnis

Lexikalischer Teil

Abs

Arithmetik

Zweck
Berechnet den absoluten Betrag einer Zahl.

Struktur

```
FUNCTION Abs(x:typ):typ;
```

Bemerkung
Der Parameter *x* wird von der Funktion *Abs* unverändert zurückgegeben, wenn er positiv ist; ein negativer Wert jedoch wird vor der Rückgabe mit -1 multipliziert.

Beispiel

```
Abs(4.3)  = 4.3
Abs(-4.3) = 4.3
```

Siehe auch
Frac, Int, Odd, Round, Trunc

ABSOLUTE

Reserviertes Wort

Zweck
Ermöglicht es dem Programmierer, Variablen bei der Deklaration an eine bestimmte Speicherstelle zu legen.

Bemerkung
Variablen können so deklariert werden, daß sie bei einer bestimmten Speicheradresse verbleiben.
Bei der Variablendeklaration wird das reservierte Wort ABSOLUTE angefügt, dem zwei WORD-Konstanten folgen. Die erste Konstante bezeichnet eine Segmentbasisadresse, die zweite das Offset innerhalb dieses Segmentes.
ABSOLUTE kann auch zur Überlagerung von Variablen benutzt werden. Wenn auf ABSOLUTE der Name einer Variablen oder eines Parameters folgt, beginnt die neue Variable bei der Adresse dieser Variablen oder dieses Parameters.

Beispiel
Folgendes Programm demonstriert die beiden Anwendungsmöglichkeiten von ABSOLUTE. Die Variable *bildschirm* liegt genau über dem Bild-

schirmspeicher (beim Monochrom-Bildschirm muß die Segmentadresse auf $B000 geändert werden).
Die lokale Variable *linie* der Prozedur *upper* benutzt die gleiche Speicheradresse wie der untypisierte Parameter *zeile*.
Drücken Sie bitte <ESC>, um das laufende Programm abzubrechen.

```
PROGRAM ABSOLUTE_Test;
USES
  Crt;
TYPE
  screen=ARRAY [1..2000] OF INTEGER;
VAR
  bildschirm:screen ABSOLUTE $B800:$0000;  { $B000 für Monochrom-Bildschirm }
  save:screen;
  txt:STRING[255];
  ch:CHAR;

  PROCEDURE upper(VAR zeile);
  VAR
    linie:STRING[255] ABSOLUTE zeile;
    i:BYTE;
  BEGIN
    FOR i:=1 to Length(linie) DO
      linie[i]:=UpCase(linie[i])
  END;

BEGIN
  Write('Wort: ');
  ReadLn(txt);
  upper(txt);
  WriteLn(txt);
  save:=bildschirm;
  REPEAT
    ClrScr;
    ch:=ReadKey;
    bildschirm:=save;
    ch:=ReadKey
  UNTIL ch=#27
END.
```

Addr

System

Zweck
Ermittelt die Speicher-Adresse einer Variablen.

Struktur

```
FUNCTION Addr(VAR:bezeichner):POINTER;
```

Bemerkung
Die Funktion *Addr* zeigt auf das erste Byte einer Variablen. Ist die Variable ein Array, kann sie indiziert werden; ist sie ein Record, können einzelne Felder ausgewählt werden:

```
VAR
  brett:ARRAY [1..8,1..8] OF BYTE;
  akte:RECORD
    name,
    vorname:STRING[20]
  END;
  p:^INTEGER;
BEGIN
  p:=Addr(brett[2,3]);
  p:=Addr(akte.name)
END.
```

Der Funktionswert ist ein 32-Bit Zeiger, bestehend aus einer Segment- und einer Offset-Adresse. Er stellt eine Speicheradresse dar.
Als Argument kann auch ein Bezeichner einer Prozedur oder Funktion angegeben werden, die nicht als INLINE deklariert ist. Die Funktion *Addr* kann durch das Symbol @ ersetzt werden:

```
VAR
  i:^INTEGER;
  k:INTEGER;
BEGIN
  k:=123;
  i:=@k;
  WriteLn(i^)
END.
```

Beispiel
Der Zeigervariablen *r* vom Type REAL wird die Speicheradresse des Arrays *s* übergeben.

```
PROGRAM Addr_Test;
VAR
  r:^REAL
  s:ARRAY [0..5] OF CHAR;
BEGIN
  s:='Hierzu';
  r:=Addr(s);
  WriteLn(r^)
END.
```

Siehe auch
CSeg, DSeg, Ofs, Seg, SSeg

AND

Operator

Zweck
Arithmetisches oder logisches UND.

Bemerkung
Der Operator AND verknüpft zwei Werte folgender Typen:

Typ der Operanden	Ergebnistyp
BOOLEAN	BOOLEAN
BYTE	BYTE
SHORTINT	SHORTINT
INTEGER	INTEGER
WORD	WORD
LONGINT	LONGINT

AND liegt folgender Logiktabelle zugrunde:

Operand 1	Operand 2	Ergebnis
TRUE	TRUE	TRUE
TRUE	FALSE	FALSE
FALSE	TRUE	FALSE
FALSE	FALSE	FALSE

AND wird meist bei Verknüpfungen von Tests verwendet:

```
IF (a=11) AND (c=b) THEN ...
WHILE (i<Length(s)) AND (p<>NIL) DO ...
REPEAT ... UNTIL (i>endwert) AND verlassen;
```

AND wird immer vor den Relations-Operatoren (z.B. =, <) ausgeführt, deshalb müssen in den obigen Beispielen Klammern gesetzt werden (siehe Anhang H).
Mit AND können auch zwei Zahlen-Werte miteinander verknüpft werden (siehe Tabelle oben). In diesem Falle werden die einzelnen Bits der beiden Werte nach obiger Logiktabelle verknüpft (TRUE entspricht 1, FALSE entspricht 0):

Bit-Nummer	7	6	5	4	3	2	1	0
Operand 1	1	1	0	1	1	0	0	1
Operand 2	0	1	0	0	1	1	0	0
Ergebnis	0	1	0	0	1	0	0	0

MOD kann in gewissen Fällen durch AND ersetzt werden: *i1* MOD *i2* entspricht *i1* AND *(i2-1)*, wenn sich *i2* aus 2^x (*x* ganzzahlig) bilden läßt (Beispiel: 27 MOD 16 entspricht 27 AND 15). Der dadurch erzielte Geschwindigkeitsvorteil ist enorm.
Mit dem Compilerbefehl **B** kann festgelegt werden, wie Boolesche Ausdrücke (verknüpft mit AND) ausgewertet werden (siehe Anhang E).

Beispiel
Folgendes Programm ermittelt die gesetzten Bits einer beliebigen INTEGER-Variablen.

```
PROGRAM AND_Test;

  FUNCTION BitTest(zahl,nr:INTEGER):BOOLEAN;
  BEGIN
    BitTest:=zahl AND (1 SHL nr)=(1 SHL nr)
  END;

VAR
  eingabe,i:INTEGER;
BEGIN
  Write('Bitte Zahl eingeben: ');
  ReadLn(eingabe);
  FOR i:=0 TO 15 DO
    WriteLn('Bit Nr. ',i:2,': ',Ord(BitTest(eingabe,i)))
END.
```

Siehe auch
NOT, OR, XOR

Append

Textdatei

Zweck
Erlaubt das Anhängen neuer Komponenten an eine Textdatei.

Struktur

```
PROCEDURE Append(VAR f:TEXT);
```

Bemerkung
Die Prozedur *Append* öffnet die der Dateivariablen *f* zugeordneten Textdatei und setzt den Datenzeiger an deren Ende.
Nach dem Aufruf der Prozedur *Append* kann eine bestehende Textdatei erweitert werden; es ist nur das Anfügen neuer Komponenten erlaubt (mittels *Write* oder *WriteLn*), deshalb führt der Versuch, Daten zu lesen, zu einem I/O-Fehler.
Bei typisierten Dateien kann *Append* durch folgenden Prozeduraufruf ersetzt werden:

```
Seek(f,FileSize(f));
```

Beispiel
Dieses Programm erweitert die bereits existierende Textdatei GRUSS.BRF um eine von Ihnen eingegebene Zeile.

```
PROGRAM Append_Test;
VAR
  f:TEXT;
  zeile:STRING[80];
BEGIN
  Assign(f,'GRUSS.BRF');
  {$I-}
  Append(f);
  {$I+}
  IF IOresult<>0 THEN Rewrite(f);  { Erzeugen, wenn GRUSS.BRF nicht vorhanden }
  Write('>');
  ReadLn(zeile);
  WriteLn(f,zeile);
  Close(f);
  Reset(f);
  WHILE NOT Eof(f) DO BEGIN
    ReadLn(f,zeile);
    WriteLn(zeile)
  END
END.
```

Siehe auch
EoLn, Flush

Arc

Graphik

Zweck
Zeichnet einen Kreisbogen.

Struktur

```
PROCEDURE Arc(x,y:INTEGER; start,ende,radius:WORD);
```

Bemerkung

Die Prozedur *Arc* ist erst durch das Einbinden der Unit **Graph** verfügbar. *Arc* zeichnet einen Kreisbogen um den Mittelpunkt *(x,y). start* und *ende* legen den Start- und Endwinkel des Kreisbogens fest und sind in Grad anzugeben.

90° bezeichnet einen Punkt, der sich senkrecht über dem Mittelpunkt befindet. Eine Vergrößerung des Winkels entspricht einer Drehung gegen den Uhrzeigersinn.

Die Zeichenfarbe kann mit *SetColor*, der Linientyp mit *SetLineStyle* festgelegt werden.

Für jeden Graphiktreiber und -modus ist ein Wert so bestimmt, daß *Arc(x,y,0,360,radius);* optisch als Kreis (und nicht als Ellipse) erscheint (siehe hierzu auch *GetAspectRatio*).

Beispiel

Dieses Programm zeichnet mehrere Kreisbogen.

```
PROGRAM Arc_Test;
USES
  Graph;
VAR
  gr,mo,i,
  mx,my:INTEGER;
BEGIN
  gr:=Detect;
  InitGraph(gr,mo,'');
  mx:=GetMaxX DIV 2;
  my:=GetMaxY DIV 2;
  FOR i:=0 TO 35 DO BEGIN
    Arc(mx,my,i*30,Succ(i)*30,Succ(i)*5);
    Arc(mx,my,360-Succ(i)*30,360-i*30,Succ(i)*5)
  END;
  ReadLn;
  CloseGraph
END.
```

Siehe auch

Circle, Ellipse, GetArcCoords, PieSlice, Sector

ArcTan

Arithmetik

Zweck
Berechnet den Arcustangens.

Struktur

```
FUNCTION ArcTan(r:REAL):REAL;
```

Bemerkung
Das Argument der Funktion *ArcTan* ist im Bogenmaß anzugeben.

```
Bogenmaß     = Grad*Pi/180
Tangens(x) = Sin(x)/Cos(x)
```

Siehe auch
Cos, Exp, Ln, Sin, Sqr, Sqrt

ARRAY

Reserviertes Wort

Zweck
Ermöglicht das Bilden eines strukturierten Datentyps mit einer festgelegten Anzahl von Komponenten, die alle vom gleichen Typ sind.

Bemerkung
Auf jede einzelne Komponente eines Arrays (Feldes) kann mit dem entsprechenden Index zugegriffen werden.
Ein Index ist ein skalarer Ausdruck, der in eckigen Klammern hinter dem Arraybezeichner steht.
Die Definition eines Arrays besteht aus dem reservierten Wort ARRAY, dem der Indextyp in eckigen Klammern folgt. Danach steht das reservierte Wort OF, dem der Grundtyp folgt:

```
VAR
  feld1,feld2:ARRAY [1..10] OF INTEGER;
```

Da eine Zuweisung zwischen zwei beliebigen Variablen erlaubt ist, solange sie vom gleichen Datentyp sind, können ganze Arrays mit einer einzigen Zuweisung kopiert werden:

```
feld1:=feld2;
```

Folgender Prozeduraufruf zeigt die gleiche Wirkung:

```
Move(feld2,feld1,SizeOf(feld2));
```

Der Compilerbefehl **R** kontrolliert bei der Codegenerierung, ob die Arrays im zulässigen Bereich liegen. Nach Voreinstellung ist er inaktiv (siehe Anhang E). **{$R+}** verursacht eine Überprüfung aller Indexausdrücke auf die Einhaltung der Grenzen ihres Indextypes.
Die Komponenten eines Arrays können beliebigen Datentyps sein, aus diesem Grund können die Komponenten wiederum Arrays sein. Eine solche Struktur wird multidimensionaler Array genannt.

```
VAR
  quader:ARRAY [1..10,1..3,1..6] OF BOOLEAN;
```

Zeichenarrays sind Arrays, deren Komponenten vom Typ CHAR sind. Sie können als Strings mit konstanter Länge angesehen werden.
Mit der Prozedur *FillChar* können Arrays ohne Aufwand initialisiert werden. Folgendes Programm setzt alle Komponenten der Variablen *kilometer* auf null.

```
VAR
  kilometer:ARRAY [0..MaxInt] OF INTEGER;
BEGIN
  FillChar(kilometer,SizeOf(kilometer),0)
END.
```

Die Komponenten mit dem niedrigsten Indexwert werden an der niedrigsten Speicheradresse abgelegt. Ein mehrdimensionaler Array wird der Wertigkeit nach abgespeichert, d.h. die rechteste Dimension nimmt als erstes zu:

```
VAR brett:ARRAY [1..8,1..8] of BYTE;

brett[1,1]  niedrigste Speicher-Adresse
brett[1,2]
.
brett[1,8]
brett[2,1]
.
brett[8,8]  höchste Speicher-Adresse
```

Beispiel

```
PROGRAM ARRAY_Test;
VAR
  zeile:ARRAY [1..10] OF CHAR;
  feld1,feld2:ARRAY [-10..100] OF INTEGER;
```

```
    tictac:ARRAY [0..2,0..2] OF BYTE;
    i,x,y:INTEGER;
  BEGIN
    FillChar(tictac,9,0);            { Alle Komponenten ... }
    FillChar(feld1,SizeOf(feld1),0); { ... auf 0 setzen.    }
    feld2:=feld1;
    zeile:='1234567890';
    FOR i:=10 DOWNTO 1 DO Write(zeile[i]);WriteLn;
    WriteLn(zeile);WriteLn;
    WriteLn('Welches Feld wollen Sie besetzen?');
    Write('X-Koordinate (0..2): '); ReadLn(x);
    Write('Y-Koordinate (0..2): '); ReadLn(y);
    tictac[x,y]:=5
  END.
```

Siehe auch
RECORD

Assign

Datei

Zweck
Ordnet einer Dateivariablen einen Dateinamen zu.

Struktur

```
PROCEDURE Assign(VAR f:dateityp; dateiname:STRING);
```

Bemerkung
Die Prozedur *Assign* ordnet der Dateivariablen *f* das Argument *dateiname* zu, wobei das Argument *dateiname* einen (unter MS-DOS) gültigen Dateinamen enthält. Alle folgenden Datei-Prozeduren und -Funktionen beziehen sich nun auf die Datei *dateinamen.*
Wenn eine Datei in Bearbeitung ist, darf derselben Dateivariablen kein neuer Dateiname zugeordnet werden.

Beispiel
Dieses Programm weist der Dateivariablen *f* den Dateinamen DEMO.DAT zu. *Rewrite(f)* erzeugt die Datei DEMO.DAT, und *Close(f)* schließt sie wieder.

```
PROGRAM Assign_Test;
VAR
  f:TEXT;
BEGIN
  Assign(f,'DEMO.DAT');
  Rewrite(f);
```

```
  Close(f)
END.
```

Siehe auch
Close, Eof, Erase, Rename, Reset, Rewrite, Truncate

AssignCrt

Textbildschirm

Zweck
Ordnet dem Bildschirm eine Textdatei zu.

Struktur

```
PROCEDURE AssignCrt(VAR f:TEXT);
```

Bemerkung
AssignCtr ist erst durch das Einbinden der Unit **Crt** verfügbar.
Die Prozedur *AssignCtr* arbeitet ähnlich wie *Assign*, es wird jedoch kein Dateiname angegeben, da der Bildschirm der Dateivariablen zugeordnet wird. Um Daten in den Bildschirm zu schreiben, muß dieser zuerst mit *Rewrite* geöffnet werden.
Falls die Systemvariable *DirectVideo* den Wert TRUE enthält (entspricht der Standardeinstellung), wird direkt in den Bildschirmspeicher geschrieben. Mit Hilfe der Systemvariablen *CheckSnow* (TRUE ist Standardeinstellung) kann der dabei entstehende "Schnee" unterdrückt werden.

Beispiel
Folgendes Programm schreibt den Inhalt einer Diskettendatei auf den Bildschirm.

```
PROGRAM AssignCrt_Test;
USES
  Crt;
VAR
  bild,disk:TEXT;
  datei,zeile:STRING;
  ch:CHAR;
BEGIN
  Write('Dateiname: ');
  ReadLn(datei);
  Assign(disk,datei);
  Reset(disk);
  AssignCrt(bild);
  Rewrite(bild);
```

```
  WHILE NOT Eof(disk) DO BEGIN
    ReadLn(disk,zeile);
    WriteLn(bild,zeile)
  END;
  Close(disk);
  Close(bild)
END.
```

Bar

Graphik

Zweck
Zeichnet ein Rechteck, gefüllt mit einem Muster.

Struktur

```
PROCEDURE Bar(x1,y1,x2,y2:INTEGER);
```

Bemerkung
Bar ist in der Unit **Graph** enthalten.
Mit *Bar* wird ein Balken mit den beiden Diagonal-Eckpunkten *(x1,y1)* und *(x2,y2)* gezeichnet.
Das gezeichnete Rechteck wird mit dem aktuellen Füllmuster und der momentan gesetzten Zeichenfarbe (siehe *SetFillStyle* und *SetFillPattern*) ausgefüllt.
Die Prozedur *Bar* beeinflußt den Funktionswert von *GraphResult* nicht, da während der Ausführung dieser Graphik-Routine kein Fehler auftreten kann.

Beispiel
Folgendes Programm zeichnet mehrere Balken mit verschiedenen Füllmustern.

```
PROGRAM Bar_Test;
USES
  Graph;
VAR
  gr,mo,
  dx,dy,i:INTEGER;
BEGIN
  gr:=Detect;
  InitGraph(gr,mo,'');
  dx:=GetMaxX DIV 10;
  dy:=GetMaxY DIV 10;
  Rectangle(0,0,10*dx,10*dy);
  SetLineStyle(DottedLn,0,NormWidth);
  FOR i:=1 TO 9 DO
    Line(0,i*dy,10*dx,i*dy);
  Randomize;
  FOR i:=1 TO 8 DO BEGIN
    SetFillStyle(i,GetMaxColor);
    Bar(i*dx,Random(10*dy),Succ(i)*dx,10*dy)
  END;
  ReadLn;
  CloseGraph
END.
```

Siehe auch
Bar3D, Rectangle

Bar3D

Graphik

Zweck
Ermöglicht das Zeichnen eines dreidimensionalen Balkens.

Struktur

```
PROCEDURE Bar3D(x1,y1,x2,y2:INTEGER; tiefe:INTEGER; deckel:BOOLEAN);
```

Bemerkung
Bar3D ist in der Unit **Graph** enthalten.
Der dreidimensionale Balken wird durch ein gefülltes Rechteck mit den Diagonal-Eckpunkten *(x1,y1)* und *(x2,y2)* dargestellt. Das Füllmuster kann mit den Prozeduren *SetFillStyle* und *SetFillPattern*, die Linienart mit *SetLineStyle* bestimmt werden. Die Balkentiefe (in Punkten) wird mit dem Parameter *tiefe* bestimmt.
Falls der Parameter *deckel* den Wert TRUE übermittelt, erhält der dreidimensionale Balken einen Deckel. Hierzu sind in der Unit **Graph** die folgenden Konstanten definiert:

TopOn	=TRUE;
TopOff	=FALSE;

Die Prozedur *Bar3D* beeinflußt den Funktionswert von *GraphResult* nicht, da während der Ausführung dieser Graphik-Routine kein Fehler auftreten kann.

Beispiel
Folgendes Programm zeichnet einen einzelnen Balken.

```
PROGRAM Bar3D_Test;
USES
  Graph;
VAR
  gr,mo:INTEGER;
BEGIN
  gr:=Detect;
  InitGraph(gr,mo,'');
  SetFillStyle(LineFill,GetMaxColor);
  Bar3D(100,GetMaxY DIV 2,200,GetMaxY,30,TopOff);
  SetFillStyle(SlashFill,GetMaxColor);
  Bar3D(100,50,200,GetMaxY DIV 2,30,TopOn);
```

```
  ReadLn;
  CloseGraph
END.
```

Siehe auch
Bar, PieSlice

BEGIN ... END

Reserviertes Wort

Zweck
BEGIN und END umschließen einen zusammenhängenden Block.

Bemerkung
Der Anweisungsteil eines Programmes beginnt mit einem BEGIN und endet mit einem END, dem ein Punkt (.) folgen muß.
In einer benutzerdefinierten Prozedur oder Funktion beginnt der Anweisungsteil mit einem BEGIN und endet mit END, dem ein Strichpunkt (;) folgt.
Ganz allgemein umschließen BEGIN und END mehrere Anweisungen, die zusammengehören. Hierzu weiteres bei:

```
FOR ... TO/DOWNTO ... DO
IF ... THEN ... ELSE
WHILE ... DO
```

Bitte beachten Sie, daß vor dem reservierten Wort END kein Strichpunkt (;) gesetzt werden muß.

BlockRead

Datei

Zweck
Liest aus einer untypisierten Datei Blöcke von 128 Bytes.

Struktur

```
PROCEDURE BlockRead(VAR f:FILE; VAR puffer:bel_typ;
                    anzahl:INTEGER);
PROCEDURE BlockRead(VAR f:FILE; VAR puffer:bel_typ;
                    anzahl:INTEGER; VAR gelesen:INTEGER);
```

Bemerkung
Die Prozedur *BlockRead* liest aus einer Datei Blöcke von 128 Bytes.

puffer ist eine Variable beliebigen Typs, in die die gelesenen Blöcke geschrieben werden. Der Programmierer ist dafür verantwortlich, daß die Größe von *puffer* für ein Lesen ausreicht.
anzahl legt fest, wieviele Blöcke aus einer Datei gelesen werden sollen.
Der fakultative Parameter *gelesen* gibt an, wieviele Blöcke aus der Datei *f* wirklich gelesen wurden. Somit läßt sich das Ende einer Datei dadurch erkennen, wenn *gelesen* und *anzahl* verschiedene Werte enthalten. Das Lesen von Blöcken wird am Ende einer Datei selbständig unterbunden.
BlockRead bewegt den Dateizeiger nach jedem Aufruf um *anzahl* Blöcke weiter.
Die Standardfunktionen *Eof*, *FilePos* und *FileSize*, sowie die Standardprozedur *Seek* funktionieren auch bei untypisierten Dateien. Hier wird jedoch einheitlich mit einer Komponentengröße von 128 Bytes gearbeitet (außer die Blockgröße wird verändert, wie im folgenden Absatz beschrieben).
Bei untypisierten Dateien besteht die Möglichkeit, die Größe des zu lesenden Blockes zu verändern. Dies wird dann erreicht, wenn bei den Prozeduren *Reset* oder *Rewrite* ein zweiter Parameter angegeben wird, der die Blockgröße (in Bytes) festlegt:

```
VAR
  f:FILE;
  ch:CHAR;
BEGIN
  Assign(f,'test.pas');  { TEST.PAS muß existieren!           }
  Reset(f,1);            { legt eine Blockgröße von 1 Byte fest }
  BlockRead(f,ch,1);
  Write(ch);
  Close(f)
END.
```

Bitte beachten Sie, daß *BlockRead* unvollständige Blöcke am Dateiende nicht liest.

Beispiel
Dieses Programm liest aus einer Datei Blöcke von 128 Bytes und schreibt diese auf den Bildschirm.

```
PROGRAM BlockRead_Test;
VAR
  puffer:ARRAY [1..128] OF CHAR;
  f:FILE;
  gelesen:INTEGER;
  datei:STRING[128];
BEGIN
  Write('Dateiname: ');
  ReadLn(datei);
  Assign(f,datei);
```

```
    Reset(f,1);
    REPEAT
      BlockRead(f,puffer,128,gelesen);
      IF gelesen<>0 THEN
        Write(puffer)
    UNTIL gelesen<>128;
    Close(f)
  END.
```

Siehe auch
BlockWrite

BlockWrite

Datei

Zweck
Schreibt in eine untypisierte Datei Blöcke von 128 Bytes.

Struktur

```
PROCEDURE BlockWrite(VAR f:FILE; VAR puffer:bel_typ;
                     anzahl:INTEGER);
PROCEDURE BlockWrite(VAR f:FILE; VAR puffer:bel_typ;
                     anzahl:INTEGER; VAR uebertr:INTEGER);
```

Bemerkung
Die Prozedur *BlockWrite* schreibt in eine Datei Blöcke von 128 Bytes.
puffer ist eine Variable beliebigen Typs, aus deren Inhalt Blöcke von 128 Bytes in die Datei geschrieben werden. Der Programmierer ist dafür verantwortlich, daß die Größe von *puffer* ein Übertragen von Blöcken mit 128 Bytes ermöglicht.
anzahl legt fest, wieviele Blöcke in eine Datei geschrieben werden sollen.
Der fakultative Parameter *uebertr* gibt an, wieviele Blöcke wirklich in eine Datei geschrieben worden sind.
Die Prozedur *BlockWrite* bewegt den Dateizeiger nach jedem Aufruf um *anzahl* Blöcke weiter.
Die Standardfunktionen *Eof*, *FilePos* und *FileSize*, sowie die Standardprozedur *Seek* funktionieren auch bei untypisierten Dateien. Hier wird jedoch einheitlich mit einer Komponentengröße von 128 Bytes gearbeitet. Diese kann aber, wie im folgenden Absatz erwähnt, beliebig verändert werden.
Bei untypisierten Dateien besteht die Möglichkeit, die Größe des zu schreibenden Blockes zu verändern. Hierzu muß lediglich bei den Prozeduren *Reset* oder *Rewrite* ein zweiter Parameter angegeben werden, der für die Blockgröße (in Bytes) steht (Beispiel siehe *BlockRead*). Dieser

Dateizugriff ist immer schneller als ein vergleichbarer mit der Prozedur *Write*.

Beispiel
Dieses Programm liest den Inhalt einer Diskettendatei und kopiert deren Inhalt in eine andere Datei.

```
PROGRAM BlockWrite_Test;
CONST
  anzahl=MaxInt;
VAR
  quelle,
  ziel:FILE;
  puffer:ARRAY [1..anzahl] OF CHAR;
  gelesen:INTEGER;
  datei:STRING[128];
BEGIN
  Write('Quelldatei: ');
  ReadLn(datei);
  Assign(quelle,datei);
  Reset(quelle,1);
  Write('Zieldatei: ');
  ReadLn(datei);
  Assign(ziel,datei);
  Rewrite(ziel,1);
  REPEAT
    BlockRead(quelle,puffer,anzahl,gelesen);
    BlockWrite(ziel,puffer,gelesen)
  UNTIL gelesen<>anzahl;
  Close(quelle);
  Close(ziel)
END.
```

Siehe auch
BlockRead

BOOLEAN

Datentyp

Zweck
Datentyp, der die beiden Wahrheitswerte WAHR und FALSCH zuläßt.

Bemerkung
Ein Datentyp definiert die Beschaffenheit der Werte, die eine Variable annehmen kann. In einem Programm kann jeder Variablen nur ein einziger Datentyp zugeordnet werden.

Der Datentyp BOOLEAN bezeichnet einen der beiden Wahrheitswerte TRUE oder FALSE. BOOLEAN kann auch als Umwandlungsfunktion verwendet werden:

```
BOOLEAN(0) = FALSE
BOOLEAN(1) = TRUE
```

Aus Vergleichen resultiert ein BOOLEAN-Wert:

```
IF a=b THEN ...
```

Dieser Wert kann direkt einer Variablen übergeben werden:

```
VAR
  ok:BOOLEAN;
  a,b:INTEGER;
BEGIN
  a:=Random(2);
  b:=Random(2);
  ok:=(a=b);              { ok:=a=b; zeigt die gleiche Wirkung }
  IF ok THEN
    WriteLn('a und b enthalten dieselbe Zahl.')
  ELSE
    WriteLn('a: ',a,', b: ',b)
END.
```

Eine Variable des Typs BOOLEAN belegt ein Byte im Arbeitsspeicher.

Siehe auch
BYTE, CHAR, INTEGER, REAL, STRING, TYPE

BYTE

Datentyp

Zweck
Datentyp, der ganze Zahlen im Bereich 0..255 zuläßt.

Bemerkung
Ein Datentyp definiert die Beschaffenheit der Werte, die eine Variable annehmen kann. In einem Programm kann jeder Variablen nur ein einziger Datentyp zugeordnet werden.
Der Datentyp BYTE ist ein Teilbereich des Typs INTEGER. Aus diesem Grund sind die Typen BYTE und INTEGER miteinander kompatibel. Wenn ein Wert vom Typ BYTE erwartet wird, kann ein INTEGER-Wert angegeben werden und umgekehrt; bei der Übergabe von Variablenparametern ist dies jedoch nicht erlaubt.

BYTE kann auch als Umwandlungsfunktion verwendet werden (vergleichbar mit der Funktion *Ord*):

```
BYTE('A') = 65
```

Der Datentyp BYTE belegt ein Byte im Arbeitsspeicher.

Beispiel
Folgendes Programm zeigt mögliche Typumwandlungen.

```
PROGRAM BYTE_Test;
VAR
  b:BYTE;
  s:SHORTINT;
  i:INTEGER;
  w:WORD;
  l:LONGINT;
  r:REAL;
BEGIN
  b:=255;
  s:=b;

  s:=-127;
  b:=s;

  i:=12345;
  b:=i; s:=i;

  i:=-12345;
  b:=i; s:=i; w:=i;

  l:=123456;
  w:=l; i:=l; b:=l; s:=l;

  r:=123;
  l:=trunc(r); i:=trunc(r); w:=trunc(r);
  r:=l; r:=i; r:=w;
end.
```

Siehe auch
BOOLEAN, CHAR, INTEGER, REAL, STRING, TYPE

CASE ... OF

Reserviertes Wort

Zweck

Auswahl unter mehreren Möglichkeiten (Selektion).

Bemerkung

Die CASE-Anweisung besteht aus einem Sortierer und einer Liste von Anweisungen, denen jeweils ein Label vom Typ des Sortierers vorausgeht. Der Sortierer (eine Variable) wird von den reservierten Wörtern CASE und OF umschlossen. Das Label wird durch einen Doppelpunkt (:) von der Anweisung getrennt.
Es wird diejenige Anweisung ausgeführt, deren vorangehendes Label dem Sortierer entspricht. Wenn kein Label dem Wert des Sortieres entspricht, wird einer der beiden Fälle angesprochen:

a) Es wird keine Anweisung ausgeführt
b) Es wird diejenige Anweisung ausgeführt, die dem reservierten Wort ELSE folgt (eine Besonderheit von Turbo Pascal). Es ist zu beachten, daß vor dem Wort ELSE kein Strichpunkt (;) stehen darf.

Ein CASE-Label besteht aus einer beliebigen Anzahl von Konstanten, die durch ein Komma (,) voneinander getrennt werden. Das Ende einer Label-Liste wird mit einem Doppelpunkt (:) gebildet.
Zwei Konstanten, getrennt durch zwei Punkte (..), bilden einen Teilbereich. Sie können ebenfalls als Label benützt werden:

```
CASE ch OF
  #0..#31:WriteLn('Steuerzeichen');
  'A'..'Z','Ä','Ö','Ü':WriteLn('Großbuchstaben')
END;
```

Sollen bei einem Label mehrere Anweisungen ausgeführt werden, sind diese mit BEGIN und END zu umschließen. Das Ende einer CASE-Anweisung muß mit dem reservierten Wort END gekennzeichnet werden.
CASE-Anweisungen werden mit Vorteil bei Menüs eingesetzt, wo viele verschiedene Aktionen, je nach Wunsch des Benutzers, ausgeführt werden sollen.
Das reservierte Wort CASE wird auch bei Varianten-Records gebraucht, um gewisse Fälle zu unterscheiden (siehe RECORD).

Beispiel

```
PROGRAM CASE_Test;
USES
  Crt;
```

```
VAR
  ch:CHAR;
  i:INTEGER;
BEGIN
  REPEAT
    WriteLn;
    WriteLn('Ein kleines Menü');
    WriteLn;
    WriteLn('1) Musik');
    WriteLn('2) Mathematik');
    WriteLn('3) Deutsche Sprachlehre');
    WriteLn;
    WriteLn('0) Ende');
    WriteLn;
    Write('Ihre Wahl: ');
    ch:=ReadKey;
    CASE ch OF
      '1':FOR i:=1 TO 10 DO BEGIN
            Sound(Random(10)*100);
            Delay(500);
            NoSound
          END;
      '2':WriteLn('a^2+b^2 = c^2');
      '3':BEGIN
            WriteLn('Welches Wort ist falsch geschrieben?')
            WriteLn(;
            WriteLn('A) leeren');
            WriteLn('B) lehren');
            WriteLn('C) lernen');
            WriteLn;
            Write('Ihre Wahl: ');
            ch:=ReadKey;
            WriteLn(ch, 'Bravo, sehr gut!')
          END
      ELSE WriteLn('Diese Menüauswahl existiert nicht.')
    END
  UNTIL ch='0'
END.
```

Siehe auch
IF ... THEN ... ELSE

CHAR

Datentyp

Zweck
Datentyp, der die Menge aller ASCII-Zeichen zuläßt.

Bemerkung
Ein Datentyp definiert die Beschaffenheit der Werte, die eine Variable annehmen kann. In einem Programm kann jeder Variablen nur ein einziger Datentyp zugeordnet werden.
Der Datentyp CHAR bezeichnet den Zeichensatz (ASCII-Zeichen) des Computers. Die ordinalen Werte der Zeichen liegen im Bereich 0..255.
CHAR kann auch als Umwandlungsfunktion verwendet werden (zu vergleichen mit der Funktion *Chr*):

```
CHAR(65) = 'A'
```

Eine Variable des Datentypes CHAR belegt ein Byte im Arbeitsspeicher; ihnen können auch Kontrollzeichen zugeordnet werden. Diese werden wie folgt gebildet:

a) Das Symbol #, gefolgt von einem Wert im Bereich 0..255, bezeichnet ein Zeichen mit dem entsprechenden ASCII-Wert.
b) Das Symbol ^, gefolgt von einem Zeichen, bezeichnet das entsprechende Kontrollzeichen.

Beispiel

```
#65 entspricht 'A'
^G  entspricht #7  (Klingel)
^[  entspricht #27 (Escape)
```

Siehe auch
BOOLEAN, BYTE, INTEGER, REAL, STRING, TYPE

ChDir

System

Zweck
Wechselt das aktuelle Verzeichnis.

Struktur

```
PROCEDURE ChDir(pfad:STRING);
```

Bemerkung
Das aktuelle Verzeichnis wird durch ein neues ersetzt. Einzelne Verzeichnisse müssen durch den Backslash (\) getrennt werden.

Die Angabe eines Laufwerkes zu Beginn des Pfadnamens ist erlaubt. Falls nur der Laufwerkname als Parameter eingegeben wird, ändert sich das aktuelle Laufwerk:

```
ChDir('A:');    { nun ist Laufwerk A: voreingestellt }
```

Wenn ein Verzeichnis nicht existiert, wird ein I/O-Fehler ausgegeben (siehe hierzu auch *IOresult*).
Falls der Parameter *pfad* den String '..' enthält, wird das aktuelle Directory geschlossen:

```
BEGIN
  ChDir('C:\WORD\LEX');
  ChDir('..')       { nun ist C:\WORD aktiv }
END.
```

Wenn der angegebene Pfadname mit einem *Backslash* beginnt, bezieht dieser sich auf das Wurzelverzeichnis, andernfalls auf das momentan gesetzte Verzeichnis:

```
BEGIN
  ChDir('C:\WORD\LEX');    { diese Zeile entspricht den unteren beiden }

  ChDir('C:\WORD');
  ChDir('LEX')
END.
```

Siehe auch
GetDir, MkDir, RmDir

CheckBreak

Systemvariable

Zweck
Ermöglicht das Ein- und Ausschalten der Prüfung auf Ctrl-Break.

Struktur

```
VAR
  CheckBreak:BOOLEAN;
```

Bemerkung
CheckBreak ist in der Unit **Crt** enthalten.
Wenn die Systemvariable *CheckBreak* den Wert TRUE enthält (entspricht der Standardeinstellung), ist es möglich, ein laufendes Programm bei der Ein- und Ausgabe (betrifft nur den Bildschirm) mit Ctrl-Break zu unter-

brechen. Soll dies unterbunden werden, ist *CheckBreak* der Wert FALSE zu übergeben.
In der Systemvariablen *SaveInt1B* ist der Original-Interrupt-Vektor vom DOS gespeichert (der Interrupt $1B behandelt Ctrl-Break), da Turbo Pascal bei Ctrl-Break eine eigene Routine anspringt.

Siehe auch
CheckEof, CheckSnow, DirectVideo

CheckEof

Systemvariable

Zweck
Ermöglicht das Ein- und Ausschalten von Ctrl-Z.

Struktur

```
VAR
  CheckEof:BOOLEAN;
```

Bemerkung
CheckEof ist in der Unit **Crt** enthalten.
Falls die Systemvariable *CheckEof* den Wert TRUE enthält (FALSE entspricht der Standardeinstellung), bewirkt Ctrl-Z bei der Bildschirmeingabe (Standarddatei INPUT) ein Dateiende. Neue Daten können erst wieder nach einem erneuten Öffnen von INPUT (mittels *Reset*) eingegeben werden.

Siehe auch
CheckBreak, CheckSnow, DirectVideo, Eof

CheckSnow

Systemvariable

Zweck
Zeigt an, ob bei der Ausgabe ohne Rücksicht auf Störungen in den Bildschirmspeicher geschrieben werden soll.

Struktur

```
VAR
  CheckSnow:BOOLEAN;
```

Bemerkung
CheckSnow ist in der Unit **Crt** enthalten.
Da die Bildschirmausgabe unter DOS nicht gerade zu den schnellsten Operationen gehört, kann bei Turbo Pascal eine Bildschirmausgabe-Routine verwendet werden, die die Daten direkt in den Bildschirmspeicher schreibt (siehe hierzu *DirectVideo*). Dieser Vorgang führt bei älteren Bildschirmen (CGA) zu lästigen Bildschirmstörungen (Schneegestöber), da der Prozessor und die Video-Elektronik gleichzeitig auf dieselben Speicherstellen zugreifen (dieses Problem war bereits beim Computer-Gevatter PET zu beobachten).
Falls die Systemvariable *CheckSnow* den Wert TRUE enthält (entspricht der Standardeinstellung), verursacht der direkte Zugriff auf den Bildschirmspeicher keine Bildstörungen mehr, da jetzt erst geschrieben wird, wenn sich der Elektronenstrahl des Bildschirmes im horizontalen Rücklauf befindet.
Wichtig: Die Wertveränderung der Variablen *CheckSnow* zeigt nur dann eine Wirkung, wenn die Systemvariable *DirectVideo* den Wert TRUE enthält.

Siehe auch
CheckBreak, CheckEof, DirectVideo

Chr

Zweck
Wandelt einen ASCII-Code in das entsprechende ASCII-Zeichen um.

Struktur

```
FUNCTION Chr(i:BYTE):CHAR;
```

Bemerkung
Für das Argument der Funktion *Chr(x)* muß gelten:

```
0<=x<=255
```

Die ersten 32 ASCII-Zeichen (*0<=x<=31*) werden als Steuerzeichen für Datenübertragung und Peripheriegeräte verwendet. CHAR(x) und *Chr(x)* sind identisch.

Beispiel

```
Chr(65) ergibt 'A'
Write(Chr(7));     { erzeugt einen kurzen Signalton }
```

Siehe auch
Ord

Circle

Graphik

Zweck
Zeichnet einen Kreis.

Struktur

```
PROCEDURE Circle(x,y:INTEGER; radius:WORD);
```

Bemerkung
Die Prozedur *Circle* ist in der Unit **Graph** enthalten und unterscheidet sich von *Circle* in der Unit **Graph3** (in diesem Buch nicht beschrieben).
Circle zeichnet einen Kreis mit der momentan gesetzten Farbe (siehe *SetColor*) um den Mittelpunkt *(x,y)* und dem angegebenen Radius. Der Linientyp kann mit *SetLineStyle* festgelegt werden.
Für jeden Graphiktreiber und -modus ist ein Wert so bestimmt, daß *Circle(x,y,radius);* optisch als Kreis (und nicht als Ellipse) erscheint (siehe hierzu auch *GetAspectRatio*).

Beispiel
Folgendes Programm zeichnet solange Kreise, bis eine Taste betätigt wird.

```
PROGRAM Circle_Test;
USES
  Crt,Graph;
VAR
  gr,mo,
  mx,my,r:INTEGER;
BEGIN
  gr:=Detect;
  InitGraph(gr,mo,'');
  mx:=GetMaxX-100;
  my:=GetMaxY-100;
  REPEAT
    Circle(Random(mx)+50,Random(my)+50,Random(50))
  UNTIL KeyPressed;
```

```
  CloseGraph
END.
```

Siehe auch
Arc, Ellipse, Sector

ClearDevice **Graphik**

Zweck
Löscht den gesamten Graphikbildschirm.

Struktur

```
PROCEDURE ClearDevice;
```

Bemerkung
ClearDevice ist in der Unit **Graph** enthalten.
Die Prozedur *ClearDevice* löscht den gesamten Bildschirm und setzt den Graphikcursor in die obere linke Ecke des aktuell gesetzten Graphikfensters (entspricht dem Punkt *(0,0)*).
Mit der Prozedur *GraphDefaults* können alle Parameter (Zeichenfarbe, Palette etc.) des Graphikpaketes zurückgesetzt werden.

Siehe auch
ClearViewPort, CloseGraph, GraphDefaults, RestoreCrtMode

ClearViewPort **Graphik**

Zweck
Löscht das aktuell gesetzte Graphikfenster.

Struktur

```
PROCEDURE ClearViewPort;
```

Bemerkung
ClearViewPort ist in der Unit **Graph** enthalten.
Die Prozedur *ClearViewPort* löscht das aktuelle Graphikfenster und füllt es mit der momentanen Hintergrundfarbe (siehe *GetBkColor*). Falls dieser Füllvorgang nicht fehlerfrei ausgeführt werden konnte, liefert *GraphResult* den Wert -6.

Nach dem Löschen befindet sich der Graphikcursor in der oberen linken Ecke (Punkt *(0,0)*) des Graphikfensters.

Siehe auch
ClearDevice, GetViewSettings, SetViewPort

Close

Datei

Zweck
Schließt eine Datei.

Struktur

```
PROCEDURE Close(VAR f:dateivariable);
```

Bemerkung
Schließt eine Datei und bringt das Directory auf den neuesten Stand. Es ist empfehlenswert, eine Datei auch dann zu schließen, wenn nur in ihr gelesen worden ist (besonders in Multi-User-Umgebung).
Falls Sie versuchen, mit *Close* eine bereits geschlossene Datei zu schließen, wird eine Fehlermeldung ausgegeben (siehe Anhang F).

Beispiel
Dieses Programm öffnet eine Datei, liest einen Wert heraus und schreibt diesen in den Bildschirm. Mit *Close* wird die eröffnete Datei wieder geschlossen.

```
PROGRAM Close_Test;
VAR
  f:FILE OF BYTE;
  b:BYTE;
begin
  Assign(f,'TEST.ASC');  { TEST.ASC muß existieren! }
  Reset(f);
  Read(f,b);
  WriteLn(b:4);
  Close(f)
END.
```

Siehe auch
Assign, Eof, Erase Rename, Reset, Rewrite, Truncate

CloseGraph

Graphik

Zweck
Beendet den Graphikmodus und kehrt in den Textmodus zurück.

Struktur

```
PROCEDURE CloseGraph;
```

Bemerkung
CloseGraph ist in der Unit **Graph** enthalten.
Die Prozedur *CloseGraph* entfernt den Graphiktreiber (.BGI-Datei) und die Zeichensätze (.CHR-Datei) vom Heap und kehrt zu demjenigen Textmodus zurück, der vor dem Aufruf von *InitGraph* aktiv war. Die Prozedur *RestoreCrtMode* verläßt den Graphikmodus, ohne den Graphiktreiber und die Zeichensätze zu entfernen.
Falls Sie Graphik-Treiber und Zeichensätze mit den beiden Funktionen *RegisterBGIdriver* und *RegisterBGIfont* in den Programmcode integriert haben, bleiben diese auch nach dem Aufruf von *CloseGraph* fester Bestandteil des Programmes.

Siehe auch
InitGraph, RestoreCrtMode, SetGraphMode

ClrEol

Textbildschirm

Zweck
Löscht alle Zeichen von der Cursorposition bis zum Ende der Zeile.

Struktur

```
PROCEDURE ClrEol;
```

Bemerkung
ClrEol ist in der Unit **Crt** enthalten.
Am Bildschirm werden alle Zeichen von der augenblicklichen Cursorposition bis ans Ende der Zeile gelöscht.
Der Cursor befindet sich nach dem Löschen an seinem ursprünglichen Platz.

Beispiel
Dieses Programm zeichnet mit Hilfe des Zeichens '*' ein Dreieck.

```
PROGRAM ClrEol_Test;
USES
  Crt;
VAR
  i:INTEGER;
BEGIN
  FOR i:=1 TO 1999 DO
    Write('*');
  FOR i:=1 TO 25 DO BEGIN
    GotoXY(26-i,i);
    Delay(1000);
    ClrEol
  END
END.
```

Siehe auch
ClrScr, DelLine, InsLine

ClrScr

Textbildschirm

Zweck
Löscht das aktuelle Bildschirmfenster im Textmodus.

Struktur

```
PROCEDURE ClrScr;
```

Bemerkung
ClrScr ist in der Unit **Crt** enthalten.
Nach dem Löschen des aktuellen Bildschirmfensters befindet sich der Cursor in der oberen linken Ecke. Das zu löschende Fenster wird mit der aktuellen Hintergrundfarbe gefüllt.

Siehe auch
ClrEol, DelLine, InsLine

COMP

Datentyp

Zweck
Datentyp, der ganze Zahlen im Bereich -9.2e18..9.2e18 zuläßt.

Bemerkung
Ein Datentyp definiert die Beschaffenheit der Werte, die eine Variable annehmen kann. Dieser kann in einem Programm nur ein einziger Datentyp zugeordnet werden.

Version 4.0: Der Datentyp COMP ist nur bei vorhandenem mathematischen Coprozessor verfügbar (siehe Compiler-Befehl **N** im Anhang E).

Ab Version 5.0: Der Datentyp COMP kann dank des Coprozessor-Emulators auf jedem Computersystem eingesetzt werden (siehe Compiler-Befehl **E** im Anhang E).

COMP speichert ganzzahlige Werte im Bereich von -2^{63} bis $2^{63}-1$ (entspricht etwa -9.2e18 bis 9.2e18); eine Variable diesen Types belegt 8 Bytes Speicher und kann als LONGINT mit doppelter Genauigkeit betrachtet werden (besonders geeignet für Berechnungen, die eine hohe Präzision verlangen, z.B. im Finanzbereich).
Folgende Regeln sind beim Typ COMP zu beachten:

a) Die Funktionen *Pred* und *Succ* sowie die Prozeduren *Dec* und *Inc* sind nicht erlaubt.
b) Der Datentyp COMP kann nicht als Kontrollvariable in den Anweisungen FOR oder CASE verwendet werden.
c) Der Datentyp COMP darf nicht als Index eines Arrays verwendet werden.
d) Teilbereiche des Typs COMP sind nicht erlaubt.

Siehe auch
DOUBLE, EXTENDED, LONGINT, REAL

Concat **String**

Zweck
Fügt Zeichenketten zu einer Gesamt-Zeichenkette zusammen.

Struktur

```
FUNCTION Concat(s1,s2..sn:STRING):STRING;
```

Bemerkung
Die Funktion *Concat* fügt Teil-Strings in der angegebenen Reihenfolge zu einem Gesamt-String zusammen. Überschreitet der Gesamt-String die Länge von 255 Zeichen, wird eine Laufzeitfehlermeldung ausgegeben.

Unter Turbo Pascal ist es außerdem möglich, mit Hilfe des Operators + Strings zusammenzusetzen.

Beispiel

```
Concat('Haus','hund') ergibt 'Haushund'
'Haus'+'hund' ergibt 'Haushund'

S1:='A'; S2:='ls'; S3:='sprach';
Concat(S1,S2,'o ',S3) = 'Also sprach'
S1+S2+'o '+S3 = 'Also sprach'
```

Siehe auch
Copy, Delete, Insert, Length, Pos

CONST

Reserviertes Wort

Zweck
Erlaubt das Definieren von Konstanten.

Bemerkung
Der Konstanten-Definitionsteil führt Bezeichner als Synonyme für die konstanten Werte ein.
Das reservierte Wort CONST steht am Anfang des Konstanten-Definitionsteils, dem eine Liste von Konstantenzuweisungen folgt, die durch einen Strichpunkt (;) voneinander getrennt sind.
Jede Konstantenzuweisung besteht aus einem Bezeichner, dem ein Gleichheitszeichen und eine Konstante folgt:

```
CONST
  MaxX=639;
  MaxY=199;
  Version='5.0';
  Schritt=0.3;
```

Es ist nicht erlaubt, einer solchen Konstanten im Anweisungsteil einen Wert zuzuweisen.

Turbo Pascal läßt auch **typisierte Konstanten** zu. Sie können wie Variablen des gleichen Typs verwendet werden. Im Grunde sind typisierte Konstanten initialisierte Variablen, die beim Programmstart bereits einen festgelegten Wert enthalten (im Gegensatz zu den Variablen).

Bei der Definition von typisierten Konstanten wird nicht nur der Wert, sondern auch der Typ angegeben:

```
CONST
  drucken:BOOLEAN=TRUE;
  RandOben:BYTE=5;
```

Array-Konstanten werden wie folgt gebildet:

```
CONST
  menu:ARRAY [1..4] OF STRING[10]=
    ('Block','Datei','Laufwerk','Spezial');
  quadrat:ARRAY[1..2,1..2] OF BYTE=
    ((1,2),(3,4));
```

Record-Konstanten werden wie folgt gebildet:

```
TYPE
  akte=RECORD
  name,
  str,
  ort:STRING[10]
END;
CONST
  einer:akte=
    (name:'Gürtel';str:'Gasse';ort:'WeitWeg');
```

Mengenkonstanten werden wie folgt gebildet:

```
CONST
  Satzzeichen:SET OF CHAR=['.',',','?','!',':',';'];
  Ziffern:SET OF CHAR=['0'..'9'];
```

Typisierte Konstanten können auch bei Prozeduren und Funktionen verwendet werden, die mit sich laufend ändernden Werten arbeiten müssen:

```
PROCEDURE test;
  { Diese Prozedur wird erst beim 10. Aufruf ausgeführt. }
CONST
  i:INTEGER=0;
BEGIN
  i:=Succ(i);
  IF i<10 THEN exit;
  Sound(440);
  Delay(100);
  NoSound;
  i:=0
END;
```

Obige Methode hat den Vorteil, daß keine globalen Variablen eingesetzt werden müssen (die an beliebigen Stellen irrtümlicherweise verändert werden können). Andere Programmiersprachen (z.B. C) kennen solche statischen Variablen ganz offiziell.
Typisierte Konstanten liegen im Datensegment.

Ab der **Version 5.0** von Turbo Pascal ist es möglich, im Deklarationsteil eines Programmes, einer Prozedur oder Funktion Konstanten-Ausdrücke (berechnete Konstanten) zu verwenden:

```
CONST
  Anzahl = 100;
  LiRand = 5;
  ReRand = 60;
  Mitte  = (LiRand+ReRand) DIV 2;     { erst ab 5.0 möglich }
VAR
  feld:ARRAY [0..Anzahl-1] OF BYTE;  { erst ab 5.0 möglich }
```

Neben allen Operatoren (+, -, *, /, MOD, DIV, AND, OR, XOR, NOT, SHR, SHL) können folgende Standard-Funktionen in Konstanten-Ausdrücken verwendet werden:

Abs	Length	Ord	Round	Swap
Chr	Lo	Pred	SizeOf	Trunc
Hi	Odd	Ptr	Succ	

Bitte beachten Sie, daß bei der Definition von Datentypen kein Konstanten-Ausdruck stehen darf, der mit einer Klammer beginnt:

```
TYPE
  RechterTeil=(LiRand+ReRand) DIV 2..ReRand;  { verboten! }
```

Die öffnende Klammer läßt den Compiler glauben, es werde hier ein Aufzähltyp wie folgender definiert:

```
TYPE
  tier=(hund,katze,maus);  { definiert Aufzähltyp }
```

Damit dennoch der Datentyp *RechterTeil* für den gewünschten INTEGER-Bereich definiert werden kann, formen Sie den Konstanten-Ausdruck bitte so um, daß keine Klammer mehr als erstes Zeichen erscheint:

```
TYPE
  RechterTeil=1*(LiRand+ReRand) DIV 2..ReRand;  { erlaubt }
```

Siehe auch
FUNCTION, LABEL, PROCEDURE, PROGRAM, TYPE, VAR

CONSTRUCTOR

Reserviertes Wort (nur Version 5.5)

Zweck
Eine spezielle Methode, die zur Initialisierung eines Objekts verwendet wird.

Bemerkung
Das reservierte Wort CONSTRUCTOR ("Erzeuger") deklariert eine spezielle Methode und wird für die Initialisierung eines Objekts eingesetzt (Setzen von Feldern, Reservieren von Speicherplatz auf dem Heap). Eine CONSTRUCTOR-Methode wird wie eine gewöhnliche Prozedur definiert. Falls virtuelle Methoden (siehe VIRTUAL) innerhalb eines Objektes definiert sind, bewirkt der CONSTRUCTOR-Aufruf zudem das Initialisieren der VMT (*virtual method tables*; siehe hierzu VIRTUAL) und macht die Verwendung der virtuellen Methoden erst möglich.
Innerhalb eines Objekt-Typs können mehrere CONSTRUCTOR-Methoden definiert sein. Bitte beachten Sie jedoch, daß ein CONSTRUCTOR nie als virtuelle Methode definiert werden darf.

Im Zusammenhang mit der unter Turbo Pascal 5.5 erweiterten Prozedur *New* kann ein CONSTRUCTOR direkt ausgeführt werden, so daß ein Objekt automatisch initialisiert wird:

```
TYPE
  FieldPtr=^Field;
  Field=OBJECT
    x,y,
    len:BYTE;
    PROCEDURE Init(xpos,ypos,lang:BYTE);
    FUNCTION GetX:BYTE;
    FUNCTION GetY:BYTE;
    FUNCTION GetLength:BYTE
  END;

  StrFieldPtr=^StrField;
  StrField=OBJECT(Field)
    value:^STRING;
    CONSTRUCTOR Init(xpos,ypos,lang:BYTE; val:STRING);
    PROCEDURE ReadValue; VIRTUAL;
    PROCEDURE WriteValue; VIRTUAL;
    DESTRUCTOR Done; VIRTUAL
  END;
```

```
    .
    .
    CONSTRUCTOR StrField.Init(xpos,ypos,lang:BYTE; val:STRING);
    BEGIN
      x:=xpos;
      y:=ypos;
      len:=lang;
      GetMem(value,len+1);
      value^:=val
    END;

    DESTRUCTOR StrField.Done;
    BEGIN
      FreeMem(value,len+1)
    END;
    .
    .
  VAR
    s1,s2,s3:StrFieldPtr;
  BEGIN
    New(s1); s1^.Init(5,3,10,'');          { Alle drei Zeilen gene- ... }
    New(s2,Init(5,5,20,''));               { ... rieren und initia- ... }
    s3:=New(StrFieldPtr,Init(5,7,20,''));  { ... lisieren ein Objekt.   }

    s2^.ReadValue;    { Aufrufen einer Methode }
    .
    .
```

Alle drei Objekte *s1*, *s2* und *s3* werden dynamisch auf dem Heap erzeugt. Der CONSTRUCTOR *Init* initialisiert schließlich die einzelnen Felder und reserviert Speicherplatz auf dem Heap. Wie Sie erkennen, hat *New* einige Neuerungen erfahren:

- *New* erlaubt bei Objekten als zweiten Parameter einen CONSTRUCTOR-Namen; dieser CONSTRUCTOR wird automatisch ausgeführt.
- *New* kann auch als Funktion eingesetzt werden, wobei der erste Parameter nun ein Zeigertyp (und keine Zeigervariable) sein muß und als Funktions-Ergebnis ein Zeigerwert zurückgegeben wird.

Falls der Heap über keinen Platz mehr verfügt und dennoch mit *New* ein weiteres dynamisches Objekt generiert wird, erzeugt Turbo Pascal im Normalfall einen Laufzeitfehler (genaueres hierzu bei *Fail*).

Siehe auch
DESTRUCTOR, Fail, OBJECT, VIRTUAL

Copy

String

Zweck
Stellt eine bestimmte Teil-Zeichenkette aus einer Zeichenkette zur Verfügung.

Struktur

```
FUNCTION Copy(s:STRING; pos,len:INTEGER):STRING;
```

Bemerkung
Copy(s,pos,len) gibt einen Teil-String aus, der bei der Stelle *pos* des Gesamt-Strings *s* beginnt und die Länge *len* besitzt. Übersteigt *pos* die Länge des Gesamt-Strings *s*, wird ein Leer-String ausgegeben.
Wird versucht, Zeichen jenseits des rechten Endes von *s* zu erhalten, werden nur Zeichen innerhalb von *s* übergeben. Liegt *pos* außerhalb des Bereiches 0..255, wird eine Laufzeitfehlermeldung ausgegeben.

Beispiel

```
s:='Hundehaus';

Copy(s,6,4) = 'haus'
Copy(s,1,4) = 'Hund'
Copy(s,7,7) = 'aus'
```

Siehe auch
Concat, Delete, Insert, Length, Pos

Cos

Arithmetik

Zweck
Berechnet den Cosinus.

Struktur

```
FUNCTION Cos(r:REAL):REAL;
```

Bemerkung
Der Funktionswert von *Cos* wird im **Bogenmaß** angegeben.

```
Bogenmaß          = Grad*Pi/180
ArcusCosinus(x) = Pi/2-ArcTan(x/Sqrt(1-Sqr(x))
```

Siehe auch
ArcTan, Exp, Ln, Sin, Sqr, Sqrt

Crt

Unit

Zweck
Enthält Prozeduren und Funktionen, die den Bildschirm, die Tastatur und den Tongenerator kontrollieren.

Bemerkung
Folgende Prozeduren und Funktionen sind in der Unit **Crt** deklariert:

AssignCrt	Erlaubt, den Bildschirm wie eine Textdatei zu verwenden.
ClrEol	Löscht die Bildschirmzeile rechts des Cursors
ClrScr	Löscht den Bildschirm
Delay	Zeitverzögerung
DelLine	Löscht die Bildschirmzeile, in der sich der Cursor befindet.
GotoXY	Setzt den Cursor an eine bestimmte Position
HighVideo	Eine Textfarbe im Bereich 0..7 wird in die entsprechende Farbe 8..15 gesetzt (hohe Intensität der Textfarbe wird gesetzt).
InsLine	Fügt an der aktuellen Cursorposition eine Leerzeile ein.
KeyPressed	WAHR, wenn sich ein Zeichen im Tastaturpuffer befindet.
LowVideo	Eine Textfarbe im Bereich 8..15 wird in die entsprechende Farbe 0..7 gesetzt (hohe Intensität der Textfarbe wird gelöscht).
NormVideo	Setzt die Textfarbe auf den Anfangswert (der beim Start des Programmes aktiv war) zurück.
NoSound	Schaltet den Tongenerator aus
ReadKey	Falls sich ein Zeichen im Tastaturpuffer befindet, wird dieses gelesen, sonst wartet *ReadKey*, bis eine Taste gedrückt wird.
Sound	Schaltet den Tongenerator ein.
TextBackground	Setzt die Hintergrundfarbe eines Zeichens
TextColor	Setzt die Farbe eines Zeichens
TextMode	Setzt einen Textmodus
WhereX	Ermittelt die aktuelle Spalten-Position des Cursors
WhereY	Ermittelt die aktuelle Zeilen-Position des Cursors
Window	Legt ein Textfenster fest

Folgende Konstanten sind für die Prozedur *TextMode* deklariert:

BW40	=0, 40x25 Zeichen S/W, CGA-Karte
CO40	=1, 40x25 Zeichen farbig, CGA-Karte (identisch mit C40)
BW80	=2, 80x25 Zeichen S/W, CGA-Karte
CO80	=3, 80x25 Zeichen farbig, CGA-Karte (identisch mit C80)
Mono	=7, 80x25 Zeichen, Monochrom-Karte
Font8x8	=256, 80x43 Zeichen für EGA oder 80x50 Zeichen für VGA (z.B. *TextMode(CO80+Font8x8);*)

Folgende Konstanten sind für die beiden Prozeduren *TextColor* und *Textbackground* (hier nur *Black .. LightGray*) deklariert:

Black	=0, Schwarz
Blue	=1, Blau
Green	=2, Grün
Cyan	=3, Türkis
Red	=4, Rot
Magenta	=5, Lila
Brown	=6, Braun
LightGray	=7, Hellgrau
DarkGray	=8, Dunkelgrau
LightBlue	=9, Hellblau
LightGreen	=10, Hellgrün
LightCyan	=11, Helltürkis
LightRed	=12, Hellrot
LightMagenta	=13, Rosa
Yellow	=14, Gelb
White	=15, Weiß
Blink	=128, Blinkender Text (*TextColor(Red+Blink);*)

Folgende Variablen sind in der Unit **Crt** deklariert (lesen Sie bitte die ausführlichen Beschreibungen im lexikalischen Teil dieses Buches):

CheckBreak	:BOOLEAN; Zeigt an, ob sich ein Programm bei der Bildschirm-Ein- oder Ausgabe mit Ctrl-Break unterbrechen läßt (standardmäßig TRUE, Unterbrechung erlaubt).
CheckEof	:BOOLEAN; Falls auf TRUE gesetzt, erzeugt die Tastenfolge Ctrl-Z bei der Bildschirmeingabe ein Dateiende-Zeichen (und Eof(INPUT) liefert

	TRUE); im andern Fall wird Ctrl-Z ignoriert (FALSE entspricht der Standardeinstellung).
CheckSnow	:BOOLEAN; Falls die Variable *DirectVideo* auf TRUE gesetzt ist, wird bei der Textausgabe direkt in den Bildschirmspeicher geschrieben. Dies kann zu unerwünschtem Flimmern auf dem Bildschirm führen. Enthält *CheckSnow* den Wert TRUE, wird dieses Flimmern unterdrückt (entspricht der Voreinstellung).
DirectVideo	:BOOLEAN; Enthält *DirectVideo* den Wert TRUE (Voreinstellung), wird bei der Textausgabe (mit *Write*) direkt in den Bildschirmspeicher geschrieben (siehe auch *CheckSnow*), andernfalls werden BIOS-Routinen für die Textausgabe verwendet (vergleichsweise langsame Ausgabe).
LastMode	:WORD; Enthält den zuletzt gewählten Textmodus.
SaveInt1B	:POINTER; Enthält den originalen Vektor der Routine, die üblicherweise aufgerufen wird, wenn Ctrl-Break gedrückt wird (nur Version 4.0).
TextAttr	:BYTE; Enthält das aktuelle Textattribut, das die Textfarbe und die Hintergrundfarbe bestimmt.
WindMax	:WORD; Enthält den unteren rechten Eckpunkt des aktuellen Textfensters.
WindMin	:WORD; Enthält den oberen linken Eckpunkt des aktuellen Textfensters.

Bitte beachten Sie, daß DOS-Umleitungen nicht mehr unterstützt werden, sobald die Unit **Crt** in ein Programm eingebunden wird (siehe auch *Read* und *Write*).

Siehe auch
Graph, Graph3, Overlay, Printer, System, Turbo3

CSeg

System

Zweck
Bestimmt das Segment des Pascal-Programmes.

Struktur

```
FUNCTION CSeg:WORD;
```

Bemerkung
Jede Speicherstelle des RAM-Bereichs ist durch ein Segment und ein Offset definiert.
Die Funktion *CSeg* ermittelt das Segment, in dem der Programm-Code einer Unit oder des Hauptprogrammes beginnt oder Konstanten abgelegt werden. Typisierte Konstanten und Variablen werden im Datensegment abgelegt (siehe *DSeg*).

Beispiel
Dieses Programm bestimmt die Speicheradressen einer Prozedur und einer Funktion.

```
PROGRAM CSeg_Test;

  PROCEDURE Schreib;
  BEGIN
    Write('Bitte nicht stören!')
  END;

  FUNCTION Wirklich:BOOLEAN;
  BEGIN
    Wirklich:=(Random(2)=1)
  END;

BEGIN
  WriteLn('Segment von <Schreib> : ',CSeg);
  WriteLn('Offset von <Schreib>  : ',Ofs(Schreib));
  WriteLn;
  WriteLn('Segment von <Wirklich>: ',CSeg);
  WriteLn('Offset von <Wirklich> : ',Ofs(Wirklich))
END.
```

Siehe auch
Addr, DSeg, Ofs, Seg, SSeg

Dec

Zweck
Subtrahiert einen Wert von einer Variablen.

Struktur

```
PROCEDURE Dec(VAR x:ordinaler_typ);
PROCEDURE Dec(VAR x:ordinaler_typ; n:LONGINT);
```

Bemerkung
Der Parameter *x* ist von ordinalem Typ (BYTE, CHAR, LONGINT ..., **nicht** aber REAL, POINTER, STRING und 8087-Typen) und wird um den Wert *n* erniedrigt. *Dec(x);* entspricht dem Prozeduraufruf *Dec(x,1);*.
Bei den vordefinierten Datentypen (BYTE, CHAR ...) tritt kein Fehler auf, wenn für einen Wert kein Vorgänger existiert; bei selbst definierten ordinalen Typen nur dann, wenn der Compiler-Befehl **R** aktiv ist (siehe hierzu Anhang E).
Dec ist besonders in engen Schleifen und bei komplexer Adressierung der konventionellen Subtraktion (z.B. *i:=i-4;*) überlegen.

Beispiel
Folgendes Programm erniedrigt die beiden Variablen *t* und *b* solange, bis Sie eine Taste drücken. Wenn Sie den Compiler-Befehl **{$R+}** vor der USES-Anweisung einfügen, bricht das Programm mit einem Laufzeit-Fehler ab.

```
PROGRAM Dec_Test;
USES
  Crt;
VAR
  t:(hier,da,und,dort);
  b:BYTE;
BEGIN
  t:=dort;
  b:=Random(256);
  ClrScr;
  REPEAT
    GotoXY(1,1); Write(Ord(t):5);
    GotoXY(1,2); Write(b:5);
    Dec(t);
    Dec(b)
  UNTIL KeyPressed
END.
```

Siehe auch
Inc, Pred, Succ

Delay

Zweck
Erzeugt eine Verzögerung.

Struktur

```
PROCEDURE Delay(zeit:WORD);
```

Bemerkung
Die Prozedur *Delay* ist in der Unit **Crt** enthalten.
Erzeugt eine Verzögerung von ungefähr *zeit* Millisekunden. Die Verzögerung ist weitgehend unabhängig von der Betriebsumgebung, muß jedoch nicht bei allen Computer-Systemen genau gleich sein.
Delay wird häufig im Zusammenhang mit der Prozedur *Sound* gebraucht.

Beispiel
Dieses Programm verzögert jede Bildschirmausgabe um etwa 5 Sekunden.

```
PROGRAM Delay_Test;
USES
  Crt;
BEGIN
  ClrScr;
  WriteLn('Heute großes Fest ...');
  Delay(5000);
  WriteLn('... Fensterputzen, entschuldige.')
END.
```

Siehe auch
Sound, TurtleDelay

Delete

String

Zweck
Löscht aus einer Zeichenkette eine bestimmte Anzahl Zeichen.

Struktur

```
PROCEDURE Delete(VAR s:STRING; pos,len:INTEGER);
```

Bemerkung
Die Prozedur *Delete* löscht aus dem String *s* *len* Zeichen ab der Stelle *pos*.
Ist *pos* größer als die Länge des Strings *s*, werden keine Zeichen gelöscht.

Wird versucht, Zeichen zu löschen, die außerhalb der rechten Begrenzung des Strings *s* liegen, werden nur Zeichen innerhalb des Strings *s* gelöscht. Falls *pos* außerhalb des Bereiches 0..255 liegt, wird ein Laufzeitfehler gemeldet.

Beispiel

```
s:='Windhund';

Delete(s,5,4) ergibt für s den String 'Wind'
Delete(s,2,9) ergibt für s den String 'W'
```

Siehe auch
Concat, Copy, Insert, Length

DelLine

Textbildschirm

Zweck
Löscht eine Zeile am Bildschirm.

Struktur

```
PROCEDURE DelLine;
```

Bemerkung
Die Prozedur *DelLine* ist in der Unit **Crt** enthalten.
Die Zeile, in der der Cursor steht, wird gelöscht. Alle Zeilen unterhalb werden dabei um eine Zeile nach oben verschoben.

Beispiel
Dieses Programm füllt den Bildschirm mit dem Zeichen '*', um ihn schließlich wieder zeilenweise zu löschen.

```
PROGRAM DelLine_Test;
USES
  Crt;
VAR
  i:INTEGER;
BEGIN
  FOR i:=1 TO 1999 DO
    Write('*');
  GotoXY(1,1);
  FOR i:=1 TO 25 DO
    DelLine
END.
```

Siehe auch
ClrEol, ClrScr, InsLine

DESTRUCTOR

Reserviertes Wort (nur Version 5.5)

Zweck
Eine spezielle Methode, die zur vollständigen Freigabe eines dynamischen Objekts benötigt wird.

Bemerkung
Das reservierte Wort DESTRUCTOR ("Zerstörer") deklariert eine spezielle Methode und wird üblicherweise dann aufgerufen, wenn ein Objekt nicht mehr gebraucht wird. Eine DESTRUCTOR-Methode wird wie eine gewöhliche Prozedur definiert. Sie gibt beispielsweise Speicherplatz auf dem Heap frei oder schließt noch offene Dateien.
Innerhalb eines Objekt-Typs können mehrere DESTRUCTOR-Methoden definiert werden, außerdem dürfen sie virtuell sein (siehe hierzu VIRTUAL). Sie sollten sogar virtuell deklariert werden, da auf diese Weise sichergestellt ist, daß immer der zu einem Objekt passende DESTRUCTOR zur Ausführung kommt.

Im Zusammenhang mit der unter Turbo Pascal 5.5 erweiterten Prozedur *Dispose* kann ein DESTRUCTOR direkt ausgeführt werden, so daß ein Objekt automatisch abgeschlossen wird (folgende Zeilen führen den unter CONSTRUCTOR begonnenen Programm-Code fort):

```
.
.
s1^.Done; Dispose(s1);  { Diese beiden Zeilen haben dieselbe Wir- ... }
Dispose(s2,Done);       { ... kung; sie entfernen je ein Objekt.     }
.
.
```

Die beiden Objekte *s1* und *s2* wurden zuvor dynamisch auf dem Heap erzeugt (siehe CONSTRUCTOR) und nun mit Hilfe der Prozedur *Dispose* wieder vom Heap gelöscht. Wie Sie erkennen, hat *Dispose* eine Neuerung erfahren:

- *Dispose* erlaubt bei Objekten als zweiten Parameter einen DESTRUCTOR-Namen; dieser DESTRUCTOR wird automatisch ausgeführt, bevor ein Objekt vollständig vom Heap entfernt wird.

Bitte beachten Sie, daß eine DESTRUCTOR-Methode nur dann erforderlich ist, wenn Sie Objekte dynamisch auf dem Heap erzeugen. Der DE-

STRUCTOR sorgt in diesem Fall dafür, daß beim Entfernen eines Objekts (mittels *Dispose*) immer die korrekte Anzahl Bytes des Heaps freigegeben werden. Deshalb ist es empfehlenswert, bei Objekten, die virtuelle Methoden verwenden, immer einen DESTRUCTOR zu definieren (nötigenfalls ist diese Methode leer und erfüllt keine weitere Aufgabe) und diesen am Ende der Prozedur *Dispose* als Parameter zu übergeben.

Siehe auch
CONSTRUCTOR, OBJECT, VIRTUAL

DetectGraph

Graphik

Zweck
Bestimmt aufgrund der Hardware des Computers, welcher Graphiktreiber und -modus zu verwenden ist.

Struktur

```
PROCEDURE DetectGraph(VAR treiber,modus:INTEGER);
```

Bemerkung
DetectGraph ist in der Unit **Graph** enthalten.
Mit der Prozedur *DetectGraph* kann festgestellt werden, welchen Graphiktreiber der Prozeduraufruf *InitGraph(gr,mo,'');* automatisch verwendet:

```
USES
  Graph;
VAR
  gr,mo:INTEGER;
BEGIN
  gr:=Detect;
  InitGraph(gr,mo,'');
```

DetectGraph wechselt nicht in den Graphikmodus. Falls die Hardware über keine Graphikkarte verfügt, liefert die Funktion *GraphResult* den Wert -2.

Beispiel
Folgendes Programm zeigt Ihnen, welcher Graphiktreiber von *InitGraph* verwendet wird.

```
PROGRAM DetectGraph_Test;
USES
  Graph;
VAR
  gr,mo:INTEGER;
BEGIN
  DetectGraph(gr,mo);
  WriteLn('Treiber: ',gr);
  WriteLn('  Modus: ',mo)
END.
```

Siehe auch
GraphResult, InitGraph

DirectVideo

Systemvariable

Zweck
Legt fest, ob bei der Ausgabe direkt in den Bildschirmspeicher geschrieben werden soll.

Struktur

```
VAR
  DirectVideo:BOOLEAN;
```

Bemerkung
DirectVideo ist in der Unit **Crt** enthalten.
Wenn die Systemvariable *DirectVideo* den Wert TRUE enthält (entspricht der Standardeinstellung), wird mit den Prozeduren *Write* und *WriteLn* direkt in den Bildschirmspeicher geschrieben (wesentlich schneller als mit der üblichen BIOS-Ausgabe). Die dabei auftretenden Bildschirmstörungen können mit der Systemvariablen *CheckSnow* verhindert werden.
Falls die Unit **Crt** nicht in ein Programm eingebunden wird, benützen *Write* und *WriteLn* immer die BIOS-Routinen. Im Graphikmodus muß *DirectVideo* den Wert FALSE enthalten, wenn mit dem ROM-Zeichensatz geschrieben werden soll (wenn Sie aber eine Hercules-Karte besitzen, kann der ROM-Zeichensatz nicht im Graphik-Modus verwendet werden; dies bedeutet, daß *Write* und *Read* zwar funktionieren, aber keine Zeichen darstellen können).
Die Prozedur *TextMode* setzt *DirectVideo* immer auf TRUE.

Siehe auch
CheckBreak, CheckSnow

DiskFree

MS-DOS

Zweck
Ermittelt den freien Speicherplatz einer Diskette oder Festplatte.

Struktur

```
FUNCTION DiskFree(laufwerk:BYTE):LONGINT;
```

Bemerkung
DiskFree ist in der Unit **Dos** enthalten.
Die Funktion *DiskFree* ermittelt die freie Speicherkapazität des angegebenen Laufwerkes *laufwerk* (0 entspricht dem aktuellen Laufwerk, 1 dem Laufwerk A, 2 dem Laufwerk B etc.) in Bytes. Falls *laufwerk* eine ungültige Laufwerksnummer enthält, liefert *DiskFree* den Wert -1.

Beispiel

```
PROGRAM DiskFree_Test;
USES
  Dos;
VAR
  pfad:STRING;
BEGIN
  GetDir(0,pfad);
  WriteLn('Freier Speicherplatz in ',Copy(pfad,1,2),' ',DiskFree(0))
END.
```

Siehe auch
DiskSize, GetDir

DiskSize

MS-DOS

Zweck
Ermittelt den gesamten Speicherplatz einer Diskette oder Festplatte.

Struktur

```
FUNCTION DiskSize(laufwerk:BYTE):LONGINT;
```

Bemerkung
DiskSize ist in der Unit **Dos** enthalten.
Mit Hilfe der Funktion *DiskSize* kann die gesamte Speicherkapazität des Datenträgers *laufwerk* (0 entspricht dem aktuellen Laufwerk, 1 bezeichnet

A, 2 bezeichnet B etc.) in Bytes ermittelt werden. Falls *laufwerk* ein nicht vorhandenes Laufwerk bezeichnet, liefert *DiskSize* den Wert -1.

Beispiel

```
PROGRAM DiskSize_Test;
USES
  Dos;
VAR
  total,frei:LONGINT;
BEGIN
  total:=DiskSize(0);
  frei:=DiskFree(0);
  WriteLn('Gesamte Speicherkapazität: ',total)';
  WriteLn('Davon sind frei: ',frei);
  WriteLn('Dies entspricht: ',frei/total*100:1:1,' %')
END.
```

Siehe auch
DiskFree, GetDir

Dispose

Dynamische Speicherung

Zweck
Gibt einen auf dem Heap reservierten Speicherplatz wieder frei.

Struktur

```
PROCEDURE Dispose(VAR p:POINTER);
```

Bemerkung
Dispose gibt einen dynamisch reservierten Speicherbereich, der von einer Zeigervariablen benützt wird, wieder frei.
Nach der Anwendung von *Dispose* kann der Heap aus einer Reihe von benützten Speicherelementen und dazwischenliegenden freien Speicherblöcken bestehen. Die Prozedur *New* verwendet diese freien Stellen, wenn eine neue Zeigervariable hineinpaßt.
Dispose und *Mark/Release* verwalten den Heap unterschiedlich. Aus diesem Grund ist es nicht empfehlenswert, diese Prozeduren gemeinsam zu verwenden.

Die von der Prozedur *Dispose* erzeugten Löcher werden in der Fragmentliste gespeichert. Falls diese keine Eintragungen mehr aufnehmen kann, meldet der Compiler einen Fehler (genaueres bei *FreeMin*). Der gesamte Heap läßt sich mit folgendem Prozedur-Aufruf freigeben:

```
Release(HeapOrg);
```

Jedoch werden auf diese Weise auch vorhandene Graphik-Treiber und Zeichensätze eliminiert, falls diese nicht mit der Compiler-Anweisung {$L **<dateiname>**} in ein Programm aufgenommen worden sind!

Version 5.5: Ab dieser Version kann der Prozedur *Dispose* ein zweiter Parameter mitgegeben werden. Lesen Sie hierzu bitte DESTRUCTOR.

Beispiel

```
PROGRAM Dispose_Test;
VAR
  r:^REAL;

  PROCEDURE frei;
  BEGIN
    WriteLn('Freier Speicherplatz in Bytes: ',MemAvail)
  END;

BEGIN
  frei;
  New(r);
  frei;
  r^:=Pi;
  WriteLn(r^);
  Dispose(r);
  frei
END.
```

Siehe auch
FreeMem, GetMem, Mark, MaxAvail, MemAvail, New, Release

DIV

Operator

Zweck
Division ohne Rest.

Bemerkung
i1 DIV i2 dividiert *i1* durch *i2*; ein allfälliger Restbetrag, entstanden bei der Division, wird verworfen.

Typ der Operanden <i1> und <i2>	Ergebnistyp
INTEGER WORD LONGINT	INTEGER WORD LONGINT

DIV kann teilweise von SHR ersetzt werden: *i1* DIV *i2* entspricht *i1* SHR *x*, wenn sich *i2* aus 2^x (*x* ganzzahlig) bilden läßt (23 MOD 4 entspricht 23 SHL 2). Der daraus resultierende Geschwindigkeitsvorteil ist enorm.

Beispiel

```
10 DIV 3  = 3
15 DIV 16 = 0
```

Siehe auch
MOD

Dos **Unit**

Zweck
Diese Unit stellt verschiedene Routinen zur Verfügung, die direkt mit dem Betriebssystem kommunizieren.

Bemerkung
Folgende Prozeduren und Funktionen sind in der Unit **Dos** deklariert:

DiskFree	Ermittelt den freien Speicherplatz auf einem Laufwerk
DiskSize	Ermittelt die Gesamtkapazität eines Laufwerkes
DosExitCode	Liefert den Exit-Code eines Programmes, das als Unterprozeß gestartet worden ist
DosVersion	Ermittelt die verwendete DOS-Version (ab 5.0)
EnvCount	Ermittelt die Anzahl Environment-Einträge (ab 5.0)
EnvStr	Stellt einen Environment-Eintrag zur Verfügung (ab 5.0)
Exec	Startet ein Programm (.COM oder .EXE) als Unterprozeß
FExpand	Erweitert einen Dateinamen um Laufwerk und Suchpfad (ab 5.0)
FindFirst	Sucht in einem Verzeichnis nach dem ersten Dateinamen, der einer bestimmten Maske entspricht

FindNext	Sucht einen weiteren Dateinamen
FSearch	Sucht in mehreren Directories nach einem Dateinamen (ab 5.0)
FSplit	Teilt einen Dateinamen in die drei Stücke "Suchpfad", "Name" und "Erweiterung" (ab 5.0)
GetCBreak	Prüft, ob DOS-Funktionen mit Ctrl-Break abgebrochen werden können (ab 5.0)
GetDate	Ermittelt das Systemdatum
GetEnv	Sucht nach einem geeigneten Environment-Eintrag (ab 5.0)
GetFAttr	Ermittelt das Attribut einer Datei
GetFTime	Ermittelt Datum und Uhrzeit einer Datei
GetIntVec	Ermittelt die Adresse einer Interrupt-Routine
GetTime	Ermittelt die Systemzeit
GetVerify	Prüft, ob Daten beim Schreiben auf Diskette/Festplatte verifiziert werden (ab 5.0)
Intr	Führt einen Software-Interrupt aus
Keep	Beendet ein Programm, wobei der Programmcode resident im Speicher bleibt
MsDos	Aufruf einer Funktion des Interrupts $21
PackTime	Konvertiert Datum und Uhrzeit in eine kompakte Form (4 Bytes)
SetCBreak	Legt fest, ob DOS-Funktionen mit Ctrl-Break abgebrochen werden können (ab 5.0)
SetDate	Ermöglicht das Setzen des Systemdatums
SetFAttr	Ermöglicht das Ändern eines Dateiattributs
SetFTime	Ermöglicht das Setzen des Datums und der Uhrzeit einer Datei
SetIntVec	Setzt den Vektor eines Interrupts neu
SetTime	Setzt die Systemzeit
SetVerify	Legt fest, ob Daten beim Schreiben auf Diskette/Festplatte verifiziert werden sollen (ab 5.0)
SwapVectors	Tauscht die aktuellen Werte der Interrupt-Vektoren mit den Original-Werten aus (und umgekehrt; ab 5.0)
UnpackTime	Konvertiert die kompakte Form für Datum und Zeit

Für typisierte und untypisierte Dateien wird der in der Unit **Dos** definierte Datentyp *FileRec* verwendet:

```
TYPE
  FileRec=RECORD
    Handle:WORD;                    { DOS-Kanalnummer }
    Mode:WORD;                      { Zugriffsart     }
```

```
    RecSize:WORD;                      { Datensatz-Größe }
    Private:ARRAY [1..26] OF BYTE;     { reserviert      }
    UserData:ARRAY [1..16] OF BYTE;    { frei verfügbar  }
    Name:ARRAY [0..79] OF CHAR         { Dateiname       }
  END;
```

Für Textdateien wird der in der Unit **Dos** definierte Datentyp *TextRec* verwendet:

```
TYPE
  TextBuf=ARRAY [0..127] OF CHAR;    { Datenpuffer                              }

  TextRec=RECORD
    Handle:WORD;                     { DOS-Kanalnummer                          }
    Mode:WORD;                       { Zugriffsart                              }
    BufSize:WORD;                    { Puffer-Größe                             }
    Private:WORD;                    { reserviert                               }
    BufPos:WORD;                     { Position des Pufferzeigers               }
    BufEnd:WORD;                     { Anzahl Zeichen im Puffer                 }
    BufPtr:^TextBuf;                 { Speicheradresse des Puffers              }
    OpenFunc:POINTER;                { Adresse der Dateiöffnungs-Routine        }
    InOutFunc:POINTER;               { Adresse der Ein- und Ausgabe             }
    FlushFunc:POINTER;               { Adresse der Pufferentleerungs-Routine }
    CloseFunc:POINTER;               { Adresse der Schließungs-Routine          }
    UserDate:ARRAY [1..16] OF BYTE;  { frei verfügbar                           }
    Name:ARRAY [0..79] OF CHAR;      { Dateiname (inkl. Suchpfad)               }
    Buffer:TextBuf                   { Standard-Textbuffer (wenn BufPtr=NIL) }
  END;
```

Folgende Konstanten setzen das Feld *Mode* obiger Datentypen und bestimmen so die Art der ausführbaren Datei-Operatoren:

fmClosed	=$D7B0; Datei ist geschlossen
fmInput	=$D7B1; Datei erlaubt nur Leseoperationen
fmOutput	=$D7B2; Datei erlaubt nur Schreiboperationen
fmInOut	=$D7B3; Schreib- und Leseoperationen erlaubt (nicht für Textdateien)

Mit folgenden Konstanten können Dateiattribute gesetzt, gelöscht oder gesucht werden (im Zusammenhang mit *FindFirst*, *FindNext*, *GetFAttr* und *SetFAttr*):

ReadOnly	=$01; Datei kann nur gelesen werden
Hidden	=$02; Versteckte Datei
SysFile	=$04; Systemdatei (gehört zum MS-DOS-Kern)
VolumeID	=$08; Datenträgername
Directory	=$10; Verzeichnis

Archive =$20; Archivierungsbit
AnyFile =$3F; Beliebige Datei

Folgender Datentyp kann zusammen mit den Prozeduren *MsDos* und *Intr* verwendet werden:

```
TYPE
  Registers=RECORD
    CASE INTEGER OF
      0:(AX,BX,CX,DX,BP,SI,DI,DS,ES,Flags:WORD);
      1:(AL,AH,BL,BH,CL,CH,DL,DH:BYTE)
    END
  END;
```

Mit folgenden Konstanten kann das obige Feld *Flags* (entspricht dem CPU-Register Flag) getestet werden:

FCARRY =$0001;
FParity =$0004;
FAuxiliary =$0010;
FZero =$0040;
FSign =$0080;
FOverflow =$0800;

Die beiden Prozeduren *FindFirst* und *FindNext* benötigen den in der Unit **Dos** deklarierten Datentyp *SearchRec*:

```
TYPE
  SearchRec=RECORD
    Fill:ARRAY [1..21] OF BYTE;
    Attr:BYTE;
    Time:LONGINT;
    Size:LONGINT;
    Name:STRING[12]
  END;
```

Die Prozedur *UnpackTime* wandelt die kompakte Form Datum/Zeit in eine lesbare Form um und verwendet hierzu den folgenden Datentyp (in der Unit **Dos** definiert) *DateTime*. Umgekehrt komprimiert die Prozedur *PackTime* eine Variable des Typs *DateTime* in einen LONGINT-Wert:

```
TYPE
  DateTime=RECORD
    Year,Month,Day,
    Hour,Min,Sec:WORD
  END;
```

Fehler, die bei der Ausführung von DOS-Routinen entstehen, können mit Hilfe der globalen Variablen *DosError* ermittelt werden (genaueres bei *DosError* im lexikalischen Teil):

```
VAR
  DosError:INTEGER;
```

Ab **Turbo Pascal 5.0** sind folgende Datentypen für die Routinen *Exec*, *FSearch*, *FExpand* und *FSplit* definiert:

```
TYPE
  ComStr  = STRING[127];
  PathStr = STRING[79];
  DirStr  = STRING[67];
  NameStr = STRING[8];
  ExtStr  = STRING[4];
```

Siehe auch
Crt, Graph, Graph3, Overlay, Printer, System, Turbo3

DosError

Systemvariable

Zweck
Enthält die Nummer eines Fehlers, der während der Ausführung einer Routine in der Unit **Dos** auftreten kann.

Struktur

```
VAR
  DosError:INTEGER;
```

Bemerkung
DosError ist in der Unit **Dos** definiert.
Die in der Variablen *DosError* enthaltenen Werte entsprechen den vom Betriebssystem MS-DOS her bekannten Fehlernummern. Folgende Werte können in *DosError* enthalten sein:

0 Kein Fehler ist aufgetreten
2 Datei nicht gefunden
3 Suchpfad nicht gefunden
4 Zu viele Dateien eröffnet
5 Zugriff nicht möglich
6 Ungültige Kanalnummer
8 Nicht genügend Platz im Hauptspeicher

10 Umgebung zu groß
11 Ungültiges Befehlsformat
18 Kein weiterer Dateieintrag vorhanden

Siehe auch
Dos, DosExitCode, IOresult

DosExitCode

MS-DOS

Zweck
Liefert einen Wert, der erkennen läßt, wie ein Unterprozeß abgebrochen worden ist.

Struktur

```
FUNCTION DosExitCode:WORD;
```

Bemerkung
DosExitCode ist in der Unit **Dos** enthalten.
Ein durch die Prozedur *Exec* gestartetes Programm wird Unterprozeß genannt. Dieser übergibt dem Betriebssystem beim Programmende einen Code, der mit der Funktion *DosExitCode* ermittelt werden kann. Das niederwertige Byte von *DosExitCode* (entspricht *Lo(DosExitCode)*) enthält den Exit-Code (siehe *Halt*) des Unterprozesses (auf DOS-Ebene kann dieser Code mit der Systemvariablen ERRORLEVEL abgefragt werden); das höherwertige Byte (entspricht *Hi(DosExitCode)*) kann folgende Werte annehmen:

0 Normales Ende (*Halt* oder END.)
1 Programmabbruch durch Ctrl-C oder Ctrl-Break
2 Programmabbruch aufgrund eines Gerätefehlers
3 Ende durch die Prozedur *Keep*

Siehe auch
DosError, Exec, Halt

DosVersion

MS-DOS (ab Version 5.0)

Zweck
Ermittelt die verfügbare DOS-Version.

Struktur

```
FUNCTION DosVersion:WORD;
```

Bemerkung
DosVersion ist in der Unit **Dos** definiert.
Das Ergebnis der Funktion *DosVersion* enthält die Versionsnummer (niederwertiges Byte) und die Freigabe-Nummer (höherwertiges Byte) des Betriebssystems.

Beispiel

```
PROGRAM DosVersion_Test;
USES
  Dos;
VAR
  version,release:WORD;
BEGIN
  version:=Lo(DosVersion);
  release:=Hi(DosVersion);
  Write('MS-DOS, Version ',version,'.');
  IF release<10 THEN Write(0);  { => z.B. Version 2.01 und nicht 2.1 }
  WriteLn(release)
END.
```

DOUBLE

Datentyp

Zweck
Datentyp, der die Bereiche 5.0e-324 bis 1.7e308 und -5.0e-324 bis -1.7e308 zuläßt.

Bemerkung
Ein Datentyp definiert die Beschaffenheit der Werte, die eine Variable annehmen kann. Dieser kann in einem Programm nur ein einziger Datentyp zugeordnet werden.

Version 4.0: Der Datentyp DOUBLE ist nur bei vorhandenem mathematischen Coprozessor verfügbar (siehe Compiler-Befehl **N** im Anhang E).

Ab Version 5.0: Der Datentyp DOUBLE kann dank des Coprozessor-Emulators auf jedem Computersystem eingesetzt werden (siehe Compiler-Befehl **E** im Anhang E).

DOUBLE ist ein reeller Datentyp mit einer Genauigkeit von 15 bis 16 signifikanten Dezimalstellen; eine Variable dieses Typs belegt 8 Bytes Speicher.
Folgende Regeln sind beim Typ DOUBLE zu beachten:

a) Die Funktionen *Pred* und *Succ* sowie die Prozeduren *Dec* und *Inc* sind nicht erlaubt.
b) Der Datentyp DOUBLE kann nicht als Kontrollvariable in den Anweisungen FOR oder CASE verwendet werden.
c) Der Datentyp DOUBLE darf nicht als Index eines Arrays verwendet werden.
d) Teilbereiche des Typs DOUBLE sind nicht erlaubt.

Siehe auch
COMP, EXTENDED, REAL, SINGLE

DrawPoly **Graphik**

Zweck
Zeichnet ein Vieleck.

Struktur

```
PROCEDURE DrawPoly(anzahl:WORD; VAR daten);
```

Bemerkung
DrawPoly ist in der Unit **Graph** enthalten.
Mit der Prozedur *DrawPoly* ist es möglich, mehrere Punkte durch eine Linie verbinden zu lassen. Falls der erste Punkt dem letzten entspricht, entsteht ein Vieleck (Polygon). Der Parameter *anzahl* gibt *DrawPoly* die Anzahl der zu verbindenden Punkte bekannt, der Parameter *daten* enthält die einzelnen Koordinaten der Punkte. Hierzu kann der in der Unit **Graph** definierte Datentyp *PointType* verwendet werden:

```
TYPE
  PointType=RECORD
    x,y:INTEGER
  END;
```

Die Prozedur *SetColor* setzt die Zeichenfarbe, *SetLineStyle* die Linienart.

Beispiel
Folgendes Programm zeichnet mehrere Polygone:

```
PROGRAM DrawPoly_Test;
USES
  Crt,Graph;
VAR
  gr,mo:INTEGER;
  koord:ARRAY [1..10] OF PointType;
  i,anz:BYTE;
BEGIN
  gr:=Detect;
  InitGraph(gr,mo,'');
  REPEAT
    anz:=Random(5)+5;
    FOR i:=1 TO anz DO BEGIN
      koord[i].x:=Random(GetMaxX);
      koord[i].y:=Random(GetMaxY)
    END;
    Inc(anz);
    koord[anz]:=koord[1];
    SetLineStyle(Random(4),0,1);
    DrawPoly(anz,koord)
  UNTIL KeyPressed;
  CloseGraph
END.
```

Siehe auch
FillPoly, FloodFill

DSeg

System

Zweck
Bestimmt das Segment, in dem globale Variablen und typisierte Konstanten abgelegt werden.

Struktur

```
FUNCTION DSeg:WORD;
```

Bemerkung
Jede Speicherzelle im RAM-Bereich ist durch ein Segment und ein Offset definiert.
Die Funktion *DSeg* bestimmt dasjenige Segment, in dem globale Variablen und typisierte Konstanten abgelegt werden.

Lokale Variablen befinden sich im Stacksegment (siehe *SSeg*) und Konstanten im Codesegment (siehe *CSeg*).

Siehe auch
Addr, CSeg, Ofs, Seg, SSeg

Ellipse

Graphik

Zweck
Zeichnet eine Ellipse oder einen elliptischen Bogen.

Struktur

```
PROCEDURE Ellipse(xm,ym:INTEGER; start,ende,xrad,yrad:WORD);
```

Bemerkung
Ellipse ist in der Unit **Graph** enthalten.
Die Prozedur *Ellipse* zeichnet um den Punkt *(xm,ym)* einen elliptischen Bogen, der beim Winkel *start* beginnt und bei *ende* endet (*start* und *ende* sind in Grad anzugeben). Der Parameter *xrad* bezeichnet den horizontalen, *yrad* den vertikalen Radius.
90° bezeichnet einen Punkt, der sich senkrecht über dem Mittelpunkt *(mx,my)* befindet. Eine Vergrößerung des Winkels entspricht einer Drehung gegen den Uhrzeigersinn.
Die Zeichenfarbe kann mit *SetColor*, der Linientyp mit *SetLineStyle* festgelegt werden.
Bitte beachten Sie, daß *Ellipse(mx,my,0,360,100,100);* keinen optisch runden Kreis zeichnet (siehe hierzu auch *GetAspectRatio*).

Beispiel
Folgendes Programm zeichnet eingerahmte Ellipsen; manche sind gefüllt, andere nicht.

```
PROGRAM Ellipse_Test;
USES
  Graph,Crt;
VAR
  gr,mo,
  mx,my,
  px,py,dx,dy:INTEGER;
BEGIN
  gr:=Detect;
  InitGraph(gr,mo,'');
  mx:=GetMaxX-60;
  my:=GetMaxY-60;
  Randomize;
  REPEAT
    px:=Random(mx);
    py:=Random(my);
    dx:=(Random(9)+2)*6;
    dy:=(Random(9)+2)*6;
    SetViewPort(px,py,px+dx,py+dy,TRUE);
    ClearViewPort;
    Rectangle(0,0,dx,dy);
```

```
    dx:=dx SHR 1;
    dy:=dy SHR 1;
    Ellipse(dx,dy,0,360,dx,dy);
    IF Random(10)=0 THEN FloodFill(dx,dy,1)
  UNTIL KeyPressed;
  CloseGraph
END.
```

Siehe auch
Arc, Circle, FillEllipse, PieSlice, Sector

EnvCount

MS-DOS (ab Version 5.0)

Zweck
Ermittelt die Anzahl der Environment-Einträge.

Struktur

```
FUNCTION EnvCount:INTEGER;
```

Bemerkung
EnvCount ist in der Unit **Dos** enthalten.
Ab der DOS-Version 2.0 ist es möglich, eine Ablaufumgebung (auch Environment genannt) zu bestimmten. Diese enthält Zeichenfolgen, die von einem Programm verwendet werden können.
Üblicherweise wird in der Ablaufumgebung einer Zeichenkette eine andere zugeordnet (einer Variablen wird ein Wert übergeben). Hierzu stellt der Kommando-Interpreter COMMAND.COM den internen Befehl *SET* zur Verfügung. Folgendes Beispiel weist also der Variablen *M2MOD* den Wert *c:\m2\mod* zu und erzeugt so einen Eintrag in der Ablaufumgebung:

```
SET M2MOD=c:\m2\mod
```

Der DOS-Befehl *SET*, aufgerufen ohne Parameter, zeigt Ihnen alle vorhandenen Einträge. Die Liste könnte wie folgt aussehen:

```
PATH=C:\DOS;C:\START
COMSPEC=C:\COMMAND.COM
M2SYS=c:\m2\sys
M2LNK=c:\m2\lnk
M2MOD=c:\m2\mod
PROMPT=$p$g
```

Wie Sie erkennen, enthält die Ablaufumgebung den von DOS aus erstellten Suchpfad für Dateien (PATH=C:\DOS;C:\START), den verwendeten

Kommando-Interpreter (COMSPEC=C:\COMMAND.COM), für ein Anwendungsprogramm definierte Suchpfade (z.B. M2SYS=c:\m2\sys) und einen Befehl, der das Aussehen des Bereitschaftszeichens steuert.
Mit der Funktion *EnvCount* läßt sich ermitteln, wieviele Einträge sich in der Ablaufumgebung befinden. *EnvStr* stellt Ihnen einen Environment-Eintrag als Zeichenkette zur Verfügung, *GetEnv* sucht den einer Variablen zugeordneten Wert.

Siehe auch
EnvStr, GetEnv

EnvStr

MS-DOS (ab Version 5.0)

Zweck
Stellt einen Environment-Eintrag als Zeichenkette zur Verfügung.

Struktur

```
FUNCTION EnvStr(nr:INTEGER):STRING;
```

Bemerkung
EnvStr ist in der Unit **Dos** enthalten.
Die Ablaufumgebung (auch Environment) enthält Einträge, die für die Programmsteuerung bestimmt sind (genaueres hierzu bei *EnvCount*).
Jeder Environment-Eintrag besteht aus einer Zuweisung (z.B. COMSPEC=C:\COMMAND.COM).
Die Funktion *EnvStr* stellt Ihnen den Eintrag *nr* als Zeichenkette zur Verfügung. Falls *nr* kleiner als 1 oder größer als *EnvCount* ist, erhalten Sie einen leeren String mit der Länge 0.

Beispiel
Folgendes Programm zeigt Ihnen alle Einträge der Ablaufumgebung:

```
PROGRAM EnvStr_Test;
USES
  Dos;
VAR
  i:INTEGER;
BEGIN
  FOR i:=1 TO EnvCount DO WriteLn(EnvStr(i))
END.
```

Siehe auch
EnvCount, GetEnv

Eof

Datei

Zweck
Ermittelt, ob das Ende der bearbeiteten Datei erreicht worden ist.

Struktur

```
FUNCTION Eof(VAR f:dateivariable):BOOLEAN;
```

Bemerkung
Die Funktion *Eof* erhält den Wert TRUE, wenn der Zeiger am Ende der Datei steht (hinter der letzten Komponente), andernfalls den Wert FALSE. Wenn *Eof* bei Textdateien angewendet wird, ermittelt sie TRUE, wenn der Dateizeiger auf der 'end-of-file' Markierung positioniert ist (Ctrl Z=CHAR(26)).
Eof arbeitet bei Diskettendateien anders als bei Standarddateien (z.B. LST):

	Diskettendatei	Standarddatei
Eof ist TRUE	wenn das nächste Zeichen ein Ctrl Z ist, oder wenn das physische Ende der Datei erreicht ist.	wenn das gerade gelesene Zeichen ein Ctrl Z war.

Eof ohne Parameter entspricht *Eof(INPUT)*.

Beispiel
Dieses Programm öffnet eine vorhandene Datei und liest deren Datensätze heraus, bis das Ende der Datei erreicht ist.

```
PROGRAM Eof_Test;
TYPE
  karte=RECORD
    name,
    vorname:STRING[20]
  END;
VAR
  f:FILE OF karte;
  adresse:karte;
BEGIN
  Assign(f,'SCHLITZ.OHR');  { Datei muß vorhanden sein! }
  Reset(f);
  WHILE NOT Eof(f) DO BEGIN
    Read(f,adresse);
```

```
    WriteLn(adresse.name,' ',adresse.vorname)
  END;
  Close(f)
END.
```

Siehe auch
EoLn, FilePos, FileSize, SeekEoln, SeekEof

EoLn

Textdatei

Zweck
Ermittelt, ob der Dateizeiger am Ende einer Zeile steht.

Struktur

```
FUNCTION EoLn(VAR f:TEXT):BOOLEAN;
```

Bemerkung
Die Funktion *EoLn* gibt den Wert TRUE aus, wenn der Zeiger das Ende einer Zeile (in einer Textdatei) erreicht hat, andernfalls übermittelt sie den Wert FALSE.
Das Ende einer Zeile wird mit der Zeichenfolge CR und LF markiert (CR=CHAR(13), LF=CHAR(10)); *EoLn* wird dann TRUE, wenn der Zeiger auf CR steht.
Wenn *Eof* TRUE ist, ist auch *EoLn* TRUE.
EoLn arbeitet bei Diskettendateien anders als bei Standarddateien (z.B. LST):

	Diskettendatei	Standarddatei
EoLn ist TRUE	wenn das nächste Zeichen ein Ctrl Z oder ein CR ist, oder wenn Eof TRUE ist.	wenn das gerade gelesene Zeichen ein Ctrl Z oder ein CR war.

EoLn ohne Parameter entspricht *EoLn(INPUT)*.

Beispiel
Dieses Programm öffnet eine Textdatei und liest die erste Zeile (Zeichen für Zeichen).

```
PROGRAM EoLn_Test;
VAR
  f:TEXT;
  ch:CHAR;
BEGIN
  Assign(f,'ABSCHIED.BRF');  { Datei muß vorhanden sein! }
  Reset(f);
  WHILE NOT EoLn(f) DO BEGIN
    Read(f,ch);
    Write(ch)
  END;
  Close(f)
END.
```

Siehe auch
Eof, FilePos, FileSize, SeekEoln, SeekEof

Erase

Datei

Zweck
Löscht eine Datei.

Struktur

```
PROCEDURE Erase(VAR f:dateivariable);
```

Bemerkung
Eine Datei sollte vor dem Löschen geschlossen sein. Eine Datei gilt als offen, wenn eine der Prozeduren *Append*, *Reset* oder *Rewrite* ausgeführt worden ist. Eine Datei wird mit *Close* geschlossen.
Dateien, die gelöscht werden sollen, brauchen nicht unbedingt typisiert zu werden. Aus diesem Grund kann folgende Deklaration bei allen Dateitypen (auch Textdateien) verwendet werden:

```
VAR
  f:FILE;
```

Wenn die zu löschende Datei nicht existiert, wird ein I/O-Fehler ausgegeben.

Beispiel
Dieses Programm löscht eine Datei.

```
PROGRAM Erase_Test;
VAR
  f:FILE;
BEGIN
  Assign(f,'ADE.OJE');  { Datei muß vorhanden sein! }
  Erase(f)
END.
```

Siehe auch
Assign, Close, Eof, Rename, Reset, Rewrite, Truncate

ErrorAddr

Systemvariable

Zweck
Enthält die Adresse eines aufgetretenen Laufzeitfehlers.

Struktur

```
VAR ErrorAddr:POINTER;           { nur 4.0 }
CONST ErrorAddr:POINTER=NIL;     { ab 5.0  }
```

Bemerkung
Falls ein Programm durch einen Laufzeitfehler abgebrochen wird, zeigt *ErrorAddr* auf denjenigen Befehl, der diesen ausgelöst hat. Andernfalls enthält *ErrorAddr* den Zeigerwert NIL.
Mit der Systemvariablen *ExitProc* wird es möglich, eine eigene Fehlerbehandlungs-Routine zu schreiben; bitte weisen Sie in dieser der Systemvariablen *ErrorAddr* den Wert NIL zu, um weitere Fehlermeldungen zu verhindern.

Siehe auch
ExitCode, ExitProc, RunError

Exec

MS-DOS

Zweck
Ruft ein unter DOS ausführbares Programm auf.

Struktur

```
PROCEDURE Exec(programmname,parameter:STRING);            { nur 4.0 }
PROCEDURE Exec(programmname:PathStr; parameter:ComStr);   { ab 5.0  }
```

Bemerkung
Exec ist in der Unit **Dos** enthalten.
Der Parameter *programmname* enthält das aufzurufende Programm, Laufwerksname und Suchpfad können diesem vorangestellt werden. Dem Argument *parameter* werden Kommandozeilen-Parameter (fakultativ, siehe auch *ParamCount* und *ParamStr*) übergeben.
Fehler, die bei der Ausführung entstehen, sind als Nummer in der Systemvariablen *DosError* enthalten. Die Funktion *DosExitCode* enthält den Exit-Code eines Programmes (siehe *Halt*).
Für Programme, die mit *Exec* gestartet werden, muß die Dateierweiterung (.COM oder .EXE) angegeben werden:

```
Exec('word.com','');
Exec('c:\turbo5\turbo.exe','');
```

Interne DOS-Befehle (z.B. COPY, DIR, ERASE) und .BAT-Dateien sind mit Hilfe des Kommando-Interpreters COMMAND.COM zu starten:

```
Exec('\command.com','/c dir *.*');
```

\command.com gibt an, daß sich der Kommando-Interpreter im Wurzelverzeichnis des aktuellen Laufwerkes befindet. **/c** leitet hier immer das Argument *parameter* ein. Natürlich ist es möglich, auch .COM- oder .EXE-Dateien auf diese Weise zu starten (mit etwas Zeitverlust verbunden):

```
Exec('\command.com','/c c:\turbo5\turbo');
```

wobei Sie nun allfällige Dateierweiterungen getrost weglassen können.
Achtung: Wenn Sie die Prozedur *Exec* aufrufen, denken Sie bitte daran, daß Sie mit dem Compiler-Befehl M (siehe Anhang E) nur den benötigten Heap reservieren, da Turbo Pascal sonst für das zu startende Programm keinen Speicherplatz zur Verfügung stellen kann (in diesem Fall enthält *DosError* den Wert 8).
Turbo Pascal verändert beim Programmstart die Interrupt-Vektoren $00, $02, $1B, $23, $24, $34..$3F und $75 (einige dieser Vektoren erst ab der Version 5.0). Diese Werte werden in den Variablen *SaveInt??* gespeichert und am Ende jedes Programmes wieder restauriert.
Wenn mit Hilfe der Prozedur *Exec* ein weiteres Programm (.EXE oder .COM) gestartet wird, besteht die Gefahr, daß das neue Programm einige Interrupt-Vektoren verändert (die Interrupt-Vektoren $34..$3F sind beispielsweise für den Coprozessor-Emulator unerläßlich); außerdem landet das Programm bei Fehlern in der Laufzeit-Bibliothek von Turbo Pascal. Aus diesen Gründen sollte vor und nach jedem Aufruf von *Exec* die

Prozedur *SwapVectors* (erst ab Version 5.0 definiert) ausgeführt werden, damit jederzeit mit den erforderlichen Interrupt-Vektoren gearbeitet wird. In der **Version 4.0** kann die Prozedur *SwapVectors* durch folgende Zeilen ersetzt werden:

```
PROCEDURE SwapVectorsV40;
  { * Die Variable SaveInt1B wird in der Version 4.0 erst durch das }
  {   Einbinden der Unit Crt verfügbar. Deshalb streichen Sie bitte }
  {   die mit einem Stern gekennzeichnete Zeile, wenn Sie die Unit  }
  {   Crt nicht verwenden.                                          }
VAR
  temp:POINTER;
BEGIN
  GetIntVec($00,temp); SetIntVec($00,SaveInt00); SaveInt00:=temp;
  GetIntVec($02,temp); SetIntVec($02,SaveInt02); SaveInt02:=temp;
  GetIntVec($1B,temp); SetIntVec($1B,SaveInt1B); SaveInt1B:=temp; { * }
  GetIntVec($23,temp); SetIntVec($23,SaveInt23); SaveInt23:=temp;
  GetIntVec($24,temp); SetIntVec($24,SaveInt24); SaveInt24:=temp;
  GetIntVec($75,temp); SetIntVec($75,SaveInt75); SaveInt75:=temp
END;
```

Die für *Exec* nötigen Datentypen (ab Version 5.0) sind in der Unit **Dos** wie folgt definiert:

```
TYPE
  PathStr = STRING[79];
  ComStr  = STRING[127];
```

Beispiel
Folgendes Programm simuliert den Kommando-Interpreter COMMAND.COM (wobei er nur sechs interne DOS-Befehle kennt und bei den zu startenden Programmen die Dateierweiterung verlangt). Dieses Programm kann durch eine Leereingabe (unmittelbares Drücken der RETURN-Taste) abgebrochen werden.

```
PROGRAM Exec_test1;

{$M 16384,0,0 }

USES
  Dos;
CONST
  max=6;
  befehl:ARRAY [1..max] OF STRING[6]=
    ('DIR','COPY','RENAME','ERASE','CHDIR','TYPE');
VAR
  pfad,zeile,schnitt:STRING;
  i:INTEGER;
  intern:BOOLEAN;
```

```
BEGIN
  REPEAT
    GetDir(0,pfad);
    zeile:='';
    Write(pfad+'>');
    ReadLn(zeile);
    IF zeile='' THEN Halt;
    i:=Pos(' ',zeile);
    IF i=0 THEN
      schnitt:=zeile
    ELSE
      schnitt:=Copy(zeile,1,Pred(i));
    FOR i:=1 TO Length(schnitt) DO schnitt[i]:=UpCase(schnitt[i]);
    intern:=FALSE;
    FOR i:=1 TO max DO IF schnitt=befehl[i] THEN intern:=TRUE;
    SwapVectors;  { erst ab 5.0, sonst ausnahmsweise ignorieren }
    IF intern THEN
      Exec('\COMMAND.COM','/C '+zeile)
    ELSE BEGIN
      Delete(zeile,1,i);
      Exec(schnitt,zeile)
    END;
    SwapVectors;  { erst ab 5.0, sonst ausnahmsweise ignorieren }
    WriteLn;
    WriteLn(' Exit-Code: ',DosExitCode);
    WriteLn('DOS-Fehler: ',DosError);
    WriteLn
  UNTIL FALSE
END.
```

Diese Programm verwendet zur Befehlsausführung immer den Kommando-Interpreter COMMAND.COM. Somit können Sie alle DOS-Befehle wie gewohnt verwenden:

```
PROGRAM Exec_Test2;

{$M 16384,0,0 }

USES
  Dos;
VAR
  pfad,zeile:STRING;
BEGIN
  REPEAT
    zeile:='';
    GetDir(0,pfad);
    Write(pfad,'>');
    ReadLn(zeile);            { Abbruch durch Leereingabe }
    IF zeile='' THEN Halt;
    SwapVectors;  { erst ab 5.0, sonst ausnahmsweise ignorieren }
    Exec('c\command.com','/c '+zeile);
    SwapVectors;  { erst ab 5.0, sonst ausnahmsweise ignorieren }
```

```
    WriteLn(' Exit-Code: ',DosExitCode);
    WriteLn('DOS-Fehler: ',DosError)
  UNTIL FALSE
END.
```

Mit *Exec* wird es beinahe ein Kinderspiel, eine Benutzeroberfläche zu schreiben, die alle DOS-Kommandos beherrscht und etwas freundlicher mit dem Anwender umgeht.

Siehe auch
DosError, DosExitCode, Keep, SwapVectors

Exit

Zweck
Verläßt den aktuellen Programm-Block.

Struktur

```
PROCEDURE Exit;
```

Bemerkung
Die Prozedur *Exit*, aufgerufen in einem Unterprogramm (Prozedur oder Funktion), verläßt dieses augenblicklich; im Hauptprogramm bewirkt *Exit* einen Programmabbruch.

Beispiel
In diesem Programm wird eine Prozedur mit *Exit* verlassen.

```
PROGRAM Exit_Test;
VAR
  n:INTEGER;

  FUNCTION Fac(i:INTEGER):INTEGER;
  BEGIN
    IF i<0 THEN BEGIN
      Write(#7);
      Fac:=-99;
      Exit
    END;
    IF i=0 THEN
      Fac:=1
    ELSE
      Fac:=i*Fac(i-1)
  END;
```

```
BEGIN
  Write('Fakultät von welcher Zahl? ');
  ReadLn(n);
  Write('Fac(',n,')=',Fac(n))
END.
```

Siehe auch
Halt

ExitCode

Systemvariable

Zweck
Enthält die Nummer eines aufgetretenen Laufzeitfehlers.

Struktur

```
VAR ExitCode:INTEGER;         { nur 4.0 }
CONST ExitCode:INTEGER=0;     { ab 5.0  }
```

Bemerkung
In einer eigenen Fehlerbehandlungs-Routine (siehe hierzu *ExitProc*) kann mit Hilfe der Systemvariablen *ExitCode* die Fehlerursache ermittelt werden, denn die in *ExitCode* enthaltenen Werte entsprechen den im Anhang F beschriebenen Fehlernummern.
Die Systemvariable *ErrorAddr* enthält die Speicheradresse der fehlerhaften Programmstelle. Falls kein Laufzeitfehler aufgetreten ist (*ErrorAddr* gleich NIL), enthält *ExitCode* das Argument der Prozedur *Halt*.

Siehe auch
ErrorAddr, ExitProc, RunError

ExitProc

Systemvariable

Zweck
Ermöglicht das Definieren einer eigenen Fehlerbehandlungs-Routine.

Struktur

```
VAR ExitProc:POINTER;          { nur 4.0 }
CONST ExitProc:POINTER=NIL;    { ab 5.0  }
```

Bemerkung
Die Systemvariable *ExitProc* enthält die Speicheradresse einer Routine, die bei einem Laufzeitfehler, beim Prozeduraufruf *Halt* oder beim Programmende aufgerufen werden soll. Turbo Pascal selbst hat für einige Units Exit-Prozeduren definiert, die geöffnete Dateien (z.B. LST, INPUT) schließen, Interrupt-Vektoren zurücksetzen oder vom aktuellen Graphik-Modus in einen Textmodus schalten.
Eine eigene Exit-Prozedur muß folgende Voraussetzungen erfüllen:

- Parameterlose Prozedur
- Als *far* deklariert (siehe Compiler-Befehl **F** im Anhang E)

Bevor *ExitProc* die Speicheradresse Ihrer eigenen Exit-Prozedur *ExitProc* übergeben wird, muß zuerst der alte Inhalt dieser Systemvariablen gerettet werden, da ja *ExitProc* bereits auf eine von Turbo Pascal definierte Exit-Prozedur zeigt, die natürlich nach unserer eigenen ausgeführt werden soll (hierzu setzen Sie *ExitProc* am Ende Ihrer Exit-Prozedur auf ihren alten Wert zurück, somit werden weitere Exit-Prozeduren automatisch ausgeführt).
Wenn die Systemvariable *ExitProc* den Wert NIL enthält, wird die Kette der Exit-Prozeduren abgebrochen. Aus diesem Grund wird ihr vor jedem Aufruf einer Exit-Prozedur selbständig der Wert NIL zugeordnet, damit keine ungewollten Endlosschleifen entstehen können.
Es ist möglich, für jede Programmeinheit (für jede Unit) eine oder mehrere Exit-Prozeduren zu schreiben (siehe hierzu folgendes Beispiel).

Beispiel
Dieses Programm installiert zur Demonstration zwei Exit-Prozeduren.

```
PROGRAM ExitProc_Test;
USES
  Crt;
VAR
  alt_exit:POINTER;

{$F+}
  PROCEDURE exit2;
  VAR
    ch:CHAR;
  BEGIN
    WriteLn('Dies ist die zweite Exit-Prozedur');
    WriteLn('Weiter mit jeder Taste ...');
    ch:=ReadKey;
    ExitProc:=alt_exit  { Aufruf der Turbo Pascal-Exit-Prozeduren }
  END;
```

```
  PROCEDURE EndeDerDebatte;
    { Aufgerufen bei Laufzeitfehler oder Programmende }
  BEGIN
    IF ErrorAddr<>NIL THEN BEGIN
      Sound(440);
      Delay(100);
      NoSound;
      WriteLn('Laufzeitfehler Nr. ',ExitCode);
      WriteLn('Fehlerstelle (Segment): ',Seg(ErrorAddr));
      WriteLn('Fehlerstelle (Offset): ',Ofs(ErrorAddr));
      ErrorAddr:=NIL
    END;
    ExitProc:=Addr(exit2)  { Bewirkt die Ausführung von <exit2> }
  END;
{$F-}

BEGIN
  alt_exit:=ExitProc;
  ExitProc:=Addr(EndeDerDebatte);
  WriteLn('Diese Zeile erzeugt einen Laufzeitfehler: ',0/0)
END.
```

Siehe auch
ErrorAddr, ExitCode, RunError

EXTENDED

Datentyp

Zweck
Datentyp, der die Bereiche 1.9e-4951 bis 1.1e4932 und -1.9e-4951 bis -1.1e4932 zuläßt.

Bemerkung
Ein Datentyp definiert die Beschaffenheit der Werte, die eine Variable annehmen kann. Dieser kann in einem Programm nur ein einziger Datentyp zugeordnet werden.

Version 4.0: Der Datentyp EXTENDED ist nur bei vorhandenem mathematischen Coprozessor verfügbar (siehe Compiler-Befehl **N** im Anhang E).

Ab Version 5.0: Der Datentyp EXTENDED kann dank des Coprozessor-Emulators auf jedem Computersystem eingesetzt werden (siehe Compiler-Befehl **E** im Anhang E).

EXTENDED ist ein reeller Datentyp mit einer Genauigkeit von 19 bis 20 signifikanten Dezimalstellen; eine Variable dieses Typs belegt 10 Bytes Speicher.
Folgende Regeln sind beim Typ EXTENDED zu beachten:

a) Die Funktionen *Pred* und *Succ* sowie die Prozeduren *Dec* und *Inc* sind nicht erlaubt.
b) Der Datentyp EXTENDED kann nicht als Kontrollvariable in den Anweisungen FOR oder CASE verwendet werden.
c) Der Datentyp EXTENDED darf nicht als Index eines Arrays verwendet werden.
d) Teilbereiche des Typs EXTENDED sind nicht erlaubt.

Siehe auch
COMP, DOUBLE, REAL, SINGLE

Exp

Arithmetik

Zweck
Exponentialfunktion, berechnet e "hoch" x.

Struktur

```
FUNCTION Exp(r:REAL):REAL;
```

Bemerkung
Exp(x) berechnet e^x, wobei e dem Wert 2.718... (Eulersche Konstante) entspricht.

```
y "hoch" x         = Exp(x*Ln(y))
x-te Wurzel von y = Exp(1/x*Ln(y))
```

Siehe auch
ArcTan, Cos, Ln, Sin, Sqr, Sqrt

EXTERNAL

Reserviertes Wort

Zweck
Ermöglicht das Aufrufen von Assembler-Routinen.

Bemerkung
Externe Routinen werden dadurch definiert, daß dem Funktions- oder Prozedurkopf das reservierte Wort EXTERNAL folgt. Der wirkliche Programm-Code (mit einem Assembler geschrieben) befindet sich in einer Datei außerhalb des Programmes und muß als .OBJ-Datei vorliegen (vom Assembler erzeugt). Diese .OBJ-Datei wird mit Hilfe der Compiler-Anweisung {$L *dateiname*} ins Turbo Pascal-Programm eingebunden:

```
{$L TEST.OBJ}

PROCEDURE RollUp(x1,y1,x2,y2:INTEGER); EXTERN;
FUNCTION RotateL(wert:WORD; anz:BYTE):WORD; EXTERN;
```

Da der **Stack** bei der Parameter-Übergabe und der Zwischenspeicherung von beliebigen Werten eine wesentliche Rolle spielt, wollen wir uns zuerst seine Organisation etwas genauer ansehen.
Der Stack (Stapel) ist grundsätzlich nach dem LIFO-Prinzip (last in, first out) organisiert; dies bedeutet, daß Werte, die zuletzt auf den Stack gelegt werden, wieder zuerst von ihm entfernt werden. Stellen Sie sich hierzu einen Teller-Stapel vor. Teller werden immer von oben weggenommen und zu einem späteren Zeitpunkt wieder oben hingelegt.
Nur nebenbei: Da Software-Entwickler immer wieder mit Programmier-Fehler zu kämpfen haben, sind im Zusammenhang mit Stacks folgende neue Fachausdrücke entstanden: LINO (last in, never out) und FISH (first in, still here). Leider sind für diese beiden Speicher-Organisationsformen bis heute noch keine wirklichen Einsatzgebiete gefunden worden.

Beim Aufruf der Funktion *RotateL* (siehe oben) geschieht nun folgendes: Die beiden Parameter *wert* und *anz* (*wert* zuerst) und die Rücksprung-Adresse (entspricht hier dem IP-Register) werden auf den Stack gebracht. Folgende Abbildung zeigt den Inhalt des Stacks nach dem Aufruf von *RotaleL*:

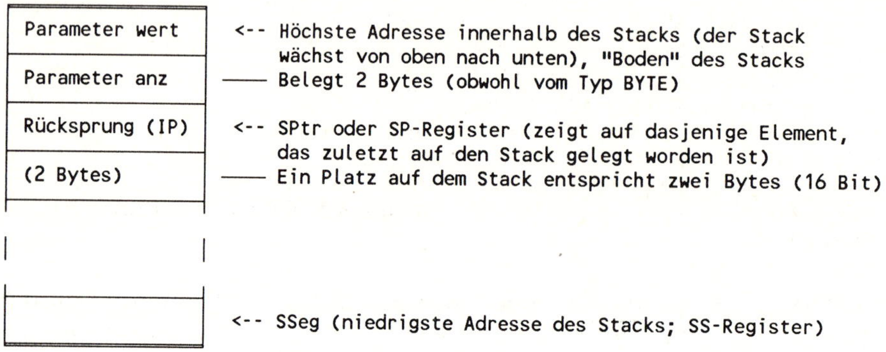

Da der Stack-Pointer (SP-Register oder die Turbo Pascal-Funktion *SPtr*) nicht für die Adressierung der Stack-Elemente benützt werden kann (denn SP verändert sich laufend), wird hierzu oft das BP-Register verwendet. Das BP-Register muß jedoch nach dem Aufruf einer externen Routine wieder den ursprünglichen Wert enthalten, deshalb wird dieser zuerst auf den Stack gelegt:

```
PUSH    BP       ; BP-Register auf Stack legen
MOV     BP,SP    ; BP-Register dem Stack-Pointer gleichsetzen
```

Am Ende der Routine wird mit folgender Anweisung der originale Wert vom Stack geholt:

```
POP     BP       ; ursprünglicher Wert vom Stack holen
```

Folgende Abbildung zeigt den Stack nach dem Sichern des BP-Registers:

```
+------------------+
| Parameter wert   |   <-- Adresse [BP+6]
+------------------+
| Parameter anz    |   <-- Adresse [BP+4]
+------------------+
| Rücksprung (IP)  |   <-- Adresse [BP+2]
+------------------+
| BP-Register      |   <-- SPtr und BP (nach PUSH BP und MOV BP,SP)
+------------------+
```

Der Parameter *wert* beispielsweise ist nun ab dem 6. Byte innerhalb des Stacks abgelegt (bezüglich BP) und kann mit Hilfe der Adressierung [BP+6] angesprochen werden. Die Funktion *RotateL* könnte beispielsweise wie folgt codiert sein:

```
; ------------------------------------------
; FUNCTION RotateL(wert:WORD; anz:BYTE):WORD;
; ------------------------------------------

RotateL PROC    NEAR        ; als "near" definiert
        PUSH    BP          ; Sichern des BP-Registers
        MOV     BP,SP       ; BP:=SP
        MOV     AX,[BP+6]   ; AX:=wert
        MOV     CL,[BP+4]   ; CL:=anz
        ROL     AX,CL       ; Rotieren
        POP     BP          ; BP-Register restaurieren
        RET     4           ; vor dem Rücksprung Parameter entfernen
RotateL ENDP
```

In diesem Beispiel ist die Funktion *RotateL* als "near" definiert worden. Dies bedeutet, daß sie nur innerhalb eines einzigen Code-Segments (maximal 64 KBytes) aufgerufen werden kann und die Sprung-Adresse nur 2

Bytes (Offset, Register IP) beträgt. Eine als "far" definierte Routine jedoch kann von jeder Stelle des Arbeitsspeichers aus angesprungen werden, und ihre Adresse wird mit Hilfe von 4 Bytes (Segment:Offset, Register CS:IP) angegeben. Wenn unsere Funktion *RotateL* als "far" definiert wird, verändern sich die einzelnen Adressen der beiden Parameter *wert* und *anz*, da die Rücksprung-Adresse nun aus vier Bytes besteht:

Parameter wert	<-- Adresse [BP+8]
Parameter anz	<-- Adresse [BP+6]
Rücksprung (CS)	— Segment-Teil
Rücksprung (IP)	— Offset-Teil
BP-Register	<-- SPtr und BP (nach PUSH BP und MOV BP,SP)

Die Anweisung *RET 4* in der Funktion *RotateL* lädt die Rücksprung-Adresse in das oder die entsprechenden Register zurück und entfernt die Parameter *wert* und *anz* vom Stack (die insgesamt 4 Bytes benötigen). Nun ist der von *RotateL* belegte Bereich auf dem Stack wieder vollständig frei.

Lokale Variablen: Jede Funktion oder Prozedur kann für lokale Variablen Speicherplatz auf dem Stack reservieren. Hierzu wird der Stack-Zeiger (SP-Register) um einen bestimmten Wert erniedrigt (denn der Stack wächst nach unten):

```
; -----------------------------------------
; FUNCTION RotateL(wert:WORD; anz:BYTE):WORD;
; -----------------------------------------

RotateL PROC NEAR             ; als "near" definiert
        PUSH BP               ; Sichern des BP-Registers
        MOV  BP,SP            ; BP:=SP
        SUB  SP,<AnzahlWords> ; Speicherplatz für lokale Variablen reservieren
        .
        .
```

Nach diesen Zeilen sieht unser Stack wie folgt aus:

```
+-------------------+
| Parameter wert    |   <-- Adresse [BP+6]
+-------------------+
| Parameter anz     |   <-- Adresse [BP+4]
+-------------------+
| Rücksprung (IP)   |
+-------------------+
| BP-Register       |   <-- BP-Register zeigt hierher (nach MOV BP,SP)
+-------------------+
| (lokale ...       |
+-------------------+
| ...               |
+-------------------+

| ...               |

+-------------------+
| ... Variablen)    |   <-- SP zeigt hierher (nach SUB SP,<AnzahlWords>)
+-------------------+
```

Bei der Verwendung von lokalen Variablen muß der Stack-Zeiger verändert werden, weil die aktuelle Routine eine andere Routine aufrufen könnte, die genauso Werte auf den Stack legt (und dies geschieht immer ab der momentanen Position des Stack-Zeigers).
Innerhalb einer Routine wird das BP-Register nach der Anweisung *MOV BP,SP* nicht mehr verändert, deshalb wird mit der umgekehrten Anweisung *MOV SP,BP* der für lokale Variablen reservierte Speicherbereich wieder freigegeben.
Folgender Programmcode sorgt dafür, daß am Ende einer Routine der vorübergehend reservierte Stack-Bereich vollständig freigegeben wird:

```
         .
         .
         MOV SP,BP          ; Speicherplatz für lokale Variablen freigeben
         POP BP             ; BP-Register restaurieren
         RET 4              ; vor Rücksprung Parameter vom Stack entfernen
RotateL ENDP
```

Bitte beachten Sie, daß jede dieser Anweisungen den Inhalt des SP-Registers verändert, bis es schließlich wieder den ursprünglichen Wert erhält.
Die Werte der Register BP, SS, SP und DS müssen nach dem Ausführen einer Funktion oder Prozedur dieselben Werte wie zuvor enthalten.

Alle Routinen einer Assembler-Datei, die auch in einem Pascal-Programm verwendet werden sollen, sind im Segment CODE als PUBLIC zu definieren. Turbo Pascal-Variablen, die von Assembler-Routinen benötigt werden, sind im Segment DATA als EXTRN aufzuführen:

```
DATA    SEGMENT WORD PUBLIC       ; Datensegment-Beginn
        EXTRN   TextAttr:BYTE     ; Pascal-Variable
DATA    ENDS                      ; Datensegment-Ende
```

```
CODE    SEGMENT BYTE PUBLIC      ; Codesegment-Beginn
        ASSUME  CS:CODE,DS:DATA  ; CS:=Codesegment, DS:=Datensegment
        PUBLIC  RollUp,RotateL   ; Namen der öffentlichen Routinen
        .
        .
```

Übergabe von VAR-Parametern: Alle Variablen-Parameter einer Pascal-Prozedur oder -Funktion werden mit Hilfe eines Zeigers (POINTER) übergeben. Dieser besteht aus 4 Bytes (Segment:Offset) und wird auf dem Stack abgelegt (zuerst der Segment-Teil).

Übergabe von Wert-Parametern: Die Übergabe von Wert-Parametern hängt vom Speicherplatz-Bedarf der einzelnen Werte ab. Die 1- und 2-Byte-Datentypen (SHORTINT, CHAR, BOOLEAN, eigene Aufzähltypen, INTEGER ...) werden als Wort (2 Bytes) auf den Stack gelegt, die Datentypen LONGINT und POINTER werden als 2 und REAL als 3 zusammengehörige Wörter abgelegt (immer höchstweriges Wort bzw. Segment-Teil zuerst).
Alle anderen Wert-Parameter (Mengen, Strings, Arrays, Records) werden mit Hilfe eines Zeiger übergeben, wenn sie mehr als 4 Bytes umfassen (was bei Mengen mit ihren 32 Bytes immer der Fall ist). Um auch Veränderungen dieser Wert-Parameter zu verhindern, kopiert Turbo Pascal diese nach der Zeiger-Übergabe in einen lokalen Bereich (aus diesem Grund wird ersichtlich, daß große Arrays oder Records nie als Wert-Parameter übergeben werden sollten, da das Umkopieren relativ viel Rechner-Zeit kostet).
Die IEEE-Datentypen (SINGLE, DOUBLE ...) werden auf den Rechenstack des mathematischen Coprozessors gelegt und nicht auf den Stack des 8086-Prozessors.

Funktionsergebnisse zurückgeben: Die Funktionsergebnisse werden normalerweise mit Hilfe der CPU-Register zurückgegeben:

Ergebnis vom Typ	CPU-Reg.	Bemerkungen
BYTE	AL	
SHORTINT	AL	
CHAR	AL	
BOOLEAN	AL	0=FALSE, 1=TRUE
Aufzähltypen	AL	z.B. TYPE tier=(hund,katze,maus);
INTEGER	AX	
WORD	AX	
LONGINT	DX:AX	DX=höherwertiges Wort
POINTER (Zeiger)	DX:AX	DX=Segment, AX=Offset

Ergebnis vom Typ	CPU-Reg.	Bemerkungen
REAL	DX:BX:AX	DX=höchstwertiges Wort
STRING	(Stack)	(siehe weiter unten)
Single Double Extended Comp	ST(0) ST(0) ST(0) ST(0)	Diese IEEE-Typen werden im obersten Register (Top of Stack) des 8087-Rechenstacks zurückgegeben

Funktionsergebnisse des Typs STRING werden mit Hilfe des Stacks zurückgegeben. Bereits beim Aufruf einer Funktion vom Typ String wird ein Zeiger auf den Stack gelegt, der auf einen temporären Speicherbereich zeigt, der beim Funktionsende das Ergebnis enthalten soll. Dieser Zeigerwert darf beim Verlassen der Funktion *nicht* vom Stack genommen werden. Die Funktion *Replicate*:

```
FUNCTION Replicate(ch:CHAR; anz:BYTE):STRING;
```

legt beim Aufruf folgende Werte auf den Stack:

(Temp-Segment)	<-- Adresse [BP+12], Segment des temporären Bereiches
(Temp-Offset)	<-- Adresse [BP+10], Offset des temporären Bereiches
Parameter ch	<-- Adresse [BP+8]
Parameter anz	<-- Adresse [BP+6]
Rücksprung (CS)	wenn als "far" codiert
Rücksprung (IP)	
BP-Register	<-- BP zeigt hierher (nach MOV BP,SP)

Das Funktion *Replicate* wird mit den Anweisungen *POP BP; MOV SP,BP; RET 4* (Freigeben von nur 4 Bytes, was den Parametern *ch* und *anz* entspricht) verlassen, so daß die Adresse (der Zeiger) des temporären Speicherbereichs auf dem Stack zurückbleibt.

Mathematischer Coprozessor: Wenn Sie sich für die genaue Arbeitsweise des 8087-Coprozessors interessieren, empfehle ich Ihnen das Buch von Arne Schäpers: "Turbo Pascal 5.0"; Konzepte, Analysen, Tips & Tricks; Addison-Wesley, Bonn.
Da es leider nicht möglich ist, auf so engem Raum alle wesentlichen Punkte der Assembler-Programmierung zu beschreiben, verweise ich gern

auf das Buch von Peter Norton und John Socha: "Peter Norton's Assemblerbuch"; Markt & Technik, Haar bei München.

Beispiel
Schreiben Sie folgenden Assembler-Code mit einem beliebigen Editor, und geben Sie der Datei bitte den Namen TESTASM.ASM. Nach dem folgenden Aufruf Ihres Assemblers

```
TASM TESTASM.ASM oder MASM TESTASM.ASM
```

erhalten Sie die Datei TESTASM.OBJ, die mit der Compiler-Anweisung **L** problemlos in ein Turbo Pascal-Programm eingebunden werden kann:

```
DATA    SEGMENT WORD PUBLIC      ; Datensegment-Beginn
        EXTRN   TextAttr:BYTE    ; Pascal-Variable
DATA    ENDS                     ; Datensegment-Ende

CODE    SEGMENT BYTE PUBLIC      ; Codesegment-Beginn
        ASSUME  CS:CODE,DS:DATA  ; CS:=Codesegment, DS:=Datensegment
        PUBLIC  RollUp,RotateL   ; Namen der öffentlichen Routinen

; ------------------------------------------------------------------
; PROCEDURE RollUp(x1,y1,x2,y2:INTEGER);
;
; - Rollt den Bildschirmbereich (x1,y1) .. (x2,y2) um eine Zeile
;   nach oben.
; ------------------------------------------------------------------

RollUp  PROC    FAR              ; CS und IP werden gesichert
        PUSH    BP               ; Sichern des BP-Registers
        MOV     BP,SP            ; BP:=StackPointer
        MOV     CL,[BP+12]       ; CL:=x1
        MOV     CH,[BP+10]       ; CH:=y1
        MOV     DL,[BP+8]        ; DL:=x2
        MOV     DH,[BP+6]        ; DH:=y2
        DEC     CL
        DEC     CH
        DEC     DL
        DEC     DH
        MOV     AL,1             ; um eine Zeile nach oben rollen
        MOV     BH,TextAttr      ; Farbattribut der neuen Leerzeile
        MOV     AH,6             ; Funktion 6 (nach oben rollen)
        INT     10H
        POP     BP               ; BP restaurieren
        RET     8                ; Parameter entfernen
RollUp  ENDP
```

```
; ---------------------------------------------------------------
; FUNCTION RotateL(wert:WORD; anz:BYTE):WORD;
;
; - Rotiert das Bitmuster von <wert> um <anz> Stellen nach links.
; - Bitte beachten Sie, daß auch der Parameter <anz> zwei Bytes
;   Speicherplatz auf dem Stack belegt.
; - Das Funktionsergebnis befindet sich beim Verlassen der Routine
;   im AX-Register (und wird auch dort erwartet)
; ---------------------------------------------------------------

RotateL PROC    FAR             ; CS und IP werden gesichert
        PUSH    BP              ; Sichern des BP-Registers
        MOV     BP,SP           ; BP:=StackPointer
        MOV     AX,[BP+8]       ; AX:=wert
        MOV     CL,[BP+6]       ; CL:=anz
        ROL     AX,CL           ; Rotieren
        POP     BP              ; BP restaurieren
        RET     4               ; Parameter entfernen
RotateL ENDP

CODE    ENDS                    ; Ende des Code-Segments
        END
```

Folgendes Pascal-Programm bindet obige Datei ein und verwendet die beiden Routinen *RollUp* und *RotateL*:

```
PROGRAM EXTARNAL_Test;
USES
  Crt;  { für die Variable <TextAttr>, die von <RollUp> benötigt wird }
VAR
  i:INTEGER;

{$L TESTASM.OBJ}

{$F+}   { Folgende Routinen sind in TESTASM.ASM als "far" codiert      }
  PROCEDURE RollUp(x1,y1,x2,y2:WORD); EXTERNAL;
  FUNCTION RotateL(wert:WORD; anz:BYTE); EXTARNAL;
{$F-}

BEGIN
  TextAttr:=7;
  FOR i:=1 TO 2000 DO Write('.');
  TextAttr:=112;
  FOR i:=1 TO 10 DO RollUp(4,4,40,10);
  TextAttr:=7;
  FOR i:=0 TO 15 DO WriteLn(i:2,': ',RotateL(1,i))
END.
```

Bei der Programmierung unter Turbo Pascal werden Sie äußerst selten den Wunsch verspüren, eine in Assembler geschriebene Routine einzubinden, da Turbo Pascal bereits mit den beiden Prozeduren *Intr* und *MsDos* das

Aufrufen von Betriebssystem-Routinen ermöglicht und damit ein typisches Einsatzgebiet von EXTERNAL-Anwendungen trifft. Obige Assembler-Routine *RollUp* läßt sich wesentlich einfach wie folgt schreiben:

```
USES
  Dos;

  PROCEDURE RollUp(x1,y1,x2,y2:INTEGER);
  VAR
    reg:registers;
  BEGIN
    WITH reg DO BEGIN
      ah:=6;          { Funktion 7 des Interrupt $10 }
      al:=1;          { Anzahl zu rollende Zeilen    }
      bh:=TextAttr;   { Farbattribut der neuen Zeile }
      ch:=Pred(x1);
      cl:=Pred(y1);
      dh:=Pred(x2);
      dl:=Pred(y2);
      Intr($10,reg)   { Routine ausführen lassen     }
    END
  END;

  .
  .
END.
```

Siehe auch
INLINE

Fail

Dynamische Speicherung (nur Version 5.5)

Zweck
Entfernt dynamisch erzeugte Objekte vom Heap, wenn zu wenig Speicherplatz zur Verfügung steht.

Struktur

```
PROCEDURE Fail;
```

Bemerkung
Der folgende Objekt-Typ *Window* ermöglicht die Verwendung von Fenstern, die beim Öffnen den verdeckenden Hintergrund in einer Puffervariable zwischenspeichern und beim Schließen diesen wieder an die ursprüngliche Bildschirm-Stelle schreiben:

```
TYPE
  WindowPtr=^Window;
  Window=OBJECT
    WindMin,
    WindMax:WORD;
    buf:POINTER;
    size:WORD;
    CONSTRUCTOR Open(x1,y1,x2,y2:INTEGER);
    DESTRUCTOR Close; VIRTUAL
  END;

  TitleWindowPtr=^TitleWindow;
  TitleWindow=OBJECT(Window)
    title:STRING;
    CONSTRUCTOR Open(x1,y1,x2,y2:INTEGER; tit:STRING)
  END;

  CONSTRUCTOR Window.Open(x1,y1,x2,y2:INTEGER);
  BEGIN
    WindMin:=Pred(y1) SHL 8+Pred(x1);
    WindMax:=Pred(y2) SHL 8+Pred(x2);
    size:=Succ(x2-x1)*Succ(y2-y1)*2;
    GetMem(buf,size);
    .
    .
  END;
  .
  .
VAR
  w1:WindowPtr;
BEGIN
  New(w1,Open(4,4,40,15));
  .
  .
```

Die Prozedur *New* erzeugt zunächst auf dem Heap das Objekt *w1* und benötigt hierzu einige Bytes. Danach ruft sie den CONSTRUCTOR *Open* auf, der die Felder *WindMin*, *WindMax* und *size* initialisiert und schließlich mit *GetMem* einen Datenpuffer erzeugt, der den zu verdeckenden Bildschirm-Ausschnitt zwischenspeichern soll.
Das mögliche Problem ist bekannt: Turbo Pascal meldet gewöhnlicherweise einen Laufzeitfehler, wenn trotz vollem Heap neuer Speicherplatz angefordert wird. Mit Hilfe einer Fehler-Behandlungs-Funktion kann jedoch ein Laufzeitfehler unterdrückt werden; in diesem Fall ordnen *New* oder *GetMem* nach erfolgloser Speicher-Anforderung einer Zeigervariablen den Wert NIL zu (siehe hierzu *HeapError*).
Bei der Erzeugung des Objektes *w1^* mit der obigen *New*-Anweisung sind drei Fälle denkbar:

1) Der Heap verfügt über genügend Speicherplatz, so daß das Objekt *w1^* und der Datenpuffer auf dem Heap erzeugt werden kann.
2) Der Heap verfügt über keinen Speicherplatz, so daß *New* der Zeigervariablen den Wert NIL zuweist (Fehler-Behandlungs-Routine installiert) und den CONSTRUCTOR *Open* nicht ausführen läßt.
3) Der Heap verfügt gerade über soviel Speicherplatz, daß er zwar die Zeigervariable *w1* aufnehmen kann, nicht aber den Datenpuffer. In diesem Fall führt *New* den CONSTRUCTOR *Open* aus, der nun erfolglos versucht, den Puffer auf dem Heap einzurichten.

Für den Fall 3) ist die neue Prozedur *Fail* definiert worden, die das unbrauchbare Objekt *w1^* wieder vom Heap entfernt und *w1* den Zeigerwert NIL übergibt. Nach der Freigabe des Heaps bewirkt *Fail* ein unverzügliches Verlassen der CONSTRUCTOR-Methode:

```
CONSTRUCTOR Window.Open(x1,y1,x2,y2:INTEGER);
BEGIN
  WindMin:=Pred(y1) SHL 8+Pred(x1);
  WindMax:=Pred(y2) SHL 8+Pred(x2);
  size:=Succ(x2-x1)*Succ(y2-y1)*2;
  GetMem(buf,size);
  IF buf=NIL THEN Fail;  { Entfernt unser Objekt vom Heap und ...   }
  .                      { ... bricht die Ausführung von <Open> ab. }
  .
END;
```

Der weiter oben definierte Objekt-Typ *TitleWindow* ist gemäß Definition ein Nachkomme von *Window*; er möchte bei der Initialisierung den CONSTRUCTOR seines Vorfahren verwenden:

```
CONSTRUCTOR TitleWindow.Open(x1,y1,x2,y2:INTEGER; tit:STRING);
BEGIN
  Window.Open(x1,y1,x2,y2);
  title:=tit
END;
```

Leider kann auf diese Weise nicht festgestellt werden, ob *Window.Open* aus Speicherplatz-Mangel mit *Fail* abgebrochen werden mußte. Aus diesem Grund kann der CONSTRUCTOR *Title.Open* wie eine Boolesche Funktion eingesetzt werden, die FALSE zurückgibt, sobald der CONSTRUCTOR mit *Fail* verlassen worden ist (wenn der CONSTRUCTOR nicht erfolgreich ausgeführt werden konnte):

```
CONSTRUCTOR TitleWindow.Open(x1,y1,x2,y2:INTEGER; tit:STRING);
BEGIN
  IF NOT Window.Open(x1,y1,x2,y2) THEN Fail;  { führt <Window.Open> aus }
  title:=tit
END;
```

Auf diese Weise wird erreicht, daß ein Objekt mit dem Typ *TitleWindow* nur dann dynamisch erzeugt werden kann, wenn auch der Vorfahr *Window* erfolgreich initialisiert worden ist.
Bitte beachten Sie, daß die Prozedur *Fail* nur innerhalb einer CONSTRUCTOR-Methode aufgeführt werden darf.

Beispiel

```
PROGRAM Fail_Test;
TYPE
  LinePtr=^Line;
  Line=OBJECT
    txt:^STRING;
    CONSTRUCTOR Init(zeile:STRING);
    DESTRUCTOR Done; VIRTUAL;
    PROCEDURE Show; VIRTUAL
  END;

  TwoLinesPtr=^TwoLines;
  TwoLines=OBJECT(Line)
    txt2:^STRING;
    CONSTRUCTOR Init(z1,z2:STRING);
    DESTRUCTOR Done; VIRTUAL;
    PROCEDURE Show; VIRTUAL
  END;

{ == Methoden von <Line> ========================================= }

  CONSTRUCTOR Line.Init(zeile:STRING);
  BEGIN
    New(txt);
```

```
    IF txt=NIL THEN  { Heap groß genug?            }
      Fail;          { <LinePtr> freigeben und Ende }
    txt^:=zeile      { genügend Speicher vorhanden  }
  END;

  DESTRUCTOR Line.Done;
  BEGIN
    Dispose(txt)
  END;

  PROCEDURE Line.Show;
  BEGIN
    WriteLn('1: ',txt^)
  END;

{ ══ Methoden von <TwoLines> ══════════════════════════ }

  CONSTRUCTOR TwoLines.Init(z1,z2:STRING);
  BEGIN
    IF NOT Line.Init(z1) THEN Fail;  { Vorfahr <Line> OK? }
    New(txt2);
    IF txt2=NIL THEN Fail;
    txt2^:=z2
  END;

  DESTRUCTOR TwoLines.Done;
  BEGIN
    Line.Done;
    Dispose(txt2)
  END;

  PROCEDURE TwoLines.Show;
  BEGIN
    Line.Show;
    WriteLn('2: ',txt2^)
  END;

{ ══ Allgemeine Routinen ══════════════════════════════ }

{$F+}
  FUNCTION HeapFehler(groesse:WORD):INTEGER;
  BEGIN
    HeapFehler:=1
  END;
{$F-}

VAR
  l1:LinePtr;
  l2:TwoLinesPtr;
BEGIN
  HeapError:=Addr(HeapFehler);  { neue Fehler-Funktion installieren }
  New(l1,Init('Ein kleiner Einzeiler'));
  New(l2,Init('Kennen Sie schon','den Herrn mit dem Hut?'));
```

```
    IF l1<>NIL THEN BEGIN
      l1^.Show;
      Dispose(l1,Done)
    END;
    IF l2<>NIL THEN BEGIN
      l2^.Show;
      Dispose(l2,Done)
    END
  END.
```

Siehe auch
CONSTRUCTOR, HeapError

FALSE

Konstante

Zweck
Entspricht dem Wahrheitswert FALSCH.

Bemerkung
FALSE ist vom Typ BOOLEAN.

```
Ord(FALSE) = 0.
```

Siehe auch
BOOLEAN, TRUE

FExpand

MS-DOS (ab Version 5.0)

Zweck
Erweitert einen Dateinamen um Laufwerk und Suchpfad.

Struktur

```
FUNCTION FExpand(name:PathStr):PathStr;
```

Bemerkung
FExpand ist in der Unit **Dos** enthalten.
Die Funktion *FExpand* ermittelt für den übergebenen Dateinamen *name* Laufwerk und Suchpfad. Falls der angegebene Dateiname keine Laufwerksbezeichnung besitzt, wird der Suchpfad für das aktuelle Laufwerk ermittelt. Das Funktionsergebnis wird selbständig in Großbuchstaben umgewandelt.

Der Datentyp *PathStr* ist in der Unit **Dos** wie folgt definiert:

```
TYPE
  PathStr=STRING[79];
```

Directories ohne führenden Backslash (\) werden so interpretiert, daß der dabei entstehende Dateiname den Regeln von MS-DOS entspricht:

```
USES
  Dos;
BEGIN
  ChDir('C:\TURBO');
  WriteLn(FExpand('UNITS\SCREEN.PAS'));  { 'C:\TURBO\UNITS\SCREEN.PAS' }
  WriteLn(FExpand('A:TEST.PAS'));        { 'A:\TEST.PAS'               }
END.
```

Die Pfadangaben .. (für Elternverzeichnis) und . (für aktuelles Verzeichnis) sind erlaubt und werden korrekt interpretiert; darüber hinaus kann ein Dateiname auch die Stellvertreter-Zeichen * und ? enthalten.

```
USES
  Dos;
BEGIN
  ChDir('C:\WORD\LEX5');
  WriteLn(FExpand('..\SPELL.LEX'));      { 'C:\WORD\SPELL.LEX'          }
  WriteLn(FExpand('.\INDEX.TXT'));       { 'C:\WORD\LEX5\INDEX.TXT'     }
  WriteLn(FExpand('*.TXT'))              { 'C:\WORD\LEX5\*.TXT'         }
END.
```

Mit Hilfe der Prozedur *FSplit* kann ein erweiterter Dateiname in seine Komponenten zerlegt werden (Suchpfad, Dateiname und Dateierweiterung).

Siehe auch
FSearch, FSplit

FILE

Reserviertes Wort

Zweck
Ermöglicht das Definieren von Disketten- oder Festplattendateien.

Bemerkung
Eine Datei kann aus einer Folge von Komponenten des gleichen Typs bestehen. Die Anzahl der Datei-Komponenten (Datensätze) kann zu- oder abnehmen; sie wird nicht festgelegt.

Pascal benutzt einen Dateizeiger, der angibt, an welcher Stelle gelesen oder geschrieben werden muß. Der Zeiger rückt selbständig nach jedem Lesen oder Schreiben zur nächsten Komponente vor.
Wenn alle Komponenten die gleiche Länge haben, kann die Position einer bestimmten Komponente berechnet werden. Aus diesem Grund ist ein direkter Zugriff auf alle Komponenten gewährleistet (engl. *random access*).
Eine solche Datei wird mit den reservierten Worten FILE OF definiert. Ihnen folgt der Komponententyp der Datei:

```
TYPE
  akte=RECORD
    name:STRING[20];
    steuerschuld:REAL
  END;
VAR
  industrie:FILE OF akte;
  datensatz:akte;
  messwerte:FILE OF REAL;
  r:REAL;
```

Eine untypisierte Datei wird nur mit dem reservierten Wort FILE definiert. Die Angabe des Komponententyps entfällt:

```
VAR
  f:FILE;
```

Bei den Ein- und Ausgabevorgängen mit untypisierten Dateien werden die Daten (Blöcke von 128 Bytes) direkt von der Disketten- oder Festplattendatei zur Variablen übertragen. Eine Sektorpufferung entfällt. Es ist möglich, die Blockgröße zu verändern (siehe hierzu *BlockRead* und *BlockWrite*).
Auf untypisierte Dateien kann nur mit den beiden Prozeduren *BlockRead* und *BlockWrite* zugegriffen werden. Wenn eine Datei nur gelöscht oder umbenannt werden soll, genügt es, sie als untypisierte Datei zu deklarieren.
Textdateien werden anders definiert (siehe TEXT).

Beispiel

```
PROGRAM FILE_Test;
TYPE
  str79=STRING[79];
  satz=RECORD
    autor,
    titel:str79
  END;
```

```
  FUNCTION Exist(dateiname:str79):BOOLEAN;
  VAR
    f:FILE;
  BEGIN
    Assign(f,dateiname);
    {$I-}
    Reset(f);
    {$I+}
    Exist:=FALSE;
    IF IOresult=0 THEN BEGIN
      Exist:=TRUE;
      Close(f)
    END
  END;

VAR
  f:FILE OF satz;
  buch:satz;
BEGIN
  WriteLn('Eine kleine Datenbank');
  WriteLn;
  IF Exist('BUCHDATA.DBF') THEN BEGIN
    Assign(f,'BUCHDATA.DBF');
    Reset(f);
    Seek(f,FileSize(f)) END
  ELSE BEGIN
    Assign(f,'BUCHDATA.DBF');
    Rewrite(f)
  END;
  WriteLn('Eingabe der Daten');
  WriteLn;
  REPEAT
    buch.autor:='';
    buch.titel:='';
    Write('Name des Autors: '); ReadLn(buch.autor);
    IF buch.autor<>'' THEN BEGIN
      Write('      Buchtitel: '); ReadLn(buch.titel);
      Write(f,buch);
      WriteLn
    END
  UNTIL buch.autor='';
  Seek(f,0);
  WHILE NOT Eof(f) DO BEGIN
    Read(f,buch);
    WriteLn(buch.autor:20,buch.titel:20)
  END;
  Close(f)
END.
```

Siehe auch
TEXT

FileMode

Systemvariable

Zweck
Legt den Zugriffscode bei typisierten und untypisierten Dateien fest.

Struktur

```
VAR FileMode:BYTE;        { nur 4.0 }
CONST FileMode:BYTE=0;    { ab 5.0  }
```

Bemerkung
Wenn typisierte (z.B. FILE OF REAL;) oder untypisierte (FILE;) Dateien mit *Reset* geöffnet werden, legt *FileMode* fest, welche Dateizugriffe möglich sind. Den einzelnen Werten von *FileMode* kommen folgende Bedeutungen zu (Bits 0..3):

0 Nur Lesen möglich
1 Nur Schreiben erlaubt
2 Lesen und Schreiben zulässig

Diese Werte sind ab DOS 2.0 definiert; für die DOS-Versionen ab 3.0 sind (im Zusammenhang mit Netzwerken) weitere Werte möglich (Bits 4..6 von *FileMode*):

0 Gemeinsamer Zugriff nur bei kompatiblen Programmen
1 Gemeinsamer Zugriff nicht erlaubt
2 Gemeinsamer Zugriff nur beim Lesen
3 Gemeinsamer Zugriff nur beim Schreiben
4 Gemeinsamer Zugriff beim Lesen und Schreiben erlaubt

Das Bit 7 der Variablen *FileMode* wird Vererbungsbit genannt und ist gesetzt, wenn Unterprogramme (gestartet von einem Hauptprogramm) **nicht** auf die Datei zugreifen dürfen.
Wenn Sie sich über dieses Thema bis ins letzte Detail informieren wollen, empfehle ich Ihnen das Buch "The MS-DOS Encyclopedia (Version 1.0-3.2)", Vieweg-Verlag, ISBN 3-528-14523-4, das mit seinen über 1.500 Seiten wohl keine Frage offen läßt (siehe dort DOS-Funktion 3Dh, Datei eröffnen).
FileMode erhält beim Start eines Programmes automatisch den Wert 2. Falls eine Datei mit *Rewrite* erzeugt oder eine Textdatei mit *Reset* eröffnet wird, zeigt eine Wertveränderung von *FileMode* keine Wirkung.

Beispiel

```
PROGRAM FileMode_Test;
VAR
  f:FILE OF INTEGER;
  i,z:INTEGER;
BEGIN
  Assign(f,'TEST.INT');
  Rewrite(f);
  WriteLn('Datei mit 100 INTEGER-Werten wird erzeugt ...');
  FOR i:=1 TO 100 DO BEGIN
    z:=Random(MaxInt);
    Write(f,z)
  END;
  Close(f);
  FileMode:=1;   { Nur Schreiben ist erlaubt }
  Reset(f);
  Read(f,i)      { I/O-Fehler wird erzeugt   }
END.
```

Siehe auch
Reset

FilePos

Datei mit direktem Zugriff

Zweck
Ermittelt den augenblicklichen Ort des Datenzeigers.

Struktur

```
FUNCTION FilePos(VAR f:FILE OF dateityp):LONGINT;
FUNCTION FilePos(VAR f:FILE):LONGINT;
```

Bemerkung
FilePos gibt die aktuelle Position des Datenzeigers aus.
Die erste Komponente einer Datei hat die Nummer 0.

Beispiel
Dieses Programm generiert eine Datei mit 100 Werten und schreibt sie schließlich auf den Bildschirm.

```
PROGRAM FilePos_Test;
VAR
  f:FILE OF INTEGER;
  i,z:INTEGER;
```

```
BEGIN
  Assign(f,'TEST.INT');
  Rewrite(f);
  WriteLn('Datei mit 100 INTEGER-Werten wird erzeugt ...');
  FOR i:=1 TO 100 DO BEGIN
    z:=Random(MaxInt);
    Write(f,z)
  END;
  WriteLn('Anzahl Komponenten: ',FileSize(f));
  Seek(f,0);
  FOR i:=1 TO FileSize(f) DO BEGIN
    Write(FilePos(f),'. Komponente: ');
    Read(f,z);
    WriteLn(z)
  END;
  Close(f)
END.
```

Siehe auch
FileSize, Seek

FileSize

Datei mit direktem Zugriff

Zweck
Übermittelt die Anzahl der Komponenten, die sich in einer Datei befinden.

Struktur

```
FUNCTION FileSize(VAR f:FILE OF typ):LONGINT;
FUNCTION FileSize(VAR f:FILE):LONGINT;
```

Bemerkung
Falls eine Datei leer ist, ermittelt *FileSize* den Wert 0.

Beispiel
Dieses Programm vergleicht die Größe zweier Dateien miteinander.

```
PROGRAM FileSize_Test;
VAR
  f:FILE OF CHAR;
  g1,g2:LONGINT;
  name:STRING[80];
BEGIN
  Write('1. Datei: '); ReadLn(name);
  Assign(f,name);
  Reset(f);
```

```
    g1:=FileSize(f);
    Close(f);
    Write('2. Datei: '); ReadLn(name);
    Assign(f,name);
    Reset(f);
    g2:=FileSize(f);
    Close(f);
    IF g1<g2 THEN
      WriteLn('1. Datei ist kleiner als 2. Datei')
    ELSE IF g1>g2 THEN
      WriteLn('1. Datei ist größer als 2. Datei')
    ELSE
      WriteLn('Beide Dateien enthalten ',g2,' Zeichen')
  END.
```

Siehe auch
FilePos, Seek

FillChar

Zweck
Initialisiert eine Variable mit einem Wert.

Struktur

```
PROCEDURE FillChar(VAR variable; anzahl:INTEGER; wert:CHAR);
PROCEDURE FillChar(VAR variable; anzahl:INTEGER; wert:BYTE);
```

Bemerkung
Die Prozedur *FillChar* greift direkt in den RAM-Bereich des Computers ein. Der Speicherbereich wird mit einem beliebigen Zeichen initialisiert (überschrieben).
Der Prozedur-Parameter *variable* ist eine Variable beliebigen Typs. *anzahl* gibt an, wieviele Bytes hintereinander überschrieben werden sollen. Als erstes Byte gilt dasjenige der Variablen *variable*. Der Parameter *wert* ist entweder vom Typ CHAR oder BYTE. Mit diesem Zeichen wird der Speicher überschrieben.
FillChar ist besonders dann praktisch, wenn ein großes Feld (Array) gelöscht oder initialisiert werden soll:

```
VAR
  feld:ARRAY [0..7,0..7,0..7] OF INTEGER;
BEGIN
  FillChar(feld,SizeOf(feld),0)
END.
```

Beispiel
Dieses Programm füllt die String-Variable mit dem Zeichen '-'; die Variable *zeile* besitzt 81 Bytes, denn zeile[0] gehört auch zur Variablen, diese Stelle enthält die Länge der String-Variablen.
Mit *zeile[0]:=CHAR(80);* wird der String auf die richtige Länge gesetzt.

```
PROGRAM FillChar_Test;
VAR
  zeile:STRING[80];
BEGIN
  FillChar(zeile,81,'-');
  zeile[0]:=CHAR(80);      { zeile[0]:=#80; bewirkt dasselbe }
  Write(zeile);
  FillChar(zeile,81,45);
  zeile[0]:=CHAR(80);
  Write(zeile)
END.
```

Siehe auch
Move, SizeOf

FillEllipse

Graphik (ab Version 5.0)

Zweck
Zeichnet eine mit einem Muster gefüllte Ellipse.

Struktur

```
PROCEDURE FillEllipse(x,y:INTEGER; xr,yr:WORD);
```

Bemerkung
FillEllipse ist in der Unit **Graph** definiert.
Die Prozedur *FillEllipse* zeichnet eine mit einem Muster gefüllte Ellipse. *(x,y)* entspricht dem Ellipsen-Mittelpunkt; der Parameter *xr* bezeichnet den horizontalen, *yr* den vertikalen Radius.
Bitte beachten Sie, daß *FillEllipse(x,y,c,c);* optisch nicht als Kreis (sondern als Ellipse) erscheint (siehe hierzu auch *GetAspectRatio*).
Die Prozedur *SetColor* setzt die Zeichenfarbe der Umrißlinie, *SetLineStyle* die Linienart und *SetFillStyle* das Füllmuster.

Beispiel
Folgendes Programm zeichnet mehrere Ellipsen:

```
PROGRAM FillEllipse_Test;
USES
  Graph,Crt;
VAR
  gr,mo,
  x,y:INTEGER;
  xr,yr:WORD;
BEGIN
  gr:=Detect;
  InitGraph(gr,mo,'');
  REPEAT
    x:=Random(GetMaxX-100)+50;
    y:=Random(GetMaxY-100)+50;
    xr:=Random(25)+25;
    yr:=Random(25)+25;
    SetFillStyle(Random(12),GetMaxColor);
    FillEllipse(x,y,xr,yr)
  UNTIL KeyPressed;
  CloseGraph
END.
```

Siehe auch
Arc, Circle, Ellipse, FillPoly, Sector

FillPoly

Graphik

Zweck
Zeichnet ein mit einem Muster gefülltes Vieleck.

Struktur

```
PROCEDURE FillPoly(anzahl:WORD; VAR daten);
```

Bemerkung
FillPoly ist in der Unit **Graph** enthalten.
Die Prozedur *FillPoly* verbindet mehrere Punkte zu einem Vieleck (Polygon) und füllt es mit einem Muster. Der Parameter *anzahl* legt die Anzahl der verfügbaren Punkte fest, *daten* enthält die einzelnen Koordinaten der Punkte. Verwenden Sie hierzu bitte den in der Unit **Graph** definierten Datentyp *PointType*:

```
TYPE
  PointType=RECORD
    x,y:INTEGER
  END;
```

FillPoly zeichnet auch dann ein Vieleck, wenn der erste Punkt mit dem letzten nicht identisch ist (im Gegensatz zu *DrawPoly*).
Die Prozedur *SetColor* setzt die Zeichenfarbe der Umrißlinie, *SetLineStyle* die Linienart und *SetFillStyle* das Füllmuster.
Beim Zeichnen eines Polygons, daß viele Eckpunkte besitzt, kann ein Fehler (Wert -6, siehe *GraphResult*) auftreten. Durch eine Vergrößerung des Graphik-Puffers (siehe *SetGraphBufSize*) kann dieser jedoch unterbunden werden.

Beispiel
Folgendes Programm zeichnet mehrere gefüllte Vielecke:

```
PROGRAM FillPoly_Test;
USES
  Crt,Graph;
VAR
  gr,mo:INTEGER;
  koord:ARRAY [1..10] OF PointType;
  i,anz:BYTE;
BEGIN
  gr:=Detect;
  InitGraph(gr,mo,'');
  REPEAT
    anz:=Random(7)+4;
    FOR i:=1 TO anz DO BEGIN
      koord[i].x:=Random(GetMaxX);
      koord[i].y:=Random(GetMaxY)
    END;
    SetFillStyle(Random(12),GetMaxColor);
    FillPoly(anz,koord)
  UNTIL KeyPressed;
  CloseGraph
END.
```

Siehe auch
DrawPoly, FillEllipse, FloodFill, Sector

FindFirst

MS-DOS

Zweck
Sucht in einem Verzeichnis nach einem Dateinamen.

Struktur

```
PROCEDURE FindFirst(maske:STRING; attr:WORD; VAR ergebnis:SearchRec);
```

Bemerkung
FindFirst ist in der Unit **Dos** enthalten.
Der Parameter *maske* enthält den zu suchenden Dateinamen, dem ein Laufwerkname und/oder ein Suchpfad vorangestellt werden kann. Der zu suchende Dateiname kann mit den Stellvertreterzeichen ? und * nach den Regeln von DOS versehen werden.
Jeder Dateieintrag ist durch ein Attribut gekennzeichnet. Dieses legt fest, zu welcher Art ein Dateieintrag gehört (Directory, Systemdatei, Diskettenname, normale Datei etc.). Mit *attr* geben Sie deshalb an, nach welchen Einträgen gesucht werden soll. Folgende Konstanten sind hierzu in der Unit **Dos** deklariert:

ReadOnly	=$01; Datei kann nur gelesen werden
Hidden	=$02; Versteckte Datei
SysFile	=$04; Systemdatei (gehört zum MS-DOS-Kern)
VolumeID	=$08; Name des Datenträgers
Directory	=$10; Verzeichnis
Archive	=$20; Archivierungsbit
AnyFile	=$3F; Beliebiger Dateieintrag

Bei einer Datendatei (Texte, Programme ...) ist meist das Archivierungsbit gesetzt; jedoch ist es auch durchaus üblich, bei diesen Dateien das Attribut auf 0 zu setzen.
Folgende Anweisung zeigt, wie beispielsweise nach Dateien gesucht werden kann, bei denen mindestens das *ReadOnly*- oder das *Archive*-Bit gesetzt ist:

```
FindFirst('*.*',ReadOnly+Archive,ergebnis);
```

Falls mit *FindFirst* ein entsprechender Dateieintrag gefunden worden ist, wird dieser mit Hilfe des Parameters *ergebnis* zugänglich gemacht. Der dabei notwendige Datentyp *SearchRec* ist im Unit **Dos** deklariert und sieht folgendermaßen aus:

```
TYPE
  SearchRec=RECORD
    fill:ARRAY [1..21] OF BYTE;  { reserviert für MS-DOS            }
    attr:BYTE;                   { Datei-Attribut                   }
    time:LONGINT;                { Datum, Uhrzeit (siehe UnpackTime) }
    size:LONGINT;                { Dateigröße in Bytes              }
    name:STRING[12]              { Dateiname                        }
  END;
```

Fehler, die während der Prozedur *FindFirst* auftreten, können mit der Systemvariablen *DosError* ermittelt werden. Die Prozedur *FindNext* sucht nach weiteren Dateieinträgen, die den mit *FindFirst* gesetzten Eigenschaften entsprechen.

Beispiel
Folgendes Programm zeigt alle im aktuellen Verzeichnis enthaltenen Dateieinträge an.

```
PROGRAM FindFirst_Test;
USES
  Dos;
VAR
  datei:SearchRec;
  zeit:DateTime;
  i:INTEGER;
BEGIN
  FindFirst('*.*',AnyFile,datei);
  WHILE DosError=0 DO BEGIN
    WriteLn;
    WITH datei,zeit DO BEGIN
      UnpackTime(time,zeit);
      Write(name:12,size:10,day:4,'.',month:2,'.',year,'  ');
      FOR i:=0 TO 5 DO BEGIN
        CASE attr AND (1 SHL i) OF
          ReadOnly:Write('ReO ');
          Hidden:Write('Hid ');
          SysFile:Write('Sys ');
          VolumeID:Write('Vol ');
          Directory:Write('Dir ');
          Archive:Write('Arch')
        END  { CASE }
      END  { FOR }
    END; { WITH }
    FindNext(datei)
  END
END.
```

Siehe auch
FindNext

FindNext MS-DOS

Zweck
Sucht nach weiteren Dateieinträgen.

Struktur

```
PROCEDURE FindNext(VAR ergebnis:SearchRec);
```

Bemerkung
FindNext ist in der Unit **Dos** enthalten.
Die Prozedur *FindNext* setzt die mit *FindFirst* eingeleitete Suche nach Dateieinträgen fort. Der Parameter *ergebnis* enthält nach dem Prozeduraufruf die Daten des gefundenen Eintrages, der hierzu notwendige Datentyp *SearchRec* ist in der Unit **Dos** deklariert. Ein Fehler, der bei der Ausführung von *FindNext* auftritt, kann mit der Systemvariablen *DosError* ermittelt werden.

Siehe auch
FindFirst

FloodFill

Graphik

Zweck
Füllt eine Fläche beliebiger Form mit einem Muster.

Struktur

```
PROCEDURE FloodFill(x,y:INTEGER; rand:WORD);
```

Bemerkung
FloodFill ist in der Unit **Graph** enthalten.
Der Punkt *(x,y)* liegt innerhalb der zu füllenden Fläche, *rand* legt die Randfarbe der Figur fest. Falls diese nicht geschlossen ist, füllt *FloodFill* auch den Bereich außerhalb der zu füllenden Form.
Das aktuelle Füllmuster kann mit der Prozedur *SetFillStyle* und *SetFillPattern* verändert werden.
Ein Fehler, der während der Ausführung der Prozedur *FloodFill* auftritt, kann mit *GraphResult* ermittelt werden (Wert -7 möglich).
Achtung (Version 4.0): *FloodFill* scheint in gewissen Fällen den Heap an unerwünschten Stellen zu zerstören. Wurde mit *GetMem* auf dem Heap Speicherplatz reserviert und dieser mit Daten belegt, überschreibt *FloodFill* diese, wie folgendes Programm zeigt:

```
PROGRAM FehlerDemo;  { FloodFill-Fehler in der Version 4.0 }
USES
  Graph;
VAR
  gr,mo:INTEGER;
  bild:POINTER;
  gross:WORD;
```

```
BEGIN
  gr:=Detect;
  InitGraph(gr,mo,'');
  GetMem(bild,ImageSize(10,10,90,90));
  Circle(50,50,40);
  GetImage(10,10,90,90,bild^);
  FloodFill(50,50,1);  { Überschreibt die Bilddaten in bild^ }
  PutImage(10,100,bild^,0);
END.
```

Um diesem Problem aus dem Weg zu gehen, darf der Heap erst nach einem Aufruf von *FloodFill* mit Daten belegt werden.

Beispiel
Folgendes Programm zeigt, wie eindrücklich *FloodFill* komplizierte Gebilde füllt.

```
PROGRAM FloodFill_Test;
USES
  Graph;
VAR
  gr,mo,
  mx,my,
  i,e,s:INTEGER;
BEGIN
  gr:=Detect;
  InitGraph(gr,mo,'');
  Randomize;
  mx:=GetMaxX DIV 2;
  my:=GetMaxY DIV 2;
  FOR i:=mx DOWNTO 2 DO BEGIN
    CASE Random(4) OF
      0:e:=90;
      1:e:=180;
      2:e:=270;
      3:e:=360
    END;
    s:=e-90;
    setcolor(random(2));
    Ellipse(mx,my,s,e,i,my)
  END;
  FloodFill(mx,my,1);
  ReadLn;
  CloseGraph
END.
```

Siehe auch
FillPoly, SetFillPattern, SetFillStyle

Flush

Textdatei

Zweck
Entleert den Textpuffer und schreibt den Inhalt auf Diskette oder Festplatte.

Struktur

```
PROCEDURE Flush(VAR f:TEXT);
```

Bemerkung
Wenn Daten in eine Text-Datei geschrieben werden (mit *Write* oder *WriteLn*), gelangen sie zuerst in einen Puffer, der erst dann auf die Diskette/Festplatte geschrieben wird, wenn er voll ist. Diese Organisation erspart langsame Disketten- oder Festplattenzugriffe.
Die Prozedur *Flush* erzwingt ein Entleeren des Textpuffers. Wenn eine Textdatei mit *Close* geschlossen wird, ruft Turbo Pascal *Flush* selbständig auf.
Die voreingestellte Größe des Puffers für Textdateien ist 128 Byte. Der Puffer kann vergrößert werden (siehe TEXT und *SetTextBuf*), was besonders dann wichtig ist, wenn viele Ein- und Ausgaben gemacht werden müssen (wie zum Beispiel bei Kopierprogrammen).
Flush hat bei typisierten Dateien (FILE OF REAL usw.) keine Wirkung, da MS-DOS für sie keine Sektorpuffer verwendet.
Flush sollte nicht verwendet werden, wenn keine Datei offen ist.

Siehe auch
TEXT

FOR ... TO/DOWNTO ... DO

Reserviertes Wort

Zweck
Ermöglicht es, Anweisungen mehrmals hintereinander ausführen zu lassen.

Bemerkung
Die FOR-Anweisung enthält eine Laufvariable (auch Kontrollvariable), deren Wert bei jedem Durchlauf der Schleife verändert wird.
Die Werte der Laufvariablen können aufsteigen (TO) oder absteigen (DOWNTO).
In der FOR-Anweisung werden zusätzlich zwei Grenz-Werte angegeben, der Anfangswert und der Endwert. Sie sind durch das reservierte Wort TO oder DOWNTO getrennt.

Als Laufvariable sind alle einfachen skalaren Typen erlaubt (z.B. BYTE, CHAR, INTEGER, auch eigene ordinale Typen), REAL, POINTER und STRING sind nicht erlaubt.
Die beiden Grenzwerte müssen vom gleichen Typ sein wie die Laufvariable.
Innerhalb der Schleife ist es nicht erlaubt, die Laufvariable zu verändern.
Eine FOR-Schleife kann frühzeitig mit GOTO verlassen werden.
Die Schleife wird nicht ausgeführt, wenn der Anfangswert bereits zu Beginn kleiner ist als der Endwert (wenn TO verwendet wird; entsprechend bei DOWNTO).
Beim ordnungsgemäßen Verlassen der Schleife enthält die Laufvariable den angegebenen Endwert. Wird die Schleife nicht ausgeführt, wird der Laufvariablen kein Wert zugewiesen. Es ist nicht zu empfehlen, sich auf den Endwert einer Laufvariablen zu verlassen, da jeder Pascal-Compiler anders reagieren kann.
Sollen mehrere Anweisungen mehrmals ausgeführt werden, sind diese mit den reservierten Worten BEGIN und END zu umschließen.

Beispiel

```
PROGRAM FOR_Test;
VAR
  i:INTEGER;
  ch:CHAR;
BEGIN
  WriteLn('-- n --- n^2 --');
  FOR i:=1 to 100 DO
    WriteLn(i:4,'  ',i*i:7);
  WriteLn;
  WriteLn('Das Alphabet rückwärts:');
  FOR ch:='z' DOWNTO 'a' DO BEGIN
    Write(UpCase(ch));
    Write(ch);
    Write(' ')
  END
END.
```

Siehe auch
REPEAT ... UNTIL, WHILE ... DO

FORWARD

Reserviertes Wort

Zweck
Ermöglicht den gegenseitigen Aufruf zweier Prozeduren oder Funktionen.

Bemerkung
Laut Definition müssen Prozeduren oder Funktionen im Programmtext vor dem ersten Aufrufen geschrieben werden:

```
PROCEDURE nr1(b:BOOLEAN);
BEGIN
  WriteLn('Prozedur 1')
END;

PROCEDURE nr2(b:BOOLEAN);
BEGIN
  WriteLn('Prozedur 2');
  IF b THEN
    nr1(TRUE)
END;
```

nr2 ist es möglich, *nr1* aufzurufen, nicht aber umgekehrt. Aus diesem Grund kann *nr2* FORWARD deklariert werden:

```
PROCEDURE nr2(b:BOOLEAN); FORWARD;

PROCEDURE nr1(b:BOOLEAN);
BEGIN
  WriteLn('Prozedur 1');
  IF b THEN
    nr2(FALSE)
END;

PROCEDURE nr2;
BEGIN
  WriteLn('Prozedur 2');
  IF b THEN
    nr1(TRUE)
END;
```

Eine Prozedur oder Funktion ist FORWARD deklariert, wenn ihr Kopf getrennt vom Block deklariert ist. Dieser separate Kopf entspricht dem eigentlichen Prozedur- oder Funktions-Kopf, er wird aber zusätzlich mit dem reservierten Wort FORWARD abgeschlossen.
Die eigentliche Prozedur oder Funktion besitzt einen etwas verstümmelten Kopf. Er enthält nur noch den Namen, die Parameterliste muß weggelassen werden.

Beispiel

```
PROGRAM FORWARD_Test;

  PROCEDURE nr2(b:BOOLEAN); FORWARD;

  PROCEDURE nr1(b:BOOLEAN);
  BEGIN
    WriteLn('Prozedur 1');
    IF b THEN
      nr2(FALSE)
  END;

  PROCEDURE nr2;
  BEGIN
    WriteLn('Prozedur 2');
    IF b THEN
      nr1(TRUE)
  END;

BEGIN
  nr2(TRUE)
END.
```

Siehe auch
FUNCTION, OVERLAY, PROCEDURE

Frac

Arithmetik

Zweck
Gibt die Kommastellen einer Zahl aus.

Struktur

```
FUNCTION Frac(r:REAL):REAL;
```

Bemerkung
Der ganzzahlige Teil eines reellen Wertes wird abgeschnitten.

Beispiel

```
Frac(3.141) = 0.141
Frac(-3.11) = -0.11
```

Siehe auch
Abs, Int, Round, Trunc

FreeMem

Dynamische Speicherung

Zweck
Gibt einen Speicherblock auf dem Heap wieder frei.

Struktur

```
PROCEDURE FreeMem(VAR p:POINTER; groesse:WORD);
```

Bemerkung
groesse bestimmt die Anzahl Bytes, die auf dem Heap freizugeben sind. *groesse* muß exakt der Anzahl Bytes entsprechen, die zuvor mit der Prozedur *GetMem* reserviert worden sind.
Falls die Fragmentliste keine Eintragung mehr aufnehmen kann, wird ein Laufzeitfehler erzeugt (siehe auch *FreeMin*).

Beispiel
Dieses Programm liest eine Zeile ein und legt sie auf dem Heap ab. Anschließend wird der reservierte Speicherplatz wieder freigegeben.

```
PROGRAM FreeMem_Test;
TYPE
  str255=STRING[255];
  zeile=RECORD
    lang:BYTE;
    linie:^str255;
  END;
VAR
  eingabe:str255;
  txt:^zeile;
BEGIN
  Write('Text: ');
  ReadLn(eingabe);
  New(txt);
  txt^.lang:=Succ(Length(eingabe));
  GetMem(txt^.linie,txt^.lang);
  txt^.linie^:=eingabe;
  WriteLn('Ihr Text: ',txt^.linie^);
  FreeMem(txt^.linie,txt^.lang);
  Dispose(txt)
END.
```

Siehe auch
GetMem, MaxAvail, MemAvail

FreeMin

Systemvariable

Zweck
Legt den minimalen Speicherplatz für die Fragmentliste fest.

Struktur

```
VAR FreeMin:WORD;        { nur 4.0 }
CONST FreeMin:WORD=0;    { ab 5.0  }
```

Bemerkung
Die beiden Prozeduren *New* und *FreeMem* geben irgendwo auf dem Heap Speicher frei und erzeugen somit Löcher, die nicht mehr mit verwendbaren Daten belegt sind. Diese freien Stellen werden in der Fragmentliste registriert (maximal 8191 Eintragungen, jede belegt 8 Bytes), damit sie zu einem späteren Zeitpunkt wieder mit Daten belegt werden können.
Da der Heap und die Fragmentliste gegeneinander wachsen, kann es zu einer Kollision kommen. Mit der Systemvariablen *FreeMin* aber läßt sich die minimale Größe der Fragmentliste festlegen. Folgende Anweisung:

```
FreeMin:=8000;   { 8000 Bytes }
```

ermöglicht also 1000 Einträge in der Fragmentliste, da jeder 8 Bytes belegt.

Siehe auch
FreePtr, HeapError, HeapPtr

FreePtr

Systemvariable

Zweck
Zeigt auf die Fragmentliste.

Struktur

```
VAR FreePtr:POINTER;          { nur 4.0 }
CONST FreePtr:POINTER=NIL;    { ab 5.0  }
```

Bemerkung
Die Systemvariable *FreePtr* zeigt auf das erste freie Element der Fragmentliste, die folgendermaßen definiert ist:

```
TYPE
  FreeRec=RECORD
    OrgPtr,EndPtr:POINTER
  END;
  FreeList=ARRAY [0..8190] OF FreeRec;
  FreeListP=^FreeList;
```

Somit berechnet sich die Anzahl der bestehenden Einträge (maximal 8191):

```
Eintraege:=(8192-Ofs(FreePtr^) DIV 8) MOD 8192;
```

oder:

```
Eintraege:=(8192-Ofs(FreePtr^) SHR 3) AND 8191;  { etwas schneller }
```

Die beiden Datenfelder *OrgPtr* und *EndPtr* enthalten die Start- und Endadresse eines Loches (entstanden durch das Freigeben von Speicherplatz mit einer der Prozeduren *New* oder *FreeMem*) des Heaps. Jeder Eintrag in der Fragmentliste belegt 8 Bytes.
Falls die Fragmentliste voll ist, erzeugt das Freigeben eines weiteren Speicherplatzes einen Laufzeitfehler. Jedoch müßten in diesem Fall 8191 voneinander getrennte Löcher auf dem Heap bestehen (was auch bei intensivem Gebrauch des Heaps unwahrscheinlich ist). Um kleinste Löcher von wenigen Bytes zu verhindern, sollte die Prozedur *GetMem* nur ein Vielfaches von 8 oder 16 Bytes reservieren (wichtig bei Programmen, die verschieden große Blöcke reservieren und wieder freigeben, z.B. bei Textverarbeitung):

```
PROCEDURE GetMem(VAR p; groesse:WORD);
CONST
  step=16;
VAR
  pp:POINTER ABSOLUTE p;
BEGIN
  groesse:=((groesse+step-1) DIV step)*step;    { Ein Vielfaches von 16 }
  System.GetMem(pp,groesse)             { Ruft GetMem der Unit System auf }
END;
```

Wenn Sie (wie ich) die Zauberei lieben, schreiben Sie:

```
PROCEDURE GetMem(VAR p; groesse:WORD);
VAR
  pp:POINTER ABSOLUTE p;
BEGIN
  System.GetMem(pp,(groesse+15) AND 496)   { Ein Vielfaches von 16 }
END;
```

Betrachten Sie sich folgende Zeilen, die alle dasselbe Resultat berechnen (wenn *groesse* positiv ist):

```
1) groesse:=((groesse+15) DIV 16)*16;
2) groesse:=((groesse+15) SHR 4) SHL 4;
3) groesse:=(groesse+15) AND 496;
```

Die erste Zeile läßt sich ohne weiteres in die zweite umwandeln, da ein Verschieben des Bitmusters eine Division durch 16 oder eine Multiplikation mit 16 ersetzen kann. Daraus wird ersichtlich, daß die beiden Schiebeoperationen nichts anderes tun, als die Bits 0..3 zu löschen (und dies macht auch unsere Zeile Nummer drei, denn die Zahl 496_{10} entspricht $1'1111'0000_2$).

Mit der Systemvariablen *FreeMin* läßt sich die minimale Fragmentlistengröße (in Bytes) festlegen.

Siehe auch
FreeMin, HeapError, HeapPtr

FSearch

MS-DOS (ab Version 5.0)

Zweck
Sucht in mehreren Directories nach einem Dateinamen.

Struktur

```
FUNCTION FSearch(datei:PathStr; dirlist:STRING):PathStr;
```

Bemerkung
FSearch ist in der Unit **Dos** definiert.
Die Funktion *FSearch* sucht die Datei *datei* im aktuellen Verzeichnis; ist *datei* hier nicht enthalten, werden alle in *dirlist* aufgeführten Verzeichnisse durchsucht. Bei einer erfolgreichen Suche wird als Funktionsergebnis der Dateiname *datei* inklusiv Pfad zurückgegeben, andernfalls ein leerer String.
Der Datentyp *PathStr* ist in der Unit **Dos** folgendermaßen definiert:

```
TYPE
  PathStr=STRING[79];
```

Die einzelnen Directories in *dirlist* werden durch einen Strichpunkt (;) voneinander getrennt, Leerzeichen sind nicht erlaubt:

```
dirlist:='c:\word;c:\turbo\units;a:\;b:\';
```

Der Kommando-Interpreter COMMAND.COM kennt den internen Befehl *PATH*, mit dem sich eine Liste von Directories definieren läßt, die bei Bedarf durchsucht werden sollen. Diese Liste befindet sich in der Environment-Tabelle in folgender Form:

```
PATH=C:\START;C:\DOS;C:\WORD\BRIEFE
```

Mit Hilfe der Funktion *GetEnv* kann dieser Environment-Eintrag gelesen und verwendet werden:

```
dirlist:=GetEnv('PATH');
```

Fehler, die während *FSearch* auftreten, können mit der Funktion *IOresult* ermittelt werden.

Beispiel

```
PROGRAM FSearch_Test;
USES
  Dos;
VAR
  datei:PathStr;
  dirlist:STRING;
BEGIN
  WriteLn('Programmabbruch mit einer Leereingabe ...');
  dirlist:=GetEnv('PATH');
  REPEAT
    datei:='';
    Write('Zu suchender Dateiname: ');
    ReadLn(datei);
    IF datei='' THEN Halt;
    datei:=FSearch(datei,dirlist);
    IF datei='' THEN
      WriteLn('Datei nicht gefunden')
    ELSE
      WriteLn('Vollständiger Dateiname: ',datei)
  UNTIL FALSE
END.
```

Siehe auch
FExpand, FSplit

FSplit

MS-DOS (ab Version 5.0)

Zweck
Zerlegt einen Dateinamen in die Einzelteile "Suchpfad", "Name" und "Dateierweiterung".

Struktur

```
PROCEDURE FSplit(dateiname:PathStr;
                 VAR dir:DirStr; VAR name:NameStr; VAR ext:ExtStr);
```

Bemerkung
FSplit ist in der Unit **Dos** definiert.
Die Prozedur *FSplit* analysiert den Parameter *dateiname* und zerlegt diesen in die Komponenten "Suchpfad" (*dir*; inkl. Laufwerksangabe), "Dateiname" (*name*) und "Erweiterung" (*ext*; der Erweiterung wird ein Punkt vorangestellt). Es werden keine Zeichen in *dateiname* gelöscht, sondern immer einem der Parameter *dir*, *name* oder *ext* zugeordnet:

```
dateiname:='c:\turbo\units\spell.tpu';
FSplit(dateiname,dir,name,ext);
WriteLn('Dateiname: ',dateiname');      { Beide Ausgaben ...  }
WriteLn('Dateiname: ',dir+name+ext);  { ... sind identisch. }
```

Die Datentypen *PathStr*, *DirStr*, *NameStr* und *ExtStr* sind in der Unit **Dos** wie folgt definiert:

```
TYPE
  PathStr = STRING[79];
  DirStr  = STRING[67];
  NameStr = STRING[8];
  ExtStr  = STRING[4];
```

Falls beim Aufruf von *FSplit* der Parameter *dateiname* keinen vollständigen Dateinamen (z.B. fehlender Suchpfad) enthält, geben die Parameter *dir* oder *ext* möglicherweise einen leeren String zurück. Um dies zu verhindern, kann *dateiname* zuvor mit *FExpand* erweitert werden.

Beispiel

```
PROGRAM FSplit_Test;
USES
  Dos;
VAR
  datei:PathStr;
  dir:DirStr;
```

```
    name:NameStr;
    ext:ExtStr;
  BEGIN
    WriteLn('Abbruch mit einer Leereingabe ...');
    REPEAT
      datei:='';
      Write('Dateiname: ');
      ReadLn(datei);
      IF datei='' THEN Halt;
      datei:=FExpand(datei);
      FSplit(datei,dir,name,ext);
      WriteLn(' Suchpfad: ',dir);
      WriteLn('    Datei: ',name+ext);
      WriteLn
    UNTIL FALSE
  END.
```

Siehe auch
FExpand, FSearch

FUNCTION

Reserviertes Wort

Zweck
Ermöglicht das Schreiben von Funktionen.

Bemerkung
Mit einer Funktions-Vereinbarung wird eine vom Benutzer definierte Funktion vereinbart. Sie wird im Programm mit ihrem Namen aufgerufen. Die Funktion kann in dem Block verwendet werden, in dessen Deklarationsteil sie definiert wurde.
Eine Funktion kann sich selbst aufrufen (Rekursion).
Funktionen, die im selben Deklarationsteil definiert worden sind, können sich gegenseitig aufrufen.
Variablen, Label, Konstanten, Prozeduren und Funktionen, die im Deklarationsteil einer Funktion definiert worden sind, sind lokal, d.h. in der höheren Blockebene sind sie alle unbekannt.
Der Funktionskopf besteht aus dem reservierten Wort FUNCTION, dem Funktionsnamen, einer optionalen Parameterliste und einem Datentyp, der die Art der Funktionswerte beschreibt.
Jeder einzelne Parameter muß eine Typangabe enthalten, mehrere Parameter werden durch einen Strichpunkt (;) voneinander getrennt:

```
FUNCTION z(x,y:INTEGER; hide:BOOLEAN):INTEGER;
```

Prinzipiell existieren bei Turbo-Pascal drei verschiedene Variablentypen (siehe PROCEDURE), es wird häufig aber nur der Wertparameter verwendet (wie oben).
Ein Wertparameter übergibt der Funktion eine Größe, aufgrund der die Funktion einen weiteren Wert berechnet.
Parameter können in der Funktion wie Variablen verwendet werden.
Das Resultat der Funktion wird dem Funktionsnamen zugewiesen, vergleichbar der Zuweisung einer Variablen.

Ab Turbo Pascal 5.0 ist es möglich, eine Funktion als Datentyp zu verwenden. Genaue Informationen erhalten Sie hierzu bei PROCEDURE.

Beispiel

```
PROGRAM FUNCTION_Test;
USES
  Crt,Dos;

  FUNCTION Rnd(a,b:INTEGER):INTEGER;
    { Ermittelt eine Zufallszahl im Bereich a..b }
  BEGIN
    Rnd:=Random(succ(b-a))+a
  END;

  FUNCTION LstOk:BOOLEAN;
    { Wird TRUE, wenn der Drucker an LPT1: aufnahmebereit ist }
  VAR
    pack:Registers;
    i:INTEGER;
  BEGIN
    pack.dx:=0;
    pack.ax:=$0200;
    Intr($17,pack);
    LstOk:=Hi(pack.ax)=144
  END;

VAR
  i:INTEGER;
BEGIN
  FOR i:=1 TO 10 DO
    WriteLn(i,'. Wurf: ',Rnd(1,6));
  IF LstOk THEN
    WriteLn('Drucker bereit.')
  ELSE
    WriteLn('Drucker nicht bereit.')
END.
```

Siehe auch
EXTERNAL, FORWARD, OVERLAY, PROCEDURE, PROGRAM

GetArcCoords

Graphik

Zweck
Ermittelt die Daten des letzten Aufrufes von *Arc*.

Struktur

```
PROCEDURE GetArcCoords(VAR daten:ArcCoordsType);
```

Bemerkung
GetArcCoords ist in der Unit **Graph** enthalten.
Die ermittelten Werte werden dem Parameter *daten* vom Typ *ArcCoords-Type* übergeben. Dieser Datentyp ist in der Unit **Graph** folgendermaßen definiert:

```
TYPE
  ArcCoordsType=RECORD
    x,y:INTEGER;       { Mittelpunkt }
    xstart,ystart,     { Startpunkt  }
    xend,yend:WORD     { Endpunkt    }
  END;
```

Bei den mit *GetArcCoords* ermittelten Werten handelt es sich um die Eckpunkte des Kreisbogens und den Kreisbogenmittelpunkt. Somit bleibt es dem Programmierer erspart, diese bei Bedarf selbst zu berechnen (mittels Trigonometrie). Die Eckpunkte eines Kreisbogens sind besonders dann von Bedeutung, wenn er mit Linien erweitert werden soll.
Vor dem ersten Aufruf der Prozedur *Arc* sind die mit *GetArcCoords* ermittelten Werte undefiniert.

Beispiel

```
PROGRAM GetArcCoords_Test;
USES
  Graph;
VAR
  gr,mo:INTEGER;
  daten:ArcCoordsType;
BEGIN
  gr:=Detect;
  InitGraph(gr,mo,'');
  Arc(100,100,45,135,80);
  GetArcCoords(daten);
  WITH daten DO BEGIN
    Line(xstart,ystart,xend,yend);
    Line(x,y,xstart,ystart);
    Line(x,y,xend,yend)
  END;
```

```
    Write('Weiter mit RETURN ...');
    ReadLn;
    CloseGraph
  END.
```

Siehe auch
Arc, Ellipse,

GetAspectRatio **Graphik**

Zweck
Ermittelt das Höhen-/Seitenverhältnis eines Bildschirmes in Abhängigkeit des gewählten Graphiktreibers und -modus.

Struktur

```
PROCEDURE GetAspectRatio(VAR x,y:WORD);
```

Bemerkung
GetAspectRatio ist in der Unit **Graph** enthalten.
Jeder Graphiktreiber und -modus besitzt sein eigenes Seiten-/Höhenverhältnis. Aus diesem Grund würden Graphikroutinen, die ohne dieses Wissen Kreise oder Quadrate zeichneten, nicht auf jedem Gerät dieselben Resultate (Proportionen) liefern.
GetAspectRatio ermittelt für die gewählte Graphikkarte das entsprechende Seiten-/Höhenverhältnis, das von den Prozeduren *Arc*, *Circle* und *PieSlice* verwendet wird, um Kreise wirklich völlig rund darzustellen.
Die von *GetAspectRatio* ermittelten Werte sind besonders dann wichtig, wenn übereinstimmende Seitenverhältnisse auf dem Bildschirm eine wesentliche Rolle spielen (beispielsweise bei CAD-Anwendungen). Um optisch gleichlange Linien zu erhalten, verwenden Sie bitte folgende Formeln:

```
GetAspectRatio(xasp,yasp);
x:=100;
y:=Round(x/yasp*xasp);  { Y-Richtung entspricht 100 Punkten in X-Richtung }

y:=100;
x:=Round(y/xasp*yasp);  { X-Richtung entspricht 100 Punkten in Y-Richtung }
```

Beispiel
Folgendes Programm zeichnet in jedem Graphikmodus echte Quadrate:

```
PROGRAM GetAspectRatio_Test;
USES
  Graph;
CONST
  gross=100;
VAR
  gr,mo:INTEGER;
  x,y:WORD;
BEGIN
  gr:=Detect;
  InitGraph(gr,mo,'');
  GetAspectRatio(x,y);
  Rectangle(0,0,Round(gross/x*y),gross);
  Rectangle(0,0,gross,Round(gross/y*x));
  ReadLn;
  CloseGraph
END.
```

Siehe auch
GetMaxX, GetMaxY, SetAspectRatio

GetBkColor

Graphik

Zweck
Ermittelt die aktuelle Hintergrundfarbe.

Struktur

```
FUNCTION GetBkColor:WORD;
```

Bemerkung
GetBkColor ist in der Unit **Graph** enthalten.
GetBkColor ermittelt einen Wert im Bereich von 0..15, der darauf hinweist, welcher Eintrag in der Farb-Palette als Hintergrundfarbe gilt. 0 entspricht dem ersten Eintrag in der Farb-Palette.
Zu Beginn ist automatisch der erste Eintrag der Farbpalette als Hintergrundfarbe aktiv. Die Hintergrundfarbe kann mit *SetBkColor* verändert werden.

Siehe auch
GetColor, GetPalette, SetAllPalette, SetBkColor, SetColor, SetPalette

GetCBreak

MS-DOS (ab Version 5.0)

Zweck
Ermittelt, wann sich MS-DOS durch die Tastenkombination *Ctrl-Break* unterbrechen lassen soll.

Struktur

```
PROCEDURE GetCBreak(VAR break:BOOLEAN);
```

Bemerkung
GetCBreak ist in der Unit **Dos** definiert.
Viele Betriebssystem-Funktionen werden mit Hilfe des Interrupts $21 ausgelöst. Die Funktionen $00..$0C erledigen beispielsweise die Ein- und Ausgabe (Bildschirm, Tastatur, parallele und serielle Schnittstelle), andere wiederum ermitteln das aktuelle Datum oder den verfügbaren Speicherplatz auf der Festplatte.
Standardmäßig prüft MS-DOS nur bei der Ein- und Ausgabe, ob die Tastenkombination *Ctrl-Break* (oder *Ctrl-C*) gedrückt worden ist, die ja bekanntlich ein laufendes Programm unterbrechen soll. Diese Prüfung läßt sich jedoch so erweitern, daß sich ein Programm vor jedem Funktionsaufruf des Interrupts $21 durch die Tastenkombination *Ctrl-Break* stoppen läßt.

Falls der Parameter *break* nach dem Prozeduraufruf von *GetCBreak* den Wert FALSE enthält, läßt sich ein Programm nur bei der Ein- oder Ausgabe mit der Tastenkombination *Ctrl-Break* unterbrechen, andernfalls auch vor jeder Funktionsausführung des Interrupts $21.
Wenn Sie eine Programm-Unterbrechung während der Ein- oder Ausgabe verhindern wollen, ordnen Sie bitte der Systemvariablen *CheckBreak* den Wert FALSE zu.
Der Kommando-Interpreter COMMAND.COM kennt den internen Befehl *BREAK*, mit dem sich dieser Schalter setzen läßt.

Siehe auch
CheckBreak, SetCBreak

GetColor

Graphik

Zweck
Ermittelt die aktuelle Zeichenfarbe.

Struktur

```
FUNCTION GetColor:WORD;
```

Bemerkung
GetColor ist in der Unit **Graph** enthalten.
GetColor ermittelt einen Wert im Bereich von 0..15, der darauf hinweist, welcher Eintrag in der Farb-Palette als Zeichenfarbe gilt. 0 entspricht dem ersten Eintrag in der Farb-Palette.
Wenn die Zeichenfarbe nicht gesetzt wird (mittels *SetColor*), verwendet Turbo Pascal den höchste Eintrag in der Palette als Zeichenfarbe.

Siehe auch
GetBkColor, GetPalette, SetBkColor, SetColor, SetPalette

GetDate

MS-DOS

Zweck
Ermittelt das aktuelle Systemdatum.

Struktur

```
PROCEDURE GetDate(VAR ja,mo,tg,wt:WORD);
```

Bemerkung
GetDate ist in der Unit **Dos** enthalten.
Der Parameter *ja* enthält das Jahr (1980..2099), *mo* den Monat (1..12), *tg* den Tag (1..31) und *wt* den daraus resultierenden Wochentag (0..6, wobei 0=Sonntag, 1=Montag)

Beispiel
Folgendes Programm schreibt das aktuelle Datum auf den Bildschirm:

```
PROGRAM GetDate_Test;
USES
  Dos;
CONST
  monat:STRING[36]='JanFebMärAprMaiJunJulAugSepOktNovDez';
  wtag:STRING[14]='SoMoDiMiDoFrSa';
VAR
  ja,mo,tg,wt:WORD;
BEGIN
  GetDate(ja,mo,tg,wt);
  Write('Heute ist ',Copy(wtag,wt*2+1,2),', ',tg,'. ');
```

```
  WriteLn(Copy(monat,(mo-1)*3+1,3),'. ',ja)
END.
```

Siehe auch
GetTime, SetDate, SetTime

GetDefaultPalette **Graphik (ab Version 5.0)**

Zweck
Ermittelt die Farbpalette, die bei der Initialisierung eines Graphik-Treibers gesetzt wird.

Struktur

```
PROCEDURE GetDefaultPalette(VAR palette:PaletteType);
```

Bemerkung
GetDefaultPalette ist in der Unit **Graph** definiert.
Jeder Graphik-Treiber und -Modus erhält bei der Initialisierung eine Standard-Farbpalette zugeordnet. Diese Farbpalette läßt sich mit der Prozedur *GetDefaultPalette* jederzeit ermitteln. Der dazu notwendige Typ *PaletteType* ist in der Unit **Graph** wie folgt definiert:

```
CONST
  MaxColors=15;
TYPE
  PaletteType=RECORD
    size:BYTE;
    colors:ARRAY [0..MaxColors] OF SHORTINT
  END;
```

Das Feld *size* zeigt, wieviele Einträge die Farbpalette enthält, *colors[0]..colors[size-1]* enthalten die einzelnen Farben. Der Wert von *size* hängt vom verwendeten Graphik-Treiber und -Modus ab und entspricht dem Ergebnis der Funktion *GetMaxColor*.

Siehe auch
GetPalette, GetPaletteSize, SetPalette, SetRGBpalette

GetDir

MS-DOS

Zweck
Ermittelt das aktuelle Verzeichnis.

Struktur

```
PROCEDURE GetDir(lauf:BYTE; VAR pfad:STRING);
```

Bemerkung
Übergibt der String-Variablen *pfad* das aktuelle Directory des Laufwerkes *lauf*.
lauf enthält die Angabe des Laufwerkes, wobei gilt:

```
0 = aktuelles Laufwerk
1 = Laufwerk A:
2 = Laufwerk B:
usw.
```

Beispiel
Dieses Programm schreibt das Directory des aktuellen Laufwerkes auf den Bildschirm.

```
PROGRAM GetDir_Test;
VAR
  dir:STRING[80];
BEGIN
  GetDir(0,dir);
  WriteLn('   Laufwerk: ',Copy(dir,1,2));
  WriteLn('Verzeichnis: ',dir)
END.
```

Siehe auch
ChDir, MkDir, OvrPath, RmDir

GetDriverName

Graphik (ab Version 5.0)

Zweck
Ermittelt den Namen des aktuellen Graphik-Treibers.

Struktur

```
FUNCTION GetDriverName:STRING;
```

Bemerkung
GetDriverName ist in der Unit **Graph** definiert.
Die Funktion *GetDriverName* gibt den mit *InitGraph* initialisierten Graphik-Treiber-Namen als String (max. 6 Zeichen) zurück.
Bitte beachten Sie, daß *GetDriverName* bei Graphik-Treibern, die mit *InstallUserDriver* installiert worden sind, einen leeren String liefert.

Siehe auch
GetModeName, InstallUserDriver

GetEnv

MS-DOS (ab Version 5.0)

Zweck
Sucht die Environment-Tabelle nach einem bestimmten Eintrag ab.

Struktur

```
FUNCTION GetEnv(variable:STRING):STRING;
```

Bemerkung
GetEnv ist in der Unit **Dos** definiert.
Die Ablaufumgebung (auch Environment) enthält Einträge, die für die Programmsteuerung bestimmt sind (genaueres hierzu bei *EnvCount*).
Jeder Environment-Eintrag besteht aus einer Zuweisung (z.B. PATH=C:\;C:\DOS;C:\TURBO\UNITS); einer Variablen (PATH) wird also ein Wert (C:\;C:\DOS;C:\TURBO\UNITS) zugeordnet.
Die Funktion *GetEnv* sucht die Variable *variable* innerhalb der Environment-Tabelle und gibt den ihr zugewiesenen Wert zurück. Auf die Groß- und Kleinschreibung des Parameters *variable* braucht nicht geachtet zu werden. Falls *variable* nicht gefunden wird, liefert *GetEnv* einen leeren String.

Beispiel

```
PROGRAM GetEnv_Test;
USES
  Dos;
BEGIN
  WriteLn('Verwendeter Kommando-Interpreter: ',GetEnv('COMSPEC'));
  WriteLn('  Diese Suchpfade sind definiert: ',GetEnv('PATH'))
END.
```

Siehe auch
EnvCount, EnvStr

GetFAttr

MS-DOS

Zweck
Ermittelt das Attribut einer Datei.

Struktur

```
PROCEDURE GetFAttr(VAR f; VAR attr:WORD);
```

Bemerkung
GetFAttr ist in der Unit **Dos** enthalten.
Die Datei *f*, von der das Attribut *attr* gelesen wird, darf nicht geöffnet sein.
Fehler, die während der Ausführung von *GetFAttr* auftreten, können mit der Systemvariablen *DosError* ermittelt werden.
Folgende Konstanten sind in der Unit **Dos** deklariert und erleichtern die Attributabfrage:

ReadOnly	=$01;
Hidden	=$02;
SysFile	=$04;
VolumeID	=$08;
Directory	=$10;
Archive	=$20;
AnyFile	=$3F;

Beispiel
Folgendes Programm erläutert das Attribut einer beliebigen Datei:

```
PROGRAM GetFAttr_Test;
USES
  Dos;
VAR
  f:FILE;
  attr:WORD;
  datei:STRING;
BEGIN
  Write('Dateiname: ');
  ReadLn(datei);
  Assign(f,datei);
  GetFAttr(f,attr);
  IF DosError<>0 THEN
    Write('Fehler ...')
  ELSE BEGIN
    IF attr AND 1=1 THEN WriteLn('Schreibgeschützte Datei');
    IF attr AND 2=2 THEN WriteLn('Versteckte Datei');
    IF attr AND 4=4 THEN WriteLn('Systemdatei');
    IF attr AND 8=8 THEN WriteLn('Disketten-Name');
```

```
    IF attr AND 16=16 THEN WriteLn('Verzeichnis');
    IF attr AND 32=32 THEN WriteLn('Archivierte Datei')
  END
END.
```

Siehe auch
GetFTime, SetFAttr, SetFTime

GetFillPattern

Graphik

Zweck
Ermittelt das aktuelle Füllmuster.

Struktur

```
PROCEDURE GetFillPattern(VAR FillPattern:FillPatternType);
```

Bemerkung
GetFillPattern ist in der Unit **Graph** enthalten.
Das zuletzt mit der Prozedur *SetFillPattern* gesetzte Füllmuster kann mit *GetFillPattern* ermittelt werden. Der dafür notwendige Datentyp *FillPatternType* ist in der Unit **Graph** definiert:

```
TYPE
  FillPatternType=ARRAY [1..8] OF BYTE;
```

Siehe auch
SetFillPattern

GetFillSettings

Graphik

Zweck
Ermittelt die aktuellen Werte des Füllmusters und der Zeichenfarbe.

Struktur

```
PROCEDURE GetFillSettings(VAR daten:FillSettingsType);
```

Bemerkung
GetFillSettings ist in der Unit **Graph** enthalten.

Die von *GetFillSettings* ermittelten Daten werden dem Parameter *daten* vom Typ *FillSettingsType* übergeben. *FillSettingsType* ist in der Unit **Graph** wie folgt deklariert:

```
TYPE
  FillSettingsType=RECORD
    pattern,
    color:WORD
  END;
```

Im Feld *pattern* ist die Nummer des aktuellen Füllmusters enthalten (siehe hierzu *SetFillStyle*), das Feld *color* enthält die aktuelle Zeichenfarbe (0..15).

Beispiel

```
PROGRAM GetFillSettings_Test;
USES
  Graph;
VAR
  gr,mo:INTEGER;
  daten:FillSettingsType;
BEGIN
  gr:=Detect;
  InitGraph(gr,mo,'');
  GetFillSettings(daten);
  WriteLn('Füllmuster-Nr.: ',daten.pattern);
  WriteLn('   Musterfarbe: ',daten.color);
  IF daten.pattern=UserFill THEN
    WriteLn('Muster von Ihnen entworfen ...');
  WriteLn;
  WriteLn('Weiter mit RETURN ...');
  ReadLn;
  CloseGraph
END.
```

Siehe auch
SetFillPattern, SetFillStyle

GetFTime

MS-DOS

Zweck
Ermittelt Datum und Uhrzeit einer Datei.

Struktur

```
PROCEDURE GetFTime (VAR f; VAR zeit:LONGINT);
```

Bemerkung
GetFTime ist in der Unit **Dos** enthalten.
f bezeichnet eine Disketten-Datei, die geöffnet sein muß.
zeit enthält nach dem Aufruf von *GetFTime* das Datum und die Uhrzeit der Datei *f*. Dieser Wert steht in kompakter Form und kann mit der Prozedur *UnpackTime* lesbar gemacht werden.
Der Datentyp *DateTime* (von *UnpackTime* verwendet) ist in der Unit **Dos** deklariert:

```
TYPE
  DateTime=RECORD
    year,month,day,
    hour,min,sec:INTEGER
  END;
```

Fehler, die während der Ausführung von *GetFTime* auftreten, können mit der Systemvariablen *DosError* ermittelt werden.

Beispiel
Folgendes Programm liest Datum und Uhrzeit einer beliebigen Datei:

```
PROGRAM GetFTime_Test;
USES
  Dos;
VAR
  zeit:LONGINT;
  norm:DateTime;
  f:FILE;
  datei:STRING;
BEGIN
  Write('Dateiname: ');
  ReadLn(datei);
  Assign(f,datei);
  Reset(f);
  GetFTime(f,zeit);
  UnpackTime(zeit,norm);
  WITH norm DO BEGIN
    WriteLn('Datum: ',day,'.',month,'.',year);
    WriteLn(' Zeit: ',hour,':',min,':',sec)
  END;
  Close(f)
END.
```

Siehe auch
GetFAttr, SetFAttr, SetFTime, UnpackTime

GetGraphMode

Graphik

Zweck
Ermittelt den aktuell gesetzten Graphikmodus.

Struktur

```
FUNCTION GetGraphMode:INTEGER;
```

Bemerkung
GetGraphMode ist in der Unit **Graph** enthalten.
Das von *GetGraphMode* ermittelte Funktionsergebnis liegt im Bereich von 0..5. Dieses hat bei jedem Graphiktreiber eine andere Bedeutung.
Folgende Konstanten, definiert in der Unit **Graph**, können verwendet werden:

CGAC0	=0; 320x200 Punkte, Farbpalette 0 (Hintergrundfarbe, grün, rot, braun), 1 Seite
CGAC1	=1; 320x200 Punkte, Farbpalette 1 (Hintergrundfarbe, türkis, lila, hellgrau), 1 Seite
CGAC2	=2; 320x200 Punkte, Farbpalette 2 (Hintergrundfarbe, hellgrün, hellrot, gelb), 1 Seite
CGAC3	=3; 320x200 Punkte, Farbpalette 3 (Hintergrundfarbe, helltürkis, rosa, weiß), 1 Seite
CGAHi	=4; 640x200 Punkte, schwarz-weiß, 1 Seite
MCGAC0	=0; 320x200 Punkte (wie CGAC0)
MCGAC1	=1; 320x200 Punkte (wie CGAC1)
MCGAC2	=2; 320x200 Punkte (wie CGAC2)
MCGAC3	=3; 320x200 Punkte (wie CGAC3)
MCGAMed	=4; 640x200 Punkte (wie CGAHi)
MCGAHi	=5; 640x480 Punkte, schwarz-weiß, 1 Seite
EGALo	=0; 640x200 Punkte, 16 beliebige Farben, 4 Seiten
EGAHi	=1; 640x350 Punkte, 16 beliebige Farben, 2 Seiten
EGA64Lo	=0; 640x200 Punkte, 16 beliebige Farben, 1 Seite
EGA64Hi	=1; 640x350 Punkte, 4 beliebige Farben, 1 Seite
EGAMonoHi	=3; 640x350 Punkte, schwarz-weiß, 1 Seite bei 64 KBytes, 4 Seiten bei 256 KBytes
IBM8514Lo	=0; 640x480 Punkte, 256 Farben (siehe *SetRGBPalette*), 1 Seite (ab 5.0)
IBM8514Hi	=1; 1024x768 Punkte, 256 Farben (siehe *SetRGBPalette*), 1 Seite (ab 5.0)

HercMonoHi	=0; 720x348 Punkte, schwarz-weiß, 2 Seiten
ATT400C0	=0; 320x200 Punkte (wie CGAC0)
ATT400C1	=1; 320x200 Punkte (wie CGAC1)
ATT400C2	=2; 320x200 Punkte (wie CGAC2)
ATT400C3	=3; 320x200 Punkte (wie CGAC3)
ATT400Med	=4; 640x200 Punkte (wie CGAHi)
ATT400Hi	=5; 640x400 Punkte, schwarz-weiß, 1 Seite
VGALo	=0; 640x200 Punkte, 16 beliebige Farben, 4 Seiten
VGAMed	=1; 640x350 Punkte, 16 beliebige Farben, 2 Seiten
VGAHi	=2; 640x480 Punkte, 16 beliebige Farben, 1 Seite
PC3270Hi	=0; 720x350 Punkte

Siehe auch
DetectGraph, InitGraph, SetGraphMode

GetImage

Graphik

Zweck
Kopiert einen rechteckigen Bildausschnitt in eine Puffervariable.

Struktur

```
PROCEDURE GetImage(x1,y1,x2,y2:INTEGER; VAR puffer);
```

Bemerkung
GetImage ist in der Unit **Graph** enthalten.
(x1,y1) bezeichnet den oberen linken, *(x2,y2)* den unteren rechten Eckpunkt des zu kopierenden Bildausschnittes.
puffer nimmt die Bilddaten auf, wobei die ersten 4 Bytes für die Maße der Höhe und Breite des zu kopierenden Bildes reserviert sind. Es ist darauf zu achten, daß *puffer* genügend Platz für die Bilddaten reserviert (siehe hierzu *ImageSize*).
Da nicht immer vorausgesagt werden kann, wieviele Bytes ein bestimmtes Bild belegen wird, ist es zu empfehlen, *puffer* mit der Prozedur *GetMem* dynamisch zu erzeugen:

```
USES
  Graph;
VAR
  bild:POINTER;
  gr,mo:INTEGER;
  gross:WORD;
BEGIN
  gr:=Detect;
  InitGraph(gr,mo,'');
  Circle(100,100,50);
  gross:=ImageSize(50,50,150,150);
  GetMem(bild,gross);              { reserviert Speicher auf dem Heap }
  GetImage(50,50,150,150,bild^);
  PutImage(100,50,bild^,NormalPut);
  FreeMem(bild,gross)              { gibt reservierten Speicher frei  }
END.
```

Achtung: Falls Sie vor dem Aufruf der Prozedur *FloodFill* Speicher auf dem Heap reservieren lassen und diesen mit Daten belegen, besteht unter Turbo Pascal 4.0 die Möglichkeit, daß *FloodFill* diese Daten überschreibt (siehe auch *FloodFill*; ab der Version 5.0 tritt dieser Fehler nicht mehr auf).

Siehe auch
ImageSize, PutImage

GetIntVec

MS-DOS

Zweck
Ermittelt die Adresse einer Interrupt-Routine.

Struktur

```
PROCEDURE GetIntVec(nr:BYTE; VAR adresse:POINTER);
```

Bemerkung
GetIntVec ist in der Unit **Dos** enthalten.
Interrupt-Vektoren (Adressen von Interrupt-Routinen) sind bei maschinennaher Programmierung von wesentlicher Bedeutung. Ein Interrupt wird beispielsweise dann ausgelöst, wenn Sie die Taste **<PrtScr>** drücken oder ein Programm eine Zahl durch null dividiert. Falls ein Interrupt ausgelöst worden ist, führt das System eine besondere Routine aus. Die Speicheradresse einer solchen Routine wird Interrupt-Vektor genannt und befindet sich in dem ersten kByte des Arbeitsspeichers.

Oft ist es interessant, einen Interrupt-Vektor so zu verändern, daß bei einem Interrupt eine vom Programmierer geschriebene Prozedur ausgeführt wird (in der Fachwelt wird vom "Verbiegen des Interrupt-Vektors" gesprochen).
GetIntVec liest den aktuellen Interrupt-Vektor *nr* und übergibt den ermittelten Wert dem Parameter *adresse.* Falls ein Interrupt-Vektor verbogen wird, sollte er am Ende eines Programmes wieder auf den ursprünglichen Wert zurückgesetzt werden.

Beispiel
Folgendes Programm verbiegt den Interrupt-Vektor $05. Der Interrupt $05 wird ausgelöst, wenn Sie die Taste **<PrtScr>** drücken.

```
PROGRAM GetIntVec_Test;
USES
  Dos,Crt;
VAR
  alt:POINTER;

{$F+}
  PROCEDURE prtscr; INTERRUPT;
  BEGIN
    Sound(440);
    Delay(10);
    NoSound
  END;
{$F-}

BEGIN
  GetIntVec($05,alt);
  SetIntVec($05,@prtscr);           { @ entspricht Addr      }
  WriteLn('Bitte drücken Sie <PrtScr>.');
  WriteLn('Ende mit jeder anderen Taste ...');
  REPEAT UNTIL KeyPressed;
  SetIntVec($05,alt)                { Original-Vektor zurück }
END.
```

Siehe auch
INTERRUPT, Keep, SetIntVec

GetLineSettings **Graphik**

Zweck
Ermittelt die aktuell gesetzte Linienart, das Muster und die Zeichendicke.

Struktur

```
PROCEDURE GetLineSettings(VAR daten:LineSettingsType);
```

Bemerkung
GetLineSettings ist in der Unit **Graph** enthalten.
Der Datentyp *LineSettingsType* ist in der Unit **Graph** wie folgt definiert:

```
TYPE
  LineSettingsType=RECORD
    LineStyle,
    Pattern,
    Thickness:WORD
  END;
```

Folgende Konstanten (definiert in der Unit **Graph**) können verwendet werden:

SolidLn	=0; Durchgezogene Linie
DottedLn	=1; Gepunktete Linie
CenterLn	=2; Punkt-Strich-Punkt-Linie
DashedLn	=3; Gestrichelte Linie
UserBitLn	=4; Benutzerdefinierte Linie. Wenn das Feld *Line-Style* diesen Wert enthält, wird mit dem Bitmuster des Feldes *Pattern* eine Linie gezeichnet, andernfalls ist *Pattern* ohne Bedeutung.

NormWidth	=1; Normale Dicke
ThickWidth	=3; Breite Linie

Siehe auch
SetLineStyle

GetMaxColor

Graphik

Zweck
Ermittelt die höchste Farbnummer, die verwendet werden kann.

Struktur

```
FUNCTION GetMaxColor:WORD;
```

Bemerkung
GetMaxColor ist in der Unit **Graph** enthalten.

Je nach Graphiktreiber und -modus kann die Anzahl der verfügbaren Farben verschieden sein. *GetMaxColor* ermittelt bei den einzelnen Graphiktreibern folgende Werte:

CGA, 320x200	3
CGA, 640x200	1
MCGA, 320x200	3
MCGA, 640x200	1
MCGA, 640x480	1
EGA	15, 3 oder 1 (je nach Modus)
Hercules	1
ATT, 320x200	3
ATT, 640x200	1
ATT, 640x400	1
VGA	15

Siehe auch
GetPaletteSize, SetColor

GetMaxMode

Graphik (ab Version 5.0)

Zweck
Ermittelt die Anzahl der verfügbaren Graphik-Modi, die der aktuelle Treiber zur Verfügung stellt.

Struktur

```
FUNCTION GetMaxMode:INTEGER;
```

Bemerkung
GetMaxMode ist in der Unit **Graph** definiert.
Die Funktion *GetMaxMode* ermittelt den für den aktuellen Graphik-Treiber höchsten Graphik-Modus (alle möglichen Graphik-Modi liegen im Bereich *0..GetMaxMode*). Im Gegensatz zur Prozedur *GetModeRange* arbeitet *GetMaxMode* auch mit Graphik-Treibern korrekt zusammen, die nicht von Borland angeboten werden.

Siehe auch
GetModeName, GetModeRange, InstallUserFont, SetGraphMode

GetMaxX/GetMaxY

Graphik

Zweck
Ermittelt die größtmögliche X- oder Y-Koordinate des Graphikbildschirmes.

Struktur

```
FUNCTION GetMaxX:WORD;
FUNCTION GetMaxY:WORD;
```

Bemerkung
GetMaxX und *GetMaxY* sind in der Unit **Graph** enthalten.
Die von *GetMaxX* und *GetMaxY* ermittelten Werte sind abhängig vom aktuellen Graphiktreiber und -modus.
Mit Hilfe dieser beiden Funktionen wird es möglich, Programme zu schreiben, die sich automatisch an die Gegebenheiten eines Bildschirmes anpassen können.

Beispiel
Dieses Programm zeichnet für jeden Graphiktreiber einen Rahmen, der das Zeichenfeld begrenzt:

```
PROGRAM GetMaxX_GetMaxY_Test;
USES
  Crt,Graph;
VAR
  gr,mo:INTEGER;
  ch:CHAR;
BEGIN
  gr:=Detect;
  InitGraph(gr,mo,'');
  Rectangle(0,0,GetMaxX,GetMaxY);
  Rectangle(2,2,GetMaxX-2,GetMaxY-2);
  ch:=ReadKey;
  CloseGraph
END.
```

Siehe auch
GetMaxColor

GetMem

Dynamische Speicherung

Zweck
Reserviert auf dem Heap einen Bereich beliebiger Größe.

Struktur

```
PROCEDURE GetMem(VAR p:POINTER; groesse:WORD);
```

Bemerkung
Im Gegensatz zur Prozedur *New*, die nur soviel Platz auf dem Heap reserviert, wie ein bestimmter Variablen-Typ benötigt, kann mit *GetMem* die zu reservierende Größe selbst bestimmt werden. Dies verhindert in bestimmten Fällen (z.B. Textverarbeitung, wo die Längen der einzelnen Zeilen variieren können) Speicherplatzverschwendung.
Nach dem Prozeduraufruf von *GetMem* enthält *p* eine Adresse innerhalb des Heaps, ab der ein Speicherblock mit der Größe *groesse* reserviert worden ist.

```
TYPE
  str255=STRING;
VAR
  linie:^str255;
  groesse:WORD;
BEGIN
  Write('Texteingabe: ');
  ReadLn(linie^);
  groesse:=Length(linie^)+1;
  GetMem(linie,groesse);  { reserviert nicht automatisch 256 Bytes! }
  .
  .
  FreeMem(linie,groesse)  { immer gleichgroßen Block freigeben      }
END.
```

Die Prozedur *FreeMem* gibt den reservierten Speicherbereich wieder frei.

Beispiel
Dieses Programm liest Zeilen unterschiedlicher Länge ein und legt sie auf dem Heap ab. Bei der Eingabe einer Leerzeile werden alle Zeilen auf dem Bildschirm angezeigt.

```
PROGRAM GetMem_Test;
TYPE
  str255=STRING[255];
  wo=^zeile;
  zeile=RECORD
    next:wo;
    lang:BYTE;
    linie:^str255
  END;
VAR
  txt,start:wo;
  eingabe:str255;
```

```
BEGIN
  New(txt);
  start:=txt;
  txt^.next:=NIL;
  txt^.lang:=0;
  txt^.linie:=NIL;
  REPEAT
    Write('Text: ');
    eingabe:='';
    ReadLn(eingabe);
    IF eingabe<>'' THEN BEGIN
      txt^.lang:=Succ(Length(eingabe));
      GetMem(txt^.linie,txt^.lang);
      txt^.linie^:=eingabe;
      New(txt^.next);
      txt:=txt^.next;
      txt^.next:=NIL;
      txt^.lang:=0;
      txt^.linie:=NIL
    END
  UNTIL eingabe='';
  txt:=start;
  WHILE txt<>NIL DO BEGIN
    IF txt^.lang<>0 THEN WriteLn(txt^.linie^);
    txt:=txt^.next
  END
END.
```

Siehe auch
FreeMem, MaxAvail, MemAvail

GetModeName

Graphik (ab Version 5.0)

Zweck
Übergibt den Namen des aktuellen Graphik-Modus.

Struktur

```
FUNCTION GetModeName(graphmode:INTEGER):STRING;
```

Bemerkung
GetModeName ist in der Unit **Graph** definiert.
Die Funktion *GetModeName* gibt den Namen des Graphik-Modus *graphmode* zurück und liefert nur dann gültige Werte, wenn *graphmode* einen Wert im Bereich *0..GetMaxMode* enthält.

Das Programm wird mit einem Laufzeitfehler abgebrochen, wenn *GetModeName* ausgeführt wird, ohne daß zuvor ein Graphik-Treiber mit *InitGraph* installiert worden ist.
Bitte beachten Sie, daß *GetModeName* bei Graphik-Treibern, die mit *InstallUserDriver* installiert worden sind, einen leeren String liefert.

Beispiel

```
PROGRAM GetModeName_Test;
USES
  Graph;
VAR
  gr,mo,i:INTEGER;
BEGIN
  gr:=Detect;
  InitGraph(gr,mo,'');
  WriteLn('Graphik-Treiber: ',GetDriverName);
  FOR i:=0 TO GetMaxMode DO
    WriteLn('Modus ',i,': ',GetModeName(i));
  ReadLn;
  CloseGraph
END.
```

Siehe auch
GetDriverName, GetMaxMode, GetModeRange, InstallUserDriver

GetModeRange **Graphik**

Zweck
Ermittelt die möglichen Graphikmodi.

Struktur

```
PROCEDURE GetModeRange(treiber:INTEGER; VAR min,max:INTEGER);
```

Bemerkung
GetModeRange ist in der Unit **Graph** enthalten.
Für jeden Graphiktreiber können verschiedene Modi gewählt werden. *GetModeRange* ermittelt für den Treiber *treiber* den kleinsten (*min*) und den größten (*max*) Graphikmodus, ein Graphiktreiber braucht nicht unbedingt installiert zu sein.
Falls der Parameter *treiber* einen ungültigen Wert enthält, liefern *min* und *max* den Wert -1.

Ab Version 5.0: Wenn *treiber* den Wert -128 (Konstante *CurrentDriver*) enthält, werden die möglichen Modi des aktuellen Graphik-Treibers ermittelt.

Beispiel
Folgendes Programm führt die gültigen Graphikmodi der einzelnen Treiber auf.

```
PROGRAM GetModeRange_Test;
USES
  Graph;
VAR
  i,min,max:INTEGER;
BEGIN
  FOR i:=1 TO 10 DO BEGIN
    GetModeRange(i,min,max);
    WriteLn('Treiber: ',i:3,' Graphikmodus: ',min,'..',max)
  END
END.
```

Siehe auch
DetectGraph, GetGraphMode, GetMaxMode, GetModeName

GetPalette

Graphik

Zweck
Ermittelt die aktuell gesetzte Farbpalette.

Struktur

```
PROCEDURE GetPalette(VAR palette:PaletteType);
```

Bemerkung
GetPalette ist in der Unit **Graph** enthalten.
Mit *GetPalette* können die einzelnen Einträge der aktuellen Farbpalette ermittelt werden. Der dazu notwendige Typ *PaletteType* ist in der Unit **Graph** definiert:

```
CONST
  MaxColors=15;
TYPE
  PaletteType=RECORD
    size:BYTE;
    colors:ARRAY [0..MaxColors] OF SHORTINT
  END;
```

Das Feld *size* zeigt, wieviele Einträge die Farbpalette enthält, *colors[0] .. colors[size-1]* enthalten die einzelnen Farben. *size* hängt vom verwendeten Graphiktreiber und -modus ab und entspricht dem Wert der Funktion *GetMaxColor*.

Siehe auch
GetPaletteSize, GetRGBPalette, SetAllPalette, SetPalette

GetPaletteSize

Graphik (ab Version 5.0)

Zweck
Ermittelt die Anzahl Einträge, die in der Farbpalette enthalten sind.

Struktur

```
FUNCTION GetPaletteSize:INTEGER;
```

Bemerkung
GetPaletteSize ist in der Unit **Graph** definiert.
Die Funktion *GetPaletteSize* ermittelt die Anzahl Einträge der aktuellen Farbpalette; *GetPaletteSize* ermittelt bei den einzelnen Graphiktreibern folgende Werte:

CGA, 320x200	4
CGA, 640x200	2
MCGA, 320x200	4
MCGA, 640x200	2
MCGA, 640x480	2
EGA	16, 4 oder 2 (je nach Modus)
IBM8514	256 (siehe SetRGBpalette)
Hercules	2
ATT, 320x200	4
ATT, 640x200	2
ATT, 640x400	2
VGA	16

Die Funktion *GetMaxColor* liefert die Nummer des letzten Eintrages der Farbpalette.

Siehe auch
GetDefaultPalette, GetMaxColor, GetPalette, SetRGBpalette

GetPixel

Graphik

Zweck
Ermittelt die Farbe eines Bildschirmpunktes.

Struktur

```
FUNCTION GetPixel(x,y:INTEGER):WORD;
```

Bemerkung
GetPixel ist in der Unit **Graph** enthalten.
Mit *GetPixel* kann die Farbe des Bildpunktes *(x,y)* ermittelt werden. Der Funktionswert entspricht dem Farb-Paletten-Eintrag und nicht der effektiven Farb-Nummer.

Siehe auch
PutPixel

GetTextSettings

Graphik

Zweck
Ermittelt Daten der aktuellen Schrift (z.B. Richtung und Schriftart).

Struktur

```
PROCEDURE GetTextSettings(VAR daten:TextSettingsType);
```

Bemerkung
GetTextSettings ist in der Unit **Graph** enthalten.
Der für *GetTextSettings* notwendige Typ *TextSettingsType* ist in der Unit **Graph** deklariert:

```
TYPE
  TextSettingsType=RECORD
    font,         { Nummer des Zeichensatzes }
    direction,    { Schreibrichtung          }
    charsize,     { Zeichengröße             }
    horiz,        { Zeichenbreite            }
    vert:WORD     { Zeichenhöhe              }
  END;
```

Folgende Konstanten, definiert in der Unit **Graph**, können verwendet werden:

DefaultFont	=0; 8x8 Punkte-Raster
TriplexFont	=1; Vektor-Zeichensatz, Schrift "Triplex"
SmallFont	=2; Vektor-Zeichensatz, kleine Schrift
SansSerifFont	=3; Vektor-Zeichensatz, Schrift "Sans Serif"
GothicFont	=4; Vektor-Zeichensatz, gotische Schrift
HorizDir	=0; Schreibrichtung von links nach rechts
VertDir	=1; Schreibrichtung von unten nach oben
UserCharSize	=0; Falls *charsize* diesen Wert enthält, wurde die Zeichengröße mit *SetUserCharSize* gesetzt.

Siehe auch
SetTextJustify, SetTextStyle, TextHeight, TextWidth

GetTime

MS-DOS

Zweck
Ermittelt die aktuelle Systemzeit.

Struktur

```
PROCEDURE GetTime(VAR std,min,sek,sek100:WORD);
```

Bemerkung
GetTime ist in der Unit **Dos** enthalten.
Nach dem Aufruf von *GetTime* enthalten die Parameter *std* die Stunden (0..23), *min* die Minuten (0..59), *sek* die Sekunden (0..59) und *sek100* die Hundertstelsekunden (0..99) der internen Systemuhr.

Beispiel
Folgendes Programm ermittelt Ihre Reaktionszeit. Nach dem Start erfolgt zufällig ein Piepston, der Sie auffordert, so schnell wie möglich eine Taste zu drücken.

```
PROGRAM GetTime_Test;
USES
  Crt,Dos;
VAR
  std1,min1,sek1,h1,
  std2,min2,sek2,h2:WORD;
  reaktion:INTEGER;
  ch:CHAR;
```

```
BEGIN
  WriteLn('Aufgepaßt!');
  Delay((Random(6)+1)*500);
  GetTime(std1,min1,sek1,h1);
  Sound(440);
  ch:=ReadKey;
  NoSound;
  GetTime(std2,min2,sek2,h2);
  reaktion:=(sek2-sek1)*100+h2-h1;
  Write('Ihre Reaktionszeit (inklusiv Schreckmoment) in Sekunden: ');
  WriteLn(reaktion/100:5:3)
END.
```

Siehe auch
GetDate, SetDate, SetTime

GetVerify

MS-DOS (ab Version 5.0)

Zweck
Ermittelt den aktuellen Stand des "Verify"-Schalters.

Struktur

```
PROCEDURE GetVerify(VAR verify:BOOLEAN);
```

Bemerkung
GetVerify ist in der Unit **Dos** definiert.
Falls der Parameter *verify* nach der Prozedurausführung den Wert TRUE enthält, prüft MS-DOS nach jedem Schreibvorgang (Diskette oder Festplatte), ob die Daten korrekt angekommen sind; andernfalls wird keine Prüfung vorgenommen (Standard-Einstellung).
Es empfiehlt sich, diese Prüfung nur dann einzuschalten (mit *SetVerify*), wenn Sie besonders wichtige Daten sichern, da einerseits Plattenfehler äußerst selten sind und andererseits die Überprüfung den Schreibvorgang verlängert.
Der Kommando-Interpreter COMMAND.COM kennt den internen Befehl *VERIFY*, mit dem sich dieser Schalter setzen läßt.

Siehe auch
SetVerify

GetViewSettings

Graphik

Zweck
Ermittelt die Daten des aktuellen Graphikfensters.

Struktur

```
PROCEDURE GetViewSettings(VAR daten:ViewPortType);
```

Bemerkung
GetViewSettings ist in der Unit **Graph** enthalten.
Mit *GetViewSettings* können die Grenzen des Graphikfensters und der Wert der Clip-Funktion ermittelt werden.
Der Datentyp *ViewPortType* ist in der Unit **Graph** deklariert:

```
TYPE
  ViewPortType=RECORD
    x1,y1,           { obere linke Ecke             }
    x2,y2:WORD;      { untere rechte Ecke           }
    clip:BOOLEAN     { TRUE, wenn Abschneiden aktiv }
  END;
```

Die beiden Konstanten (in der Unit **Graph** definiert) können verwendet werden:

ClipOn	=TRUE; Abschneiden am Rande eines Fensters aktiv
ClipOff	=FALSE; Graphiken werden am Rande des Fensters nicht abgeschnitten

Siehe auch
SetViewPort

GetX/GetY

Graphik

Zweck
Ermittelt die aktuelle X-, Y-Koordinate des Graphikcursors.

Struktur

```
FUNCTION GetX:INTEGER;
FUNCTION GetY:INTEGER;
```

Bemerkung
GetX und *GetY* sind in der Unit **Graph** enthalten.
Die mit *GetX* und *GetY* ermittelten Werte beziehen sich immer auf das aktuelle Graphikfenster (so entspricht der Punkt (0,0) der linken oberen Fensterecke).
Viele Graphikroutinen verschieben den Graphikcursor, mit *MoveTo* kann er an einen bestimmten Punkt gesetzt werden.

Siehe auch
GetMaxX, GetMaxY

GOTO

Reserviertes Wort

Zweck
Ermöglicht Sprünge innerhalb eines Struktur-Blockes.

Bemerkung
Eine GOTO-Anweisung besteht aus dem reservierten Wort GOTO und dem folgenden Labelbezeichner.
GOTO wird gebraucht, um im Programm an bestimmte Stellen zu springen, die mit einem Label gekennzeichnet sind.
Vor dem Gebrauch müssen die Labels deklariert werden. Dies geschieht im Deklarationsteil eines Programmes, einer Prozedur oder Funktion.
Ein Label ist nur in dem Block gültig, in dem er deklariert wurde (nur bei Turbo Pascal). Aus diesem Grund ist es nicht möglich, aus einer Prozedur oder Funktion zu springen.
GOTO ist sehr umstritten, da es der strukturierten Programmierung entgegenwirkt (falls Sie GOTO-Anweisungen in Ihren Programmen benützen, verschweigen Sie es lieber, wenn Sie langen Diskussionen aus dem Weg gehen wollen). Es ist jedoch ohne weiteres möglich, ohne eine einzige GOTO-Anweisung schlecht strukturierte Programme zu schreiben.

Beispiel

```
PROGRAM GOTO_Test;
USES
  Crt;

  PROCEDURE warten_auf_G;
  LABEL
    aus;
  VAR
    ch:CHAR;
```

```
    BEGIN
      REPEAT
        WriteLn('Bitte drücken Sie die Taste <G> ...');
        ch:=ReadKey;
        ch:=UpCase(ch)
        IF ch='G' THEN
          GOTO aus;
        WriteLn('Das war leider die falsche Taste ...')
      UNTIL FALSE;
  aus:
    END;

  BEGIN
    warten_auf_G
  END.
```

Siehe auch
LABEL

GotoXY

Textbildschirm

Zweck
Bringt den Cursor an eine beliebige Stelle des Textbildschirmes.

Struktur

```
PROCEDURE GotoXY(x,y:BYTE);
```

Bemerkung
Die Prozedur *GotoXY* ist in der Unit **Crt** enthalten.
GotoXY setzt den Cursor auf den Bildschirmpunkt *(x,y)*; *x* entspricht den Spalten, *y* den Zeilen.
Die linke obere Ecke des Bildschirms bezeichnet den Punkt (1,1).

Beispiel
Dieses Programm zeichnet Rechtecke, bestehend aus Textzeichen.

```
PROGRAM GotoXY_Test;
USES
  Crt;
CONST
  lo=#218;
  ro=#191;
  lu=#192;
  ru=#217;
  ho=#196;
  ve=#179;
```

```
VAR
  i:INTEGER;

  PROCEDURE Box(x1,y1,x2,y2:INTEGER);
  VAR
    i:INTEGER;
  BEGIN
    GotoXY(x1,y1);
    Write(lo);
    FOR i:=x1+1 TO x2-1 DO
      Write(ho);
    Write(ro);
    FOR i:=y1+1 TO y2-1 DO BEGIN
      GotoXY(x1,i);
      Write(ve);
      GotoXY(x2,i);
      Write(ve)
    END;
    GotoXY(x1,y2);
    Write(lu);
    FOR i:=x1+1 TO x2-1 DO
      Write(ho);
    Write(ru)
  END;

BEGIN
  ClrScr;
  FOR i:=1 TO 12 DO
    Box(2*i,i,80-2*i,26-i)
END.
```

Siehe auch
WhereX, WhereY

Graph

Unit

Zweck
In der Unit **Graph** wird ein umfangreiches Graphikpaket zur Verfügung gestellt, das die meisten der handelsüblichen Graphikkarten unterstützt.

Bemerkung
Wird ein Programm compiliert, das die Unit **Graph** benützt, muß die Datei GRAPH.TPU in einem Unit-Directory (siehe Anhang B) oder im aktuellen Directory vorhanden sein.
Beim Start eines Graphik-Programmes werden Graphik-Treiber (Dateien mit der Erweiterung .BGI) und verwendete Zeichensätze (Dateien mit der Erweiterung .CHR) im aktuellen Directory gesucht. Diese sind frei von

Lizenzgebühren und können mit dem selbst entwickelten Programm weitergegeben werden.
Es besteht die Möglichkeit, Treiber und Zeichensätze direkt ins Programm einzubinden (siehe hierzu *RegisterBGIdriver* und *RegisterBGIfont*), so daß diese bei Bedarf nicht mehr von der Diskette in den Heap geladen werden müssen.
Folgende Funktionen und Prozeduren sind in der Unit Graph enthalten:

Arc	Zeichnet einen Kreisbogen
Bar	Zeichnet einen Balken
Bar3D	Zeichnet einen dreidimensionalen Balken
Circle	Zeichnet einen Kreis
ClearDevice	Löscht den gesamten Bildschirme
ClearViewPort	Löscht das aktuelle Graphikfenster
CloseGraph	Beendet den Graphikmodus
DetectGraph	Bestimmt einen möglichen Graphikmodus
DrawPoly	Zeichnet ein Vieleck
Ellipse	Zeichnet eine Ellipse
FillEllipse	Zeichnet eine gefüllte Ellipse (ab 5.0)
FillPoly	Zeichnet ein ausgefülltes Vieleck
FloodFill	Füllt eine Figur beliebiger Form
GetArcCoords	Ermittelt die Endpunkte und den Mittelpunkt eines Kreisbogens
GetAspectRatio	Ermittelt das Höhen-/Seitenverhältnis eines Bildschirmes
GetBkColor	Ermittelt die aktuelle Hintergrundfarbe
GetColor	Ermittelt die aktuelle Zeichenfarbe
GetDefaultPalette	Ermittelt die Standard-Farbpalette, die beim Initialisieren eines Graphik-Treibers automatisch verwendet wird (ab 5.0)
GetDriverName	Ermittelt den Namen des aktuellen Graphik-Treibers (ab 5.0)
GetFillPattern	Ermittelt ein vom Benutzer definiertes Füllmuster
GetFillSettings	Ermittelt das aktuelle Füllmuster und die Füllfarbe
GetGraphMode	Ermittelt den aktuellen Graphik-Modus
GetImage	Kopiert einen rechteckigen Bildschirmausschnitt in eine Puffervariable
GetLineSettings	Ermittelt die aktuelle Linienart
GetMaxColor	Liefert die höchste Farbnummer
GetMaxMode	Ermittelt den Nummer des letzten Graphik-Modus, der beim aktuellen Graphik-Treiber angesprochen werden kann (ab 5.0)
GetMaxX	Ermittelt die größte X-Koordinate des Bildschirmes

GetMaxY	Ermittelt die größte Y-Koordinate des Bildschirmes
GetModeName	Ermittelt den Namen des aktuellen Graphik-Modus (ab 5.0)
GetModeRange	Ermittelt die möglichen Graphikmodi
GetPalette	Ermittelt Daten der gesetzten Farbpalette
GetPaletteSize	Ermittelt die Anzahl der Einträge, die sich in der Farbpalette befinden können (ab 5.0)
GetPixel	Ermittelt die Farbe eines Punktes
GetTextSettings	Ermittelt Daten der aktuellen Schrift (Zeichensatz, Schreibrichtung, Zeichengröße)
GetViewSettings	Ermittelt die Eckpunkte des aktuellen Graphik-Fensters
GetX	Übergibt X-Koordinate des Graphik-Cursors
GetY	Übergibt Y-Koordinate des Graphik-Cursors
GraphDefaults	Setzt alle Parameter des Graphikpaketes auf die Standardwerte zurück
GraphErrorMsg	Übergibt eine Zeichenkette, die einer Fehlermeldung entspricht
GraphResult	Übergibt eine Fehlernummer, falls ein Graphikfehler aufgetreten ist
ImageSize	Berechnet die Größe einer Puffervariablen zur Speicherung von Bildern
InitGraph	Setzt einen Graphikmodus
InstallUserDriver	Installiert einen beliebigen Graphik-Treiber (ab 5.0)
InstallUserFont	Installiert einen beliebigen Vektor-Zeichensatz (ab 5.0)
Line	Zeichnet eine Linie
LineRel	Zeichnet eine Linie relativ zum aktuellen Graphik-Cursor
LineTo	Zeichnet eine Linie von der aktuellen Cursorposition zu einem Punkt
MoveRel	Bewegt den Graphik-Cursor relativ zur aktuellen Cursorposition (ohne zu zeichnen)
MoveTo	Setzt den Graphik-Cursor an einen bestimmten Punkt (ohne zu zeichnen)
OutText	Schreibt einen Text an der aktuellen Cursorposition
OutTextXY	Schreibt einen Text an der angegebenen Position
PieSlice	Zeichnet ein gefülltes Kuchenstück
PutImage	Kopiert den Inhalt einer Puffervariablen als Bild in den Bildschirm
PutPixel	Zeichnet einen Punkt
Rectangle	Zeichnet ein Rechteck

RegisterBGIdriver	Registriert einen Graphiktreiber
RegisterBGIfont	Registriert einen Zeichensatz
RestoreCrtMode	Schaltet den Bildschirm in den ursprünglichen Textmodus zurück
Sector	Zeichnet einen elliptischen Sektor (Kuchenstück), der mit einem Muster ausgefüllt werden kann (ab 5.0)
SetActivePage	Legt die aktuelle Graphikseite fest
SetAllPalette	Ermöglicht das Setzen einer Farb-Palette
SetAspectRatio	Ermöglicht das Setzen des typischen Höhen-/Seitenverhältnisses eines Bildschirms (ab 5.0)
SetBkColor	Setzt die Hintergrundfarbe
SetColor	Setzt die Zeichenfarbe
SetFillPattern	Ermöglicht die Definition eigener Füllmuster
SetFillStyle	Setzt ein Füllmuster
SetGraphBufSize	Reserviert auf dem Heap einen Puffer für Graphikdaten
SetGraphMode	Schaltet in einen Graphikmodus um
SetLineStyle	Setzt eine Linienart
SetPalette	Ändert einen Eintrag der aktuellen Farb-Palette
SetRGBPalette	Setzt die Farbpalette bei Bildschirm-Adapter, die sich analog ansteuern lassen (ab 5.0)
SetTextJustify	Bestimmt die Ausrichtung eines Textes
SetTextStyle	Legt Zeichensatz, Schreibrichtung und Zeichengröße fest
SetUserCharSize	Ermöglicht das Setzen beliebig großer Zeichen
SetViewPort	Definiert einen Teil des gesamten Bildschirmes als Fenster
SetVisualPage	Bringt eine von mehreren Graphik-Seiten zur Anzeige
SetWriteMode	Legt fest, ob Graphik-Linien den Bildschirm-Inhalt überschreiben oder diesen mit einer XOR-Operation verknüpfen sollen (ab 5.0)
TextHeight	Ermittelt die Texthöhe (in Punkten) einer Zeichenkette
TextWidth	Ermittelt die Textbreite (in Punkten) einer Zeichenkette

Folgende Konstanten sind in der Unit **Graph** deklariert und arbeiten mit der Funktion *GraphResult* zusammen:

grOk	=0; Kein Fehler aufgetreten
grNoInitGraph	=-1; Kein Graphiktreiber (.BGI) installiert
grNotDetected	=-2; Gewünschter Graphikmodus ist nicht möglich
grFileNotFound	=-3; Graphiktreiber-Datei (.BGI) nicht vorhanden

grInvalidDriver	=-4; Graphiktreiber defekt, Datei zerstört
grNoLoadMem	=-5; Graphiktreiber findet keinen Platz im Hauptspeicher
grNoScanMem	=-6; Nicht genügend Speicherplatz für *FillPoly*
grNoFloodMem	=-7; *FloodFill* konnte nicht korrekt ausgeführt werden, zu wenig Hauptspeicher
grFontNotFound	=-8; Zeichensatz-Datei (.CHR) nicht gefunden
grNoFontMem	=-9; Zeichensatz findet keinen Platz im Hauptspeicher
grInvalidMode	=-10; Graphikmodus und Treiber passen nicht zusammen
grError	=-11; Unbekannter Fehler
grIOError	=-12; Ein-/Ausgabefehler beim Laden einer .BGI- oder .CHR-Datei
grInvalidFont	=-13; Zeichensatzdatei defekt, Datei zerstört
grInvalidFontNum	=-14; Ungültige Zeichensatznummer
grInvalidDeviceNum	=-15; Ungültige Gerätenummer

Folgende Konstanten sind in der Unit **Graph** deklariert und bezeichnen jeweils einen Graphiktreiber. Sie können zusammen mit *InitGraph* verwendet werden:

Detect	=0; Sucht automatisch einen passenden Graphiktreiber
CGA	=1;
MCGA	=2;
EGA	=3;
EGA64	=4;
EGAMono	=5;
RESERVED	=6; Nicht verwendet (nur 4.0)
IBM8514	=6; (ab 5.0)
HercMono	=7; Hercules
ATT400	=8; Treiber für Olivetti und AT&T, wird nicht automatisch erkannt
VGA	=9; PS/2
PC3270	=10;

CurrentDriver	=-128; Bezeichnet den aktuellen Treiber und kann zusammen mit der Prozedur *GetModeRange* verwendet werden (ab 5.0)

Folgende Konstanten sind in der Unit **Graph** deklariert und bezeichnen einen von mehreren Graphikmodi für einen gewählten Graphiktreiber:

CGAC0	=0; 320x200 Punkte, Farbpalette 0 (Hintergrundfarbe, grün, rot, braun), 1 Seite
CGAC1	=1; 320x200 Punkte, Farbpalette 1 (Hintergrundfarbe, türkis, lila, hellgrau), 1 Seite
CGAC2	=2; 320x200 Punkte, Farbpalette 2 (Hintergrundfarbe, hellgrün, hellrot, gelb), 1 Seite
CGAC3	=3; 320x200 Punkte, Farbpalette 3 (Hintergrundfarbe, helltürkis, rosa, weiß), 1 Seite
CGAHi	=4; 640x200 Punkte, schwarz-weiß, 1 Seite
MCGAC0	=0; 320x200 Punkte (wie CGAC0)
MCGAC1	=1; 320x200 Punkte (wie CGAC1)
MCGAC2	=2; 320x200 Punkte (wie CGAC2)
MCGAC3	=3; 320x200 Punkte (wie CGAC3)
MCGAMed	=4; 640x200 Punkte (wie CGAHi)
MCGAHi	=5; 640x480 Punkte, schwarz-weiß, 1 Seite
EGALo	=0; 640x200 Punkte, 16 beliebige Farben, 4 Seiten
EGAHi	=1; 640x350 Punkte, 16 beliebige Farben, 2 Seiten
EGA64Lo	=0; 640x200 Punkte, 16 beliebige Farben, 1 Seite
EGA64Hi	=1; 640x350 Punkte, 4 beliebige Farben,1 Seite
EGAMonoHi	=3; 640x350 Punkte, schwarz-weiß, 1 Seite bei 64 KBytes, 4 Seiten bei 256 KBytes
IBM8514Lo	=0; 640x480 Punkte, 256 Farben (siehe *SetRGBPalette*), 1 Seite (ab 5.0)
IBM8514Hi	=1; 1024x768 Punkte, 256 Farben (siehe *SetRGBPalette*), 1 Seite (ab 5.0)
HercMonoHi	=0; 720x348 Punkte, schwarz-weiß, 2 Seiten
ATT400C0	=0; 320x200 Punkte (wie CGAC0)
ATT400C1	=1; 320x200 Punkte (wie CGAC1)
ATT400C2	=2; 320x200 Punkte (wie CGAC2)
ATT400C3	=3; 320x200 Punkte (wie CGAC3)
ATT400Med	=4; 640x200 Punkte (wie CGAHi)
ATT400Hi	=5; 640x400 Punkte, schwarz-weiß, 1 Seite
VGALo	=0; 640x200 Punkte, 16 beliebige Farben, 4 Seiten
VGAMed	=1; 640x350 Punkte, 16 beliebige Farben, 2 Seiten
VGAHi	=2; 640x480 Punkte, 16 beliebige Farben, 1 Seite
PC3270Hi	=0; 720x350 Punkte, 1 Seite

Folgende Konstanten können bei Farbangaben verwendet werden:

Black	=0; Schwarz
Blue	=1; Blau
Green	=2; Grün
Cyan	=3; Türkis
Red	=4; Rot
Magenta	=5; Lila
Brown	=6; Braun
LightGray	=7; Hellgrau
DarkGray	=8; Dunkelgrau
LightBlue	=9; Hellblau
LightGreen	=10; Hellgrün
LightCyan	=11; Helltürkis
LightRed	=12; Hellrot
LightMagenta	=13; Rosa
Yellow	=14; Gelb
White	=15; Weiß

Folgende Konstanten können zusammen mit den Prozeduren *GetLineSettings* und *SetLineStyle* verwendet werden:

SolidLn	=0; Durchgezogene Linie
DottedLn	=1; Gepunktete Linie
CenterLn	=2; Punkt-Strich-Punkt-Linie
DashedLn	=3; Gestrichelte Linie
UserBitLn	=4; Benutzerdefinierte Linie
NormWidth	=1; Normale Dicke
ThickWidth	=3; Breite Linie

Folgende Konstanten arbeiten zusammen mit den beiden Prozeduren *GetTextSettings* und *SetTextStyle*:

DefaultFont	=0; 8x8 Punkte-Raster
TriplexFont	=1; Vektor-Zeichensatz, Schrift "Triplex"
SmallFont	=2; Vektor-Zeichensatz, kleine Schrift
SansSerifFont	=3; Vektor-Zeichensatz, Schrift "Sans Serif"
GothicFont	=4; Vektor-Zeichensatz, gotische Schrift
HorizDir	=0; Schreibrichtung von links nach rechts
VertDir	=1; Schreibrichtung von unten nach oben
UserCharSize	=0; Zeichengröße ist mit *SetUserCharSize* gesetzt worden

Folgende Konstanten arbeiten mit der Prozedur *SetTextJustify* zusammen und legen fest, wie Text (geschrieben mit *OutText*) bezüglich des Graphikcursors ausgerichtet werden soll:

LeftText	=0; Horizontale Richtung, linksbündig
CenterText	=1; Horizontale Richtung, zentriert
RightText	=2; Horizontale Richtung, rechtsbündig

BottomText	=0; Vertikale Richtung, nach unten ausgerichtet
CenterText	=1; Vertikale Richtung, eingemittet
TopText	=2; Vertikale Richtung, nach oben ausgerichtet

Folgende Konstanten werden zusammen mit *SetViewPort* und *GetViewSettings* verwendet:

ClipOn	=TRUE; Abschneiden am Rande eines Fensters aktiv
ClipOff	=FALSE; Graphiken werden am Rande eines Fensters nicht abgeschnitten

Folgende Konstanten arbeiten mit der Prozedur *Bar3D* zusammen:

TopOn	=TRUE; Ein dreidimensionaler Balken erhält einen oberen Abschluß (Deckel)
TopOff	=FALSE; Ein dreidimensionaler Balken erhält keinen Deckel

Folgende Konstanten können zusammen mit *SetFillStyle* und *GetFillSettings* verwendet werden und bezeichnen ein vordefiniertes Füll-Muster:

EmptyFill	=0; Hintergrundfarbe
SolidFill	=1; Zeichenfarbe
LineFill	=2; Horizontale Linien
LtSlashFill	=3; Leichtes ///-Muster
SlashFill	=4; Dichtes ///-Muster
BkSlashFill	=5; Dichtes \\\-Muster
LtBkSlashFill	=6; Leichtes \\\-Muster
HatchFill	=7; Leicht schraffiert
XHatchFill	=8; Stark schraffiert
InterleaveFill	=9; Abwechselnde Linien
WideDotFill	=10; Dünne Punktwolke
CloseDotFill	=11; Dichte Punktwolke
UserFill	=12; Benutzerdefiniertes Muster (siehe *SetFillPattern*)

Folgende Konstanten werden zusammen mit *PutImage* und *SetWriteMode* (ab 5.0) verwendet und bestimmen, auf welche Art ein Bild mit dem vorhandenen Hintergrund verknüpft werden soll:

NormalPut	=0; MOV, Hintergrund wird überschrieben
CopyPut	=0; MOV, Hintergrund wird überschrieben (ab 5.0)
XORPut	=1; XOR-Operation mit Bild und Hintergrund
OrPut	=2; OR-Operation mit Bild und Hintergrund
AndPut	=3; AND-Operation mit Bild und Hintergrund
NotPut	=4; NOT, Hintergrund wird mit invertiertem Wert überschrieben

Die Konstante *MaxColors* (=15;) wird hauptsächlich für die weiter unten aufgeführten Typ-Deklarationen verwendet.
In der Unit **Graph** sind eine ganze Reihe von Datentypen deklariert, die zusammen mit den Graphik-Routinen verwendet werden können (auf sie wird im lexikalischen Teil bei den entsprechenden Graphik-Routinen hingewiesen):

```
CONST
  MaxColor=15;
TYPE
  PaletteType=RECORD
    Size:BYTE;
    Colors:ARRAY [0..MaxColors] OF SHORTINT
  END;

  LineSettingsType=RECORD
    LineStyle,
    Pattern,
    Thickness:WORD
  END;

  TextSettingsType=RECORD
    Font,
    Direction,
    CharSize,
    Horiz,
    Vert:WORD
  END;

  FillSettingsType=RECORD
    Pattern,
    Color:WORD
  END;
```

```
FillPatternType=ARRAY [1..8] OF BYTE;

PointType=RECORD
  X,
  Y:INTEGER
END;

ViewPortType=RECORD
  x1,y1,x2,y2:INTEGER;
  Clip:BOOLEAN
END;

ArcCoordsType=RECORD
  X,Y,
  Xstart,Ystart,
  Xend,Yend:INTEGER
END;
```

Folgende Systemvariablen werden eingehend im lexikalischen Teil dieses Buches beschrieben:

GraphGetMemPtr :POINTER; Zeigt auf die Prozedur *GraphGetMem*, die Speicherplatz für Graphiktreiber und Zeichensatz auf dem Heap reserviert.

GraphFreeMemPtr :POINTER; Zeigt auf die Prozedur *GraphFreeMem*, die den reservierten Speicherplatz für Graphiktreiber und Zeichensatz wieder frei gibt.

Siehe auch
Crt, Dos, Graph3, Overlay, Printer, System, Turbo3

Graph3 **Unit**

Zweck
Stellt alle Graphikroutinen der Version 3.0 zur Verfügung, um zu dieser kompatibel zu bleiben.

Bemerkung
Sollen Graphik-Programme, die mit Turbo Pascal 3.0 geschrieben worden sind, auch ab Turbo Pascal 4.0 lauffähig sein, müssen folgende zwei Schritte beachtet werden:

a) Entfernen des Compilerbefehls {$I graph.p }
b) Einfügen der Anweisung USES Crt,Graph3;

Die meisten in der Unit **Graph3** enthaltenen Prozeduren und Funktionen werden durch weit verbesserte Routinen der Unit **Graph** ersetzt; aus diesem Grund wird im lexikalischen Teil dieses Buches nicht näher auf die Routinen der Unit **Graph3** eingegangen.
Folgende Prozeduren und Funktionen sind in der Unit **Graph3** enthalten:

Arc	Kreisbogen zeichnen
Back	Rückwärtsgehen
Circle	Kreis zeichnen
ClearScreen	Löschen des Graphik-Fensters
ColorTable	Farb-Übersetzungstafel definieren
Draw	Zeichnen einer Linie
FillPattern	Rechteck mit Muster füllen
FillScreen	Aktuelles Fenster mit einer Farbe füllen
FillShape	Beliebige Form mit einer Farbe füllen
Forwd	Vorwärtsgehen
GetDotColor	Ermittelt, ob ein Punkt gesetzt ist
GetPic	Lesen eines Bildes
GraphBackground	Hintergrundfarbe
GraphColorMode	Graphikmodus, 320x200 Punkte (farbig)
GraphMode	Graphikmodus, 320x200 Punkte (schwarz-weiß)
GraphWindow	Festlegen eines Graphikfensters
Heading	Aktuelle Richtung der Schildkröte
HideTurtle	Verstecken der Schildkröte
HiRes	Hochauflösende Graphik, 640x200 Punkte (schwarz-weiß)
HiResColor	Zeichenfarbe für hochauflösende Graphik
Home	Setzt Schildkröte auf den Punkt (0,0)
NoWrap	Schildkröte verschwindet, wenn sie sich außerhalb des aktuellen Randes befindet
Palette	Festlegen einer Farbpalette
Pattern	Festlegen eines Musters
PenDown	Zeichenstift ab
PenUp	Zeichenstift auf
Plot	Setzen eines Punktes
PutPic	Schreiben eines Bildes
SetHeading	Richtung der Schildkröte festlegen
SetPenColor	Festlegen der Zeichenfarbe
SetPosition	Position der Schildkröte festlegen
ShowTurtle	Schildkröte anzeigen
TurnLeft	Drehung nach links
TurnRight	Drehung nach rechts
TurtleDelay	Verzögerung
TurtleThere	TRUE, wenn Schildkröte sichtbar
TurtleWindow	Graphikfenster festlegen

Wrap	Schildkröte erscheint auf der gegenüberliegenden Fensterseite, wenn man sie aus dem Bild führen will
Xcor	Aktuelle X-Koordinate der Schildkröte
Ycor	Aktuelle Y-Koordinate der Schildkröte

Folgende Konstanten können zusammen mit *SetHeading* verwendet werden:

North	=0; Norden
East	=90; Osten
South	=180; Süden
West	=270; Westen

Siehe auch
Crt, Dos, Graph, Overlay, Printer, System, Turbo3

GraphDefaults

Graphik

Zweck
Setzt alle Parameter im Graphik-Modus zurück.

Struktur

```
PROCEDURE GraphDefaults;
```

Bemerkung
GraphDefaults ist in der Unit **Graph** enthalten.
Beim Aufruf von *GraphDefaults* werden folgende Graphik-Parameter auf ihre Standardwerte zurückgesetzt:

- Zeichenfenster (maximale Größe)
- Graphik-Cursor (0,0)
- Zeichenfarbe (höchste Farbnummer)
- Hintergrundfarbe (schwarz)
- Linienart (durchgezogen, normale Dicke)
- Zeichensatz (8x8-Matrix)
- Zeichengröße (1)
- Schreibrichtung (horizontal)
- Justierung (linksbündig)
- Füllmuster (Solid, Zeichenfarbe entspricht höchster Farbnummer)

Siehe auch
ClearDevice, InitGraph

GraphErrorMsg **Graphik**

Zweck
Liefert einen Text, der einen aufgetretenen Graphikfehler beschreibt.

Struktur

```
FUNCTION GraphErrorMsg(fehler:INTEGER):STRING;
```

Bemerkung
GraphErrorMsg ist in der Unit **Graph** enthalten.
Mit *GraphErrorMsg* können bei Graphikfehlern aussagekräftige Meldungen ausgegeben werden. *GraphErrorMsg* arbeitet sinnvollerweise mit der Funktion *GraphResult* (die den Fehlercode liefert) zusammen.

Beispiel
Folgendes Programm schreibt alle möglichen Fehlermeldungen auf den Bildschirm:

```
PROGRAM GraphErrorMsg_Test;
USES
  Graph;
VAR
  i:INTEGER;
BEGIN
  FOR i:=0 DOWNTO -15 DO WriteLn(i:3,': ',GraphErrorMsg(i))
END.
```

Siehe auch
GraphResult

GraphFreeMemPtr **Systemvariable**

Zweck
Enthält die Adresse einer Routine, die beim Verlassen des Graphikmodus ausgeführt wird.

Struktur

```
VAR
  GraphFreeMemPtr:POINTER;
```

Bemerkung
GraphFreeMemPtr ist in der Unit **Graph** verfügbar.
Die Zeigervariable *GraphFreeMemPtr* zeigt auf die interne Prozedur *GraphFreeMem*, die den für Graphiktreiber und Zeichensätze reservierten Bereich auf dem Heap wieder frei gibt.
GraphGetMem hat folgende Struktur:

```
PROCEDURE GraphFreeMem(VAR p:POINTER; gross:WORD);
```

Es ist möglich, *GraphFreeMem* durch eine eigene Prozedur zu ersetzen; diese braucht lediglich dieselben Parameter aufzuweisen und als *far* (siehe Anhang E) deklariert zu sein.
Bitte beachten Sie, daß Sie auf dem Heap keinen Speicherbereich freigeben dürfen, wenn der Parameter *p* den Zeigerwert NIL enthält.

Beispiel

```
PROGRAM GraphFreeMemPtr_Test;
USES
  Crt,Graph;
VAR
  gr,mo:INTEGER;

{$F+}
  PROCEDURE Neu_GraphFreeMem(VAR p:POINTER; gross:WORD);
  BEGIN
    DirectVideo:=FALSE;
    Sound(440);
    Delay(100);
    NoSound;
    IF p<>NIL THEN FreeMem(p,gross);  { Speicher freigeben   }
    p:=NIL;
    WriteLn('Freigegebene Speichergröße: ',gross,' Bytes')
  END;
{$F-}

BEGIN
  GraphFreeMemPtr:=Addr(Neu_GraphFreeMem);
  gr:=Detect;
  InitGraph(gr,mo,'');
  CloseGraph              { ruft Neu_GraphFreeMem auf }
END.
```

Siehe auch
GraphGetMemPtr

GraphGetMemPtr

Systemvariable

Zweck
Enthält die Speicheradresse einer Routine, die beim Initialisieren der Graphik ausgeführt wird.

Struktur

```
VAR
  GraphGetMemPtr:POINTER;
```

Bemerkung
GraphGetMemPtr ist in der Unit **Graph** enthalten.
Die Zeigervariable *GraphGetMemPtr* zeigt auf die interne Prozedur *GraphGetMem*, die auf dem Heap Platz für den Graphiktreiber und die Zeichensätze reserviert.
GraphGetMem hat folgende Struktur:

```
PROCEDURE GraphGetMem(VAR p:POINTER; gross:WORD);
```

Es ist möglich, *GraphGetMem* durch eine eigene Prozedur zu ersetzen, diese braucht lediglich dieselben Parameter aufzuweisen und als *far* (siehe Anhang E) deklariert zu sein.

Beispiel

```
PROGRAM GraphGetMemPtr_Test;
USES
  Crt,Graph;
VAR
  gr,mo:INTEGER;

{$F+}
  PROCEDURE Neu_GraphGetMem(VAR p:POINTER; gross:WORD);
  BEGIN
    DirectVideo:=FALSE;
    Sound(880);
    Delay(100);
    NoSound;
    WriteLn('Zu reservieren: ',gross,' Bytes');
    Write('Weiter mit <RETURN> ...');
```

```
    ReadLn;
    GetMem(p,gross)    { Reserviert Speicherplatz auf dem Heap }
  END;
{$F-}

BEGIN
  GraphGetMemPtr:=Addr(Neu_GraphGetMem);
  gr:=Detect;
  InitGraph(gr,mo,'');   { ruft Neu_GraphGetMem auf }
  CloseGraph
END.
```

Siehe auch
GraphFreeMemPtr

GraphResult **Graphik**

Zweck
Ermittelt einen Fehlercode, der bei Graphik-Routinen auftreten kann.

Struktur

```
FUNCTION GraphResult:INTEGER;
```

Bemerkung
GraphResult ist in der Unit **Graph** enthalten.
Der Fehlerstatus wird nach jedem Aufruf von *GraphResult* auf 0 zurückgesetzt, deshalb muß der Funktionswert bei mehrfachem Gebrauch einer Variablen übergeben werden.
Folgende Routinen können einen Graphikfehler hervorrufen:

DetectGraph	RegisterBGIdriver	SetGraphMode
FillPoly	RegisterBGIfont	SetLineStyle
FloodFill	SetAllPalette	SetPalette
ImageSize	SetFillPattern	SetTextJustify
InitGraph	SetFillStyle	SetTextStyle
PieSlice	SetGraphBufSize	SetViewPort

Folgende Konstanten, definiert in der Unit **Graph**, können zur Fehlerermittlung verwendet werden:

grOk	=0; Kein Fehler aufgetreten
grNoInitGraph	=-1; Kein Graphiktreiber (.BGI) installiert
grNotDetected	=-2; Gewünschter Graphikmodus ist nicht möglich

grFileNotFound	=-3; Graphiktreiber-Datei (.BGI) nicht vorhanden
grInvalidDriver	=-4; Graphiktreiber defekt, Datei zerstört
grNoLoadMem	=-5; Graphiktreiber findet keinen Platz im Hauptspeicher
grNoScanMem	=-6; Nicht genügend Speicherplatz für *FillPoly*
grNoFloodMem	=-7; *FloodFill* konnte nicht korrekt ausgeführt werden, zu wenig Hauptspeicher
grFontNotFound	=-8; Zeichensatz-Datei (.CHR) nicht gefunden
grNoFontMem	=-9; Zeichensatz findet keinen Platz im Hauptspeicher
grInvalidMode	=-10; Graphikmodus und Treiber passen nicht zusammen
grError	=-11; Unbekannter Fehler
grIOError	=-12; Ein-/Ausgabefehler beim Laden einer .BGI- oder .CHR-Datei
grInvalidFont	=-13; Zeichensatzdatei defekt, Datei zerstört
grInvalidFontNum	=-14; Ungültige Zeichensatznummer
grInvalidDeviceNum	=-15; Ungültige Gerätenummer

Mit der Funktion *GraphErrorMsg* kann für jeden aufgetretenen Graphikfehler eine Fehlermeldung (als STRING) ermittelt werden.

Siehe auch
GraphErrorMsg

Halt

Zweck
Beendet die Programmausführung.

Struktur

```
PROCEDURE Halt;
PROCEDURE Halt(i:WORD);
```

Bemerkung
Halt kann wahlweise einen Parameter übertragen, der den Return-Code des Programmes spezifiziert. *Halt* ohne Parameter entspricht *Halt(0)*.
Der Return-Code kann in einer MS-DOS Batchdatei mit der Systemvariablen ERRORLEVEL überprüft werden oder mit der Funktion *DosExitCode*.

Beispiel
Dieses Programm läßt den Benutzer einen Menüpunkt auswählen und übergibt der Batchdatei PROG.BAT (siehe weiter unten) den entsprechenden Return-Code.
Folgendes Programm muß als .EXE-Datei vorliegen mit dem Namen TEST.EXE:

```
PROGRAM Halt_Test;
USES
  Crt;
VAR
  ch:CHAR;
  returncode:INTEGER;
BEGIN
  ClrScr;
  WriteLn('Menüübersicht');
  WriteLn;
  WriteLn('A) Mein erstes Programm');
  WriteLn('B) Variablen');
  WriteLn('C) Ein- und Ausgabe');
  WriteLn;
  Write('Ihre Wahl: ');
  ch:=ReadKey;
  ch:=UpCase(ch);
  returncode:=pos(ch,'ABC');
  Halt(returncode)
END.
```

Folgende Batch-Datei muß die Dateierweiterung .BAT erhalten:

```
rem ------------------------------------- Anfang PROG.BAT -
:start
echo off
rem >> Dies ist die Batch-Datei PROG.BAT. Sie übernimmt die
rem >> Return-Codes vom Turbo Pascal-Programm TEST.EXE

test.exe

if errorlevel 3 goto pktc
if errorlevel 2 goto pktb
if errorlevel 1 goto pkta
if errorlevel 0 goto ende
:pktc
echo Menüpunkt C) Ein- und Ausgabe
pause
goto start
:pktb
echo Menüpunkt B) Variablen
pause
goto start
:pkta
echo Menüpunkt A) Mein erstes Programm
pause
goto start
:ende
echo on
cls
rem --------------------------------------- Ende PROG.BAT -
```

Siehe auch
Exit

HeapError

Systemvariable

Zweck
Zeigt auf eine Fehler-Behandlungs-Routine.

Struktur

```
VAR HeapError:POINTER;        { nur 4.0 }
CONST HeapError:POINTER=NIL;  { ab 5.0  }
```

Bemerkung
Wenn *New* oder *GetMem* keinen Platz auf dem Heap finden können, ruft Turbo Pascal die interne Funktion *HeapFunc* auf, deren Adresse in der

Systemvariablen *HeapError* enthalten ist. *HeapFunc* ist folgendermaßen definiert:

```
{$F+}
  FUNCTION HeapFunc(groesse:WORD):INTEGER;
{$F-}
```

Folgende Funktionswerte sind möglich:

- **0**; Dieser Wert bricht das laufende Programm ab und gibt eine Fehlermeldung aus.
- **1**; Ein aufgetretener Fehler bricht das laufende Programm nicht ab, jedoch erhalten die Parameter der Prozeduren *New* oder *GetMem* den Zeigerwert NIL.
- **2**; Es ist ein Fehler aufgetreten, jedoch versuchen *New* oder *GetMem* erneut, Speicherplatz auf dem Heap zu reservieren (führt zu einer Endlos-Schleife, wenn *HeapFunc* nicht für neuen Speicherplatz sorgt, d.h. den Heap nicht umorganisiert und somit vielleicht größere freie Speicherblöcke erzeugt).

Die von Turbo Pascal installierte Funktion *HeapFunc* liefert immer den Wert 0, der einen Programmabbruch bewirkt. Wie im folgenden Beispiel gezeigt, können Sie eine eigene Funktion definieren, die einen anderen Funktionswert zurückliefert und das Programm nicht stoppt.

Beispiel

```
PROGRAM HeapError_Test;
VAR
  p:POINTER;

{$F+}
  FUNCTION HeapFehler(groesse:WORD):INTEGER;
    { Diese Funktion muß als "far" definiert sein (Compiler-Befehl F). }
  BEGIN
    HeapFehler:=1
  END;
{$F-}

BEGIN
  HeapError:=Addr(HeapFehler);    { Übergibt die Speicheradresse }
  REPEAT
    GetMem(p,1024)
  UNTIL p=NIL;
  WriteLn('Auf dem Heap findet sich kein freier Speicherplatz mehr.')
END.
```

Siehe auch
ExitProc, FreeMin, HeapOrg, HeapPtr

HeapOrg

Systemvariable

Zweck
Zeigt auf den Beginn des Heaps.

Struktur

```
VAR HeapOrg:POINTER;          { nur 4.0 }
CONST HeapOrg:POINTER:NIL;    { ab 5.0  }
```

Bemerkung
Der Heap wird von dynamisch erzeugten Variablen belegt (siehe *New* und *GetMem*). Die Systemvariable *HeapOrg* zeigt auf den Beginn des Heaps und wird während eines Programmlaufes nicht verändert.
Mit folgendem Prozedur-Aufruf:

```
Release(HeapOrg);
```

wird der gesamte Heap auf einen Schlag freigegeben. Jedoch werden auf diese Weise auch vorhandene Graphik-Treiber und Zeichensätze eliminiert, falls diese nicht mit der Compiler-Anweisung {**$L <dateiname>**} in ein Programm aufgenommen worden sind!

Siehe auch
HeapPtr

HeapPtr

Dynamische Speicherung

Zweck
Enthält den Wert des Heapzeigers.

Struktur

```
VAR HeapPtr:POINTER;          { nur 4.0 }
CONST HeapPtr:POINTER=NIL;    { ab 5.0  }
```

Bemerkung
Der Heap wird benutzt, um dynamische Variablen zu speichern. Er wird mit den Prozeduren *New*, *Dispose*, *GetMem*, *FreeMem*, *Mark* und *Release* kontrolliert.
Der Stack besitzt eine vorgegebene Größe, die sich mit dem Compiler-Befehl M setzen läßt (siehe Anhang E).
Für die Heap-Verwaltung existiert eine Fragmentliste (siehe auch *Free-Min*), die entstandene Löcher im Heap registriert, um sie später wieder mit Daten aufzufüllen. Es kann geschehen, daß der Heap mit der Fragmentliste zusammenstößt (siehe hierzu *HeapError*).
Die Systemvariable *HeapPtr* enthält die Adresse der Heapspitze und verändert ihren Wert dann, wenn Speicherplatz auf dem Heap reserviert oder freigegeben wird, es sei denn, die Freigabe eines Speicherplatzes reißt irgendwo zwischen den Daten ein Loch in den Heap oder das Reservieren füllt ein solches.
Der noch verfügbare Speicherplatz auf dem Heap liegt zwischen den beiden Speicheradressen *HeapPtr* und *FreePtr*.

Beispiel

```
PROGRAM HeapPtr_Test;
BEGIN
  WriteLn('Segment des Heap-Zeigers: ',Seg(HeapPtr^));
  WriteLn(' Offset des Heap-Zeigers: ',Ofs(HeapPtr^))
END.
```

Siehe auch
Dispose, New, Mark, MemAvail, Release, Sseg

Hi

Zweck
Bestimmt das höherwertige Byte einer ganzen Zahl.

Struktur

```
FUNCTION Hi(i:INTEGER):INTEGER;
FUNCTION Hi(w:WORD):WORD;
```

Bemerkung
Ein WORD- oder INTEGER-Ausdruck besteht aus zwei Bytes. Die Funktion *Hi(i)* gibt das höherwertige Byte seines Argumentes aus.

Beispiel

```
Hi($1133) = $0011
Hi($1234) = $0012
```

Siehe auch
Lo, Swap

HighVideo

Textbildschirm

Zweck
Darstellen einer hellen Schrift.

Struktur

```
PROCEDURE HighVideo;
```

Bemerkung
Die Prozedur *HighVideo* ist in der Unit **Crt** enthalten und addiert zur aktuellen Textfarbe den Wert 8, wenn diese im Bereich 0..7 liegt. Somit erscheinen die nun geschriebenen Zeichen heller als zuvor.

Siehe auch
LowVideo, NormVideo

IF ... THEN ... ELSE

Reserviertes Wort

Zweck
Bedingte Ausführung von Anweisungen.

Bemerkung
Mit der IF-Anweisung kann unter bestimmten Bedingungen eine Anweisung ausgeführt werden. Wenn die Bedingung (sie ist vom Typ BOOLEAN) wahr ist, wird eine Anweisung ausgeführt. Wenn nicht, stehen zwei Wege offen:

a) Es wird keine Anweisung ausgeführt.
b) Eine alternative Anweisung wird ausgeführt.

Die alternative Anweisung folgt dem reservierten Wort ELSE, dem kein Strichpunkt (;) vorausgehen darf.
Sollen mehrere Anweisungen ausgeführt werden, sind diese mit den beiden reservierten Worten BEGIN und END einzuschließen. Folgendes Konstrukt:

```
IF a=b THEN
IF a=c THEN
  d:=24
ELSE
  d:=56;
```

wird wie folgt interpretiert:

```
IF a=b THEN BEGIN
  IF a=c THEN
    d:=24
  ELSE
    d:=56
END;
```

ELSE gehört also generell zur letzten IF-Anweisung, die kein ELSE besitzt.

Beispiel
Dies ist ein kleines Spiel. Sie sollen eine Zahl zwischen 1 und 100 erraten.

```
PROGRAM IF_Test;
USES
  Crt;
VAR
  i,anzahl,zufall:INTEGER;
```

```
BEGIN
  zufall:=Random(100)+1;
  anzahl:=1;
  REPEAT
    WriteLn('Zahlenraten, ',anzahl,'. Versuch');
    Write('Bitte geben Sie eine Zahl ein: ');
    ReadLn(i);
    IF i<zufall THEN
      WriteLn('Ihre Zahl ist zu klein')
    IF i>zufall THEN
      WriteLn('Ihre Zahl ist zu groß');
    anzahl:=Succ(anzahl)
  UNTIL (i=zufall) OR (anzahl>10);
  IF i=zufall THEN
    WriteLn('Bravo, geschafft!')
  ELSE BEGIN
    WriteLn('Leider muß ich dieses Spiel abbrechen,');
    WriteLn('da ich noch andere Aufgaben zu erledigen');
    WriteLn('habe. Bis zum nächsten Mal ...')
  END
END.
```

Siehe auch
CASE ... OF

ImageSize

Graphik

Zweck
Berechnet den Speicherbedarf eines rechteckigen Bildausschnittes.

Struktur

```
FUNCTION ImageSize(x1,y1,x2,y2:INTEGER);
```

Bemerkung
ImageSize ist in der Unit **Graph** enthalten.
Die Prozedur *GetImage* ermöglicht das Lesen eines rechteckigen Bereiches; *ImageSize* berechnet hierzu den Speicherbedarf in Abhängigkeit des aktiven Graphik-Treibers und -Modus.
(x1,y1) entspricht der linken oberen, *(x2,y2)* der rechten unteren Ecke des gewünschten Bildausschnittes.

Siehe auch
GetImage

IMPLEMENTATION

Reserviertes Wort

Zweck
Enthält den Code der im INTERFACE-Teil einer Unit deklarierten Funktionen und Prozeduren.

Bemerkung
Das reservierte Wort IMPLEMENTATION leitet die Code-Definition der Unit ein. Alle Variablen, Konstanten, Datentypen, Prozeduren und Funktionen, die in diesem Teil deklariert werden (und nicht bereits im INTERFACE-Teil stehen), sind unsichtbar, d.h. sie können von einem Programm, das die Unit einbindet, nicht verwendet werden.
Der Kopf der einzelnen Routinen, die bereits im INTERFACE-Teil deklariert sind, ist im IMPLEMENTATION-Teil verstümmelt, denn ihm fehlt die Parameterliste oder der Funktionstyp (siehe auch FORWARD).

Siehe auch
UNIT

IN

Operator

Zweck
Ermöglicht das Prüfen, ob ein Element in einer Menge vorhanden ist.

Bemerkung
Überprüft, ob ein bestimmtes Element in einer Menge enthalten ist. Der erste Operand ist ein Element, der zweite bezeichnet eine Menge:

```
IF i IN [65..90] THEN ...
```

Mit IN können komplizierte Tests wesentlich vereinfacht werden:

```
IF ((a>=10) AND (a<=20)) OR (A=45) THEN ...
IF a IN [10..20,45] THEN ...
```

Beide Tests bewirken dasselbe.

Bitte beachten Sie, daß eine Menge unter Turbo Pascal maximal 256 Elemente enthalten darf. Aus diesem Grund wäre folgender Test falsch:

```
IF a IN [543..999] THEN ...   { falsch! }
```

Wichtig: Tests mit Mengen beanspruchen wesentlich mehr Rechner-Zeit als solche mit Booleschen Operatoren. Deshalb ist es zu empfehlen, Tests mit Mengen nur dann einzusetzen, wenn die Effizienz keine Rolle spielt:

```
IF ch IN ['A'..'Z'] THEN ...            { Übersichtlich, langsam   }
IF (ch>='A') AND (ch<='Z') THEN ...     { Schnell, unübersichtlich }
```

Für viele Bereichs-Abfragen läßt sich eine CASE-Anweisung einsetzen, die die Übersichtlichkeit und Schnelligkeit miteinander vereint:

```
CASE ch OF
  'A'..'Z':...
END;
```

Siehe auch
SET

Inc

Zweck
Addiert einen Wert zu einer Variablen.

Struktur

```
PROCEDURE Inc(VAR x:ordinaler_typ);
PROCEDURE Inc(VAR x:ordinaler_typ; n:LONGINT);
```

Bemerkung
Der Parameter *x* ist von ordinalem Typ (BYTE, CHAR, LONGINT ..., **ohne** REAL, POINTER, STRING und 8087-Datentypen) und wird um den Wert *n* erhöht. *Inc(x);* entspricht dem Prozeduraufruf *Inc(x,1);*.
Bei den vordefinierten Datentypen (BYTE, CHAR ...) tritt kein Fehler auf, wenn für einen Wert kein Nachfolger existiert; bei selbst definierten ordinalen Typen nur dann, wenn der Compiler-Befehl **R** aktiv ist (siehe hierzu Anhang E).
Inc ist besonders in engen Schleifen und bei komplexer Adressierung der konventionellen Addition (z.B. *i:=i+4;*) überlegen.

Beispiel
Folgendes Programm erhöht die beiden Variablen *t* und *ch* solange, bis Sie eine Taste drücken. Durch das Einfügen des Compiler-Befehls **{$R+}** (vor der USES-Anweisung) bricht das Programm mit einem Laufzeit-Fehler ab.

```
PROGRAM Inc_Test;
USES
  Crt;
VAR
  t:(neben,uns,ein,kleiner,zwerg);
  ch:CHAR;
BEGIN
  t:=neben;
  ch:='A';
  ClrScr;
  REPEAT
    GotoXY(1,1); Write(Ord(t):5);
    GotoXY(1,2); IF ch<#32 THEN Write(Ord(ch):5) ELSE Write(ch:5);
    Inc(t);
    Inc(ch)
  UNTIL KeyPressed
END.
```

Siehe auch
Dec, Pred, Succ

InitGraph

Graphik

Zweck
Bereitet das System für Graphik-Ausgabe vor.

Struktur

```
PROCEDURE InitGraph(VAR treiber,modus:INTEGER; pfad:STRING);
```

Bemerkung
InitGraph ist in der Unit **Graph** verfügbar.
Die Prozedur *InitGraph* sucht aufgrund des Parameters *treiber* im Verzeichnis *pfad* nach einer .BGI-Datei, legt deren Inhalt auf dem Heap ab und setzt den Graphik-Modus *modus*.
Folgende Konstanten sind für den Parameter *treiber* in der Unit **Graph** definiert:

Detect	=0; Sucht automatisch einen passenden Treiber
CGA	=1;
MCGA	=2;
EGA	=3;
EGA64	=4;
EGAMono	=5;
RESERVED	=6; Nicht benutzt (nur 4.0)

IBM8514	=6; (ab 5.0)
HercMono	=7; Hercules
ATT400	=8; Olivetti und AT&T
VGA	=9; PS/2
PC3270	=10;

Folgende Konstanten (definiert in der Unit **Graph**) können zusammen mit dem Parameter *modus* verwendet werden:

CGAC0	=0; 320x200 Punkte, Farbpalette 0 (Hintergrundfarbe, grün, rot, braun), 1 Seite
CGAC1	=1; 320x200 Punkte, Farbpalette 1 (Hintergrundfarbe, türkis, lila, hellgrau), 1 Seite
CGAC2	=2; 320x200 Punkte, Farbpalette 2 (Hintergrundfarbe, hellgrün, hellrot, gelb), 1 Seite
CGAC3	=3; 320x200 Punkte, Farbpalette 3 (Hintergrundfarbe, helltürkis, rosa, weiß), 1 Seite
CGAHi	=4; 640x200 Punkte, schwarz-weiß, 1 Seite
MCGAC0	=0; 320x200 Punkte (wie CGAC0)
MCGAC1	=1; 320x200 Punkte (wie CGAC1)
MCGAC2	=2; 320x200 Punkte (wie CGAC2)
MCGAC3	=3; 320x200 Punkte (wie CGAC3)
MCGAMed	=4; 640x200 Punkte (wie CGAHi)
MCGAHi	=5; 640x480 Punkte, schwarz-weiß, 1 Seite
EGALo	=0; 640x200 Punkte, 16 beliebige Farben, 4 Seiten
EGAHi	=1; 640x350 Punkte, 16 beliebige Farben, 2 Seiten
EGA64Lo	=0; 640x200 Punkte, 16 beliebige Farben, 1 Seite
EGA64Hi	=1; 640x350 Punkte, 4 beliebige Farben, 1 Seite
EGAMonoHi	=3; 640x350 Punkte, schwarz-weiß, 1 Seite bei 64 KBytes, 4 Seiten bei 256 KBytes
IBM8514Lo	=0; 640x480 Punkte, 256 Farben (siehe *SetRGBPalette*), 1 Seite (ab 5.0)
IBM8514Hi	=1; 1024x768 Punkte, 256 Farben (siehe *SetRGBPalette*), 1 Seite (ab 5.0)
HercMonoHi	=0; 720x348 Punkte, schwarz-weiß, 2 Seiten
ATT400C0	=0; 320x200 Punkte (wie CGAC0)
ATT400C1	=1; 320x200 Punkte (wie CGAC1)
ATT400C2	=2; 320x200 Punkte (wie CGAC2)
ATT400C3	=3; 320x200 Punkte (wie CGAC3)

ATT400Med	=4; 640x200 Punkte (wie CGAHi)
ATT400Hi	=5; 640x400 Punkte, schwarz-weiß, 1 Seite
VGALo	=0; 640x200 Punkte, 16 beliebige Farben, 4 Seiten
VGAMed	=1; 640x350 Punkte, 16 beliebige Farben, 2 Seiten
VGAHi	=2; 640x480 Punkte, 16 beliebige Farben, 1 Seite
PC3270Hi	=0; 720x350 Punkte

Falls der Parameter *treiber* den Wert null (*=Detect*) enthält, sucht sich *InitGraph* selbständig einen passenden Graphik-Treiber aus und setzt den höchstmöglichen Graphik-Modus. Bitte beachten Sie, daß *InitGraph* nicht immer den für einen Computer besten Graphik-Treiber installiert (z.B. ATT400). In diesem Fall weisen Sie dem Parameter *treiber* einen Wert ungleich null zu.
Fehler, die während der Prozedur *InitGraph* auftreten, können mit der Funktion *GraphResult* ermittelt werden.
Falls der Parameter *pfad* einen leeren String enthält (*pfad:='';*), sucht *InitGraph* im aktuellen Directory nach der gewünschten .BGI-Datei.
Mit Hilfe der Funktion *RegisterBGIdriver* ist es möglich, einen Graphik-Treiber in den Programmcode einzubinden, so daß das Einlesen einer .BGI-Datei entfällt.

Beispiel
Folgendes Programm ermittelt alle auf einem Computer lauffähigen Graphik-Treiber.

```
PROGRAM InitGraph_Test;
USES
  Crt,Graph;
VAR
  gr,mo:INTEGER;
  g,m:INTEGER;
  ch:CHAR;
BEGIN
  g:=1;
  m:=0;
  DirectVideo:=FALSE;
  REPEAT
    gr:=g;
    mo:=m;
    InitGraph(gr,mo,'');
    IF GraphResult=0 THEN BEGIN
      WriteLn('Treiber: ',gr,'  Modus: ',mo);
      ch:=ReadKey END
    ELSE BEGIN
      Inc(g);
```

```
        m:=-1
      END;
      Inc(m)
    UNTIL g>10;
    CloseGraph
  END.
```

Siehe auch
CloseGraph, DetectGraph, GetModeRange, RestoreCrtMode, SetGraphMode

INLINE

Reserviertes Wort

Zweck
Ermöglicht das Einbinden von Maschinencode.

Bemerkung
Mit Hilfe des reservierten Wortes INLINE können direkt im Programmtext Assembleranweisungen eingefügt werden.
Eine Inline-Anweisung setzt sich aus dem Wort INLINE und mehreren Codeelementen zusammen, die durch einen Schrägstrich (/) voneinander getrennt sind. Der gesamte Code ist von runden Klammern umschlossen.
Ein Codeelement besteht aus einem oder mehreren Datenelementen, getrennt durch eines der Zeichen Plus (+) oder Minus (-). Als Datenelement gilt:

- eine 16-Bit-Konstante,
- der Name einer Variablen, Prozedur oder Funktion

INLINE-Anweisungen können alle CPU-Register benützen. Es muß jedoch darauf geachtet werden, daß die Register BP, SP, DS und SS nach Abschluß der Operation wieder dem Urzustand entsprechen.

Falls auf einen Prozedur- oder Funktions-Kopf unmittelbar das reservierte Wort INLINE folgt, wird die gesamte Anweisung als Assembler-Makro behandelt:

```
PROCEDURE CLI; INLINE($FA);
PROCEDURE STI; INLINE($FB);

FUNCTION ROL7(w:WORD):WORD;
INLINE($58/       { POP AX    }
       $B1/$07/   { MOV CL,7  }
       $D3/$C0);  { ROL AX,CL }
```

Eine als INLINE deklarierte Prozedur oder Funktion wird bei Bedarf nicht angesprungen, sondern ihr Code direkt an der Aufrufsstelle eingefügt:

```
PROCEDURE beispiel;
BEGIN
  CLI;  { Fügt direkt den Assembler-Befehl $FA ein }
  { Code }
  STI
END;
```

Beispiel
Dieses Programm ermöglicht das flimmerfreie Lesen eines gesamten Bildschirmes. Dieses Program ist **nur** mit CGA-Karte lauffähig! Die folgende Prozedur *ScreenTrans* wurde der Turbo Editor Toolbox (Version 1.0) von Heimsoeth/Borland entnommen.

```
PROGRAM INLINE_Test;
  { Nur für CGA-Karte }
  PROCEDURE ScreenTrans(VAR quelle,ziel; lang:INTEGER);
  BEGIN
    INLINE($1e/              {      push  ds               }
           $55/              {      push  bp               }
           $ba/$da/$03/      {      mov   dx,3da           }
           $c5/$b6/quelle/   {      lds   si,quelle[bp]    }
           $c4/$be/ziel/     {      les   di,ziel[bp]      }
           $8b/$8e/lang/     {      mov   cx,lang[bp]      }
           $fc/              {      cld                    }
           $ad/              { .0:  lodsw                  }
           $89/$c5/          {      mov   bp,ax            }
           $b4/$09/          {      mov   ah,9             }
           $ec/              { .1:  in    al,dx            }
           $d0/$d8/          {      rcr   al,1             }
           $72/$fb/          {      jb    .1               }
           $fa/              {      cli                    }
           $ec/              { .2:  in    al,dx            }
           $20/$e0/          {      and   al,ah            }
           $74/$fb/          {      jnz   .2               }
           $89/$e8/          {      mov   ax,bp            }
           $ab/              {      stosw                  }
           $fb/              {      sti                    }
           $e2/$ea/          {      loop  .0               }
           $5d/              {      pop   bp               }
           $1f)              {      pop   ds               }
  END;

  PROCEDURE ReadScr(VAR puffer);
  BEGIN
    ScreenTrans(Mem[$B800:0],puffer,4000)
  END;
```

```
    PROCEDURE WriteScr(VAR puffer);
    BEGIN
      ScreenTrans(puffer,Mem[$B800:0],4000)
    END;

  VAR
    puf1,puf2:ARRAY [1..2000] OF INTEGER;
    i:INTEGER;
  BEGIN
    FOR i:=1 TO 1999 DO Write('*');
    ReadScr(puf1);
    FOR i:=1 TO 1999 DO Write('.');
    ReadScr(puf2);
    REPEAT
      WriteScr(puf1);
      Delay(200);
      WriteScr(puf2);
      Delay(200)
    UNTIL Keypressed
  END.
```

Siehe auch
EXTERNAL

InOutRes

Systemvariable (ab Version 5.0)

Zweck
Enthält einen Fehler-Code, der von Ein- oder Ausgabe-Operationen gesetzt werden kann.

Struktur

```
CONST InOutRes:INTEGER=0;
```

Bemerkung
Falls *InOutRes* einen Wert ungleich 0 enthält, ist während einer Ein- oder Ausgabe-Operation ein Fehler aufgetreten (siehe Anhang F). Die Funktion *IOresult* stellt den Wert der typisierten Konstanten *InOutRes* zur Verfügung und setzt deren Inhalt auf 0 zurück.

Siehe auch
IOresult

INPUT

Standarddatei

Zweck
Inputdatei erster Ordnung.

Struktur

```
VAR
  INPUT:TEXT;
```

Bemerkung
INPUT ist der Standarddatei CON (hier Tastatur) zugeordnet und wird bei der Eingabe von Daten automatisch gewählt, wenn keine Standarddatei angegeben wird:

```
Read(ch);          { Beide Zeilen ...   }
Read(INPUT,ch);    { ... sind identisch }
```

Eine logische Geräteeinheit wird wie eine Textdatei (siehe hierzu TEXT) behandelt, auf sie kann über die vorbezeichneten Dateien (z.B. INPUT) zugegriffen werden.
Der Versuch, eine Standarddatei zu löschen, erzeugt eine I/O-Fehlermeldung.
Die beiden Standardfunktionen *Eof* und *EoLn* arbeiten bei Standarddateien anders als bei Diskettendateien.

Siehe auch
LST, OUTPUT

InsLine

Textbildschirm

Zweck
Fügt auf dem Bildschirm eine Leerzeile ein.

Struktur

```
PROCEDURE InsLine;
```

Bemerkung
Die Prozedur *InsLine* ist in der Unit **Crt** enthalten.
An der Cursorposition wird eine Leerzeile eingefügt. Alle Zeilen unterhalb werden nach unten verschoben, wobei die letzte vom Bildschirm verschwindet.

Beispiel
Dieses Programm verschiebt eine Zeile, bis sie aus dem Bildschirm rutscht.

```
PROGRAM InsLine_Test;
USES
  Crt;
VAR
  i:INTEGER;
BEGIN
  ClrScr;
  FOR i:=1 TO 80 DO
    Write('*');
  GotoXY(1,1);
  FOR i:=1 TO 25 DO
    InsLine
END.
```

Siehe auch
ClrEol, ClrScr, DelLine, GotoXY

Insert

String

Zweck
Fügt in eine Zeichenkette eine andere ein.

Struktur

```
PROCEDURE Insert(objekt:STRING; VAR ziel:STRING; p:INTEGER);
```

Bemerkung
Die Prozedur *Insert* fügt in den String *ziel* an der Stelle *p* den String *objekt* ein.
Ist *p* größer als die Länge von *ziel*, werden *ziel* und *objekt* ohne Zwischenraum zusammengefügt.
Ist das Ergebnis länger als die angegebene Maximallänge von *ziel*, werden die überzähligen Buchstaben rechts abgeschnitten.
Falls sich *p* außerhalb des Bereiches 0..255 befindet, wird ein Laufzeitfehler gemeldet.

Beispiel

```
objekt:='Bart';
ziel:='BlauStoppel';
```

Nach dem Prozedur-Aufruf *Insert(objekt,ziel,5);* enthält *ziel* die Zeichenkette 'BlauBartStoppel'.

Siehe auch
Concat, Copy, Delete, Length

InstallUserDriver

Graphik (ab Version 5.0)

Zweck
Installiert einen beliebigen Graphik-Treiber.

Struktur

```
FUNCTION InstallUserDriver(datei:STRING; auto:POINTER):INTEGER;
```

Bemerkung
InstallUserDriver ist in der Unit **Graph** definiert.
Mit der Funktion *InstallUserDriver* wird es möglich, Graphik-Treiber zu installieren, die nicht von Borland selbst geliefert werden.
Die Funktion *InstallUserDriver* ordnet der Treiber-Datei *datei* eine Kenn-Nummer zu und liefert diese als Funktionsergebnis zurück.
Der Parameter *datei* enthält den Dateinamen des Graphik-Treibers; die Erweiterung .BGI wird bei Bedarf selbständig angehängt. Bitte beachten Sie, daß dem Dateinamen *datei* kein Suchpfad vorangestellt werden darf und sich der Graphik-Treiber deshalb im aktuellen Verzeichnis befinden muß.
Die Funktion *InstallUserDriver* prüft nicht, ob die Datei *datei* vorhanden ist. Ein Fehlen wird erst von der Prozedur *InitGraph* bemerkt. Die Funktion *GraphResult* liefert in diesem Fall die Fehlernummer -3 (*grFileNotFound*).

Der Parameter *auto* enthält die Adresse einer parameterlosen Funktion, die von *InitGraph(gr,mo,'');* genau dann aufgerufen wird, wenn der Paramter *gr* den Wert 0 (entspricht *Detect*) enthält und *InitGraph* somit selbständig nach einem passenden Graphik-Treiber suchen soll:

```
  .
  .
VAR
  gr,mo,
  userDriver1:INTEGER;  { Enthält die Kenn-Nummer des Graphik-Treibers }
```

```
{$F+}
  FUNCTION AutoFind1:INTEGER;
  VAR
    IchBinDa:BOOLEAN;
  BEGIN
    .
    .
    { An dieser Stelle soll der Variablen <IchBinDa> durch geeignete    }
    { Prüf-Anweisungen der Wert TRUE übergeben werden, wenn die ge-     }
    { wünschte Graphik-Karte verfügbar ist, andernfalls der Wert FALSE. }
    .
    .
    IF IchBinDa THEN
      AutoFind1:=5  { Graphik-Modus, der zu Beginn eingeschaltet werden soll }
    ELSE
      AutoFind1:=grError
  END;
{$F-}

BEGIN
  .
  .
  userDriver1:=InstallUserDriver('NEWSCR',Addr(AutoFind1));
  gr:=Detect;
  InitGraph(gr,mo,'');
  .
  .
```

Die hier definierte Funktion *AutoFind1* (sie muß als *far* definiert sein, siehe Anhang E) wird von *InitGraph* als erste Prüf-Routine ausgeführt. Liefert diese den Wert *grError* zurück, setzt *InitGraph* die Suche nach einem passenden Graphik-Treiber fort, andernfalls (bei der Übergabe eines Wertes größer gleich 0) wird 'NEWSCR' aktiviert, wobei das Funktions-Ergebnis den Graphik-Modus bezeichnet, der zu Beginn gewählt werden soll.
Es besteht die Möglichkeit, bis zu 4 fremde Graphik-Treiber und dazugehörige *AutoFind*-Funktionen zu installieren. *InitGraph* versucht erst dann, die von Borland gelieferten Treiber zu aktivieren, wenn alle Benutzer-Treiber keine geeignete Hardware vorfinden (d.h. alle *AutoFind*-Funktionen *grError* als Ergebnis liefern).
Versuchen Sie, mehr als 4 eigene Treiber zu installieren, liefern *InstallUserDriver* und *GraphResult* die Fehler-Nummer -11 (*grError*).
Entgegen der im Original-Handbuches zu Turbo Pascal 5.0 aufgestellten Behauptung ist es *nicht* möglich, den Graphik-Treiber *datei* direkt mit dem Prozedur-Aufruf *InitGraph(gr,mo,'');* zu installieren, ohne daß der Parameter *gr* einen Wert ungleich *Detect* enthält. Folgende Programmzeilen zeigen also *nicht* die gewünschte Wirkung:

```
VAR
  gr,mo:INTEGER;
BEGIN
  .
  .
  gr:=InstallUserDriver('NEWSCR',NIL);
  InitGraph(gr,mo,'');   { Installiert nicht 'NEWSCR.BGI'! }
  .
  .
```

An dieser Stelle sei aber darauf hingewiesen, daß die Turbo Pascal-Handbücher insgesamt ausgezeichnet und mit viel Sorgfalt geschrieben sind.

Siehe auch
GetDriverName, GetModeName, InstallUserFont, RegisterBGIdriver

InstallUserFont

Graphik (ab Version 5.0)

Zweck
Installiert einen beliebigen Vektor-Zeichensatz.

Struktur

```
FUNCTION InstallUserFont(datei:STRING):INTEGER;
```

Bemerkung
InstallUserFont ist in der Unit **Graph** definiert.
Turbo Pascal wird mit 4 Vektor-Zeichensätzen ausgeliefert, die mit der Prozedur *SetTextStyle* aktiviert werden können. Die Funktion *InstallUserFont* ermöglicht es, Vektor-Zeichensätze im Borland-Format (siehe auch Arne Schäpers: "Turbo Pascal 5.0, Konzepte, Analysen, Tips & Tricks", Band 1, Addison-Wesley, Bonn) zu verwenden, die von Fremd-Anbietern auf dem Markt angepriesen werden.
Die Funktion *InstallUserFont* ordnet der Zeichensatz-Datei *datei* eine Nummer zu und liefert diese als Funktionsergebnis zurück. Mit Hilfe dieser Nummer kann der Zeichensatz *datei* zu einem späteren Zeitpunkt mittels der Prozedur *SetTextStyle* aktiviert werden:

```
.
.
user1:=InstallUserFont('NEON');
user2:=InstallUserFont('ROPE');
SetTextStyle(TriplexFont,HorizDir,4);
OutTextXY(0,0,'Borland-Zeichensatz: Triplex');
SetTextStyle(user2,HorizDir,4);
```

```
OutTextXY(0,100,'Benutzer-Zeichensatz: Rope');
SetTextStyle(user1,HorizDir,4);
OutTextXY(0,200,'Benutzer-Zeichensatz: Neon');
.
.
```

Der Parameter *datei* enthält den Dateinamen des Zeichensatzes; die Erweiterung .CHR wird bei Bedarf selbständig angehängt. Bitte beachten Sie, daß dem Dateinamen *datei* kein Suchpfad vorangestellt werden darf und sich der Zeichensatz deshalb im aktuellen Verzeichnis befinden muß.
Die Funktion *InstallUserFont* prüft nicht, ob die Datei *datei* vorhanden ist. Ein Fehlen wird erst von der Prozedur *SetTextStyle* bemerkt. Die Funktion *GraphResult* liefert in diesem Fall die Fehlernummer -8 (*grFontNotFound*).
Dem ersten Benutzer-Zeichensatz wird die Nummer 10 zugeordnet, dem letzten die Nummer 20; somit können 11 eigene Zeichensätze installiert werden. Versuche, mehr als 11 Benutzer-Zeichensätze zu installieren, werden ignoriert; lediglich die Funktion *GraphResult* liefert die Fehlernummer -11 (*grError*).

Siehe auch
InstallUserDriver, RegisterBGIfont

Int

Arithmetik

Zweck
Gibt den ganzzahligen Wert einer Zahl aus.

Struktur

```
FUNCTION Int(r:REAL):REAL;
```

Bemerkung
Schneidet die Kommastellen einer reellen Zahl ab:

```
0<=x, dann ist Int(x)<=x, ganzzahlig
0>x, dann ist Int(x)>=x, ganzzahlig
```

Mit der Funktion *Int* können Integer-Werte in Real-Werte umgewandelt werden.

Beispiel

```
Int(3.7)  =  3.0
Int(-3.7) = -3.0
Int(-3.1) = -3.0
```

Siehe auch
Abs, Frac, Odd, Round, Trunc

INTEGER

Datentyp

Zweck
Datentyp, der einen Bereich von -32768..32767 zuläßt.

Bemerkung
Ein Datentyp definiert die Beschaffenheit der Werte, die eine Variable annehmen kann. In einem Programm kann jeder Variablen nur ein einziger Datentyp zugeordnet werden.
Der Datentyp INTEGER bezeichnet ganze Zahlen. Ein Überlauf von arithmetischen Operationen mit ganzen Zahlen wird nicht entdeckt.
Teilergebnisse in ganzzahligen Ausdrücken müssen in den Bereichsgrenzen liegen, da sonst unbemerkt ein Überlauf stattfindet, der das Endresultat falsch werden läßt: 2000*400+4 ergibt nicht 800004, da die Multiplikation zu einem Überlauf führt. Diese Multiplikation muß im LONGINT- oder REAL-Bereich ausgeführt werden:

```
LONGINT(2000)*400+4
REAL(2000)*400+4 oder 2000.0*400+4
```

INTEGER kann auch als Umwandlungsfunktion verwendet werden (zu vergleichen mit der Funktion *Ord*):

```
INTEGER('A') = 65
```

Zahlen im INTEGER-Wertebereich können auch in hexadezimaler Form geschrieben werden; ihnen wird ein Dollar-Zeichen ($) vorangestellt:

```
$A2B
```

Der hexadezimale INTEGER-Bereich ist $0000..$7FFF.
Der Datentyp INTEGER belegt zwei aufeinanderfolgende Bytes im Arbeitsspeicher, wobei das niederwertige Byte an der niedrigeren Speicherstelle liegt.

Siehe auch
BOOLEAN, BYTE, CHAR, REAL, STRING, TYPE

INTERFACE

Reserviertes Wort

Zweck
Deklariert alle Bezeichner einer Unit, die der Außenwelt bekannt sein sollen.

Bemerkung
Im INTERFACE-Teil werden alle Prozeduren, Funktionen, Konstanten, Datentypen und Variablen deklariert, die von Programmen verwendet werden dürfen und somit öffentlich sind. Prozeduren und Funktionen werden hier nur mit ihren Namen und den Parameter-Listen aufgeführt, der eigentliche Programmcode wird im INTERFACE-Teil geschrieben.

Siehe auch
UNIT

INTERRUPT

Reserviertes Wort

Zweck
Definiert eine Prozedur als Interrupt-Routine.

Bemerkung
Interrupts (deutsch: Unterbrechungen) sind Signale, die den Mikroprozessor auf eine Gegebenheit aufmerksam machen wollen. Jeder Tastendruck beispielsweise löst einen Interrupt aus und veranlaßt eine nötige Reaktion der CPU. Wenn diese das Signal erhalten hat, unterbricht sie ihre momentane Arbeit und ruft eine Routine auf, die den Tastendruck bearbeitet. Sobald dies geschehen ist, wird die alte Arbeit wieder an derselben Stelle aufgenommen.
Der von Turbo Pascal erzeugt Code und die Laufzeitbibliothek können beliebig durch Interrupts unterbrochen werden. Daneben sind viele Routinen reentrant, somit ist es möglich, in Turbo Pascal Interrupt-Routinen zu schreiben, die diejenigen des Betriebssystems ersetzten oder erweitern.
Eine Prozedur mit einer optionalen Parameterliste, der das reservierte Wort INTERRUPT folgt, definiert in Turbo Pascal eine Interrupt-Routine:

```
PROCEDURE jetztkommich; INTERRUPT;
```

Alle Register des Mikroprozessors können in die Parameterliste aufgenommen und innerhalb der Prozedur verändert werden:

```
PROCEDURE stop(flags,cs,ip,ax,bx,cx,dx,si,di,ds,es,bp:WORD); INTERRUPT;
```

Es ist möglich, diese Parameterliste zu kürzen:

```
PROCEDURE stop(          ax,bx,cx,dx,si,di,ds,es,bp:WORD); INTERRUPT;
PROCEDURE stop(                      si,di,ds,es,bp:WORD); INTERRUPT;
PROCEDURE stop(                               es,bp:WORD); INTERRUPT;
```

Ein Kürzen beginnt also von vorne nach hinten. Bitte beachten Sie, daß es nicht empfehlenswert ist, nur einzelne Parameter in der Liste auszulassen, da somit die einzelnen Parameter-Namen nicht mehr mit den CPU-Registern übereinstimmen würden (so entspricht beispielsweise in folgender Liste der Parameter *si* dem CPU-Register *di*):

```
PROCEDURE stop(flags,cs,   ax,bx,   dx,si,   ds,es,bp:WORD); INTERRUPT;
  { Falsch }
```

Jede als INTERRUPT deklarierte Prozedur speichert alle CPU-Register auf dem Stack und setzt das DS-Register auf das erforderliche Datensegment. Programmteile, die nicht durch einem Interrupt unterbrochen werden sollen, sind von den beiden CPU-Befehlen CLI und STI (z.B.: INLINE($FA); <Pascal-Code>; INLINE($FB);) einzuschließen. Am Prozedurende werden alle auf dem Stack gesicherten Werte in die entsprechenden CPU-Register zurückgeschrieben. Wenn Sie innerhalb der Interrupt-Prozedur einen Parameter verändern, sprechen Sie direkt den Stack an, so daß beim Prozedurende ein CPU-Register einen anderen Wert erhält:

```
ax:=$1234;  { Verändert den Stack, den alten Wert des AX-Registers }
```

Bitte beachten Sie, daß eine Interrupt-Routine keine von Turbo Pascal zur Verfügung gestellte Routine zur Ein- und Ausgabe sowie Befehle für die Heap-Verwaltung enthalten sollte, da diese nicht reentrant sind (siehe auch *Keep*). Ein- und Ausgaben lassen sich aber mit den Interrupts $10 (Bildschirm) und $17 (Drucker) verwirklichen (siehe Beispiel bei *Keep*).

Siehe auch
GetIntVec, Intr, Keep, MsDos, SetIntVec

Intr

MS-DOS

Zweck
Ruft eine Interrupt-Routine auf.

Struktur

```
PROCEDURE Intr(nr:BYTE; VAR pack:registers);
```

Bemerkung
Die Prozedur *Intr* und der Datentyp *registers* sind in der Unit **Dos** enthalten. *registers* hat folgende Struktur:

```
TYPE
  Registers=RECORD
    CASE INTEGER OF
      0:(ax,bx,cx,dx,bp,si,di,ds,es,flags:WORD);
      1:(al,ah,bl,bh,cl,ch,dl,dh:BYTE)
  END;
```

Die Prozedur *Intr* ruft einen Software-Interrupt auf. Zahlenwerte werden mit der Variablen *pack* übergeben.
Nach dem Beenden des Software-Interrupts stehen die Ergebniswerte in der Variablen *pack*.
Genaue Angaben über die einzelnen Software-Interrupts finden sich in Büchern über das Betriebssystem MS-DOS (z.B. Peter Norton; Programmierhandbuch für den IBM PC; Vieweg-Verlag, Wiesbaden).

Beispiel
Dieses Programm zeigt an, welche der Steuertasten (Ctrl, Alt, Ins ...) gedrückt werden oder aktiv sind.

```
PROGRAM Intr_Test1;
USES
  Crt,Dos;

  FUNCTION KeyStatus:INTEGER;
  VAR
    pack:registers;
  BEGIN
    pack.ax:=$0200;          { Funktion 2 des Interrupts    }
    Intr($16,pack);          { $16 = Interrupt für Tastatur }
    KeyStatus:=Lo(pack.ax)
  END;

VAR
  i,s:INTEGER;
  ch:CHAR;
```

```
BEGIN
  ClrScr;
  Write('Steuertasten-Übersicht. Ende mit <ESC> ...');
  ch:='?';
  REPEAT
    s:=KeyStatus;
    FOR i:=0 TO 7 DO BEGIN
      GotoXY(1,i+3);
      CASE (s AND (1 SHL i)) OF
          0:ClrEol;
          1:Write('Shift rechts');
          2:Write('Shift links');
          4:Write('Ctrl-Taste');
          8:Write('Alt-Taste');
         16:Write('Scroll on');
         32:Write('Ziffernblock aktiv');
         64:Write('Caps Lock aktiv');
        128:Write('INS aktiv')
      END
    END;
    WHILE KeyPressed DO ch:=ReadKey
  UNTIL ch=#27
END.
```

Folgendes Programm invertiert beliebige Bildschirmbereiche:

```
PROGRAM Intr_Test2;
USES
  Crt,Dos;

  PROCEDURE Invert(x1,y1,x2,y2:BYTE);
  VAR
    x,y,at:BYTE;
    pack:Registers;
  BEGIN
    FOR y:=y1 TO y2 DO BEGIN
      FOR x:=x1 TO x2 DO BEGIN
        GotoXY(x,y);
        WITH pack DO BEGIN
          ah:=$08;           { Funktionsnummer                 }
          bh:=0;             { 1. Bildschirmseite              }
          Intr($10,pack);    { Zeichen und Attribut lesen      }
          at:=ah;            { Attribut ermitteln              }
          ah:=$09;
          bh:=0;
          bl:=at XOR 127;    { Attribut invertieren            }
          cx:=1;             { Zeichenanzahl                   }
          Intr($10,pack);    { Zeichen und Attribut schreiben }
        END { WITH }
      END { FOR x }
    END { FOR y }
  END;
```

```
VAR
  i:INTEGER;
BEGIN
  ClrScr;
  FOR i:=1 TO 1999 DO BEGIN
    TextColor(Random(16));
    Write(CHAR(Random(26)+65))
  END;
  REPEAT
    Invert(Random(40)+1,Random(12)+1,Random(40)+41,Random(12)+14)
  UNTIL KeyPressed;
  NormVideo
END.
```

Siehe auch
GetIntVec, MsDos, SetIntVec

IOresult

System

Zweck
Übergibt die Nummer eines aufgetretenen Ein- oder Ausgabefehlers.

Struktur

```
FUNCTION IOresult:INTEGER;
```

Bemerkung
Ein- und Ausgabefehler entstehen oft im Zusammenhang mit den Diskettenstationen oder Festplatten und werden von folgenden Prozeduren ausgelöst:

Append	Close	Read	Seek
Assign	Erase	ReadLn	Write
BlockRead	Execute	Rename	WriteLn
BlockWrite	Flush	Reset	
Chain	GetDir	Rewrite	
ChDir	MkDir	RmDir	

Um mögliche Fehlermeldungen zu verhindern, kann der Compiler-Befehl {$I-} (siehe Anhang E) benutzt werden. Es ist empfehlenswert, diesen nur gezielt einzusetzen.
Die Fehlernummern der Ein- und Ausgabe können mit der Funktion *IOresult* abgefragt werden (siehe Anhang F).

Der Wert von *IOresult* wird nach dem Aufrufen auf 0 zurückgesetzt und muß deshalb bei Bedarf gespeichert werden (ab Turbo Pascal 5.0 ist jedoch die typisierte Konstante *InOutRes* in der Unit **System** definiert, die genauso die aktuelle Fehlernummer enthält; somit erübrigt sich ein Zwischenspeichern bei mehrfacher Abfrage).
Ein- und Ausgabefehler entstehen auch, wenn beim Einlesen von Zahlenwerten (INTEGER oder REAL) vom Anwender ungültige Zeichen eingegeben werden:

```
VAR
  zahl:INTEGER;
BEGIN              { Bei der Eingabe von Buchstaben ...    }
  Read(zahl);      { ... wird hier ein Fehler entstehen.  }
```

Dieser Eingabefehler läßt sich ebenfalls mit dem Compiler-Befehl **{$I-}** ausschalten:

```
{$I-}
REPEAT
  Write('Zahl: ');
  ReadLn(zahl)
UNTIL IOresult=0;
{$I+}
```

Mit dem Compiler-Befehl **I** lassen sich auch kritische Fehler (Laufwerksklappe offen, Drucker nicht bereit ...) abfangen. Dies ist dadurch möglich, daß Turbo Pascal den Interrupt $24 umleitet.

Beispiel

```
PROGRAM Test_IOresult;
VAR
  textdatei:TEXT;
  dateiname:STRING[14];
BEGIN
  Write('Bitte Name der Datei eingeben: ');
  ReadLn(dateiname);
  Assign(textdatei,dateiname);
  {$I-}                      { I/O-Fehlermeldung ausschalten }
  Reset(textdatei);
  {$I+}                      { I/O-Fehlermeldung einschalten }
  IF IOresult=0 THEN
    WriteLn('Datei bekannt.')
  ELSE BEGIN
    WriteLn('Neue Datei.');
    Rewrite(textdatei);
  END;
```

```
  Close(textdatei)
END.
```

Siehe auch
InOutRes

Keep

MS-DOS

Zweck
Beendet ein Programm und läßt dessen Code im Speicher.

Struktur

```
PROCEDURE Keep(exitcode:WORD);
```

Bemerkung
Keep ist in der Unit **Dos** enthalten.
Falls die Prozedur *Keep* in einem laufenden Programm ausgeführt wird, beendet Turbo Pascal dieses, ohne dabei aber den Programmcode, das Datensegment, den Stack und den Heap freizugeben (das Programm bleibt also speicherresident). Der Parameter *exitcode* kann mit der DOS-Variablen ERRORLEVEL oder der Turbo Pascal-Systemvariablen *DosExitCode* ermittelt werden.
Achtung: Ein Programm, das durch die Prozedur *Keep* beendet wird, darf nicht den gesamten Speicher belegen (siehe Compiler-Befehl M im Anhang E), da sonst nicht einmal mehr für den Kommando-Interpreter COMMAND.COM Speicherplatz übrig bleibt und das System deswegen abstürzt.
Speicherresidente Programme schlummern meist im Hintergrund und warten auf einen Tastendruck, der sie zum Leben erweckt (z.B. SideKick). Jedoch ist es nicht ganz leicht, solche Programme zu schreiben, da viele Regeln beachtet werden müssen, um den Schwierigkeiten aus dem Wege zu gehen (an dieser Stelle möchte ich auf die hervorragende Artikelserie "Speicherresidente Programme selbstgemacht" des Autors Thomas Little verweisen, der kompetent und mit viel didaktischen Geschick alle Einzelheiten der speicherresidenten Programme erläutert; DOS International, Ausgaben 2.1988 bis 5.1988, Elfenstr. 40, 8000 München 83, BRD).
Bitte achten Sie darauf, daß ein durch *Keep* beendetes Programm nur außerhalb von der Turbo Pascal-Umgebung gestartet werden soll (als .EXE-Datei), da sonst ein Systemabsturze droht.

Turbo Pascal ersetzt einige Interrupt-Routinen ($0, $23 und $24; siehe hierzu auch *SaveInt??*) des Betriebssystems durch eigene (durch ein "Verbiegen" der Interrupt-Vektoren), so daß es möglich wird, kritische Fehler (z.B. Laufwerksklappe offen) abzufangen oder die Tastenkombination *Ctrl-Break* zu ignorieren. Beim Programmende werden die originalen Interrupt-Routinen von Turbo Pascal wieder automatisch installiert, nach *Keep* jedoch erfolgt dieses Zurücksetzen nicht (MS-DOS setzt aber selbständig die Interrupt-Vektoren $23 und $24 zurück), so daß Ihr Computer-System ordentlich durcheinander kommen kann, wenn dieses eine Interrupt-Routine aufrufen will, die gar nicht mehr vorhanden ist. Mit folgender Anweisung können Sie jedoch den erforderlichen Interrupt-Vektor $0 zurücksetzen:

```
SetIntVec($0,SaveInt00); { SaveInt00 ist in der Unit System definiert }
```

Ab der **Version 5.0** können Sie hierzu den Befehl *SwapVectors* benutzen. Eine Routine, die von einem Interrupt aufgerufen wird, muß immer als **far** deklariert (siehe Compiler-Befehl F im Anhang E) und mit dem reservierten Wort INTERRUPT gekennzeichnet werden.

Beispiel
Folgendes Programm ersetzt die alte Routine, die, ausgelöst durch die Taste <PrtScr>, den aktuellen Bildschirminhalt ausdruckt. Unsere neue Prozedur *PrtScr* ignoriert Zeichen mit einem ASCII-Code kleiner als 32 und schreibt hell dargestellte Zeichen (Textfarbe 8..15) fett; hierzu wird der Interrupt-Vektor $05 verbogen.
Bitte beachten Sie, daß die absolute Variable *screen* bei einem Monochrom-Bildschirm an die Adresse $B000:0 gelegt werden muß.

```
PROGRAM Keep_Test1;

{$M 16384,0,0}

USES
  Crt,Dos;

{$F+}
  PROCEDURE PrtScr; INTERRUPT;

    PROCEDURE print(zeichen:STRING);
    VAR
      pack:Registers;
      i:INTEGER;
    BEGIN
      FOR i:=1 TO Length(zeichen) DO BEGIN
        WITH pack DO BEGIN
          ah:=00;                { Routine 0 des Interrupts $17 }
          al:=BYTE(zeichen[i]);
          dx:=0;                              { 0=LPT1, 1=LPT2 ... }
          Intr($17,pack)         { Druckerausgabe eines Zeichens }
        END
      END
    END;
```

```
CONST
  druck:BOOLEAN=FALSE;
  fettein=#27'G';
  fettaus=#27'H';
VAR
  screen:ARRAY [0..24,0..79,0..1] OF CHAR ABSOLUTE $B800:0;
  x,y:INTEGER;     { Für Monochrom-Bildschirm $B000 ^^^^^ }
  mode,altmode:BYTE;
  ch:CHAR;
  attr:BYTE;
BEGIN
  IF druck THEN Exit;
  druck:=TRUE;
  altmode:=0;
  FOR y:=0 TO 24 DO BEGIN
    FOR x:=0 TO 79 DO BEGIN
      ch:=screen[y,x,0];
      IF ch<#32 THEN ch:=#32;
      attr:=BYTE(screen[y,x,1]) AND 15;
      CASE attr OF
        0..7:mode:=1;     { normal }
        8..15:mode:=2     { fett   }
      END;
      IF mode<>altmode THEN BEGIN
        altmode:=mode;
        CASE mode OF
          1:print(fettaus);
          2:print(fettein)
        END
      END;
      print(ch)
    END;
    print(#10)
  END;
  druck:=FALSE
END;
{$F-}

BEGIN
  SetIntVec($00,SaveInt00);      { $00 zurücksetzen }
  SetIntVec($05,Addr(PrtScr));  { $05 verbiegen    }
  Keep(0)
END.
```

Folgendes Programm installiert eine Prozedur, die sich vom Interrupt $1C aufrufen läßt. Dieser Interrupt ist ausschließlich für den Anwender gedacht und wird in der Sekunde 18.2 Mal ausgelöst.
Nach dem Start dieses Programmes wird Ihre Arbeit am Computer von einer nervtötenden Melodie begleitet, die nur durch einen Neustart des Systems unterbrochen werden kann.

```
PROGRAM Keep_Test2;

{$M 16384,0,0}

USES
  Dos,Crt;
CONST
  ton:ARRAY [1..10,1..2] OF INTEGER=
    ((440,10),(880,10),(0,10),(440,5),(554,5),
    (659,5),(784,5),(988,10),(880,10),(0,20));
    { Die 1. Zahl entspricht der Tonhöhe, die 2. der Tondauer }

{$F+}
  PROCEDURE musik; INTERRUPT;
  CONST
    d:INTEGER=0;
    i:INTEGER=0;
  BEGIN
    IF d=0 THEN BEGIN
      Inc(i);
      IF i>10 THEN i:=1;
      IF ton[i,1]=0 THEN
        NoSound
      ELSE
        Sound(ton[i,1]);
      d:=ton[i,2]
    END;
    IF d=1 THEN NoSound;
    Dec(d)
  END;
{$F-}

BEGIN
  SetIntVec($00,SaveInt00);      { $00 zurücksetzen }
  SetIntVec($1C,Addr(musik));    { $1C verbiegen    }
  Keep(0)
END.
```

Siehe auch
GetIntVec, INTERRUPT, SetIntVec, SwapVectors

KeyPressed

Zweck
Ermittelt, ob eine Taste gedrückt worden ist.

Struktur

```
FUNCTION KeyPressed:BOOLEAN;
```

Bemerkung
Die Funktion *KeyPressed* ist in der Unit **Crt** enthalten und überprüft, ob sich ein Zeichen im Tastaturpuffer befindet:

```
KeyPressed ergibt TRUE, wenn Zeichen im Tastaturpuffer
KeyPressed ergibt FALSE, wenn kein Zeichen im Tastaturpuffer
```

Der Tastaturpuffer wird beim Funktionsaufruf *KeyPressed* nicht entleert. Funktionstasten und einige weitere Tasten erzeugen zwei Einträge im Tastaturpuffer (siehe Anhang I). Mit Hilfe der Funktion *ReadKey* können einzelne Zeichen des Tastaturpuffers gelesen werden.

Beispiel
Folgendes Programm wartet fünf Sekunden und schreibt dann alle Zeichen, die sich im Tastaturpuffer befinden, auf den Bildschirm:

```
PROGRAM KeyPressed_Test;
USES
  Crt;
VAR
  ch:CHAR;
  i:INTEGER;
BEGIN
  ClrScr;
  Write('Bitte mehrere Tasten drücken ... ');
  FOR i:=5 DOWNTO 1 DO BEGIN
    Write(i:2);
    Delay(1000)
  END;
  GotoXY(1,1);
  WriteLn('Folgende Codes befinden sich im Tastaturpuffer: ');
  WHILE KeyPressed DO BEGIN
    ch:=ReadKey;
    Write(BYTE(ch):4);
    IF ch<>#0 THEN WriteLn
  END
END.
```

Siehe auch
ConStPtr, KBD, ReadKey

LABEL

Reserviertes Wort

Zweck
Definiert Marken, die innerhalb des Programmes angesprungen werden können.

Bemerkung
LABEL steht im Deklarationsteil eines Programmes oder von Prozeduren und Funktionen.
Einer Anweisung kann ein Label (eine Marke) vorangestellt werden. Mit der Anweisung GOTO ist es dann möglich, direkt zu dieser bezeichneten Stelle zu springen.
Das reservierte Wort LABEL steht am Anfang der Deklaration, gefolgt von einer Liste mit Bezeichnern. Einzelne Bezeichner werden mit einem Komma (,) voneinander getrennt. Die gesamte Liste wird mit einem Strichpunkt (;) abgeschlossen:

```
LABEL
  ausgang, fehler, spaghetti;
```

Im Standard-Pascal sind Labelnamen auf maximal 4 Zeichen beschränkt, bestehend aus Ziffern. In Turbo Pascal sind für den Labelnamen sowohl Buchstaben als auch Ziffern erlaubt; die Länge des Labelnamens ist nicht beschränkt.
Falls ein definiertes LABEL im Programm nicht verwendet wird, meldet der Compiler einen Fehler.

Siehe auch
CONST, FUNCTION, GOTO, PROCEDURE, PROGRAM, TYPE, VAR

LastMode

Systemvariable

Zweck
Enthält den aktuellen Textmodus.

Struktur

```
VAR
  LastMode:WORD;
```

Bemerkung
LastMode ist in der Unit **Crt** enthalten.
Folgende Werte sind für die Systemvariable *LastMode* definiert:

BW40	=0; 40x25 S/W für Farbbildschirm
CO40	=1; 40x25 farbig
BW80	=2; 80x25 S/W für Farbbildschirm
CO80	=3; 80x25 farbig
Mono	=7; 80x25 für Monochrom-Bildschirm
Font8x8	=256; ermöglicht 43 (EGA) oder 50 (VGA) Textzeilen (z.B. *TextMode(CO80+Font8x8);*)

Wenn *LastMode* den Wert 7 enthält, befindet sich der Bildschirmspeicher an der Stelle $B000:$0000, andernfalls an der Stelle $B800:$0000.
Mit Prozeduraufruf *TextMode(LastMode);* kann von einem Graphikmodus in den zu Beginn aktuellen Textmodus zurückgekehrt werden.

Siehe auch
RestoreCrtMode, SetGraphMode, TextMode

Length

String

Zweck
Bestimmt die Länge einer Zeichenkette.

Struktur

```
FUNCTION Length(s:STRING):INTEGER;
```

Bemerkung
Für einen leeren String gibt die Funktion *Length* 0 aus.
Das Zeichen an der Stelle Null eines Strings enthält genauso die Länge des Strings.

Beispiel

```
Length('1234') = 4

s:='Hausherd';
Length(s) = 8;
Ord(s[0]) = 8;
```

Siehe auch
Concat, Copy, Delete, Insert, Pos

Line

Graphik

Zweck
Verbindet zwei Punkte miteinander.

Struktur

```
PROCEDURE Line(x1,y1,x2,y2:INTEGER);
```

Bemerkung
Line ist in der Unit **Graph** enthalten.
Die Prozedur *Line* verbindet die beiden Punkte *(x1,y1)* und *(x2,y2)* miteinander. Dabei wird die mit *SetLineStyle* und *SetColor* gesetzte Linienart und Zeichenfarbe verwendet. Der Graphik-Cursor wird durch *Line* nicht verschoben.

Beispiel
Folgendes Programm zeichnet zufällige Geraden. Es kann mit einer beliebigen Taste abgebrochen werden.

```
PROGRAM Line_Test;
USES
  Crt,Graph;
VAR
  gr,mo,mx,my:INTEGER;
BEGIN
  gr:=Detect;
  InitGraph(gr,mo,'');
  mx:=GetMaxX;
  my:=GetMaxY;
  REPEAT
    Line(Random(mx),Random(my),Random(mx),Random(my))
  UNTIL KeyPressed;
  CloseGraph
END.
```

Siehe auch
LineRel, LineTo, MoveRel, MoveTo

LineRel

Graphik

Zweck
Verbindet die aktuelle Position des Graphik-Cursors mit einem zu diesem relativ gesetzten Punkt.

Struktur

```
PROCEDURE LineRel(xrel,yrel:INTEGER);
```

Bemerkung
LineRel ist in der Unit **Graph** enthalten.
Die Koordinaten des Graphik-Cursors können mit den beiden Funktionen *GetX* und *GetY* ermittelt werden; deshalb entspricht *LineRel(xrel,yrel);* dem Prozeduraufruf *Line(GetX,GetY,GetX+xrel,GetY+yrel);*. Die Linienart kann mit *SetLineStyle*, die Zeichenfarbe mit *SetColor* festgelegt werden.
LineRel verschiebt den Graphik-Cursor.

Beispiel
Folgendes Programm zeichnet kongruente Dreiecke. Es kann mit einem beliebigen Tastendruck abgebrochen werden.

```
PROGRAM LineRel_Test;
USES
  Crt,Graph;
VAR
  gr,mo,mx,my:INTEGER;

  PROCEDURE dreieck(x,y:INTEGER);
  BEGIN
    MoveTo(x,y);
    LineRel(20,0);
    LineRel(-20,20);
    LineRel(0,-20)
  END;

BEGIN
  gr:=Detect;
  InitGraph(gr,mo,'');
  mx:=GetMaxX-20;
  my:=GetMaxY-20;
  REPEAT
    dreieck(Random(mx),Random(my))
  UNTIL KeyPressed;
  CloseGraph
END.
```

Siehe auch
Line, LineTo, MoveRel, MoveTo

LineTo

Graphik

Zweck
Verbindet den aktuellen Graphik-Cursor mit einem Punkt.

Struktur

```
PROCEDURE LineTo(x,y:INTEGER);
```

Bemerkung
LineTo ist in der Unit **Graph** enthalten.
Die Koordinaten des Graphik-Cursors lassen sich mit den beiden Funktionen *GetX* und *GetY* ermitteln. *LineTo(x,y);* entspricht deshalb dem Prozeduraufruf *Line(GetX,GetY,x,y);*. Die gewünschte Linienart kann mit *SetLineStyle*, die Zeichenfarbe mit *SetColor* festgelegt werden.
Am Ende der Prozedur *LineTo* befindet sich der Graphik-Cursor an der Stelle *(x,y)*.

Beispiel
Folgendes Programm zeichnet zusammenhängende Linien und ist mit jedem Tastendruck abzubrechen.

```
PROGRAM LineTo_Test;
USES
  Crt,Graph;
VAR
  gr,mo,mx,my:INTEGER;
BEGIN
  gr:=Detect;
  InitGraph(gr,mo,'');
  mx:=GetMaxX;
  my:=GetMaxY;
  MoveTo(Random(mx),Random(my));
  REPEAT
    LineTo(Random(mx),Random(my))
  UNTIL KeyPressed;
  CloseGraph
END.
```

Siehe auch
DrawPoly, Line, LineRel, MoveRel, MoveTo

Ln

Arithmetik

Zweck
Natürlicher Logarithmus einer Zahl.

Struktur

```
FUNCTION Ln(r:REAL):REAL;
```

Bemerkung
Logarithmus zur Basis e, wobei e=2.718... (Eulersche Zahl).
Ln(x) ist nur definiert für x>0.

```
Log(x) zur Basis a = Ln(x)/Ln(a)
```

Beispiel

```
Ln(0.5) = -0.69314718056...
Ln(10)  = 2.302585093...
```

Siehe auch
ArcTan, Cos, Exp, Sin, Sqr, Sqrt

Lo

Zweck
Bestimmt das niederwertige Byte eines WORD- oder INTEGER-Ausdrukkes.

Struktur

```
FUNCTION Lo(i:INTEGER):INTEGER;
FUNCTION Lo(i:WORD):WORD;
```

Bemerkung
Ein WORD- oder INTEGER-Ausdruck besteht aus 2 Bytes. *Lo(i)* ermittelt das niederwertige Byte von *i*.

Beispiel

```
Lo($1122) = $0022
Lo($1234) = $0034
```

Siehe auch
Hi, Swap

LONGINT

Datentyp

Zweck
Datentyp, der ganze Zahlen im Bereich -2'147'483'648..2'147'483'647 zuläßt.

Bemerkung
Ein Datentyp definiert die Beschaffenheit der Werte, die eine Variable annehmen kann; dieser kann in einem Programm nur ein Datentyp zugeordnet werden.
Der Datentyp LONGINT bezeichnet ganze Zahlen und belegt 4 Bytes Speicher. Ein Überlauf bei arithmetischen Operationen wird vom Compiler nicht angezeigt.
Einer Variablen des Typs LONGINT können hexadezimale Zahlen übergeben werden; ihnen wird ein Dollar-Zeichen ($) vorangestellt:

```
VAR
  l:LONGINT;
BEGIN
  l:=$FFFE3;
```

Der hexadezimale LONGINT-Bereich ist $0..$FFFF'FFFF und kennt keine negativen Werte.

Siehe auch
BYTE, INTEGER, REAL, WORD

LowVideo

Textbildschirm

Zweck
Wählt eine dunkle Schrift.

Struktur

```
PROCEDURE LowVideo;
```

Bemerkung
Die Prozedur *LowVideo* ist in der Unit **Crt** enthalten und subtrahiert von der aktuellen Textfarbe den Wert 8, wenn diese im Bereich 8..15 liegt. Somit erscheinen die nun geschriebenen Zeichen dunkler als zuvor.

Beispiel

```
PROGRAM LowVideo_Test_Turbo4;
USES
  Crt;
VAR
  i:INTEGER;
BEGIN
  FOR i:=8 TO 15 DO BEGIN
    TextColor(i);
    Write('Farbnummer: ',i:2,' (hell)  ');
    LowVideo;
    WriteLn('Farbnummer: ',i-8:2,' (dunkel)')
  END
END.
```

Siehe auch
NormVideo, TextBackground, TextColor

LST

Standarddatei

Zweck
Bezeichnet den Drucker am parallelen Ausgang (LPT1).

Struktur

```
VAR
  LST:TEXT;
```

Bemerkung
Die Variable LST ist in der Unit **Printer** enthalten und ermöglicht die Druckerausgabe.
Eine logische Geräteeinheit wird wie eine Textdatei (siehe hierzu auch TEXT) behandelt, auf sie kann über die vorbezeichneten Dateien (z.B. LST) zugegriffen werden.
Der Versuch, eine Standarddatei zu löschen, erzeugt eine I/O-Fehlermeldung (siehe *IOresult*).
Die beiden Standardfunktionen *Eof* und *EoLn* arbeiten bei Standarddateien etwas anders als bei Diskettendateien.

Falls Sie mit der seriellen Schnittstelle arbeiten möchten (AUX oder COM1), sind folgende Prozeduren nützlich:

```
     .
     .
  VAR
    AUX:TEXT;

    PROCEDURE OpenAUX(ch:CHAR)
      { Öffnet die serielle Schnittstelle. Wenn <ch> den Buchstaben }
      { 'S' enthält, wird AUX für Schreib-Operationen geöffnet, an- }
      { dernfalls für Lese-Operationen.                              }
    BEGIN
      Assign(AUX,'AUX');  { oder: Assign(AUX,'COM1'); }
      IF UpCase(ch)='S' THEN
        Rewrite(AUX)  { Öffnen für Schreib-Operationen }
      ELSE
        Reset(AUX)    { Öffnen für Lese-Operationen    }
    END;

    PROCEDURE CloseAUX;
      { Schließt die serielle Schnittstelle. }
    BEGIN
      Close(AUX)
    END;

    PROCEDURE ReadAUX(VAR ch:CHAR);
      { Liest ein Zeichen von der seriellen Schnittstelle }
    BEGIN
      Read(AUX,ch)
    END;

    PROCEDURE WriteAUX(ch:CHAR);
      { Schickt ein Zeichen an die serielle Schnittstelle }
    BEGIN
      Write(AUX,ch)
    END;

  BEGIN
     .
     .
```

Bitte beachten Sie, daß die hier definierte Prozedur *ReadAUX* solange wartet, bis wirklich ein Zeichen gelesen werden kann (*ReadAUX* bleibt also "hängen", wenn keine Daten vorliegen). Folgende Funktion prüft, ob Daten von der seriellen Schnittstelle gekommen sind:

```
USES
  Dos;

FUNCTION DatenBereit:BOOLEAN;
VAR
  reg:Registers;
BEGIN
  reg.ah:=3;
  Intr($14,reg);
  DatenBereit:=(reg.al AND 1=1)  { 0. Bit gesetzt? }
END;
```

Folgende Routine prüft, ob Daten erfolgreich gesendet werden konnten:

```
USES
  Dos;

FUNCTION SchreibFehler:BOOLEAN;
VAR
  reg:Registers;
BEGIN
  reg.ah:=3;
  Intr($14,reg);
  SchreibFehler:=(reg.al AND 128=128)  { 7. Bit gesetzt? }
END;
```

Weitere Informationen zu diesem komplexen Thema erhalten Sie im Buch von Peter Norton: Programmierhandbuch für den IBM PC (siehe auch Literaturhinweise am Ende dieses Buches).

Beispiel
Dieses Programm bringt einen Programmtext auf den Drucker.

```
PROGRAM LST_Test;
USES
  Printer;
VAR
  f:TEXT;
  datei:STRING[14];
  zeile:STRING[255];
BEGIN
  Write('Welche Datei soll gedruckt werden? ');
  ReadLn(datei);
  Assign(f,datei);
  Reset(f);
  WHILE NOT Eof(f) DO BEGIN
    ReadLn(f,zeile);
    WriteLn(LST,zeile)
  END;
```

```
    Close(f)
  END.
```

Siehe auch
INPUT, OUTPUT

Mark

Dynamische Speicherung

Zweck
Weist den Wert des Heap-Zeigers einer Variablen zu.

Struktur

```
PROCEDURE Mark(VAR p:POINTER);
```

Bemerkung
Die Prozedur *Mark* arbeitet eng mit *Release* zusammen. Diese beiden Prozeduren werden benötigt, um den Heap, der von dynamischen Variablen benutzt worden ist, wieder freizumachen.
Mark weist der Zeigervariablen *p* den aktuellen Wert des Heap-Zeigers (entspricht der Systemvariablen *HeapPtr*) zu. *Release* löscht alle Variablen oberhalb dieses Wertes (d.h. *Release* löscht alle dynamischen Variablen, die nach dem Prozedur-Aufruf *Mark* erzeugt worden sind). Im Gegensatz zu *Dispose* ist es mit *Mark/Release* nicht möglich, nur einzelne Variablen zu löschen.
Dispose und *Mark/Release* verwenden verschiedene Heap-Verwaltungen. Aus diesem Grund ist es nicht empfehlenswert, diese Prozeduren gleichzeitig zu benutzen.

Beispiel
Dieses Programm schafft die dynamische Variable *r* und weist ihr den Wert *Pi* zu. Schließlich wird der Heap wieder freigegeben.

```
PROGRAM Mark_Test;
VAR
  r:^REAL;

  PROCEDURE frei;
    { MemAvail ermittelt in den einzelnen Versionen verschiedene }
    { Funktionswerte.                                             }
  BEGIN
    WriteLn('Freier Speicherplatz in Bytes/Paragraphen: ',MemAvail)
  END;

BEGIN
  frei;
  New(r);
  frei;
  r^:=Pi;
  WriteLn(r^);
  Mark(r);
  Release(r);
  frei
END.
```

Siehe auch
Dispose, New, Release

MaxAvail

Dynamische Speicherung

Zweck
Bestimmt den größten, zusammenhängenden Speicherblock.

Struktur

```
FUNCTION MaxAvail:LONGINT;
```

Bemerkung
MaxAvail zeigt an, wieviel Speicherplatz (in Bytes) maximal auf dem Heap mit *GetMem* reserviert werden kann.

Beispiel
Dieses Programm gibt den größten Speicherblock in Bytes aus.

```
PROGRAM MaxAvail_Test;
BEGIN
  WriteLn('Größter Block: ',MaxAvail
END.
```

Siehe auch
FreeMem, GetMem, MemAvail

MaxInt

Konstante

Zweck
Konstante, die den größten positiven Wert eines INTEGER-Wertes darstellt.

Struktur

```
CONST
  MaxInt:INTEGER=32767;
```

Bemerkung
Die Konstante *MaxInt* entspricht dem Wert 32767. *MaxInt+1* ergibt -32768, was der größten negativen Zahl im INTEGER-Bereich entspricht (bei dieser Addition wird keine Fehlermeldung ausgegeben).

Siehe auch
MaxLongInt

MaxLongInt

Konstante

Zweck
Konstante, die die größte positive Zahl eines LONGINT-Wertes darstellt.

Struktur

```
CONST
  MaxLongInt:LONGINT=2147483647;
```

Bemerkung
Die Konstante *MaxLongInt* entspricht dem Wert 2'147'483'647. *MaxLongInt+1* ergibt -2'147'748'648 und entspricht der größten negativen Zahl im LONGINT-Bereich (bei dieser Addition wird keine Fehlermeldung ausgegeben).

Siehe auch
MaxInt

Mem

System

Zweck
Erlaubt den Zugriff auf einzelne Speicherstellen.

Struktur

```
VAR
  Mem:ARRAY OF BYTE;
```

Bemerkung
Mem ist ein vordefinierter Array, dessen Komponenten vom Typ Byte sind und den Inhalten einzelner Speicherzellen (Hauptspeicher (RAM)) entsprechen. Diese Speicherzellen können gelesen und verändert werden.
Der Index von *Mem* muß eine Speicheradresse sein und besteht aus einem Segment und einem Offset.
Segment und Offset sind WORD-Werte und werden mit einem Doppelpunkt (:) voneinander getrennt. Aus diesen beiden Werten wird eine 20-Bit-Speicheradresse wie folgt errechnet:

```
Speicheradresse:=Segment*16+Offset;
```

Auf diese Weise kann ein Speicher von insgesamt 1 MByte angesprochen werden (davon 640 kBytes für den Arbeitsspeicher).
Bitte beachten Sie, daß ein und dieselbe Speicheradresse mit verschiedenen Segment- und Offset-Werten angesprochen werden kann ($0001:$FFFF und $1000:$000F bezeichnen dieselbe Speicherzelle).

Beispiel
Dieses Programm liest den Inhalt des Tastaturpuffers und schreibt ihn auf den Bildschirm. Mit <ESC> kann dieses Programm abgebrochen werden.

```
PROGRAM Mem_Test;
USES
  Crt;
VAR
  i:INTEGER;
  ch:CHAR;
BEGIN
  ClrScr;
  REPEAT
    GotoXY(1,1);
    FOR i:=$41e TO $43d DO Write(Mem[0:i]:5);
    FOR i:=$41e TO $43d DO
      IF Mem[0:i]<32 THEN
        Write(' ':5)
      ELSE
        Write(CHAR(Mem[0:i]):5);
    ch:=ReadKey;
    IF KeyPressed THEN
      ch:=ReadKey
  UNTIL ch=#27
END.
```

Siehe auch
MemW, Port, PortW

MemAvail

Dynamische Speicherung

Zweck
Bestimmt den freien Heap-Speicherplatz.

Struktur

```
FUNCTION MemAvail:LONGINT;
```

Bemerkung
Bestimmt, wieviel Speicherplatz auf dem Heap zur Verfügung steht (in Bytes). Der gesamte verfügbare Speicherbereich braucht nicht zusammenhängend sein.

Beispiel
Dieses Programm füllt den Heap. Es bricht ab, wenn nur noch rund 16 kB übrig bleiben.

```
PROGRAM MemAvail_Test;

  FUNCTION Free:BOOLEAN;
  BEGIN
    Free:=MemAvail>$4000
  END;

BEGIN
  WHILE Free DO New(r);
  WriteLn('Heap ist nun fast voll'
END.
```

Siehe auch
FreeMem, GetMem, MaxAvail

MemL

System

Zweck
Macht Eingriffe in den Hauptspeicher möglich.

Struktur

```
VAR
  MemL:ARRAY OF LONGINT;
```

Bemerkung
MemL ist ein vordefinierter Array, dessen Komponenten vom Typ LONGINT (4 Bytes) sind. *MemL* stellt den gesamten Hauptspeicher (RAM) dar und ermöglicht deshalb das Lesen und Schreiben von Daten des gesamten RAM-Bereiches.
Der Index von *MemL* muß eine Speicherstelle darstellen und besteht aus einem Segment und einem Offset.
Segment und Offset sind WORD-Werte und werden von einem Doppelpunkt (:) getrennt. Aus diesen beiden Werten wird wie folgt eine 20-Bit-Speicheradresse berechnet:

```
Speicheradresse:=Segment*16+Offset;
```

Der gesamte ansprechbare Speicher umfaßt 1 MByte, davon sind 640 kBytes für den Anwender verfügbar.

Siehe auch
Mem, MemW

MemW

System

Zweck
Erlaubt Eingriffe in den Hauptspeicher.

Struktur

```
VAR
  MemW:ARRAY OF WORD;
```

Bemerkung
MemW ist ein vordefinierter Array, dessen Komponenten 2 Bytes umfassen und zwei aufeinanderfolgenden Speicherzellen des Hauptspeichers (RAM) entsprechen. Diese Speicherzellen können gelesen und verändert werden.
Der Index von *MemW* muß eine Speicheradresse darstellen und besteht aus einem Segment und einem Offset.
Segment und Offset sind WORD-Werte und werden mit einem Doppelpunkt (:) voneinander getrennt. Aus diesen beiden Werten wird eine 20-Bit-Speicheradresse wie folgt errechnet:

```
Speicheradresse:=Segment*16+Offset
```

Auf diese Weise kann ein Speicher von insgesamt 1 MByte angesprochen werden (davon 640 kBytes für den Arbeitsspeicher).
Bitte beachten Sie, daß ein und dieselbe Speicheradresse mit verschiedenen Segment- und Offset-Werten angesprochen werden kann ($0001:$FFFF und $1000:$000F bezeichnen also dieselbe Speicherzelle).

Beispiel
Start- und Endadresse des Tastaturpuffers werden gleichgesetzt. Dies hat eine Entleerung des Tastaturpuffers zur Folge.

```
PROGRAM MemW_Test_1;
BEGIN
  MemW[0:$41a]:=MemW[0:$41c]
END.
```

Folgendes Programm gibt die Größe des verfügbaren Arbeitsspeichers aus.

```
PROGRAM MemW_Test_2;
BEGIN
  WriteLn('Arbeitsspeicher: ',MemW[0:$413],' kB')
END.
```

Siehe auch
Mem, Seg, Ofs

MkDir

System

Zweck
Eröffnet ein neues Verzeichnis auf der Diskette.

Struktur

```
PROCEDURE MkDir(pfad:STRING);
```

Bemerkung
MkDir erzeugt ein neues Directory (oder Subdirectory). Wenn ein Directory bereits existiert, tritt ein I/O-Fehler auf.
pfad kann eine Laufwerksangabe enthalten. Wenn diese fehlt, bezieht sich *MkDir* auf das aktuelle Laufwerk. Mehrere Verzeichnisse werden durch einen Backslash (\) getrennt.
Folgende Prozeduraufrufe:

```
MkDir('.\TEST');
MkDir('TEST');
```

erzeugen im aktuellen Directory das Verzeichnis TEST.

Beispiel

```
MkDir('C:\PROGR');
MkDir('C:\PROGR\TURBO');
```

Siehe auch
ChDir, RmDir, GetDir, Directory

MOD

Operator

Zweck
Restbetrag einer Division.

Bemerkung
i1 MOD *i2* ermittelt den Restbetrag, der bei der Division *i1* durch *i2* entsteht.

Typ der Operanden <i1> und <i2>	Ergebnistyp
INTEGER WORD LONGINT	INTEGER WORD LONGINT

MOD kann teilweise durch AND ersetzt werden: *i1* MOD *i2* entspricht *i1* AND *(i2-1)*, wenn sich *i2* aus 2^x (*x* ganzzahlig) bilden läßt (155 MOD 32 entspricht somit 155 AND 31). Der daraus resultierende Geschwindigkeitsvorteil ist enorm.

Beispiel

```
10 MOD 3  = 1
15 MOD 16 = 15
```

Siehe auch
DIV

Move

Zweck
Kopiert den Inhalt einer Variablen in eine andere.

Struktur

```
PROCEDURE Move(VAR variable1,variable2; anzahl:WORD);
```

Bemerkung
Die Prozedur *Move* kopiert direkt im Speicher *anzahl* Bytes. *variable1* und *variable2* sind dabei Variablen beliebigen Typs.
anzahl Bytes werden ab dem ersten Byte von *variable1* auf das erste Byte von *variable2* kopiert. Überlappungen werden automatisch gehandhabt.

Beispiel
Dieses Programm kopiert den Inhalt der Variablen *zeichen* auf die Variable *zahlen*.

```
PROGRAM Move_Test;
VAR
  i:INTEGER;
  zahlen:ARRAY [1..26] OF BYTE;
  zeichen:ARRAY [1..26] OF CHAR;
BEGIN
  zeichen:='Dies ist ein Beispielstext';
  Move(zeichen,zahlen,26);
  FOR i:=1 TO 26 DO
    WriteLn(zeichen[i],' entspricht ',zahlen[i])
END.
```

Siehe auch
FillChar

MoveRel **Graphik**

Zweck
Verschiebt den Graphik-Cursor relativ zur aktuellen Position.

Struktur

```
PROCEDURE MoveRel(xrel,yrel:INTEGER);
```

Bemerkung
MoveRel ist in der Unit **Graph** enthalten.
Die aktuellen Koordinaten des Graphik-Cursors können mit den beiden Funktionen *GetX* und *GetY* ermittelt werden.
MoveRel(xrel,yrel); entspricht dem Prozeduraufruf *MoveTo(GetX+xrel, GetY+yrel);*.

Siehe auch
Line, LineRel, LineTo, MoveTo

MoveTo **Graphik**

Zweck
Setzt den Graphik-Cursor an einen bestimmten Punkt.

Struktur

```
PROCEDURE MoveTo(x,y:INTEGER);
```

Bemerkung
MoveTo ist in der Unit **Graph** enthalten.
Die Prozedur *MoveTo* setzt den Graphik-Cursor an den Punkt *(x,y)* innerhalb des aktiven Fensters; es ist dabei auch möglich, den Graphik-Cursor außerhalb der Fenstergrenzen zu positionieren.
Die aktuellen Koordinaten des Graphik-Cursors können mit den beiden Funktionen *GetX* und *GetY* ermittelt werden.

Siehe auch
Line, LineRel, LineTo, MoveRel

MsDos

MS-DOS

Zweck
Ermöglicht Systemaufrufe.

Struktur

```
PROCEDURE MsDos(VAR pack:registers);
```

Bemerkung
MsDos ist in der Unit **Dos** definiert.
Die Prozedur *MsDos* führt eine Systemfunktion aus (mit Hilfe des Interrupts $21). *MsDos* lädt die Integer-Werte der Record-Variablen *pack* in die entsprechenden CPU-Register.
Der Datentyp *registers* ist in der Unit **Dos** definiert und hat folgende Struktur:

```
TYPE
  registers=RECORD
    CASE INTEGER OF
      0:(ax,bx,cx,dx,bp,si,di,ds,es,flags:WORD);
      1:(al,ah,bl,bh,cl,ch,dl,dh:BYTE)
  END;
```

ax, *bx*, *cx* und *dx* sind Datenregister von 16 Bit. Sie werden jedoch oft auch als 8-Bit-Register verwendet und in eine untere Hälfte AL, BL, CL und DL (lower byte) und in eine obere Hälfte AH, BH, CH und DH (higher byte) unterteilt.

Die Register *bp*, *di* und *si* gehören zu den Zeiger- und Indexregister-Gruppen. *bp* steht für Basiszeiger (Base-Pointer), *di* bedeutet Zielindexregister (Destination-Index) und *si* bezeichnet das Quellindexregister (Source-Index). In diesen Registern werden beispielsweise Rücksprungadressen gespeichert.
Zu den Segmentregistern gehören *ds* (Daten-Segment) und *es* (Extra-Segment), die für die Adressierung von Daten gebraucht werden.
Im Register *flags* sind Status- und Kontrollkennzeichen enthalten (Vorzeichen, Überlauf usw.).
Genaue Angaben zu den Prozessor-Registern finden Sie in einem Buch für Maschinensprache (siehe Literaturliste am Ende dieses Buches).
Wenn DOS die aufgerufene Funktion beendet hat, werden die CPU-Register wieder in die entsprechenden Integer-Variablen geladen.
Die Nummer der DOS-Funktion wird vor dem Aufruf im Register *ah* abgespeichert (soll also die Funktion $0B aufgerufen werden, wird der Variablen *ax* der Wert $0B00 zugewiesen).
Umfassende Beschreibungen der einzelnen DOS-Funktionen sind in Büchern über das Betriebssystem MS-DOS zu finden (z.B. Wolfgang Höfs; MS-DOS Ratgeber; Sybex-Verlag, Düsseldorf).

Beispiel
Dieses Programm ermittelt das aktuelle Laufwerk.

```
PROGRAM MsDos_Test;
USES
  Dos;
VAR
  pack:Registers;
BEGIN
  WITH pack DO BEGIN
    ah:=$19;
    MsDos(pack);
    WriteLn('Aktuelles Laufwerk: ',CHAR(65+al))
  END
END.
```

Siehe auch
Intr

New

Dynamische Speicherung

Zweck
Reserviert auf dem Heap Speicherplatz für eine Variable.

Struktur

```
PROCEDURE New(VAR p:POINTER);
FUNCTION New(zeigertyp):POINTER;  { nur 5.5 }
```

Bemerkung
Die Zeigervariable zeigt nach dem Prozeduraufruf *New* auf den reservierten Platz im Heap:

```
New(p);
p^:=11;

p enthält die Adresse (Zeiger, engl. pointer) von p^
p^ enthält den Wert 11
```

Da beim nächsten Prozeduraufruf *New(p)* der Zeigerwert der obigen Variablen verloren geht, müssen diese einzelnen Zeigerwerte gespeichert werden: Zeigervariablen werden verkettet. Aus diesem Grund sind Zeigervariablen oft ein RECORD von folgender Struktur:

```
TYPE
  wo=^liste;
  liste=RECORD
    element:INTEGER;
    vorn,
    dann:wo
  END;
VAR
  start,temp:wo;
```

Die Variable *start* wird immer die Adresse der ersten Zeigervariablen enthalten, damit wir ohne Probleme auf den Kopf (Start) einer Liste zugreifen können.
temp bezeichnet irgend eine Zeigervariable, meist diejenige, mit der wir arbeiten wollen.
liste ist ein Datentyp, der einen Datensatz (RECORD) bezeichnet. Das Feld *element* wird später unsere Werte erhalten, *vorn* und *dann* kann als Ballast bezeichnet werden, denn sie helfen einzig und allein, andere Zeigervariablen, die der Liste angehören, wieder zu finden. *vorn* zeigt auf die vorangehende Variable, *dann* auf die folgende.
Bitte beachten Sie, daß es nur bei Zeigern erlaubt ist, in der Typendeklaration einen Typ zu nennen, der noch nicht deklariert worden ist:

```
TYPE
  wo=^liste;  { <liste> ist zu diesem Zeitpunkt unbekannt }
```

Das Arbeiten mit Zeigervariablen ist nicht schwer, es erfordert lediglich etwas Übung und Experimentieren. Sehen wir uns folgenden Deklarationsteil an:

```
TYPE
  wo=^worte;
  worte=RECORD
    element:STRING[10];
    next:wo
  END;
VAR
  start,temp:wo;
```

Es besteht nun die Möglichkeit, dieses Gebilde auf zwei verschiedene Arten zu verketten:

a) Das erste Element wird als erstes ausgegeben (entspricht einer Warteschlange (engl. queue); ein Druckerpuffer arbeitet in dieser Art).

b) Das erste Element wird als letztes ausgegeben (entspricht einem Stack).

Nr	element	next
1:	Karl	Nr 2
2:	Karotte	Nr 3
3:	ließ	Nr 4
4:	sich	Nr 5
5:	auf	Nr 6
6:	seine	Nr 7
7:	Pritsche	Nr 8
8:	plumpsen.	NIL

Warteschlange

Nr	element	next
1:	Karl	NIL
2:	Karotte	Nr 1
3:	ließ	Nr 2
4:	sich	Nr 3
5:	auf	Nr 4
6:	seine	Nr 5
7:	Pritsche	Nr 6
8:	plumpsen.	Nr 7

Stack

In der Spalte *nr* wird der symbolische Zeigerwert (Adresse im Speicher) angegeben, *next* zeigt an, welche Variable als nächste folgen wird.
NIL ist eine vordefinierte Konstante, die den Zeigerwert null (zwei Nullwörter) enthält. Mit NIL kann angezeigt werden, daß auf keine weitere Variable gezeigt wird.
Der Listenkopf *start* einer Schlange zeigt auf die erste Variable. Ein Stack wird in umgekehrter Reihenfolge verkettet, der Listenkopf zeigt auf die zuletzt eingegebene Variable.

Verkettung einer **Warteschlange**:

```
New(temp);
start:=temp;
temp^.element:='Karl';
New(temp^.next);          { hier wird verkettet }
temp:=temp^.next;
temp^.element:='Karotte';
.
.
temp^.element:='plumpsen.';
temp^.next:=NIL;
```

Verketten eines **Stacks**:

```
New(temp);
temp^.element:='Karl';
temp^.next:=NIL;
start:=temp;              { <start> wird hier als Zwischen- }
New(temp);                { speicher mißbraucht.            }
temp^.element:='Karotte';
temp^.next:=start;
start:=temp;
.
.
New(temp);
temp^.element:='plumpsen.';
temp^.next:=start;
start:=temp;
```

New reserviert genau soviele Bytes, wie eine Zeigervariable braucht, mit *GetMem* hingegen kann vom Programmierer bestimmt werden, wieviel Speicherplatz zu reservieren ist.
Mit den Funktionen *Seg* und *Ofs* kann die Speicheradresse einer Zeigervariablen ermittelt werden:

```
VAR
  p:^REAL;
BEGIN
  New(p);
  WriteLn('Segment der Zeigervariablen: ',Seg(p^));
  WriteLn(' Offset der Zeigervariablen: ',Ofs(p^));
```

Mit der Prozedur *Ptr* kann einer Zeigervariablen ein bestimmter Speicherplatz zugeordnet werden:

```
p:=Ptr(segment,offset);
```

Falls der Heap mit der Fragmentliste zusammenstößt, wird ein Laufzeitfehler ausgegeben, der sich mit Hilfe der Systemvariablen *HeapError* verhindern läßt.

Version 5.5: Ab dieser Version läßt sich *New* zusätzlich als Funktion einsetzen. Weitere Einzelheiten hierzu erhalten Sie bei CONSTRUCTOR.

Beispiel
Dieses Programm erzeugt einen binären Baum und gibt dessen Inhalt schließlich sortiert aus.

```
PROGRAM New_Test;
TYPE
  wo=^tree;
  tree=RECORD
    element:INTEGER;
    links,
    rechts:wo
  END;
VAR
  kopf:wo;
  i:INTEGER;

  PROCEDURE InsertTree(VAR temp:wo; eingabe:INTEGER);
  BEGIN
    IF temp=NIL THEN BEGIN
      New(temp);
      temp^.element:=eingabe;
      temp^.links:=NIL;
      temp^.rechts:=NIL END
    ELSE IF eingabe<temp^.element THEN
      InsertTree(temp^.links,eingabe)
    ELSE
      InsertTree(temp^.rechts,eingabe)
  END;

  PROCEDURE InOrder(temp:wo);
  BEGIN
    IF temp<>NIL THEN BEGIN
      InOrder(temp^.links);
      Write(temp^.element:5);
      InOrder(temp^.rechts)
    END
  END;

BEGIN
  kopf:=NIL;
  FOR i:=1 TO 100 DO InsertTree(kopf,Random(2000));
  InOrder(kopf)
END.
```

Siehe auch
Dispose, GetMem, Mark, Release

NIL

Reserviertes Wort

Zweck
Zeigerkonstante, die auf keine Zeigervariable zeigt.

Bemerkung
Vordefinierte Zeigerkonstante, die zu allen Zeigertypen kompatibel ist. Sie wird meist dann verwendet, wenn eine dynamische Variable auf keine andere zeigt.
NIL kann auch bei Tests eingesetzt werden:

```
IF p=NIL THEN
  Exit;
```

NIL zeigt auf die Speicherstelle 0000:0000. An dieser Stelle beginnt die Vektortabelle des Betriebssystems. Aus diesem Grund ist ein Systemabsturz zwingend, wenn an diesem Ort Werte abgelegt werden:

```
PROCEDURE absturz;
TYPE
  feld:ARRAY [1..1024] OF BYTE;
VAR
  r:^feld;
  i:INTEGER;
BEGIN
  r:=NIL;
  FOR i:=1 TO 1024 DO BEGIN
    GotoXY(1,1);
    Write(i);
    r^[i]:=Random(256)
  END
END;
```

Siehe auch
New

NormVideo

Textbildschirm

Zweck
Verändern der Textfarbe.

Struktur

```
PROCEDURE NormVideo;
```

Bemerkung
Die Prozedur *NormVideo* ist in der Unit **Crt** enthalten und wählt diejenige Text- und Hintergrundfarbe, die beim Programmstart aktiv war.

Siehe auch
LowVideo, TextAttr, TextBackground, TextColor

NoSound

Zweck
Schaltet den Tongenerator aus.

Struktur

```
PROCEDURE NoSound;
```

Bemerkung
Die Prozedur *NoSound* ist in der Unit **Crt** enthalten.
Der Tongenerator ist unabhängig vom Mikroprozessor. Er kann einen Ton erklingen lassen, während der Mikroprozessor rechnet. Nach *Sound* muß also *NoSound* folgen, wenn der Tongenerator abgeschaltet werden soll.

Siehe auch
Delay, Sound

NOT

Operator

Zweck
Arithmetisches oder logisches NICHT.

Bemerkung
Der Operator NOT negiert Werte der folgenden Datentypen:

Typ der Operanden	Ergebnistyp
BOOLEAN SHORTINT BYTE INTEGER WORD LONGINT	BOOLEAN SHORTINT BYTE INTEGER WORD LONGINT

NOT liegt folgender Logiktabelle zugrunde:

Operand	Ergebnis
TRUE FALSE	FALSE TRUE

NOT wird meist bei folgenden Anweisungen gebraucht:

```
IF NOT ende THEN ...
WHILE NOT schluss DO ...
REPEAT ... UNTIL NOT weiter;
```

Mit NOT kann auch ein INTEGER-Werte umgedreht werden. In diesem Fall werden die einzelnen Bits des Wertes verändert, d.h. 1 wird zu 0 (und umgekehrt).

Bit-Nummer	7	6	5	4	3	2	1	0	
Operand	1	1	0	1	1	0	0	1	= 217
Ergebnis	0	0	1	0	0	1	1	0	= 38

Beispiel
Dieses Programm invertiert den Graphikbildschirm (CGA). Nur bei vorhandener Graphikkarte lauffähig!

```
PROGRAM NOT_Test;
USES
  Crt,Turbo3,Graph3;
VAR
  screen:ARRAY [0..8191] OF INTEGER ABSOLUTE $B800:$0000;
  ch:CHAR;
```

```
PROCEDURE Invert;
VAR
  i:INTEGER;
  ch:CHAR;
BEGIN
  FOR i:=0 TO 4095 DO screen[i]:=NOT screen[i];
  Read(KBD,ch);
  FOR i:=4096 TO 8191 DO screen[i]:=NOT screen[i]
END;

BEGIN
  HiRes;
  WriteLn('Invertieren auf Tastendruck ...');
  REPEAT
    Draw(Random(640),Random(200),Random(640),Random(200),1)
  UNTIL KeyPressed;
  Read(KBD,ch);
  Invert;
  Write('Ende mit jeder Taste ...');
  Read(KBD,ch)
END.
```

Siehe auch
AND, OR, XOR

OBJECT

Reserviertes Wort (nur Version 5.5)

Zweck

Ermöglicht das Definieren von Objekten.

Bemerkung

Borland ermöglicht mit Turbo Pascal 5.5 (nach einer Entwicklungszeit von rund einem Jahr) die *objektorientierte Programmierung* (OOP) unter Pascal.

Nachdem sich die strukturierte Programmierung in den 80er Jahren erfolgreich durchgesetzt hat und als nützliches Hilfsmittel erkannt worden ist, wird mit der objektorientierten Programmierung eine verfeinerte Methode geschaffen, die es ermöglicht, große Programm-Projekte noch übersichtlicher zu organisieren und den Programmieraufwand weiter zu minimieren.

In der **strukturierten Programmierung** werden einzelne Einheiten (Prozeduren und Funktionen) gebildet, die eine bestimmte Teilaufgabe lösen; Eingabe- und Ausgabe-Werte werden hauptsächlich mit Hilfe von Parametern übergeben. Neben den Prozeduren und Funktionen existieren oft globale Variablen, die allgemeine Daten speichern. So speichert beispielsweise eine Fensterverwaltung für jedes definierte Fenster die aktuellen Eckpunkte und Farbeinstellungen in globalen Variablen; diese sollten nur von bestimmten Prozeduren verändert werden. Das **Hauptproblem** der strukturierten Programmierung liegt nun darin, daß nicht unmittelbar ersichtlich wird, welche Prozeduren die Fensterverwaltung steuern und welche Variablen zugehörige Daten enthalten.

Das **Ziel** der **objektorientierten Programmierung** besteht nun darin, diesen Mangel der strukturierten Programmierung zu beheben. Deshalb werden zusammengehörige Variablen (z.B. Farben) und Prozeduren (z.B. Farben ändern) in einer einzigen Struktur miteinander verknüpft, deren Aufgabe es sein soll, Bildschirm-Fenster zu verwalten. Diese neue Struktur wird **Objekt-Typ** (oder Klasse), eine Variable, die eine Klasse als Typ hat, wird **Objekt** genannt.

Der Aufbau eines Objekt-Typs sieht demjenigen eines Record-Typs sehr ähnlich:

```
TYPE
  Window=OBJECT
    WindMin,WindMax:WORD;
    TextAttr,
    xpos,ypos:BYTE;
    PROCEDURE Init(x1,y1,x2,y2:INTEGER);
    PROCEDURE TextColor(color:BYTE);
```

```
    PROCEDURE TextBackground(color:BYTE);
    PROCEDURE WriteStr(s:STRING)
  END;
  .
  .
```

Innerhalb eines Objekt-Typs werden Datenfelder (*WindMin*, *WindMax*, *TextAttr*, *xpos* und *ypos*) und die Köpfe von zugehörigen Prozeduren und Funktionen (*Init*, *WriteStr*, *TextColor* und *TextBackground*) definiert. Diese Prozeduren und Funktionen eines Objekt-Typs werden *Methoden* oder *Verfahren* genannt und unterscheiden sich nicht von gewöhnlichen Prozeduren oder Funktionen. Bitte beachten Sie, daß Datenfelder immer vor den Methoden definiert werden müssen.
Die Methoden eines Objekt-Typs werden im Deklarations-Teil des Hauptprogrammes oder im Implementations-Teil einer Unit definiert, wobei die Namen der Methoden qualifiziert werden müssen (engl. *qualify* = näher bestimmen; den Methoden wird der Name des Objekt-Typs und ein Punkt vorangestellt):

```
.
.
PROCEDURE Window.Init(x1,y1,x2,y2:INTEGER);
BEGIN
  WindMin:=Pred(y1) SHL 8+Pred(x1);
  WindMax:=Pred(y2) SHL 8+Pred(x2);
  TextAttr:=7;
  xpos:=1;
  ypos:=1
END;

PROCEDURE Window.TextColor(color:BYTE);
BEGIN
  color:=color MOD 16;
  TextAttr:=TextAttr AND $F0;  { Bits 4..7 retten }
  TextAttr:=TextAttr OR color  { Bits 0..3 setzen }
END;

PROCEDURE Window.TextBackground(color:BYTE);
BEGIN
  color:=(color MOD 16)*16;
  TextAttr:=TextAttr AND $0F;
  TextAttr:=TextAttr OR color
END;

PROCEDURE Window.WriteStr(s:STRING);
BEGIN
  Crt.WindMin:=WindMin;
  Crt.WindMax:=WindMax;
  Crt.TextAttr:=TextAttr;
  Crt.GotoXY(xpos,ypos);
```

```
  WriteLn(s);
  xpos:=Crt.WhereX;
  ypos:=Crt.WhereY
END;
.
.
```

Die in den Methoden verwendeten Variablen bezeichnen automatisch die im Objekt-Typ definierten Felder und brauchen nicht qualifiziert zu werden. Bei Namens-Konflikten steht jedoch der Bezeichner *Self* zur exakten Qualifizierung zur Verfügung. Folgende Methode entspricht deshalb der bereits definierten (beispielsweise entspricht *Self.TextAttr* dem Feld *TextAttr* des Datentyps *Window*):

```
PROCEDURE Window.TextBackground(color:BYTE);
BEGIN
  color:=(color MOD 16)*16;
  Self.TextAttr:=Self.TextAttr AND $0F;
  Self.TextAttr:=Self.TextAttr OR color
END;
```

Namens-Konflikte könnten dann auftreten, wenn einer Methode ein RECORD als Parameter übergeben wird, der wiederum ein Feld mit einem bereits definierten Namen besitzt.
Nur nebenbei: Vielleicht mögen Sie sich fragen, warum nicht der Name des Objekt-Typs zur Qualifizierung eines Feldes verwendet wird. Der Grund liegt darin, daß durch die Vererbung (siehe weiter unten) die Felder automatisch weitergegeben werden und nicht von gleichnamigen, neu definierten Feldern überschrieben werden können (im Gegensatz zu Methoden).

Folgende Programm-Zeilen definieren zwei **Objekte** (zwei Fenster), die den Objekt-Typ *Window* verwenden:

```
VAR
  w1,w2:Window;
```

Auf die einzelnen Datenfelder von *w1* oder *w2* wird wie bei Records zugegriffen:

```
.
.
Write('Fenster 1, linke obere Ecke: (');
Write(Lo(w1.WindMin)+1,'/');
WriteLn(Hi(w1.Windmin)+1,')');
WITH w2 DO BEGIN
  Write('Fenster 2, rechte untere Ecke: (');
  Write(Lo(WindMax)+1,'/');
```

```
    WriteLn(Hi(WindMax)+1,')');
    WriteLn('Zeichenfarbe 2: ',TextAttr MOD 16);
    WriteLn('Zeichenfarbe 1: ',w1.TextAttr MOD 16)
  END;
  WriteLn('Cursorposition 2: (',w2.xpos,'/',w2.ypos,')');
  .
  .
```

Die dem Objekt zugeordneten Methoden werden wie gewöhliche Prozeduren oder Funktionen aufgerufen. Mit der WITH-Anweisung kann auch hier auf eine vollständige Qualifizierung verzichtet werden:

```
  .
  .
  w1.Init(5,5,35,15);
  w1.WriteStr('Die erste Zeile ...');
  WITH w2 DO BEGIN
    Init(40,2,70,20);
    WriteStr('Beschreiben des Fensters mit der Nummer 2.')
  END;
  WITH w1 DO BEGIN
    TextColor(0);
    TextBackground(7);
    WriteStr(' ... des 1. Fensters')
  END;
  .
  .
```

Vererbung: Die im Datentyp *Window* definierten Felder und Methoden ermöglichen keine besonders komfortable Fensterverwaltung. Es lassen sich weder Fenster-Überschriften noch Rahmen definieren, auch ist die Cursorsteuerung noch nicht optimal. Um diesen Umstand zu beseitigen, definieren wir schnell einen neuen Datentyp:

```
TYPE
  WindowPlus=OBJECT
    WindMin,WindMax:WORD;
    TextAttr,
    xpos,ypos:BYTE;
    title:STRING;
    PROCEDURE Init(x1,y1,x2,y2:INTEGER; tit:STRING);
    PROCEDURE TextColor(color:BYTE);
    PROCEDURE TextBackground(color:BYTE);
    PROCEDURE WriteStr(s:STRING);
    PROCEDURE Border;
    PROCEDURE GotoXY(x,y:BYTE);
    FUNCTION WhereX:BYTE;
    FUNCTION WhereY:BYTE
  END;
```

Wie Sie sehen, enthält der neue Datentyp *WindowPlus* alle Felder und Methoden von *Window*, das Feld *title* und einige Methoden sind außerdem neu hinzugekommen.
In der objektorientierten Programmierung können Objekt-Typen die Felder und Methoden (auch Eigenschaften oder Merkmale genannt) von bereits definierten Objekt-Typen **erben**. Dem reservierten Wort OBJECT folgt hierzu in Klammern der Name des Objekt-Typen, dessen Merkmale) geerbt werden sollen:

```
TYPE
  Window=OBJECT
    WindMin,WindMax:WORD;
    TextAttr,
    xpos,ypos:BYTE;
    PROCEDURE Init(x1,y1,x2,y2:INTEGER);
    PROCEDURE TextColor(color:BYTE);
    PROCEDURE TextBackground(color:BYTE);
    PROCEDURE WriteStr(s:STRING)
  END;

  WindowPlus=OBJECT(Window)    { <WindowPlus> erbt die ...       }
    title:STRING;              { ... Eigenschaften von <Window> }
    PROCEDURE Init(x1,y1,x2,y2:INTEGER; tit:STRING);
    PROCEDURE Border;
    PROCEDURE GotoXY(x,y:BYTE);
    FUNCTION WhereX:BYTE;
    FUNCTION WhereY:BYTE
  END;
```

Der Datentyp *WindowPlus* kennt nun ebenfalls alle Methoden und Datenfelder von *Window* und entspricht der ersten Deklaration von *WindowPlus*. Nun ist *Window* der **Vorfahr** (oder *Klasse*) von *WindowPlus*, und *WindowPlus* wird auch **Nachkomme** (oder *Subklasse*) von *Window* genannt. Die Merkmale (Datenfelder und Methoden) einer Subklasse können ebenfalls weitervererbt werden.
Wie Sie erkennen, definiert der Typ *WindowPlus* die Methode *Init* neu, denn bei der Initialisierung müssen den beiden Feldern *WindMin* und *WindMax* andere Werte zugeordnet werden als beim Typ *Window*, da durch den hinzugekommenen Fensterrahmen die beschreibbare Fensterfläche etwas kleiner wird. Die neue Methode *Init* könnte wie folgt lauten:

```
PROCEDURE WindowPlus.Init(x1,y1,x2,y2:INTEGER; tit:STRING);
BEGIN
  Window.Init(x1+1,y1+1,x2-1,y2-1);
  title:=tit
END;
```

Wie aus obigem Beispiel ersichtlich wird, kann innerhalb der neuen Methode *WindowPlus.Init* ohne weiteres auf die zu ersetzende Methode *Window.Init* zugegriffen werden. Bitte beachten Sie, daß die Datenfelder eines Vorfahren innerhalb eines Nachkommen nicht nochmals definiert werden dürfen.
Folgendes Programm-Fragment definiert zwei Objekte und ruft einige ihrer Methoden auf:

```
    .
    .
VAR
  w:Window;
  wp:WindowPlus;
BEGIN
  w.Init(1,14,40,23);       { ruft <Window.Init> auf      }
  wp.Init(1,1,80,12,'');    { ruft <WindowPlus.Init> auf }
  wp.Border;                { zeichnet Fenster-Rahmen    }
  wp.WriteStr('He!');       { führt geerbte Methode aus  }
  w.WriteStr('Was gibt''s?');
  wp.TextColor(0);          { wechselt Textfarbe für ... }
  wp.TextBackground(7);     { ... das Objekt <wp>        }
  wp.WriteStr('Wie heißt du?');
  w.WriteStr('Wer? Ich?');
  .
  .
```

Zuweisungs-Regeln: Für die Zuweisungen von verschiedenen Objekt-Variablen gelten unter Turbo Pascal spezielle Regeln. Einem Vorfahr können alle seine Nachkommen zugeordnet werden:

```
VAR
  w:Window;
  wp:WindowPlus;
  w_ptr:^Window;
  wp_ptr:^WindowPlus;
BEGIN
  wp.Init(1,1,80,25,'Fenster');
  w:=wp;           { gültige Zuweisung; nicht möglich ist wp:=w; }
  WriteLn(w.WindMin); WriteLn(wp.WindMin);  { identische Ausgaben }
  WriteLn(w.WindMax); WriteLn(wp.WindMax);  { identische Ausgaben }
  w_ptr:=wp_ptr;   { gültige Zuweisung; falsch ist wp_ptr:=w_ptr; }
```

WindowPlus ist Nachkomme von *Window*; die Zuweisung *w:=wp;* kopiert nur diejenigen Felder, die innerhalb des Typs *Window* bekannt sind. Methoden oder deren Speicheradressen werden *nicht* kopiert. Zeigervariablen, die auf Objekte zeigen, wollen wir weiter unten besprechen. An dieser Stelle soll jedoch nicht unerwähnt bleiben, daß auch bei Objekt-Zeigervariablen dieselben Regeln wie bei Objekten gelten (einem Vorfahr kann ein Nachkomme zugeordnet werden, nicht aber umgekehrt).

CONSTRUCTOR und DESTRUCTOR: Für weitere Betrachtungen wollen wir neue Objekt-Typen definieren, die spezielle Methoden verwenden:

```
TYPE
  PointPtr=^Point;
  Point=OBJECT
    x,y:INTEGER;
    CONSTRUCTOR Init(x1,y1:INTEGER);
    PROCEDURE Show;
    PROCEDURE Hide;
    DESTRUCTOR Done
  END;

  LinePtr=^Line;
  Line=OBJECT(Point)
    x2,y2:INTEGER;
    CONSTRUCTOR Init(xo,yo,xu,yu:INTEGER);
    PROCEDURE Show;
    PROCEDURE Hide;
    DESTRUCTOR Done
  END;

  BoxPtr=^Box;
  Box=OBJECT(Line)
    CONSTRUCTOR Init(xo,yo,xu,yu:INTEGER);
    PROCEDURE Show;
    PROCEDURE Hide;
    DESTRUCTOR Done
  END;

  CirclePtr=^Circle;
  Circle=OBJECT(Point)
    rad:INTEGER;
    CONSTRUCTOR Init(xm,ym,r:INTEGER);
    PROCEDURE Show;
    PROCEDURE Hide;
    DESTRUCTOR Done
  END;
```

Eine CONSTRUCTOR-Methode entspricht eigentlich einer gewöhnlichen Prozedur; sie wird lediglich dazu verwendet, um ein Objekt zu initialisieren. Die DESTRUCTOR-Methode wiederum wird dann aufgerufen, wenn ein Objekt nicht mehr benötigt wird:

```
CONSTRUCTOR Point.Init(x1,y1:INTEGER);
BEGIN
  x:=x1; y:=y1;
  Show  { ruft <Point.Show> auf }
END;
```

```
  PROCEDURE Point.Show;
  BEGIN
    Graph.PutPixel(x,y,Graph.GetMaxColor)
  END;

  PROCEDURE Point.Hide;
  BEGIN
    Graph.PutPixel(x,y,Graph.GetBkColor)
  END;

  DESTRUCTOR Point.Done;
  BEGIN
    Hide  { ruft <Point.Hide> auf }
  END;

  CONSTRUCTOR Line.Init(xo,yo,xu,yu:INTEGER);
  BEGIN
    x:=xo;  y:=yo;
    x2:=xu; y2:=yu;
    Show  { ruft <Line.Show> auf }
  END;

  PROCEDURE Line.Show;
  BEGIN
    Graph.SetColor(Graph.GetMaxColor);
    Graph.Line(x,y,x2,y2)
  END;

  PROCEDURE Line.Hide;
  BEGIN
    Graph.SetColor(Graph.GetBkColor);
    Graph.Line(x,y,x2,y2)
  END;

  DESTRUCTOR Line.Done;
  BEGIN
    Hide  { ruft <Line.Hide> auf }
  END;
  .
  .
VAR
  p:Point;
  l:Line;
BEGIN
  .
  .
  p.Init(5,5);  { ruft CONSTRUCTOR auf }
  l.Init(10,10,20,20);
  .
  .
  p.Done;  { ruft DESTRUCTOR auf }
  l.Done
END.
```

Die vier Deklarationen der Objekt-Typen *Point*, *Line*, *Box* und *Circle* ermöglichen aufgrund der Vererbung folgenden Zuweisungen:

```
VAR
  p:Point;  pp:PointPtr;
  l:Line;   lp:LinePtr;
  b:Box;    bp:BoxPtr;
  c:Circle; cp:CirclePtr;
BEGIN
  p:=l; pp:=lp;
  l:=b; lp:=bp;
  p:=b; pp:=bp;
  p:=c; pp:=cp;
  .
  .
  l.Init(10,10,50,50);  { initialisiert "Linie" und zeigt diesen an }
  p:=l;
  p.Hide;  { versucht, "Punkt" zu verstecken, der nicht angezeigt ist }
```

Die letzte Zuweisung bewirkt, daß die Felder *x* und *y* des Objektes "Linie" dem Objekt "Punkt" übergeben werden. Der Prozedur-Aufruf *p.Hide;* versucht nun, aufgrund der Liniendaten einen Punkt zu verstecken, der gar nie gezeichnet worden ist. Wünschenswert wäre die automatische Ausführung der Methode *Linie.Hide*; dies ist jedoch nur möglich, wenn bei der Zuweisung *p:=l;* auch die Methoden (d.h. deren Adressen) kopiert werden. Um dies zu erreichen, benötigen wir dynamisch erzeugte Objekte.

Dynamisch erzeugte Objekte: Objekte lassen sich unter Verwendung der Prozedur *New* dynamisch auf dem Heap erzeugen:

```
VAR
  pp:PointPtr;
  lp:LinePtr;
  cp:CirclePtr;
BEGIN
  .
  .
  New(lp);  { oder: lp:=New(LinePtr);   }
  lp^.Init(50,50,100,100);
  New(cp);  { oder: cp:=New(CirclePtr); }
  cp^.Init(75,75,50);
  .
  .
  lp^.Done;
  Dispose(lp);
  cp^.Done;
  Dispose(cp)
END.
```

Ab Turbo Pascal 5.5 ist es möglich, die Prozedur *New* auch als Funktion einzusetzen. Als Funktions-Argument wird dabei ein Zeigertyp übergeben, und als Ergebnis wird ein entsprechender Zeigerwert geliefert, der auf das erste Byte des reservierten Speichers auf dem Heap zeigt. Eine weitere Neuerung von Turbo Pascal 5.5 besteht darin, daß bei *New* bzw. *Dispose* ein weiteres Funktions-Argument angegeben werden kann:

```
VAR
  pp:PointPtr;
  lp:LinePtr;
  cp:CirclePtr;
BEGIN
  .
  .
  New(lp,Init(50,50,100,100));
  New(cp,Init(75,75,50));
  .
  .
  Dispose(lp,Done);
  Dispose(cp,Done)
END.
```

Das zweite Argument der Prozedur *New* bezeichnet den Namen einer CONSTRUCTOR-Methode, die nach der dynamischen Erzeugung eines Objekts aufgerufen werden soll, um die Felder des neuen Objektes und die VMT (siehe auch VIRTUAL) zu initialisieren. *Dispose* wiederum kann den Namen einer DESTRUCTOR-Methode enthalten, die vor der Freigabe des Objektes ausgeführt wird. Sobald ein Objekt virtuelle Methoden besitzt, sollte immer ein DESTRUCTOR bei der Speicherfreigabe ausgeführt werden (damit der gesamte benötigte Speicher freigegeben werden kann).
Bitte beachten Sie, daß *New* und *Dispose* immer diejenigen CONSTRUCTOR- bzw. DESTRUCTOR-Methoden ausführen, die dem übergebenen Objekt (oder Objekt-Typ) zugeordnet sind.

Die in folgendem Programm-Teil definierte Prozedur *Blink* führt die beiden Methoden *Hide* und *Show* des übergebenen Objektes aus. Dies ist nun endlich möglich geworden, da der Parameter *obj* die Adresse des übergebenen Objektes enthält und somit auf alle Methoden und Datenfelder des Objektes zugreifen kann (wir erinnern uns, bei der gewöhlichen Zuweisung von Objekten werden nur die Datenfelder, nicht aber die Methoden kopiert).

```
VAR
  pp:PointPtr;  { Vorfahr von <LinePtr> und <CirclePtr> }
  lp:LinePtr;
  cp:CirclePtr;

  PROCEDURE Blink(obj:PointPtr)
  VAR
    i:INTEGER;
  BEGIN
    FOR i:=1 TO 10 DO BEGIN
      obj^.Hide;  { führt <Hide> des übergebenen Objektes aus }
      Delay(100);
      obj^.Show;  { führt <Show> des übergebenen Objektes aus }
      Delay(100)
    END
  END;

BEGIN
  .
  .
  New(lp,Init(50,50,100,100));
  New(cp,Init(75,75,50));
  .
  .
  pp:=lp; pp^.Hide;  { führt <Line.Hide> aus   }
  pp:=cp; pp^.Hide;  { führt <Circle.Hide> aus }

  Blink(lp);  { übergibt Speicheradresse des Objektes lp^ }
  Blink(cp);  { übergibt Speicheradresse des Objektes cp^ }
  .
  .
  Dispose(lp,Done);
  Dispose(cp,Done)
END.
```

Mehrere Objekte lassen sich in einer einzigen Struktur zusammenfassen. Folgender Programm-Teil geht davon aus, daß die Objekt-Typen *Point*, *Line*, *Box*, *Circle* und deren Zeigertypen definiert sind:

```
USES
  Crt,Graph;
TYPE
  .
  .
  ScreenPtr=^Screen;
  Screen=OBJECT  { kann maximal 5 Objekte aufnehmen }
    obj:ARRAY [1..5] OF PointPtr;
    objnr:INTEGER;
    CONSTRUCTOR Init;
    PROCEDURE Define(nr:INTEGER; ob:PointPtr);
    PROCEDURE Select(nr:INTEGER);
    PROCEDURE Hide;
```

```
    PROCEDURE Redraw;
    DESTRUCTOR Done
  END;

  CONSTRUCTOR Screen.Init;
  VAR
    i:INTEGER;
  BEGIN
    FOR i:=1 TO 5 DO obj[i]:=NIL;
    objnr:=1;
  END;

  PROCEDURE Screen.Define(nr:INTEGER; ob:PointPtr);
  BEGIN
    IF obj[nr]=NIL THEN obj[nr]:=ob;
    Select(nr);
  END;

  PROCEDURE Screen.Select(nr:INTEGER);
  BEGIN
    objnr:=nr
  END;

  PROCEDURE Screen.Hide;
  BEGIN
    IF obj[objnr]<>NIL THEN obj[objnr]^.Hide
  END;

  PROCEDURE Screen.Redraw;
  VAR
    i:INTEGER;
  BEGIN
    FOR i:=1 TO 5 DO IF obj[i]<>NIL THEN obj[i]^.Show
  END;

  DESTRUCTOR Screen.Done;
  VAR
    i:INTEGER;
  BEGIN
    FOR i:=1 TO 5 DO IF obj[i]<>NIL THEN Dispose(obj[i],Done)
  END;

VAR
  scr:ScreenPtr;
  gr,mo,i:INTEGER;
BEGIN
  gr:=Detect;
  InitGraph(gr,mo,'');
  New(scr,Init);
  WITH scr^ DO BEGIN
    Define(1,New(LinePtr,Init(0,0,100,100)));
    Define(2,New(BoxPtr,Init(50,50,150,150)));
    Define(3,New(BoxPtr,Init(60,60,160,160)));
```

```
    Define(4,New(CirclePtr,Init(100,100,70)));
    Define(5,New(CirclePtr,Init(100,100,100)));
    FOR i:=5 DOWNTO 1 DO BEGIN
      Delay(1000); Select(i); Hide
    END;
    Delay(1000); Redraw;
    Delay(1000); Dispose(scr,Done)
  END;
  CloseGraph
END.
```

Der Objekt-Typ *Screen* läßt sich so verändern, daß das Feld *obj* auf eine verkettete Liste zeigt, die eine undefinierte Anzahl von Graphik-Objekten aufnehmen kann.
Das frühzeitige Erkennen von Fehlern, die bei der Erzeugung von dynamischen Objekten entstehen könnten (Speichermangel, Heap voll), wird in diesem Buch unter dem Begriff *Fail* besprochen.

Beispiel
Folgende Unit definiert vier Objekt-Typen, mit deren Hilfe sich bewegliche Graphik-Objekte bilden lassen.

```
UNIT GraphObj;

INTERFACE
TYPE
  PointPtr=^Point;
  Point=OBJECT
    x,y:INTEGER;
    CONSTRUCTOR Init(x1,y1:INTEGER);
    PROCEDURE Show; VIRTUAL;
    PROCEDURE Hide; VIRTUAL;
    PROCEDURE MoveRel(dx,dy:INTEGER); VIRTUAL;
    DESTRUCTOR Done; VIRTUAL
  END;

  LinePtr=^Line;
  Line=OBJECT(Point)
    x2,y2:INTEGER;
    CONSTRUCTOR Init(xo,yo,xu,yu:INTEGER);
    PROCEDURE Show; VIRTUAL;
    PROCEDURE Hide; VIRTUAL;
    PROCEDURE MoveRel(dx,dy:INTEGER); VIRTUAL
  END;

  BoxPtr=^Box;
  Box=OBJECT(Line)
    CONSTRUCTOR Init(xo,yo,xu,yu:INTEGER);
    PROCEDURE Show; VIRTUAL;
```

```
    PROCEDURE Hide; VIRTUAL
  END;

  CirclePtr=^Circle;
  Circle=OBJECT(Point)
    rad:INTEGER;
    CONSTRUCTOR Init(xm,ym,r:INTEGER);
    PROCEDURE Show; VIRTUAL;
    PROCEDURE Hide; VIRTUAL
  END;

IMPLEMENTATION
USES
  Graph;

{ ══ Methoden von <Point> ══════════════════════════════════════ }

  CONSTRUCTOR Point.Init(x1,y1:INTEGER);
  BEGIN
    x:=x1; y:=y1;
    Show
  END;

  PROCEDURE Point.Show;
  BEGIN
    Graph.PutPixel(x,y,Graph.GetMaxColor)
  END;

  PROCEDURE Point.Hide;
  BEGIN
    Graph.PutPixel(x,y,Graph.GetBkColor)
  END;

  PROCEDURE Point.MoveRel(dx,dy:INTEGER);
  BEGIN
    Hide;
    Inc(x,dx); Inc(y,dy);
    Show
  END;

  DESTRUCTOR Point.Done;
  BEGIN
    Hide
  END;

{ ══ Methoden von <Line> ═══════════════════════════════════════ }

  CONSTRUCTOR Line.Init(xo,yo,xu,yu:INTEGER);
  BEGIN
    x2:=xu; y2:=yu;
    Point.Init(xo,yo)
  END;
```

```
  PROCEDURE Line.Show;
  BEGIN
    Graph.SetColor(Graph.GetMaxColor);
    Graph.Line(x,y,x2,y2)
  END;

  PROCEDURE Line.Hide;
  BEGIN
    Graph.SetColor(Graph.GetBkColor);
    Graph.Line(x,y,x2,y2)
  END;

  PROCEDURE Line.MoveRel(dx,dy:INTEGER);
  BEGIN
    Hide;
    Inc(x,dx);  Inc(y,dy);
    Inc(x2,dx); Inc(y2,dy);
    Show
  END;

{ ═ Methoden von <Box> ═══════════════════════════════════════════ }

  CONSTRUCTOR Box.Init(xo,yo,xu,yu:INTEGER);
  BEGIN
    Line.Init(xo,yo,xu,yu)
  END;

  PROCEDURE Box.Show;
  BEGIN
    Graph.SetColor(Graph.GetMaxColor);
    Rectangle(x,y,x2,y2)
  END;

  PROCEDURE Box.Hide;
  BEGIN
    Graph.SetColor(Graph.GetBkColor);
    Rectangle(x,y,x2,y2)
  END;

{ ═ Methoden von <Circle> ════════════════════════════════════════ }

  CONSTRUCTOR Circle.Init(xm,ym,r:INTEGER);
  BEGIN
    rad:=r;
    Point.Init(xm,ym)
  END;

  PROCEDURE Circle.Show;
  BEGIN
    Graph.SetColor(Graph.GetMaxColor);
    Graph.Circle(x,y,rad)
  END;
```

```
  PROCEDURE Circle.Hide;
  BEGIN
    Graph.SetColor(Graph.GetBkColor);
    Graph.Circle(x,y,rad)
  END;

END.
```

Folgendes Programm bindet die Unit **GraphObj** ein, um die Graphik-Objekte *Linie*, *Viereck* und *Kreis* zu erzeugen. Das neue Objekt *Xfigur* ist Nachkomme vom Objekt-Typ *Point* und erbt somit dessen Merkmale.
Mit folgenden Tasten kann unser Programm gesteuert werden:

L	Linie aktivieren
V	Viereck aktivieren
K	Kreis aktivieren
X	X-Figur (Kreuz) aktivieren
Leertaste	Alle Objekte neu zeichnen
ESC	Programm verlassen

Vielleicht verspüren Sie Lust, noch weitere Objekt-Typen (Ellipse, Stern) hinzuzufügen ...

```
PROGRAM OBJECT_Test;
USES
  Crt,Graph,GraphObj;
TYPE
  CrossPtr=^Cross;
  Cross=OBJECT(Point)
    a,b:INTEGER;
    CONSTRUCTOR Init(xm,ym,ra,rb:INTEGER);
    PROCEDURE Show; VIRTUAL;
    PROCEDURE Hide; VIRTUAL
  END;

  CONSTRUCTOR Cross.Init(xm,ym,ra,rb:INTEGER);
  BEGIN
    a:=ra; b:=rb;
    Point.Init(xm,ym)
  END;

  PROCEDURE Cross.Show;
  BEGIN
    Graph.SetColor(Graph.GetMaxColor);
    Graph.Line(x+a,y+b,x-a,y-b);
    Graph.Line(x-a,y+b,x+a,y-b)
  END;
```

```
  PROCEDURE Cross.Hide;
  BEGIN
    Graph.SetColor(Graph.GetBkColor);
    Graph.Line(x+a,y+b,x-a,y-b);
    Graph.Line(x-a,y+b,x+a,y-b)
  END;

VAR
  gr,mo:INTEGER;
  ch:CHAR;
  objekt:PointPtr;
  Linie:LinePtr;
  Viereck:BoxPtr;
  Kreis:CirclePtr;
  Xfigur:CrossPtr;
BEGIN
  gr:=Detect;
  InitGraph(gr,mo,'');
  New(Linie,Init(0,0,100,100));
  New(Viereck,Init(0,0,100,100));
  New(Kreis,Init(50,50,50));
  New(Xfigur,Init(50,50,25,25));
  objekt:=Viereck;
  REPEAT
    ch:=ReadKey;
    IF ch=#0 THEN BEGIN
      ch:=ReadKey;
      CASE ch OF
        #75: objekt^.MoveRel(-5,0);  { <-  }
        #77: objekt^.MoveRel(5,0);   { ->  }
        #72: objekt^.MoveRel(0,-5);  { auf }
        #80: objekt^.MoveRel(0,5)    { ab  }
      END
    END ELSE BEGIN
      CASE UpCase(ch) OF
        'L': objekt:=Linie;
        'V': objekt:=Viereck;
        'K': objekt:=Kreis;
        'X': objekt:=Xfigur;
        ' ': BEGIN
               Linie^.Show;
               Viereck^.Show;
               Kreis^.Show;
               Xfigur^.Show
             END;
      END
    END;
  UNTIL ch=#27;
  Dispose(Linie,Done);
  Dispose(Viereck,Done);
  Dispose(Kreis,Done);
```

```
  Dispose(Xfigur,Done);
  CloseGraph
END.
```

Siehe auch
CONSTRUCTOR, DESTRUCTOR, Fail, TypeOf, VIRTUAL

Odd

Zweck
Prüft, ob eine Zahl ungerade ist.

Struktur

```
FUNCTION Odd(i:LONGINT):BOOLEAN;
```

Bemerkung
Wenn *i* ungerade ist, liefert die Funktion *Odd* den Wert TRUE, andernfalls den Wert FALSE.
Odd läßt sich auch wie folgt nachbilden:

```
IF i AND 1=1 THEN WriteLn(i,' ist eine ungerade Zahl');
```

Beispiel

```
Odd(4) = FALSE
Odd(3) = TRUE
```

Siehe auch
Abs, Int, Round, Trunc

Ofs

System

Zweck
Bestimmt das Offset eines Bezeichners im Speichersegment.

Struktur

```
FUNCTION Ofs(bezeichner):WORD;
```

Bemerkung
Variablen, Prozeduren und Funktionen sind an einer bestimmten Speicherstelle im RAM abgelegt. Eine Speicherstelle wird durch ein Segment und ein Offset definiert.
Die Funktion *Ofs* bestimmt das Offset einer Variablen, Prozedur oder Funktion.
Falls das Funktionsargument *bezeichner* ein Array ist, kann es indiziert werden:

```
VAR
  brett:ARRAY [1..8,1..8] OF BYTE;
BEGIN
  Write(Ofs(brett[2,4]);
END.
```

Falls *bezeichner* ein Record ist, können einzelne Felder selektiert werden:

```
VAR
  akte:RECORD
    name,vorname:STRING[20]
  END;
BEGIN
  Write(Ofs(akte.name))
END.
```

Mit den beiden Prozeduren *Ofs* und *Seg* können auch Zeigerwerte, die eine 32-Bit-Adresse darstellen, ermittelt werden:

```
segment:=Seg(p^);
offset:=Ofs(p^);
```

Siehe auch
Addr, Cseg, Dseg, Ptr, Seg, Sseg

OR

Operator

Zweck
Arithmetisches oder logisches ODER.

Bemerkung
Der Operator ODER verknüpft zwei Werte folgender Typen:

Typ der Operanden	Ergebnistyp
BOOLEAN SHORTINT BYTE INTEGER WORD LONGINT	BOOLEAN SHORTINT BYTE INTEGER WORD LONGINT

ODER liegt folgender Logiktabelle zugrunde:

Operand 1	Operand 2	Ergebnis
TRUE	TRUE	TRUE
TRUE	FALSE	TRUE
FALSE	TRUE	TRUE
FALSE	FALSE	FALSE

OR wird meist bei Verknüpfungen von Tests verwendet:

```
IF (a<11) OR (a>31) THEN ...
WHILE (i<Length(s)) OR (p<>NIL) DO ...
REPEAT ... UNTIL (i>endwert) OR verlassen;
```

OR wird immer vor den Relations-Operatoren (z.B. =, <) ausgeführt, deshalb müssen in den obigen Beispielen Klammern gesetzt werden (siehe Anhang H).
Falls OR zwei INTEGER-Werte miteinander verknüpft, werden die einzelnen Bits der beiden Werte nach obiger Logiktabelle verknüpft (TRUE entspricht 1, FALSE entspricht 0):

Bit-Nummer	7	6	5	4	3	2	1	0
Operand 1	1	1	0	1	1	0	0	1
Operand 2	0	1	0	0	1	1	0	0
Ergebnis	1	1	0	1	1	1	0	1

Mit dem Compiler-Befehl **B** kann festgelegt werden, wie Boolesche Ausdrücke (verknüpft mit OR) ausgewertet werden (siehe Anhang E).

Beispiel
Dieses Programm setzt das 2. und 14. Byte einer INTEGER-Variablen auf 1.

```
PROGRAM OR_Test;
VAR
  eingabe:INTEGER;
BEGIN
  Write('Eingabe einer Zahl: ');
  ReadLn(eingabe);
  eingabe:=eingabe OR 4;
  eingabe:=eingabe OR 16384;
  WriteLn('2. und 14. Byte gesetzt: ',eingabe)
END.
```

Siehe auch
AND, NOT, XOR

Ord

Zweck
Bestimmt die Nummer eines Elementes, das als skalarer Typ definiert sein muß.

Struktur

```
FUNCTION Ord(x:skalarer_typ):LONGINT;
```

Bemerkung
Dem ersten Element einer skalaren Menge wird die Nummer 0 zugeordnet. Der Ausdruck LONGINT(x) und die Funktion *Ord(x)* sind identisch.

Beispiel

```
Ord('A')     = 65
INTEGER('A') = 65
LONGINT('A') = 65
REAL('A')    = 65.0
```

Wenn der folgende Typ *Tag* definiert ist:

```
TYPE
  Tag = (Mo,Di,Mi,Do,Fr,Sa,So);
```

gilt:

```
Ord(Mi)     = 2
INTEGER(So) = 6
```

Siehe auch
Chr, Pred, Succ

OUTPUT

Standarddatei

Zweck
Bezeichnet das Ausgabegerät erster Ordnung.

Struktur

```
VAR
  OUTPUT:TEXT;
```

Bemerkung
OUTPUT ist der Standarddatei CON (hier Bildschirm) zugeordnet und wird bei der Ausgabe automatisch gewählt, falls keine Standarddatei angegeben wird:

```
Write(ch);          { beide Zeilen ...   }
Write(OUTPUT,ch);   { ... sind identisch }
```

Eine logische Geräteeinheit wird wie eine Textdatei (siehe hierzu TEXT) behandelt, auf sie kann über die vorbezeichneten Dateien (z.B. OUTPUT) zugegriffen werden.
Der Versuch, eine Standarddatei zu löschen, erzeugt eine I/O-Fehlermeldung.
Die Prozedur *Close* zeigt keine Wirkung. Die beiden Standardfunktionen *Eof* und *EoLn* arbeiten bei Standarddateien anders als bei Diskettendateien.

Siehe auch
INPUT, LST

OutText

Graphik

Zweck
Gibt im Graphikmodus einen Text an der aktuellen Position des Graphikcursors aus.

Struktur

```
PROCEDURE OutText(s:STRING);
```

Bemerkung
OutText ist in der Unit **Graph** enthalten.
Der mit *OutText* ausgegebene Text wird an den Fensterrändern abgeschnitten, ein automatischer Zeilenumbruch findet also nicht statt.
Mit *SetTextStyle* läßt sich die Schriftart, die Schreibrichtung und die Zeichengröße festlegen. Der auszugebende Text kann mit *SetTextJustify* linksbündig, zentriert oder rechtsbündig (bezüglich der Graphikcursor-Position) formatiert werden.
OutText bewegt den Graphikcursor nur bei einer horizontalen Schreibrichtung und einer links- oder rechtsbündigen Formatierung. Der Graphikcursor selbst kann mit der Prozedur *MoveTo* an eine beliebige Stelle gesetzt werden.
Wenn mit *SetTextStyle* nicht anders vereinbart, verwendet *OutText* den Standard-Zeichensatz (8x8-Raster).
Die Prozedur *GetTextSettings* ermittelt die aktuellen Parameter für die Textausgabe (Zeichensatz, Schreibrichtung, Zeichengröße, Formatierung).
Es besteht die Möglichkeit, mit *Write* den BIOS-Zeichensatz zu verwenden. Bitte beachten Sie aber, daß in diesem Fall der Systemvariablen *DirectVideo* der Wert FALSE zugewiesen werden muß, sobald ein Programm die Unit **Crt** verwendet.

Beispiel

```
PROCEDURE OutText_Test;
USES
  Graph;
VAR
  gr,mo:INTEGER;
BEGIN
  gr:=Detect;
  InitGraph(gr,mo,'');
  OutText('8x8-Zeichensatz');
  MoveTo(0,100);
  SetTextStyle(TriplexFont,HorizDir,2);
  OutText('Vektor-Zeichensatz, Schrift "Triplex"');
  ReadLn;
  CloseGraph
END.
```

Siehe auch
GetTextSettings, OutTextXY, TextHeight, TextWidth, SetTextStyle, SetUserCharSize

OutTextXY

Graphik

Zweck
Gibt im Graphikmodus einen Text an einer bestimmten Stelle aus.

Struktur

```
PROCEDURE OutTextXY(x,y:INTEGER; s:STRING);
```

Bemerkung
OutTextXY ist in der Unit **Graph** definiert.
Die Prozedur *OutTextXY* arbeitet ähnlich wie *OutText*; mit ihr läßt sich zusätzlich die Stelle der Textausgabe festlegen. So entspricht:

```
OutTextXY(100,100,'Hallo');
```

den folgenden Zeilen:

```
MoveTo(100,100);
OutText('Hallo');
```

Weitere Informationen finden Sie bei *OutText*.

Siehe auch
OutText, SetTextJustify, SetTextStyle

Overlay

Unit (ab Version 5.0)

Zweck
Ermöglicht den Einsatz von Overlays, so daß die gesamte Programm-Größe unter Turbo Pascal nicht mehr auf 640 KBytes beschränkt ist.

Bemerkung
Ab Turbo Pascal 5.0 besteht die Möglichkeit, einzelne Units in Overlays zu verwandeln. Overlay-Dateien werden erst dann in den Speicher geladen, wenn einzelne Routinen daraus gebraucht werden. Mehrere Overlays teilen sich denselben Speicherplatz und ermöglichen so eine Programm-Größe, die weit umfangreicher ist als der verfügbare Arbeitsspeicher.
Alle Overlays befinden sich nach der Compilierung des gesamten Programmes in einer einzigen Datei, deren Name derselbe ist wie derjenige des Hauptprogrammes; als Dateierweiterung wird jedoch .OVR verwendet (ab der Version 5.5 ist es jedoch möglich, diese Overlay-Datei mit der .EXE-Datei zu vereinigen; siehe hierzu *OvrInit*).

Turbo Pascal erzeugt einen Puffer (er befindet sich zwischen Stack und Heap), der die einzelnen Overlays aufnimmt. Er wird gerade so groß gewählt, daß die größte "Overlay-Unit" hineinpaßt. Bei Bedarf kann dieser Puffer jedoch mit der Prozedur *OvrSetBuf* beliebig erweitert werden; Turbo Pascal versucht nun, soviele Units wie möglich gleichzeitig im Puffer zu halten. Bitte beachten Sie, daß dieser Puffer nur die Routinen von Overlays enthält; globale Variablen und typisierte Konstanten werden im Code-Segment (siehe auch *CSeg*) des Hauptprogrammes abgelegt (die genaue Organisation des Overlay-Puffers wird bei *OvrSetRetry* beschrieben).
Falls Sie eine EMS-Karte (Speichererweiterung) besitzen, kann die gesamte Overlay-Datei auf Wunsch in diesen Zusatzspeicher kopiert werden. In diesem Fall werden nachträgliche Festplatten- oder Disketten-Zugriffe unnötig, so daß die gesamte Overlay-Verwaltung wesentlich schneller arbeitet.

Die Overlay-Unit: Eine Unit, die als Overlay verwendet werden soll, muß folgende Punkte erfüllen:

a) Die Compiler-Schalter **O** (für Overlay) und **F** (far-Aufrufe) müssen bei der Compilierung einer Unit aktiv sein (also {$O+} und {$F+}).

b) Eine "Overlay-Unit" darf keinen Initialisierungs-Teil besitzen! Da sehr viele Units eine Initialisierung brauchen, scheint es mir sinnvoll, eine Initialisierungs-Prozedur zu schreiben, die zu einem späteren Zeitpunkt vom Hauptprogramm aufgerufen wird.
Variablen, denen im Normalfall im Initialisierungs-Teil ein Wert zugewiesen wird, können in vielen Fällen durch typisierte Konstanten ersetzt werden (die ja eigentlich nichts anderes sind als initialisierte Variablen; siehe hierzu CONST).

c) Eine "Overlay-Unit" darf im Initialisierungs-Teil keinen Speicherplatz auf dem Heap reservieren oder dynamische Variablen erzeugen. Auch hier kann eine Initialisierungs-Prozedur abhelfen.

d) Interrupt-Prozeduren dürfen sich nicht in einer "Overlay-Unit" befinden, da diese mit Hilfe einer absoluten Adresse aufgerufen werden und sich eine "Overlay-Unit" nicht jederzeit im Hauptspeicher befindet. Exit-Prozeduren und prozedurale Parameter können jedoch bedenkenlos eingesetzt werden.

Das Hauptprogramm: Ein Hauptprogramm, das Overlays verwenden will, muß folgende Regeln beachten:

a) Alle Routinen des Hauptprogramms müssen als **far** deklariert werden (schreiben Sie hierzu den Compiler-Befehl {$F+} am Anfang des Programms).

b) Das Hauptprogramm muß die Unit **Overlay** als erste Unit in den Programm-Code einbinden.
c) Alle Units, die in einem Programm als Overlays verwendet werden sollen, sind mit der Compiler-Anweisung **O** dem Hauptprogramm bekanntzugeben (z.B. {$O test}). Wird diese Anweisung nicht geschrieben, verwendet Turbo Pascal *test* als ganz normale Unit.
d) Die Overlay-Datei (.OVR oder .EXE) muß der Overlay-Verwaltung mit der Prozedur *OvrInit* bekannt gemacht werden.

```
PROGRAM OvrTest;
{$F+}
USES
  Overlay,ovr1,ovr2;

{$O ovr1 }
{$O ovr2 }

BEGIN
  OvrInit('OVRTEST.OVR');
  .
  .
```

Ein ausführliches Beispiel zur Verwendung von Overlays finden Sie bei der Prozedur *OvrInit*.
Die von Borland gelieferten Standard-Units lassen sich nicht als "Overlay-Units" einsetzen (einschließlich der Unit **Dos**, trotz entgegengesetzter Behauptung im Original-Handbuch); sie alle verletzten mindestens eine der oben erwähnten und für Overlays lebensnotwendigen Regeln.
Folgende Prozeduren und Funktionen sind in der Unit **Overlay** enthalten:

OvrClearBuf	Löscht den Overlay-Puffer
OvrGetBuf	Ermittelt die aktuelle Größe des Overlay-Puffers
OvrGetRetry	Ermittelt die Größe der Puffer-Beobachtungs-Zone (nur Version 5.5)
OvrInit	Initialisiert die Overlay-Verwaltung
OvrInitEMS	Kopiert die für die Overlay-Verwaltung erforderliche .OVR-Datei in den Speicher der EMS-Karte
OvrSetBuf	Legt die Größe des Overlay-Puffers fest
OvrSetRetry	Definiert einen Bereich des Overlay-Puffers als Beobachtungs-Zone (nur Version 5.5)

Fehler, die während diesen Routinen auftauchen, können mit Hilfe der Variablen *OvrResult* ermittelt werden. Für die Fehlerabfrage sind folgende Konstanten definiert worden:

ovrOk	=0; Es ist kein Fehler aufgetreten
ovrError	=-1; Allgemeiner Fehler
ovrNotFound	=-2; Overlay-Datei kann nicht gefunden werden
ovrNoMemory	=-3; Der Puffer kann nicht vergrößert werden
ovrIOError	=-4; Lesefehler beim Zugriff auf die Overlay-Datei
ovrNoEMSDriver	=-5; EMS-Treiber nicht installiert
ovrNoEMSMemory	=-6; Die EMS-Karte verfügt nicht über genügend Speicherplatz

Turbo Pascal **5.5** kennt folgende Variablen, definiert in der Unit **Overlay**:

OvrFileMode	Enthält den aktuellen Zugriffscode der geöffneten Overlay-Datei
OvrLoadCount	Enthält die Anzahl Ladevorgänge von Overlay-Units
OvrReadBuf	Ermöglicht das Abfangen von Fehlern während des Lesens von Overlay-Units
OvrTrapCount	Zählt die Aufrufe der Units, die sich in der Beobachtungs-Zone befinden

Der Datentyp *OvrReadFunc* wird zusammen mit der prozeduralen Variablen *OvrReadBuf* verwendet und ist ab der Version 5.5 wie folgt in der Unit **Overlay** definiert:

```
TYPE
  OvrReadFunc=FUNCTION (OvrSeg:WORD):INTEGER;
```

In der Unit **System** (*nicht* Overlay) sind einige typisierte Konstanten definiert, die von der Overlay-Verwaltung benötigt werden:

OvrCodeList	:WORD=0; Codesegment-Liste der Overlay-Verwaltung
OvrDebugPtr	:POINTER=NIL; Einsprungstelle für den integrierten Debugger
OvrDosHandle	:WORD=0; DOS-Kanalnummer für die Overlay-Datei
OvrEMSHandle	:WORD=0; Kanalnummer für die EMS-Karte
OvrHeapEnd	:WORD=0; Endadresse des Overlay-Puffers
OvrHeapOrg	:WORD=0; Startadresse des Overlay-Puffers
OvrHeapPtr	:WORD=0; Aktuelle Adresse der ersten freien Stelle des Overlay-Puffers
OvrHeapSize	:WORD=0; Größe des Overlay-Puffers
OvrLoadList	:WORD=0; Liste der geladenen Segmente

Siehe auch
Crt, Dos, Graph, Graph3, Printer, System, Turbo3

OvrClearBuf

Overlay (ab Version 5.0)

Zweck
Löscht den Overlay-Puffer.

Struktur

```
PROCEDURE OvrClearBuf;
```

Bemerkung
OvrClearBuf ist in der Unit **Overlay** definiert.
Die Prozedur *OvrClearBuf* löscht alle Units aus dem Overlay-Puffer. Der Puffer bleibt solange leer, bis wieder eine Routine aus einer "Overlay-Unit" aufgerufen wird.
Mit Hilfe der Prozedur *OvrClearBuf* kann der gesamte Pufferinhalt umstrukturiert werden (wenn mehrere Units darin Platz finden, siehe *OvrSetBuf*), außerdem steht der gesamte Puffer vorübergehend für beliebige Zwecke zur Verfügung.

Siehe auch
OvrGetBuf, OvrSetBuf, OvrHeapSize

OvrCodeList

Systemvariable (ab Version 5.0)

Zweck
Zeigt auf die Codesegment-Liste der Overlay-Verwaltung.

Struktur

```
CONST OvrCodeList:WORD=0;
```

Bemerkung
Der Wert der typisierten Variablen *OvrCodeList* wird von der Overlay-Verwaltung benötigt und ist nur für den internen Gebrauch gedacht.
CSeg+OvrCodeList entspricht dem Wert von *OvrLoadList* nach dem Laden der ersten Overlay-Unit in den Overlay-Puffer.

Siehe auch
OvrLoadList

OvrDebugPtr

Systemvariable (ab Version 5.0)

Zweck
Zeigt auf die Einsprungstelle der Overlay-Routinen.

Struktur

```
CONST OvrDebugPtr:POINTER=NIL;
```

Bemerkung
Damit der integrierte Debugger auch zusammen mit Overlays eingesetzt werden kann, wird in der typisierten Konstanten *OvrDebugPtr* die Adresse der Overlay-Verwaltung gespeichert, die angesprungen werden muß, bevor eine Overlay-Routine ausgeführt werden kann.

Siehe auch
OvrCodeList, OvrLoadList

OvrDosHandle

Systemvariable (ab Version 5.0)

Zweck
Enthält die DOS-Kanalnummer der Overlay-Datei.

Struktur

```
CONST OvrDosHandle:WORD=0;
```

Bemerkung
Ab der DOS-Version 2.0 wird jeder Datei beim Öffnen eine Kanalnummer (auch Dateinummer oder Handler genannt) zugeordnet, die für alle kommenden Lese- und Schreiboperationen verwendet wird.
Die ersten fünf Kanalnummern (0..4) sind bereits für Standardgeräte reserviert: Tastatur, Bildschirm, Fehlerausgabe (Bildschirm, CON:), serielle Schnittstelle (AUX: oder COM1:) und parallele Schnittstelle (Drucker, LPT1: oder PRN:).
Die typisierte Konstante *OvrDosHandle* enthält die Kanalnummer, die der Overlay-Datei .OVR beim Öffnen (mit *OvrInit*) zugeteilt wird. Wenn zu-

vor noch keine Datei geöffnet worden ist, enthält *OvrDosHandle* den Wert 5.

Siehe auch
OvrEMSHandle

OvrEMSHandle

Systemvariable (ab Version 5.0)

Zweck
Enthält die DOS-Kanalnummer der EMS-Karte.

Struktur

```
CONST OvrEMSHandle:WORD=0;
```

Bemerkung
Der EMS-Karte wird eine Kanalnummer zugeordnet, wenn diese die .OVR-Datei aufnimmt. Mit Hilfe dieser Kanalnummer werden alle weiteren Kopieroperationen ausgeführt.
Genauere Informationen erhalten Sie bei *OvrDosHandle.*

Siehe auch
OvrDosHandle

OvrFileMode

Overlay (nur Version 5.5)

Zweck
Enthält den aktuellen Zugriffscode der geöffneten Overlay-Datei.

Struktur

```
VAR OvrFileMode:BYTE;
```

Bemerkung
OvrFileMode ist in der Unit **Overlay** definiert.
Wenn eine Overlay-Datei von der Prozedur *OvrInit* geöffnet wird, legt der Inhalt von *OvrFileMode* fest, welche Dateizugriffe erlaubt sind. Den einzelnen Werten von *OvrFileMode* kommen folgende Bedeutungen zu (Bits 0..3):

0 Nur Lesen der Overlay-Datei möglich
1 Nur Schreiben erlaubt
2 Lesen und Schreiben zulässig

Diese Werte sind ab DOS 2.0 definiert; für die DOS-Versionen ab 3.0 sind (im Zusammenhang mit Netzwerken) weitere Werte möglich (Bits 4..6 von *OvrFileMode*; weitere Informationen hierzu erhalten Sie bei *FileMode*). *OvrFileMode* wird beim Start eines Programmes automatisch der Wert 0 zugeordnet. Um die erlaubte Zugriffsart zu verändern, muß der Wert von *OvrFileMode* vor dem Prozeduraufruf *OvrInit* gesetzt werden.

Siehe auch
FileMode, OvrDosHandle

OvrGetBuf

Overlay (ab Version 5.0)

Zweck
Ermittelt die aktuelle Größe des Overlay-Puffers.

Struktur

```
FUNCTION OvrGetBuf:LONGINT;
```

Bemerkung
OvrGetBuf ist in der Unit **Overlay** definiert.
Die Funktion *OvrGetBuf* ermittelt die aktuelle Größe des Overlay-Puffers (in Bytes); dieser nimmt die Overlay-Routinen auf und wird zu Beginn eines Programmes gerade so groß gewählt, daß die größte "Overlay-Unit" hineinpaßt. Er kann bei Bedarf mit der Prozedur *OvrSetBuf* vergrößert werden.

Siehe auch
OvrClearBuf, OvrSetBuf, OvrHeapSize

OvrGetRetry

Overlay (nur Version 5.5)

Zweck
Ermittelt die Größe der Puffer-Beobachtungs-Zone.

Struktur

```
FUNCTION OvrGetRetry:LONGINT;
```

Bemerkung
OvrGetRetry ist in der Unit **Overlay** definiert.
Die Funktion *OvrGetRetry* ermittelt die Größe des Beobachtungs-Bereiches innerhalb des Overlay-Puffers (in Bytes; weitere Informationen erhalten Sie bei *OvrSetRetry*). Zu Beginn eines Programmes liefert *OvrGetRetry* immer den Wert 0.

Siehe auch
OvrLoadCount, OvrSetRetry, OvrTrapCount

OvrHeapEnd

Systemvariable (ab Version 5.0)

Zweck
Zeigt auf das Ende des Overlay-Puffers.

Struktur

```
CONST OvrHeapEnd:WORD=0;
```

Bemerkung
Die typisierte Konstante *OvrHeapEnd* zeigt auf das Ende des Overlay-Puffers. Dieser Wert entspricht dem Segment-Teil der tatsächlichen Adresse:

```
VAR
  PufferEndeAdresse:LONGINT;
BEGIN
  PufferEndeAdresse:=LONGINT(OvrHeapEnd)*16;  { Offset ist 0 }
```

OvrHeapEnd zeigt auf dieselbe Stelle wie die Funktion *HeapOrg*.

Siehe auch
HeapOrg, HeapPtr, OvrHeapOrg, OvrHeapPtr

OvrHeapOrg

Systemvariable (ab Version 5.0)

Zweck
Zeigt auf den Anfang des Overlay-Puffers.

Struktur

```
CONST OvrHeapOrg:WORD=0;
```

Bemerkung
Die typisierte Konstante *OvrHeapOrg* zeigt auf den Beginn des Overlay-Puffers. Dieser Wert entspricht dem Segment-Teil der tatsächlichen Adresse:

```
VAR
  PufferStartAdresse:LONGINT;
BEGIN
  PufferStartAdresse:=LONGINT(OvrHeapOrg)*16;  { Offset ist 0 }
```

Siehe auch
HeapOrg, HeapPtr, OvrHeapEnd, OvrHeapPtr

OvrHeapPtr

Systemvariable (ab Version 5.0)

Zweck
Zeigt auf die erste freie Stelle des Ovelay-Puffers.

Struktur

```
CONST OvrHeapPtr:WORD=0;
```

Bemerkung
Die typisierte Konstante *OvrHeapPtr* zeigt auf die erste freie Stelle des Overlay-Puffers. Dieser Wert entspricht dem Segment-Teil der tatsächlichen Adresse:

```
VAR
  PufferFreiAdresse:LONGINT;
BEGIN
  PufferFreiAdresse:=LONGINT(OvrHeapPtr)*16;  { Offset ist 0 }
```

OvrHeapPtr liegt immer im Bereich *OvrHeapOrg..OvrHeapEnd*.

Siehe auch
HeapOrg, HeapPtr, OvrHeapEnd, OvrHeapOrg

OvrHeapSize

Systemvariable (ab Version 5.0)

Zweck
Enthält die Größe des Overlay-Puffers.

Struktur

```
CONST OvrHeapSize:WORD=0;
```

Bemerkung
Die typisierte Konstante *OvrHeapSize* enthält die Standard-Größe des Overlay-Puffers in Paragraphen, wobei ein Paragraph 16 Bytes entspricht. Der Wert von *OvrHeapSize* bleibt während eines Programms immer unverändert, auch dann, wenn die Puffer-Größe mit der Prozedur *OvrSetBuf* vergrößert worden ist. Somit läßt sich jederzeit die minimale Overlay-Puffer-Größe wie folgt berechnen:

```
MinimalPuffer:=LONGINT(OvrHeapSize)*16;
```

OvrHeapSize läßt sich auch wie folgt ermitteln (wenn die Puffer-Größe nicht mit *OvrSetBuf* verändert worden ist):

```
WriteLn('OvrHeapSize: ',OvrHeapEnd-OvrHeapStart);
```

Mit Hilfe der Funktion *OvrGetBuf* kann die aktuelle Puffer-Größe in Bytes ermitteln werden.

Siehe auch
OvrHeapOrg, OvrHeapEnd, OvrSetBuf

OvrInit

Overlay (ab Version 5.0)

Zweck
Initialisiert die Overlay-Verwaltung.

Struktur

```
PROCEDURE OvrInit(datei:STRING);
```

Bemerkung
OvrInit ist in der Unit **Overlay** definiet.
Die Prozedur *OvrInit* initialisiert die Overlay-Verwaltung und öffnet die .OVR-Datei *datei*, die alle als Overlay zu verwendenden Units enthält.

Der von Turbo Pascal automatisch erzeugte Name der Overlay-Datei setzt sich zusammen aus dem Namen der .EXE-Datei und der Dateierweiterung .OVR (beispielsweise ist MIMI.OVR die Overlay-Datei von MIMI.EXE). Natürlich kann der Name einer Overlay-Datei zu einem späteren Zeitpunkt beliebig verändert werden.
OvrInit sucht die Overlay-Datei *datei* zuerst im aktuellen Verzeichnis, danach in demjenigen Verzeichnis, in dem sich das auszuführende .EXE-Programm befindet (erst ab der DOS-Version 3.0), und schließlich noch in allen Verzeichnissen, die mit Hilfe von PATH gesetzt worden sind (siehe hierzu *EnvCount*).
Die Prozedur *OvrInit* reserviert zwischen Stack und Heap einen Speicherbereich, der die "Overlay-Units" aufnehmen soll. Aus diesem Grund darf bei der Overlay-Initialisierung der Heap noch nicht mit dynamisch erzeugten Daten belegt sein (siehe *New* und *GetMem*). Ebenso darf die Prozedur *InitGraph* (Unit Graph) nicht vor *OvrInit* ausgeführt werden, da diese für Graphik-Treiber und Vektor-Zeichensätze Speicherplatz auf dem Heap reserviert.

Ein Fehler, der während *OvrInit* auftritt, kann mit Hilfe der Variablen *OvrResult* ermittelt werden. Enthält diese einen Wert ungleich 0, kann ein Programm meist nicht ausgeführt werden. Folgende Fehlerbehandlung scheint mir empfehlenswert (ab Turbo Pascal 5.5 siehe auch *OvrReadBuf*):

```
.
.
VAR
  datei:STRING;
BEGIN
  OvrInit(datei);
  IF OvrResult<>0 THEN BEGIN
    IF OvrResult=OvrNotFound THEN BEGIN
      WriteLn('Achtung, Overlay-Datei nicht gefunden!');
      Write('Bitte Dateinamen eingeben: ');
      ReadLn(datei);
      IF datei='' THEN Halt;
      OvrInit(datei)
    END;
    IF OvrResult<>0 THEN Halt
  END;
  .
  .
```

Stoppen Sie nach einer erfolglosen Initialisierung der Overlay-Verwaltung das laufende Programm nicht, erzeugt Turbo Pascal bald den Laufzeit-Fehler 208 (siehe Anhang F und *OvrReadBuf*).

Version 5.5: Es besteht die Möglichkeit, die Overlay-Datei (.OVR) mit der .EXE-Datei zu verschmelzen. Geben Sie hierzu innerhalb der DOS-Ebene folgenden Befehl ein:

```
COPY /B TEST.EXE + TEST.OVR
```

Die .OVR-Datei kann nun getrost gelöscht werden. Der Prozedur *OvrInit* ist nun beim Aufruf der Name der .EXE-Datei anzugeben:

```
OvrInit('TEST.EXE');  { Overlay-Datei steckt in TEST.EXE }
```

Ab der DOS-Version 3.0 kann übrigens der Programm-Name mit Hilfe der Funktion *ParamStr* ermittelt werden:

```
OvrInit(ParamStr(0));  { erst ab MS-DOS 3.0 möglich }
```

Beachten Sie bitte, daß die .EXE-Datei frei von Informationen für einen symbolischen Debugger ist (der Menü-Punkt *Debug, Standalone debugging* innerhalb der Entwicklungs-Umgebung muß auf **Off** stehen, siehe auch Anhang B).

Beispiel
Folgendes Programm zeigt alle nötigen Schritte und Programm-Teile, die bei der Verwendung von Overlays notwendig sind. Alle Routinen, die sich im Interface-Teil einer Unit befinden, sind automatisch als *far* definiert. Aus Sicherheitgründen ist es jedoch empfehleswert, den Compilerbefehl {$F+} immer zu schreiben, da zu einem späteren Zeitpunkt Routinen im Implementations-Teil hinzukommen könnten (ohne im Interface-Teil aufgeführt zu werden), die somit nicht als *far* definiert wären und einen Programmabsturz erzwingen könnten.

```
UNIT Ovr1;

{$F+} { alle Routinen als "far" definieren (zur Sicherheit }
{$O+} { um diese Unit "overlay-fähig" zu machen           }

INTERFACE
USES
  Crt;

  PROCEDURE Alarm;
  PROCEDURE Beep(anz:BYTE);

IMPLEMENTATION

  PROCEDURE Alarm;
  VAR
    i,k:WORD;
```

```
    BEGIN
      FOR k:=1 TO 4 DO BEGIN
        FOR i:=200 TO 6000 DO Sound(i);
        FOR i:=6000 DOWNTO 200 DO Sound(i)
      END;
      NoSound
    END;

    PROCEDURE Beep(anz:BYTE);
    VAR
      i:BYTE;
    BEGIN
      FOR i:=1 TO anz DO BEGIN
        Sound(440);
        Delay(200);
        NoSound;
        Delay(50)
      END
    END;

END.
```

Die "Overlay-Unit" *Ovr2*:

```
UNIT Ovr2;

{$F+} { alle Routinen als "far" definieren (zur Sicherheit }
{$O+} { diese Unit soll als Overlay verwendet werden       }

INTERFACE

  PROCEDURE Upper(VAR s:STRING);
  FUNCTION IsUpper(s:STRING):BOOLEAN;

IMPLEMENTATION

  PROCEDURE Upper(VAR s:STRING);
  VAR
    i:BYTE;
  BEGIN
    FOR i:=1 TO Length(s) DO s[i]:=UpCase(s[i])
  END;

  FUNCTION IsUpper(s:STRING):BOOLEAN;
  BEGIN
    IsUpper:=(s[1]=UpCase(s[1]))
  END;

END.
```

Folgendes Hauptprogramm verwendet die beiden "Overlay-Units" *Ovr1* und *Ovr2*:

```
PROGRAM OvrTest;         { Dateiname: OVRTEST.PAS               }
{$F+}                    { Alle Routinen als "far" definieren   }
UNIT
  Overlay,Ovr1,Ovr2;     { Die Unit Overlay immer zuerst einbinden }

{$O Ovr1}                { Ovr1 als Overlay-Unit einbinden      }
{$O Ovr2}                { Ovr2 als Overlay-Unit einbinden      }

VAR
  s:STRING;
BEGIN
  OvrInit('OVRTEST.OVR');
  IF OvrResult<>0 THEN BEGIN
    WriteLn('Overlay-Verwaltung nicht erfolgreich initialisiert!');
    WriteLn('Programm-Ende ...');
    Halt
  END;
  OvrInitEMS;
  IF OvrResult<>0 THEN WriteLn('EMS-Karte nicht einsetzbar.');
  WriteLn('Ovr1 ...');
  Alarm;
  Beep(5);
  WriteLn('Ovr2 ...');
  WriteLn('Texteingabe: ');
  ReadLn(s);
  WriteLn('Wort groß geschrieben: ',IsUpper(s));
  WriteLn('Ovr1 ...');
  Alarm;
  WriteLn('Ovr2 ...');
  Upper(s);
  WriteLn(s);
  WriteLn('Ovr1 ...');
  Beep(5)
END.
```

Siehe auch
OvrInitEMS, OvrSetBuf

OvrInitEMS

Overlay (ab Version 5.0)

Zweck
Kopiert die für die Overlay-Verwaltung erforderliche .OVR-Datei in den Speicher der EMS-Karte.

Struktur

```
PROCEDURE OvrInitEMS;
```

Bemerkung
OvrInitEMS ist in der Unit **Overlay** definiert.
Die Prozedur *OvrInitEMS* muß nach der Prozedur *OvrInit* ausgeführt werden und lädt die Overlay-Datei komplett in den Speicher der EMS-Karte (auch LIM-Karte genannt), wenn diese einerseits existiert und andererseits über genügend Speicherplatz verfügt. Da die Codes der einzelnen "Overlay-Units" nicht direkt in der EMS-Karte ausgeführt werden können, müssen sie vor Gebrauch erst in den Hauptspeicher des Computer-Systems umkopiert werden. Somit erspart der Prozedur-Aufruf von *OvrInitEMS* lediglich die Disketten- oder Festplatten-Zugriffe, was aber die gesamte Ausführungszeit des Programmes wesentlich verkürzt.
Die Prozedur *OvrInitEMS* kann ohne Gefahr eingesetzt werden, auch dann, wenn Ihr Computer-System über keine EMS-Karte verfügt. In diesem Fall übergibt die Variable *OvrResult* den Wert -5 (*ovrNoEMSDriver*); sie enthält den Wert -6 (*ovrNoEMSMemory*), wenn die verfügbare EMS-Karte bereits für andere Anwendungen verwendet wird (z.B. RAM-Disk) und deshalb nicht mehr über genügend Speicherplatz verfügt.

Siehe auch
OvrInit

OvrLoadCount

Overlay (nur Version 5.5)

Zweck
Enthält die Anzahl Ladevorgänge von Overlay-Units.

Struktur

```
VAR OvrLoadCount:WORD;
```

Bemerkung
OvrLoadCount ist in der Unit **Overlay** definiert.
Die Variable *OvrLoadCount* wird bei jedem Laden einer Overlay-Unit in den Overlay-Puffer um eins erhöht. Ihr Wert ist dann von Bedeutung, wenn mit Hilfe der Overlay-Beobachtungs-Zone die Anzahl Ladevorgänge möglichst gering gehalten werden soll (siehe hierzu *OvrSetRetry*).

Siehe auch
OvrTrapCount, OvrSetRetry

OvrLoadList

Systemvariable (ab Version 5.0)

Zweck
Zeigt auf die Segment-Liste der geladenen "Overlay-Units".

Struktur

```
CONST OvrLoadList:WORD=0;
```

Bemerkung
Der Wert der typisierten Variablen *OvrLoadList* wird von der Overlay-Verwaltung benötigt und ist nur für den internen Gebrauch gedacht.
OvrLoadList bezeichnet eine Speicherstelle innerhalb des Codesegments und wird für das Laden von Overlay-Units in den Overlay-Puffer verwendet. *CSeg+OvrCodeList* zeigt immer auf den ersten Eintrag der Segment-Liste für Overlay-Units, *OvrLoadList* auf den aktuellen (jeder Eintrag belegt 48 Bytes (3 Paragraphen); der letzte Eintrag hat eine tiefere Adresse als der erste, diese Liste wächst also nach unten).

Siehe auch
OvrCodeList

OvrReadBuf

Overlay (nur Version 5.5)

Zweck
Ermöglicht das Abfangen von Fehlern während des Lesens von Overlay-Units.

Struktur

```
VAR OvrReadBuf:OvrReadFunc;
```

Bemerkung
OvrReadBuf ist in der Unit **Overlay** definiert.
Nach der Initialisierung der Overlay-Verwaltung (mittels *OvrInit*) enthält die prozedurale Variable *OvrReadBuf* (siehe zu diesem Thema auch PROCEDURE) die Adresse einer Funktion, die immer dann aufgerufen wird, wenn Overlay-Units aus der Overlay-Datei (oder von der EMS-Karte) in den Overlay-Puffer geladen werden sollen. Der hierzu erforderliche Datentyp *OvrReadFunc* ist in der Unit **Overlay** wie folgt definiert:

```
TYPE
  OvrReadFunc=FUNCTION (OvrSeg:WORD):INTEGER;
```

Sobald die der Variablen *OvrReadBuf* zugeordnete Funktion nach der Ausführung einen Wert ungleich 0 zurückgibt, wird unser Programm mit der Laufzeit-Fehlermeldung 209 (*Fehler beim Lesen der Overlay-Datei*) jäh abgebrochen, was beim Benutzer wohl keinen besonders professionellen Eindruck hinterläßt.
Mit Hilfe der Variablen *OvrReadBuf* wird es möglich, die Overlay-Verwaltung zu ermutigen, beim Laden von Overlay-Units eine von uns definierte Funktion aufzurufen. In dieser haben wir Gelegenheit, Ladefehler abzufangen und den Benutzer mit einem schönen Abschiedsgruß etwas zu trösten oder ihn aufzufordern, eine Diskette mit der gewünschten Overlay-Datei ins Laufwerk einzulegen (denn die meisten Ladefehler beruhen darauf, daß die Overlay-Datei durch einen Disketten-Wechsel plötzlich verschwunden ist).
Um das Laden von Overlay-Units nicht selbst programmieren zu müssen, können wir in unserer installierten Funktion die originale Ladefunktion von Turbo Pascal aufrufen. Hierzu ist es jedoch erforderlich, ihre Adresse in einer prozeduralen Variablen vom Typ *OvrReadFunc* zu sichern:

```
  .
  .
VAR
  OrgOvrLaden:OvrReadFunc;

  {$F+}
    FUNCTION OvrLaden(OvrSeg:WORD):INTEGER;
    VAR
      error:INTEGER;
      ch:CHAR;
    BEGIN
      REPEAT
        error:=OrgOvrLaden(OvrSeg);  { Original-Funktion aufrufen }
        IF error<>0 THEN BEGIN
          Write('Fehler beim Lesen der Overlay-Datei. ');
          Write('Neuer Versuch, Abbruch (N/A)? ');
          REPEAT
            ch:=UpCase(ReadKey);
            Write(ch,#8)
          UNTIL Pos(ch,'AN')<>0;
          IF ch='A' THEN Halt ELSE WriteLn
        END
      UNTIL error=0;
      OvrLaden:=0  { wenn <> 0, wird Laufzeitfehler 209 erzeugt }
    END;
  {$F-}
  .
  .
```

```
BEGIN
  OvrInit('TEST.OVR');        { wenn Programm TEST.PAS oder TEST.EXE }
  OrgOvrLaden:=OvrReadBuf;    { Original-Funktion speichern          }
  OvrReadBuf:=OvrLaden;       { unsere Routine installieren          }
  .
  .
```

Der Parameter *OvrSeg* wird von uns im Normalfall nicht benötigt und teilt der originalen Ladefunktion mit, welche Overlay-Unit aus der Overlay-Datei in den Puffer kopiert werden soll (denn eine Overlay-Datei enthält bekanntlich mehrere Overlay-Units).
Bitte beachten Sie, daß die Overlay-Verwaltung zwei verschiedene Ladefunktionen kennt; die eine wird nach *OvrInit* installiert und die andere nach *OvrInitEMS* (also dann, wenn Sie die Overlay-Datei in den Speicher der EMS-Karte kopieren). Natürlich wird die zweite nur dann installiert, wenn *OvrInitEMS* wunschgemäß ausgeführt werden konnte. In diesem Fall sollten die ersten Zeilen des Hauptprogrammes wie folgt lauten:

```
  .
  .
BEGIN
  OvrInit('TEST.OVR');
  OrgOvrLaden:=OvrReadBuf;      { Da <OvrInitEMS> bereits einen ...   }
  OvrReadBuf:=OvrLaden;         { ... Ladefehler hervorrufen könnte   }
  OvrInitEMS;                   { Nun EMS-Laderoutine installiert     }
  IF OvrResult=0 THEN BEGIN
    OrgOvrLaden:=OvrReadBuf;    { Lade-Routine für EMS-Karte speichern }
    OvrReadBuf:=OvrLaden;       { Unsere Routine nochmals installieren }
    WriteLn('Overlay-Datei erfolgreich auf EMS-Karte ...')
  END;
  .
  .
```

Die Ladefunktion liefert im Fehlerfall eine Nummer (siehe lokale Variable *error* in der oben definierten Funktion *OvrLaden*) ungleich 0; die Fehlernummern entsprechen den Werten der Turbo Pascal-Funktion *IOresult* (siehe auch Anhang F, Fehlermeldungen). Im Zusammenhang mit der EMS-Karte können Fehler entstehen, die im EMS-Handbuch genauer beschrieben sind.
Wichtig: Innerhalb unserer installierten Ladefunktion für Overlay-Verwaltung darf keine Routine aufgerufen werden, die sich in der Overlay-Datei befindet. Denn diese Routine würde einen erneuten Aufruf der Ladefunktion bewirken und damit eine endlose Aufrufs-Kette erzeugen (eine Art rekursive Funktion ohne Abbruch-Kriterium).

Siehe auch
OvrInit, OvrInitEMS

OvrResult

Overlay (ab Version 5.0)

Zweck
Enthält einen Fehlercode, der von den Overlay-Routinen gesetzt werden kann.

Struktur

```
VAR OvrResult:INTEGER;
```

Bemerkung
OvrResult ist in der Unit **Overlay** definiert.
Die Variable *OvrResult* wird von den Overlay-Routinen *OvrInit*, *OvrInitEMS* und *OvrSetBuf* gesetzt und enthält einen Wert ungleich 0, wenn ein Fehler aufgetreten ist. Für die Fehlerabfrage sind folgende Konstanten in der Unit **Overlay** definiert:

ovrOk	=0; Es ist kein Fehler aufgetreten
ovrError	=-1; Allgemeiner Fehler
ovrNotFound	=-2; Overlay-Datei kann nicht gefunden werden
ovrNoMemory	=-3; Der Puffer kann nicht vergrößert werden
ovrIOError	=-4; Lesefehler beim Zugriff auf die Overlay-Datei
ovrNoEMSDriver	=-5; EMS-Treiber nicht installiert
ovrNoEMSMemory	=-6; Die EMS-Karte verfügt nicht über genügend Speicherplatz

Ein Programm wird erst dann durch ein Laufzeitfehler unterbrochen (208 oder 209, siehe Anhang F), wenn Sie versuchen, trotz den Fehlern *ovrNotFound* und *ovrIOError* die Dienste der Overlay-Verwaltung weiter in Anspruch zu nehmen. Alle anderen Fehlercodes sind eigentlich nur Mitteilungen und erfordern vom Programmierer kein spezielles Verhalten.
Da *OvrResult* eine Variable ist, wird deren Wert bei einer Abfrage nicht automatisch zurückgesetzt (wie etwa bei den Funktionen *IOresult* oder *GraphResult*).

Siehe auch
OvrInit, OvrInitEMS, OvrSetBuf

OvrSetBuf

Overlay (ab Version 5.0)

Zweck
Legt die Größe des Overlay-Puffers fest.

Struktur

```
PROCEDURE OvrSetBuf(groesse:LONGINT);
```

Bemerkung
OvrSetBuf ist in der Unit **Overlay** definiert.
Nach dem Start eines Programmes, das Overlays verwendet, wird zwischen Heap und Stack ein Puffer eingerichtet, der die einzelnen Routinen einer "Overlay-Unit" aufnimmt. Er wird gerade so groß gewählt, daß die größte "Overlay-Unit" hineinpaßt. Bitte beachten Sie, daß dieser Puffer nur die Routinen von Overlays enthält; globale Variablen und typisierte Konstanten werden im Code-Segment (siehe auch *CSeg*) des Hauptprogrammes abgelegt.
Mit Hilfe der Prozedur *OvrSetBuf* kann dieser Puffer vergrößert werden, so daß die Overlay-Verwaltung gleichzeitig mehrere "Overlay-Units" im Arbeitsspeicher halten kann; auf diese Weise können Platten-Zugriffe gespart werden, was die Programm-Ausführung wesentlich beschleunigt.
Der Parameter *groesse* entspricht der Puffer-Größe in Bytes.
Bitte beachten Sie, daß vor dem Aufruf der Prozedur *OvrSetBuf* der Heap noch keine Daten enthalten darf (siehe hierzu *New* oder *GetMem*). Anderfalls zeigt *OvrSetBuf* keine Wirkung und *OvrResult* enthält den Wert -1 (*ovrError*).
Folgende Anweisung erzeugt den größtmöglichen Overlay-Puffer:

```
OvrSetBuf(OvrGetBuf+MemAvail);  { maximale Puffer-Größe }
```

Falls Sie versuchen, mit *OvrSetBuf* einen zu großen Puffer zu erzeugen, enthält *OvrResult* den Wert -3 (*ovrNoMemory*). Die aktuelle Puffer-Größe wird dabei nicht verändert. Ein vergrößerter Overlay-Puffer kann zu einem späteren Zeitpunkt wieder verkleinert werden. Die minimale Größe des Puffers läßt sich dabei mit der typisierten Konstanten *OvrHeapSize* berechnen:

```
MinimalPuffer:=LONGINT(OvrHeapSize)*16;
```

Die effektive Puffer-Größe ist immer ein Vielfaches von 16 und berechnet sich wie folgt:

```
.
.
OvrSetBuf(groesse);
WriteLn('Effektive Puffer-Größe: ',groesse DIV 16*16);
.
.
```

Die Prozedur *OvrGetBuf* ermittelt die aktuelle Puffergröße in Bytes; *OvrClrBuf* entleert den gesamten Puffer und zwingt die Overlay-Verwaltung, die einzelnen "Overlay-Units" neu zu laden. Mit Hilfe der Prozedur *OvrSetRetry* kann innerhalb des Overlay-Puffers eine Beobachtungs-Zone definiert werden, die unnötiges Nachladen von Overlay-Units zu verhindern sucht.
Achtung: Die Prozedur *InitGraph* der Unit **Graph** reserviert auf dem Heap Speicherplatz für Graphik-Treiber und Vektor-Zeichensätze. Eine erfolgreiche Vergrößerung des Overlay-Puffers muß deshalb vor dem Prozedur-Aufruf *InitGraph* erfolgen.

Siehe auch
OvrClearBuf, OvrGetBuf, OvrHeapSize, OvrSetRetry

OvrSetRetry

Overlay (nur Version 5.5)

Zweck
Definiert einen Bereich des Overlay-Puffers als Beobachtungs-Zone.

Struktur

```
PROCEDURE OvrSetRetry(groesse:LONGINT);
```

Bemerkung
OvrSetRetry ist in der Unit **Overlay** definiert.
Die Overlay-Verwaltung von Turbo Pascal richtet sich zwischen Stack und Heap einen Puffer ein, der normalerweise gerade so groß ist, daß er die größte Overlay-Unit aufnehmen kann. Da die Overlay-Technik (mehrere Programme belegen zu verschiedenen Zeitpunkten denselben Speicherbereich) zwar umfangreiche Programme ermöglicht, sie aber auch die Programmausführung durch das Nachladen der einzelnen Overlay-Units merklich verlangsamt, besteht die Möglichkeit, den Overlay-Puffer mit der Prozedur *OvrSetBuf* zu vergrößern. Der vergrößerte Puffer kann nun mehrere Overlay-Units gleichzeitig aufnehmen, so daß der Speicherplatzbedarf eines Programmes und die Ausführungsgeschwindigkeit nach dem subjektiven Empfinden optimiert werden kann.
Folgende Abbildung stellt den Overlay-Puffer dar, der die Overlay-Unit *Ovr1* enthält (der mit Punkten markierte Bereich des Puffers wird momentan nicht benutzt; seine Größe und Lage wird mit Hilfe der beiden Variablen *Start* und *Ende* festgehalten):

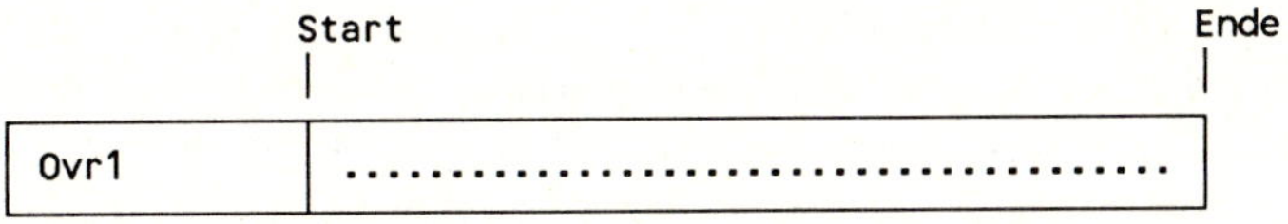

Wenn nun eine Routine der Overlay-Unit *Ovr2* aufgerufen wird, prüft die Overlay-Verwaltung zuerst, ob sich die erforderliche Unit bereits im Puffer befindet; wenn nicht, wird diese in den Puffer kopiert:

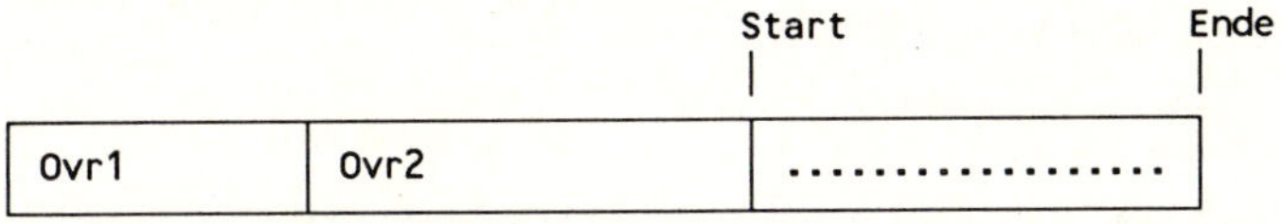

Nun endlich soll eine Routine der Overlay-Unit *Ovr3* aufgerufen werden. Da sich diese noch nicht im Puffer befindet, möchte die Overlay-Verwaltung diese gerne von der Diskette oder Festplatte in den Puffer kopieren. Da aber der Puffer nicht mehr über genügend freien Speicherplatz für *Ovr3* verfügt, muß dieser zuerst durch das Löschen einer anderen Overlay-Unit geschaffen werden. Normalerweise wird unter Turbo Pascal immer diejenige Unit aus dem Puffer entfernt, die sich bereits am längsten darin befindet (in unserem Fall die Unit *Ovr1*). Und dies geschieht in zwei Schritten (diese zwei Schritte werden benötigt, weil eine Overlay-Unit immer als zusammenhängender Block im Puffer stehen muß):

1) Die Overlay-Verwaltung schiebt alle Overlay-Units nach oben, so daß die letzte Unit (bei uns *Ovr2*) auf das letzte Byte des Puffers zu liegen kommt.
2) Die neue Unit (*Ovr3*) wird an den Anfang des Puffers kopiert, wobei die dabei teilweise überschriebene Unit *Ovr1* nicht mehr verwendet werden kann und somit wiederum ein freier Pufferbereich entsteht (der von zwei Units eingeschlossen ist).

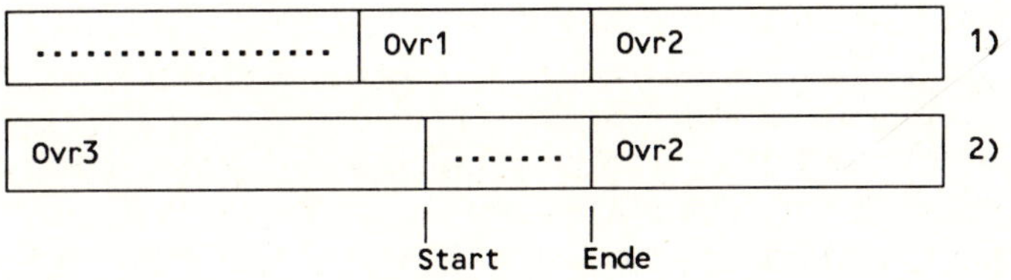

Da unser Programm noch lange nicht ruht, wird wieder eine Routine der Unit *Ovr1* aufgerufen, worauf diese in den Overlay-Puffer kopiert wird und somit einen Teil der Unit *Ovr2* überschreibt:

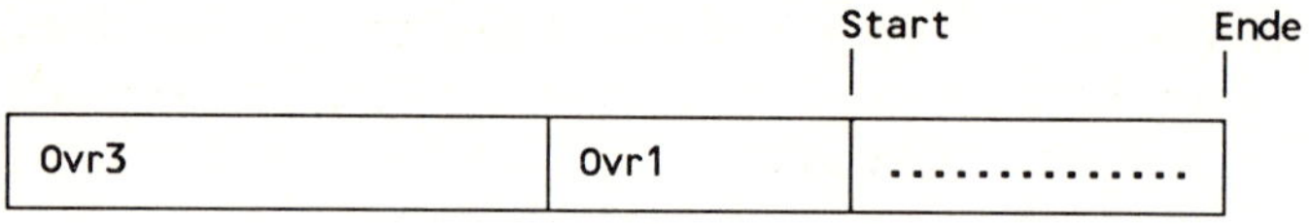

Turbo Pascal 5.0 verwendet immer diese Puffer-Organisation, während die Version 5.5 über weitere Kontroll-Mechanismen verfügt, so daß die Ausführungs-Geschwindigkeit eines Programmes weiter gesteigert werden kann. Lassen Sie mich das erklären (während meines einjährigen Versuchs, Architektur zu studieren, besuchte ich die Vorlesungen eines Professors, der diesen Satz äußerst liebte):

Units, die oft gebraucht werden, sollten nach Möglichkeit ständig im Overlay-Puffer gehalten werden, so daß ein unnötiges Nachladen von Diskette oder Festplatte entfällt. Ab Turbo Pascal 5.5 wird deshalb ein Bereich innerhalb des Overlay-Puffers definiert, der von der Overlay-Verwaltung ständig beobachtet wird (diesen Bereich wollen wir *Beobachtungs-Bereich* oder *-Zone* nennen). Er beginnt an der Stelle, bei der der freie Puffer-Bereich beginnt (*Start*); seine Größe kann mit der Prozedur *OvrSetRetry* festgelegt werden:

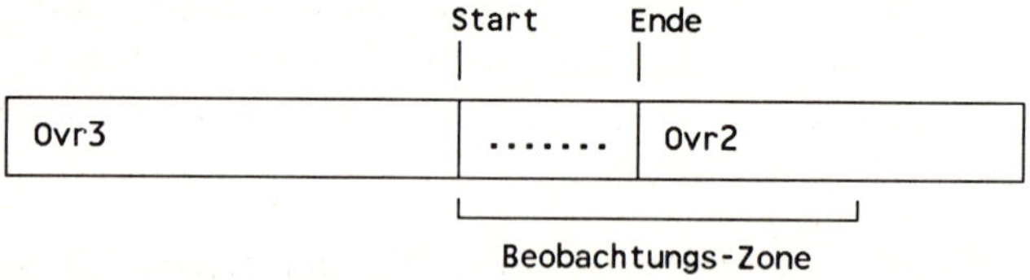

Unter gewissen Umständen ist es möglich, daß die Beobachtungs-Zone geteilt wird:

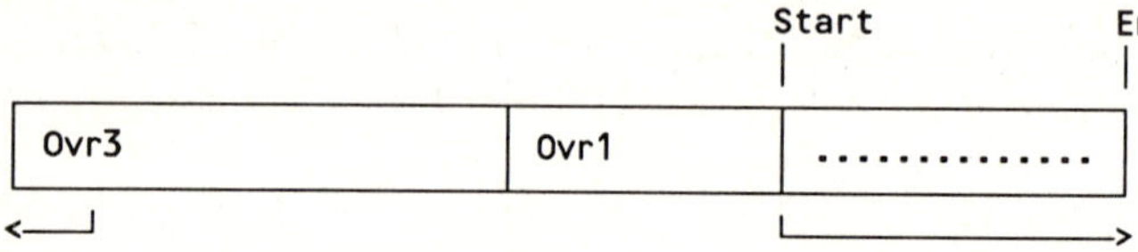

Die in die Beobachtungs-Zone fallenden Units werden nun von der Overlay-Verwaltung im Auge behalten (in den unmittelbar vorangehenden Abbildungen sind das die Units *Ovr2* und *Ovr3*), denn diesen Units droht die Gefahr, aus dem Puffer zu fallen, sobald eine Units geladen werden soll, die nicht im Puffer enthalten ist. Sobald nun aber eine Routinen aus einer beobachteten Unit aufgerufen wird, ordnet die Overlay-Verwaltung alle Units im Puffer so um, daß sie wieder als erste im Puffer steht (und somit nicht sofort aus dem Puffer gelöscht werden kann).

In der folgenden Abbildung wird die Unit *Ovr2* beobachtet. Durch einen beliebigen Aufruf einer Routine aus *Ovr2* ordnet die Overlay-Verwaltung die Reihenfolge der einzelnen Units um:

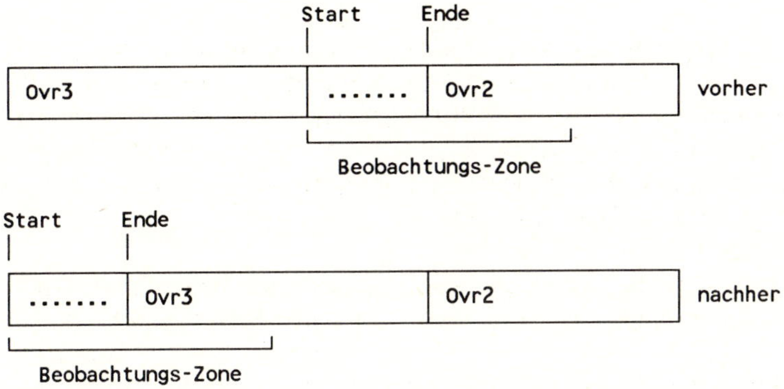

Zu Beginn eines Programmes beträgt die Beobachtungs-Zone 0 Bytes. Ihre optimale Größe kann nicht eindeutig angegeben werden, gute Resultate werden jedoch erzielt, wenn sie 1/3 bis 1/2 des gesamten Puffers umfaßt. Zu einer exakten Analyse jedoch können die beiden Variablen *OvrLoad-Count* und *OvrTrapCount* herangezogen werden (das optimale Laufzeitverhalten eines Programmes, das Overlays benützt, hängt weiter von der gesamten Overlay-Puffergröße ab und der Frage, ob wirklich alle Overlay-Units als solche eingesetzt werden müssen).

Zur Erinnerung: Die Prozedur *OvrSetRetry* ist nur dann sinnvoll einzusetzen, wenn der Overlay-Puffer mit Hilfe von *OvrSetBuf* so vergrößert wird, daß mindestens zwei Overlay-Units gleichzeitig darin Platz finden.

Beispiel
Folgendes Programm mit dem Dateinamen TEST.PAS (oder TEST.EXE) verwendet drei Overlay-Units und minimiert durch eine Vergrößerung des Overlay-Puffers die Plattenzugriffe.
Löschen Sie bitte auch versuchsweise die Programm-Zeilen *OvrSet-Buf(400);* und/oder *OvrSetRetry(OvrGetBuf DIV 2);* und beobachten Sie die Werte der beiden Variablen *OvrLoadCount* und *OvrTrapCount*.

```
PROGRAM OvrSetRetry_Test;
{$F+}
USES
  Overlay,Crt,Ovr1,Ovr2,Ovr3;

{$O Ovr1}
{$O Ovr2}
{$O Ovr3}
```

```
PROCEDURE Status;
VAR
  ch:CHAR;
BEGIN
  GotoXY(1,1);
  WriteLn('OvrLoadCount: ',OvrLoadCount,' (Ladevorgänge)');
  WriteLn('OvrTrapCount: ',OvrTrapCount,' (Überprüfte Aufrufe)');
  WriteLn;
  WriteLn(' Standard-Puffer: ',OvrHeapSize*16,' Bytes');
  WriteLn('Aktueller Puffer: ',OvrGetBuf, ' Bytes');
  WriteLn;
  Write('Abbruch mit jeder Taste ...');
  IF KeyPressed THEN BEGIN
    ch:=ReadKey;
    Halt
  END
END;

BEGIN
  ClrScr;
  OvrInit('TEST.OVR');  { => Programmname: TEST.EXE }
  IF OvrResult<>0 THEN BEGIN
    WriteLn('TEST.OVR nicht gefunden ...');
    Halt
  END;
  OvrSetBuf(400);                  { versuchsweise Ausklammern }
  OvrSetRetry(OvrGetBuf DIV 2);  { versuchsweise Ausklammern }
  REPEAT
    OvrNr1; Status;
    OvrNr2; Status;
    OvrNr2; Status;
    OvrNr3; Status;
    OvrNr2; Status
  UNTIL FALSE
END.
```

Folgende Overlay-Units werden von unserem Test-Programm benötigt:

```
UNIT Ovr1;
{$F+,O+}
INTERFACE
USES
  Crt;

  PROCEDURE OvrNr1;

IMPLEMENTATION

  PROCEDURE OvrNr1;
  BEGIN
    GotoXY(1,10);
    TextAttr:=112; Write('OvrNr1'#13);
```

```
      Delay(500);
      TextAttr:=7; Write('OvrNr1')
    END
  END.


  UNIT Ovr2;
  {$F+,O+}
  INTERFACE
  USES
    Crt;

    PROCEDURE OvrNr2;

  IMPLEMENTATION

    PROCEDURE OvrNr2;
    BEGIN
      GotoXY(1,11);
      TextAttr:=112; Write('OvrNr2'#13);
      Delay(400);
      TextAttr:=7; Write('OvrNr2');
      Delay(100)
    END
  END.


  UNIT Ovr3;
  {$F+,O+}
  INTERFACE
  USES
    Crt;

    PROCEDURE OvrNr3;

  IMPLEMENTATION

    PROCEDURE OvrNr3;
    BEGIN
      GotoXY(1,12);
      TextAttr:=112; Write('OvrNr3'#13);
      Delay(500);
      TextAttr:=7; Write('OvrNr3')
    END
  END.
```

Siehe auch

OvrLoadCount, OvrSetBuf, OvrTrapCount

OvrTrapCount

Overlay (nur Version 5.5)

Zweck
Zählt die Aufrufe der Units, die sich in der Beobachtungs-Zone befinden.

Struktur

```
VAR OvrTrapCount:WORD;
```

Bemerkung
OvrTrapCount ist in der Unit **Overlay** definiert.
Die Variable *OvrTrapCount* wird jedesmal um eins erhöht, wenn die Overlay-Verwaltung eine Overlay-Routine aufruft, die entweder zuerst in den Overlay-Puffer geladen werden muß oder sich in der Puffer-Beobachtungs-Zone befindet (der genaue Sachverhalt hierzu wird bei der Prozedur *OvrSetRetry* beschrieben).

Siehe auch
OvrSetRetry, OvrLoadCount

PACKED

Reserviertes Wort

Bemerkung
Das reservierte Wort PACKED zeigt unter Turbo Pascal keine Wirkung, es wurde lediglich aus Kompatibilitätsgründen übernommen.
Die Prozeduren *Pack* und *UnPack* wurden hingegen vom Standard-Pascal nicht übernommen.

PackTime

MS-DOS

Zweck
Wandelt Datum und Uhrzeit in eine kompakte Form um.

Struktur

```
PROCEDURE PackTime(VAR dt:DateTime; VAR pack:LONGINT);
```

Bemerkung
PackTime ist in der Unit **Dos** enthalten.
Der Parameter *dt*, der eine lesbare Form von Datum und Uhrzeit darstellt, wird in einer kompakte Form dem Parameter *pack* übergeben. Der hierzu notwendige Datentyp *DateTime* ist in der Unit **Dos** deklariert:

```
TYPE
  DateTime=RECORD
    year,month,     { Jahr: 1980..2099, Monat: 1..12 }
    day,hour,       { Tag: 1..31, Stunde: 0..23      }
    min,sec:WORD    { Minute und Sekunde: 0..59      }
  END;
```

Die Prozedur *PackTime* prüft nicht, ob der Parameter *dt* ein gültiges Datum enthält.

Siehe auch
GetFTime, GetTime, SetFTime, SetTime, UnpackTime

ParamCount

System

Zweck
Ermittelt die Anzahl der vorliegenden Parameter, angegeben beim Starten des Programmes.

Struktur

```
FUNCTION ParamCount:WORD;
```

Bemerkung
Einem Turbo Pascal-Programm können beim Start Parameter übergeben werden.
Tabulator- und Leerzeichen dienen als Seperatoren zwischen den einzelnen Parametern. Wenn keine Parameter vorliegen, liefert *ParamCount* den Wert 0.

Beispiel
Compilieren Sie dieses Programm in eine .EXE-Datei (siehe Anhang B) mit dem Namen TEST, und verlassen Sie Turbo Pascal. Geben Sie nach dem DOS-Prompt (z.B. *C>*) ein: TEST EINS ZWEI
Unser Programm wird ausgeben: Es liegen 2 Parameter vor.
(EINS und ZWEI sind Parameter, TEST ist der Programmname.)

```
PROGRAM ParamCount_Test;
BEGIN
  IF ParamCount<>0 THEN
    WriteLn('Es liegen ',ParamCount,' Parameter vor.')
  ELSE
    WriteLn('Keine Parameter vorliegend.')
END.
```

Wenn Sie dieses Programm von der Turbo Pascal-Entwicklungsumgebung aus starten (mittes *Run*) wollen, geben Sie bitte zuerst mit Hilfe des Menüpunktes *Options, Paramters* die beiden Parameter EINS ZWEI ein.

Siehe auch
ParamStr

ParamStr

System

Zweck
Stellt einen übergebenen Parameter als Zeichenkette zur Verfügung.

Struktur

```
FUNCTION ParamStr(i:WORD):STRING;
```

Bemerkung
Turbo Pascal-Programmen können beim Start Parameter übergeben werden (z.B. Dateinamen).
Die Funktion *ParamStr* übergibt einen Parameter als String. Der erste Parameter trägt die Nummer 1.
Ab der MS-DOS-Version 3.0 liefert *ParamStr(0);* den Programm-Namen (inkl. Dateierweiterung).

Beispiel
Erzeugen Sie eine .EXE-Datei (siehe Anhang B) mit dem Namen TEST, und verlassen Sie Turbo Pascal. Geben Sie nach dem DOS-Prompt (z.B. *C>*) folgendes ein: TEST HUND KATZE MAUS
Unser Programm erzeugt folgende Ausgabe: HUND KATZE MAUS

```
PROGRAM ParamStr_Test;
VAR
  i:INTEGER;
BEGIN
  IF ParamCount<>0 THEN
    FOR i:=1 TO ParamCount DO Write(ParamStr(i),' ')
  ELSE
    Write('Keine Parameter vorhanden.');
  WriteLn;
  IF ParamStr(0)='' THEN
    WriteLn('Sie arbeiten noch mit MS-DOS 1.xx oder 2.xx')
  ELSE
    WriteLn('Programm-Name: ',ParamStr(0))  { ab MS-DOS 3.0 }
END.
```

Innerhalb der Entwicklungsumbegung von Turbo Pascal ermöglicht der Menüpunkt *Options, Parameters* die Eingabe von Parametern.

Siehe auch
ParamCount

Pi

Arithmetik

Zweck
Entspricht der Kreiszahl.

Struktur

```
FUNCTION Pi:REAL;
```

Bemerkung
Pi wird beispielsweise bei trigonometrischen Berechnungen verwendet und bezeichnet den Wert 3.1415926536...
Die Genauigkeit von *Pi* ist bei eingesetztem mathematischen Coprozessor größer.

PieSlice

Graphik

Zweck
Zeichnet einen Kreissektor (Kuchenstück), der mit einem Muster gefüllt werden kann.

Struktur

```
PROCEDURE PieSlice(mx,my:INTEGER; start,ende,radius:WORD);
```

Bemerkung
Die Prozedur *PieSlice* ist in der Unit **Graph** verfügbar.
(mx,my) entspricht dem Kreismittelpunkt des zu zeichnenden Kreissektors. *start* und *ende* legen den Start- und den Endwinkel des Kreisbogens fest; sie sind beide in Grad anzugeben. *radius* bestimmt den Kreisradius. 90° bezeichnet einen Punkt, der sich senkrecht über dem Kreismittelpunkt befindet. Eine Vergrößerung des Winkels entspricht einer Drehung gegen den Uhrzeigersinn.
Damit ein Kuchenstück dargestellt wird, werden die beiden Endpunkte des Kreisbogens mit dem Kreismittelpunkt verbunden. Die dabei entstehende Fläche wird mit einem Muster gefüllt, das mit den beiden Prozeduren *SetFillStyle* und *SetFillPattern* verändert werden kann.
Bei der Prozedur *PieSlice* kann während des Ausfüllens ein Fehler mit dem Wert -6 auftreten (siehe *GraphResult*).
Für jeden Graphiktreiber und -modus ist ein Wert so bestimmt, daß *PieSlice(x,y,0,360,radius);* optisch als Kreis (und nicht als Ellipse) erscheint (siehe hierzu auch *GetAspectRatio*).

Siehe auch
Bar, Bar3D, Arc, Circle, Ellipse, SetFillPattern, SetFillStyle

POINTER

Datentyp

Zweck
Datentyp für beliebige Zeigerwerte.

Bemerkung
Ein Datentyp definiert die Beschaffenheit der Werte, die eine Variable annehmen kann; dieser kann in einem Programm nur ein Datentyp zugeordnet werden.
Der Datentyp POINTER bezeichnet einen untypisierten Zeiger (4 Bytes), d.h. er zeigt auf eine Variable beliebigen Typs. Ein Zeigerwert besteht aus einem Segment und einem Offset.

Beispiel
Folgendes Programm verwendet den Datentyp POINTER zur Speicherung eines Graphik-Bildes.

```
PROGRAM POINTER_Test;
USES
  Graph;
VAR
  p:POINTER;
  gr,mo,i:INTEGER;
  gross:WORD;
BEGIN
  gr:=Detect;
  InitGraph(gr,mo,'');
  Randomize;
  FOR i:=1 TO 200 DO
    LineTo(Random(GetMaxX),Random(GetMaxY));
  gross:=ImageSize(0,0,GetMaxX,GetMaxY);
  GetMem(p,gross);
  GetImage(0,0,GetMaxX,GetMaxY,p^);
  ClearDevice;
  Write('Weiter mit <RETURN> ...');
  ReadLn;
  PutImage(0,0,p^,NotPut);
  Write('Ende mit <RETURN> ...');
  ReadLn;
  CloseGraph
END.
```

Siehe auch
Addr, NIL, Ptr, TYPE

Port

System

Zweck
Ermöglicht das Ansprechen der Datenports.

Struktur

```
VAR
  Port:ARRAY OF BYTE;
```

Bemerkung
Der Mikroprozessor 80x86 oder 8088 steht mit vielen Teilen des Computers, die er steuert, in Verbindung. Er kommuniziert mit den verschiedenen ICs über die Input-/Output-Ports. Über die I/O-Ports findet der Datentransport zwischen CPU und beispielsweise Tastatur oder Drucker statt.
Jeder Port wird durch eine 16-Bit-Adresse zwischen 0 und 65'535 angesprochen, aus diesem Grund ist der Index des Port-Arrays vom Typ WORD.
Der Port-Array bezeichnet einen Speicherplatz, der Teil des I/O-Gerätes, nicht aber Teil des Hauptspeichers ist.
Jedes Element des Port-Arrays repräsentiert einen Datenport der 80x86 oder 8088 CPU.
Der Index entspricht den Datenportnummern.
Wenn einer Komponenten ein Wert zugewiesen wird, wird dieser an das genannte Port ausgegeben.
Bezieht sich ein Ausdruck auf eine Portkomponente, wird deren Wert vom genannten Port eingelesen.
Der Port-Array liest bzw. schreibt ein Byte.

Beispiel
Dieses Programm liest direkt aus dem Bildschirmspeicher. Da dies bei einem Farbmonitor meist zu einem Flimmern führt, wartet dieses Programm mit dem Lesen, bis der Elektronenstrahl des Bildschirmes sich im vertikalen Rücklauf befindet.
Dieses Programm zeigt nur bei einem Farbmonitor seine Wirkung, da der monochrome Bildschirm nicht flimmert.
Achtung: Wenn Sie einen Monochrom-Bildschirm betreiben, müssen Sie die absolute Adresse der Variablen *scr* auf $B000:0 ändern.

```
PROGRAM Port_Test;
VAR
  scr:ARRAY [1..25,1..80,1..2] OF BYTE ABSOLUTE $B800:0;
  x,y:BYTE;

  PROCEDURE Wait;
  BEGIN
    REPEAT UNTIL Port[$3DA] AND 9=9
  END;
```

```
BEGIN
  FOR x:=1 TO 80 DO BEGIN
    FOR y:=1 TO 25 DO BEGIN
      Wait;
      scr[y,x,2]:=scr[y,x,2] XOR 127
    END
  END
END.
```

Siehe auch
Mem, MemW, PortW

PortW

System

Zweck
Ermöglicht das Ansprechen des Datenports.

Struktur

```
VAR
  PortW:ARRAY OF WORD;
```

Bemerkung
PortW liest/schreibt ein Wort (entspricht zwei Bytes) vom/in den Datenport.

Siehe auch
Mem, MemW, Port

Pos

String

Zweck
Sucht in einer Zeichenfolge die Stelle einer Teil-Zeichenfolge.

Struktur

```
FUNCTION Pos(teil,haupt:STRING):BYTE;
```

Bemerkung
Die Funktion *Pos* sucht im String *haupt* den Teilstring *teil* und gibt die Position der gefundenen Stelle aus. Falls *teil* nicht in *haupt* enthalten ist, gibt *Pos* den Wert 0 zurück.

Pos kann dazu verwendet werden, unübersichtliche Tests lesbarer zu schreiben:

```
REPEAT ch:=UpCase(ReadKey) UNTIL (ch='J') OR (ch='N') OR (ch='Y');
REPEAT ch:=UpCase(ReadKey) UNTIL Pos(ch,'JNY')<>0;
```

Beispiel

```
Pos('in','Hinterhof')   = 2
Pos('hof','Hinterhof')  = 7
Pos('Haus','Hinterhof') = 0
```

Siehe auch
Concat, Copy, Delete, Insert, Length

Pred

Zweck
Ermittelt den Vorgänger eines skalaren Typs.

Struktur

```
FUNCTION Pred(x:skalar):skalar;
```

Bemerkung
Falls die Funktion *Pred* ausgeführt wird, obwohl kein Vorgänger existiert, erzeugt Turbo Pascal nur bei eigenen skalaren Typen (z.B. *TYPE farben=(rot,gruen, blau);*) eine Fehlermeldung (Compiler-Schalter **R** aktiv; siehe Anhang E).

Beispiel

```
Pred(3)   = 2
Pred('B') = 'A'

TYPE
  tier=(hund,katze,maus);

Pred(maus) = katze
```

Siehe auch
Chr, Ord, Succ

PrefixSeg

Systemvariable

Zweck
Enthält die Adresse des Programmvorspanns (Programmsegmentpräfix=PSP).

Struktur

```
VAR PrefixSeg:WORD;         { nur 4.0 }
CONST PrefixSeg:WORD=0;     { ab 5.0  }
```

Bemerkung
PrefixSeg ist in der Unit **Dos** enthalten.
Jedem Programm, gestartet unter MS-DOS, wird ein Bereich (Programmsegmentpräfix oder PSP genannt) von 256 Bytes vorangestellt, der als Kontrollblock dient und wichtige Informationen über das aktuelle Programm enthält. Im PSP sind beispielsweise folgende Daten zu finden:

- Parameter, die bei Start des Programmes übergeben worden sind (Offset $80, 128 Bytes, wobei das erste Byte die Stringlänge enthält)
- Verfügbarer Arbeitsspeicher in Parametern, wobei ein Parameter 16 Bytes entspricht (Offset $02, 2 Bytes)

Genauere Informationen hierzu erhalten Sie in einem Handbuch über MS-DOS.

Beispiel
Folgendes Programm liest direkt im PSP die übergebenen Parameter.

```
PROGRAM PrefixSeg_Test;
USES
  Dos;
VAR
  param:STRING[128];
BEGIN
  Move(Mem[PrefixSeg:$80],param,128);
  WriteLn('Übergebene Parameter sind: ',param)
END.
```

Siehe auch
CSeg, DSeg, SSeg

Printer

Unit

Zweck
Erleichtert die Druckerausgabe.

Bemerkung
Falls die Unit **Printer** in den Programmcode eingebunden wird, steht folgende Textdatei zur Verfügung:

```
VAR
  LST:TEXT;
```

LST ist dem parallelen Ausgang LPT1: zugeordnet. Beim Einbinden von **Printer** wird LST selbständig geöffnet und beim Programmende wieder geschlossen.
Folgende Anweisung schickt Daten zum Drucker:

```
Write(LST,'Druckerausgabe ...');
```

Siehe auch
LST, Crt, Dos, Graph, Graph3, Overlay, System, Turbo3

PROCEDURE

Reserviertes Wort

Zweck
Ermöglicht das Schreiben von Prozeduren (Unterprogrammen).

Bemerkung
Mit einer Prozedur-Vereinbarung wird eine vom Benutzer definierte Prozedur vereinbart. Sie wird im Programm mit ihrem Namen aufgerufen. Die Prozedur kann in dem Block verwendet werden, in dessen Deklarationsteil sie definiert wurde.
Eine Prozedur kann sich selbst aufrufen (Rekursion).
Prozeduren, die im selben Deklarationsteil definiert worden sind, können sich gegenseitig aufrufen (siehe auch FORWARD).
Variablen, Label, Konstanten, Prozeduren und Funktionen, die im Deklarationsteil einer Prozedur definiert wurden, sind lokal, d.h. in der höheren Blockebene sind sie alle unbekannt.
Der Prozedurkopf besteht aus dem reservierten Wort PROCEDURE, dem Prozedurnamen und einer optionalen Parameterliste. Jeder einzelne Parameter muß eine Typangabe enthalten, mehrere Parameter werden durch einen Strichpunkt getrennt:

```
PROCEDURE test(ein:INTEGER; VAR ok:BOOLEAN);
```

Die Parameter enthalten Werte, die von der Prozedur verarbeitet werden sollen oder ihr gewisse Zustände bekanntgeben.
Bei der Typangabe der Parameter muß darauf geachtet werden, daß der Typ nur mit einem Namen bezeichnet wird. So ist beispielsweise folgende Typ-Angabe nicht zugelassen:

```
PROCEDURE mult(VAR a,b:ARRAY [0..4] OF REAL);   { falsch! }
```

Erst durch die folgende Typendeklaration wird die Übergabe des gewünschten Datentyps möglich:

```
TYPE
  feld=ARRAY [0..4] OF REAL;

  PROCEDURE mult(VAR a,b:feld);
  BEGIN
  END;
```

Bitte beachten Sie, daß auch der Datentyp STRING nicht als Typ in einer Parameterliste aufgeführt werden darf, wenn ihm eine Längenangabe folgt:

```
PROCEDURE upper(VAR wort:STRING[255]);  { Falsch! }
PROCEDURE upper(VAR wort:STRING);       { Richtig }
```

In Turbo Pascal existieren drei verschiedene Parametertypen:

- Wertparameter
- Variablenparameter
- Untypisierte Variablenparameter

Wertparameter dienen der bloßen Eingabe. Sie übernehmen vom Aufrufsort Zahlen oder den Inhalt von Konstanten oder Variablen. Wird der Inhalt des Wertparameters innerhalb der Prozedur verändert, hat dies auf die Außenwelt keinen Einfluß:

```
PROCEDURE Beep(anzahl:INTEGER);
```

Obwohl *anzahl* als INTEGER definiert ist, besteht die Möglichkeit, der Prozedur *Beep* Werte mit anderen Typen zu übergeben (z.B. BYTE, WORD, LONGINT).

Variablenparameter hingegen dienen der Ein- und Ausgabe. Vor dem Namen des Parameters wird das reservierte Wort VAR geschrieben. Mit ihrer Hilfe können Ergebnisse der Prozedur der Außenwelt bekanntgegeben werden. Aus diesem Grund muß beim Prozeduraufruf immer eine Variable übergeben werden:

```
PROCEDURE ReadUpper(VAR ch:CHAR);
```

Untypisierte Variablenparameter ermöglichen es, typenlose Werte entgegenzunehmen. Vor dem Namen des Parameters muß das reservierte Wort VAR stehen, der Parametertyp aber wird einfach weggelassen. Diese Parameter dienen ebenfalls der Ein- und Ausgabe:

```
PROCEDURE Upper(VAR wort);
```

Auf einen untypisierten Variablenparameter kann nicht unmittelbar zugegriffen werden. Um dies zu ermöglichen, muß eine Variable deklariert werden, die den selben Speicherplatz wie der untypisierte Variablenparameter einnimmt (siehe ABSOLUTE). Ebenso besteht die Möglichkeit, mit der Prozedur *Move* die einzelnen Bytes des untypisierten Variablenparameters in eine bereitgestellte Variable zu kopieren.
Parameter können innerhalb der Prozedur wie Variablen gehandhabt werden.

Ab Version 5.0: Turbo Pascal erlaubt ab der Version 5.0, Prozeduren und Funktionen als Datentypen zu verwenden. Bei der Deklaration eines Prozedurtyps (oder auch prozeduralen Datentyps) wird die Anzahl der Parameter und deren Datentypen festgelegt, bei Funktionen zusätzlich der Typ des Ergebnisses:

```
USES
  Crt;  { für <Sound>, <Delay> und <NoSound> }
TYPE
  Klingel=PROCEDURE;
  Rechne=FUNCTION(verh:BOOLEAN; kinder:BYTE):REAL;
  InitWin=PROCEDURE(tit:STRING; VAR ok:BOOLEAN; fehler:Klingel);
VAR
  Hurra,Oje:Klingel;
  Lohn:Rechne;
  SchreibWert:PROCEDURE(r:REAL);
  GraphInstall:InitWin;
  Potpourri:ARRAY [1..7] OF Klingel;
  Lohnklassen:ARRAY [1..20] OF Rechne;
  Quirl:RECORD
    musik:Klingel;
    kosten:Rechne
  END;
  .
  .
```

Der Variablen *Hurra* beispielsweise kann nun eine parameterlose Prozedur zugeordnet werden, da sie vom Datentyp *Klingel* ist. *Lohn* hingegen erwartet bei der Zuordnung eine Funktion, die dem Datentyp *Rechne* entspricht:

```
  .
  .
{$F+}
 PROCEDURE Sound1;
 BEGIN
   Sound(440);
   Delay(200);
   Sound(880);
   Delay(200);
   NoSound
 END;

 PROCEDURE Sound2;
 VAR
   i:INTEGER;
 BEGIN
   FOR i:=22 TO 44 DO BEGIN
     Sound(i*10);
     Delay(20)
   END;
   NoSound
 END;

 FUNCTION Mann(verheiratet:BOOLEAN; anzkind:BYTE):REAL;
 VAR
   temp:REAL;
 BEGIN
   temp:=1500.0;
   IF verheiratet THEN temp:=2*temp;
   Mann:=temp+250.0*anzkind;
 END;

 FUNCTION Frau(verheiratet:BOOLEAN; anzkind:BYTE):REAL;
 VAR
   temp:REAL;
 BEGIN
   temp:=1500.0;
   IF verheiratet THEN BEGIN
     temp:=2*temp;
     Frau:=temp+250.0*anzkind
   END ELSE
     Frau:=temp+450.0*anzkind
 END;
{$F-}
```

```
BEGIN
  Lohn:=Mann;  { Zuweisung ohne Parameterangabe }
  WriteLn('Lohn: ',Lohn(TRUE,3):1:2,' sFr.');
  Hurra:=Sound1;
  Hurra;  { führt nun die Prozedur <Sound1> aus }
  Lohn:=Frau;
  WriteLn('Lohn: ',Lohn(FALSE,5):1:2,' sFr.');
  Hurra:=Sound2;
  Hurra;  { führt nun die Prozedur <Sound2> aus }
END.
```

Die beiden Variablen *Lohn* und *Hurra* führen nun die ihnen zugewiesenen Routinen aus. Bitte beachten Sie, daß bei der Zuordnung die Parameterliste nicht angegeben wird.

Nur nebenbei: Die angegebenen Parameter-Namen (bei uns also *r*, *verh*, *kinder*, *tit*, *ok* und *fehler*) müssen nicht mit den wirklich verwendeten übereinstimmen (wie bei *Mann* und *Frau* demonstriert). Sie dienen lediglich der besseren Verständlichkeit und können als Platzhalter angesehen werden.

Der Prozedurtyp *InitWin* führt neben den beiden "gewöhnlichen" Datentypen STRING und BOOLEAN außerdem den Prozedurtyp *Klingel* in seiner Parameterliste auf; wie Sie sehen, sind Verschachtelungen ohne weiteres möglich.

Die Variablen *Potpourri* und *Lohnklassen* sind als ARRAY mit den Typen *Klingel* bzw. *Rechne* definiert; der RECORD *Quirl* wiederum enthält Felder mit prozeduralen Typen. Folgende Anweisungen führen einige Routinen mit Hilfe der Variablen *Potpourri*, *Lohnklassen* und *Quirl* aus:

```
PotPourri[1]:=Sound2;
PotPourri[1];              { führt <Sound2> aus        }

Lohnklassen[3]:=Frau;
Lohnklassen[3](FALSE,5);   { Führt <Frau(FALSE,5)> aus }

Quirl.Kosten:=Mann;
Quirl.Kosten(TRUE,3);      { Führt <Mann(TRUE,3)> aus  }
```

Achtung: Wenn Sie einer Prozedur-Variablen keine Routine zuordnen (nicht initialisieren), wird Ihr Computer-System mit großer Wahrscheinlichkeit abstürzen, wenn Sie die Prozedur-Variable wie eine gewöhliche Prozedur oder Funktion aufführen:

```
VAR
  fkt:FUNCTION:INTEGER;
  proc:PROCEDURE;
  i:INTEGER;
BEGIN
  proc;   { <proc> und <fkt> sind nicht initialisert, deshalb ...    }
```

```
  i:=fkt  { ... werden diese Zeilen einen Systemabsturz herbeiführen }
END;
```

Folgende Punkte sind im Zusammenhang mit Prozedurtypen zu beachten:

- Prozeduren und Funktionen, die Prozedur-Variablen zugeordnet werden sollen, sind immer als *far* zu definieren (Compiler-Befehl **F**, siehe Anhang E)
- INLINE-Routinen dürfen nicht Prozedur-Variablen übergeben werden, da diese nicht wirklich aufgerufen werden, sondern direkt als Programm-Code an der Aufrufstelle eingebunden werden.
- Aufgrund des speziellen Rücksprung-Befehls einer INTERRUPT-Routine ist es nicht erlaubt, diese einer Prozedur-Variablen zuzuordnen.
- Alle Routinen der Unit **System** können nicht direkt Prozedur-Variablen übergeben werden, da sie entweder wie INLINE-Prozeduren direkt als Code eingefügt werden (z.B. *Dec* oder *Sin*) oder eine unbestimmte Anzahl Parameter erlauben (z.B. *Write* oder *Read*). Diese Einschränkung läßt sich aber leicht umgehen, wenn Sie die zu verwendende Routine in einer eigenen Routine aufrufen:

```
FUNCTION Sin(x:REAL):REAL;
BEGIN
  Sin:=System.Sin(x)
END;

PROCEDURE ReadStr(VAR s:STRING);
BEGIN
  ReadLn(s)
END;
```

Für die etwas weiter unten aufgeführten Erläuterungen wollen wir folgende Deklarationen verwenden:

```
USES
  Crt;
VAR
  fkt:FUNCTION:INTEGER;

  FUNCTION Wurf:INTEGER;
  BEGIN
    Wurf:=Random(6)+1
  END;

BEGIN
  .
  .
```

Das Arbeiten mit prozeduralen Parametern innerhalb von Anweisungen erfordert (wie bereits beschrieben) folgende Schreibweisen:

fkt:=Wurf	Ordnet der Variablen *fkt* die Funktion *Wurf* zu
@fkt:=NIL	Ordnet der Variablen *fkt* einen Zeigerwert zu
Seg(fkt)	Berechnet die Segment-Adresse von *Wurf* (wenn vorher *fkt:=Wurf;* erfolgt ist)
Seg(Wurf)	Berechnet die Segment-Adresse von *Wurf*
Seg(@fkt)	Berechnet die Segment-Adresse der Variablen *fkt* (die sich innerhalb des Datensegments befindet, siehe auch *DSeg*)

Bei **Vergleichen** sind unter Turbo Pascal folgende Schreibweisen definiert:

fkt=Wurf	Vergleich zweier Funktionswerte; TRUE, wenn die der Variablen *fkt* zugeordnete Funktion und *Wurf* dieselben Funktionsergebnisse liefern (dieser Vergleich ist zwischen zwei Prozeduren nicht erlaubt)
@fkt=@Wurf	Vergleich zweier Funktionsnamen; TRUE, wenn der Prozedur-Variablen *fkt* die Funktion *Wurf* zugeordnet worden ist
@@fkt=NIL	Vergleich zweier Zeigerwerte; TRUE, wenn *fkt* auf die Speicheradresse 0000:0000 zeigt (die Form *@@fkt* ist nur bei Vergleichen erlaubt)

Beispiel

Dieses Programm zeigt verschiedene Prozedur-Definitionen.

```
PROGRAM PROCEDURE_Test1;
USES
  Crt;

  PROCEDURE ReadEsc;
    { Prozedur ohne Parameter. }
  VAR
    ch:CHAR;
  BEGIN
    Write('Drücken Sie <ESC> ...');
    REPEAT
      ch:=ReadKey;
      IF KeyPressed THEN
        ch:=ReadKey
    UNTIL ch=#27
  END;
```

```
  PROCEDURE Beep(anzahl:INTEGER);
    { Der Parameter <anzahl> ist eine typische Eingangsgröße. }
  VAR
    i:INTEGER;
  BEGIN
    FOR i:=1 TO anzahl DO BEGIN
      Sound(440);
      Delay(100);
      NoSound;
      Delay(100)
    END
  END;

  PROCEDURE ReadJaNein(VAR ch:CHAR);
    { Der Parameter <ch> ist hier Ausgangsgröße, d.h. sein    }
    { Wert wird am Ende der Prozedur der Außenwelt übergeben. }
  BEGIN
    REPEAT
      ch:=ReadKey;
      ch:=UpCase(ch)
    UNTIL Pos(ch,'JN')<>0;
    Write(ch)
  END;

  PROCEDURE Upper(VAR wort);
    { <wort> ist ein untypisierter Parameter. Hier soll ein   }
    { String übergeben werden. Die Variable <zeile> wird an   }
    { der gleichen Speicheradresse wie <wort> plaziert. Dies  }
    { erlaubt ein komfortables Verändern.                     }
  VAR
    i:INTEGER;
    zeile:STRING[255] ABSOLUTE wort;
  BEGIN
    FOR i:=1 TO Length(zeile) DO
      zeile[i]:=UpCase(zeile[i])
  END;

VAR
  i:INTEGER;
  ch:CHAR;
  name:STRING[14];
BEGIN
  Write('Es ist ein Fehler aufgetreten! ');
  ReadEsc;
  WriteLn;
  Write('Wollen Sie etwas Musik (J/N)?');
  ReadJaNein(ch);
  IF ch='J' THEN Beep(4);
  WriteLn;
  Write('Bitte gehen Sie Ihren Namen ein: ');
  ReadLn(name);
  Upper(name);
```

```
  WriteLn(name,', Sie haben aber einen schönen Namen!')
END.
```

Folgendes Programm zeichnet eine Sinus- und eine Cosinus-Kurve unter Verwendung von Prozedur-Datentypen. Bitte beachten Sie, daß dieses Programm erst ab der Version 5.0 ausführbar ist.

```
PROGRAM PROCEDURE_Test2;  { erst ab 5.0 }
USES
  Graph;
TYPE
  fkt=FUNCTION(x:INTEGER):REAL;
VAR
  gr,mo:INTEGER;

{$F+}
  FUNCTION Sin(i:INTEGER):REAL;
  BEGIN
    Sin:=-System.Sin(pi*i/180)
  END;

  FUNCTION Cos(i:INTEGER):REAL;
  BEGIN
    Cos:=-System.Cos(pi*i/180)
  END;

  FUNCTION SinMalCos(i:INTEGER):REAL;
  BEGIN
    SinMalCos:=Sin(i)*Cos(i)
  END;
{$F-}

  PROCEDURE ZeichneGraphik(plot:fkt);
  VAR
    x,y,mx,my:INTEGER;
  BEGIN
    mx:=GetMaxX DIV 2;
    my:=GetMaxY DIV 2;
    SetViewPort(mx,my,mx,my,FALSE);   { Setzt Bildschirm-Mitte als Ursprung }
    Line(0,-my,0,my);           { Achsenkreuz ... }
    Line(-mx,0,mx,0);           { ... zeichnen    }
    y:=Round(plot(-360)*my);  { führt nun <Sin>, <Cos> oder <SinMalCos> aus }
    MoveTo(x,y);
    FOR x:=-mx TO mx DO BEGIN
      PutPixel(x,Round(plot(x)*my),GetMaxColor);
    END
  END;

BEGIN
  gr:=Detect;
  InitGraph(gr,mo,'');
  ZeichneGraphik(Sin);
```

```
    ZeichneGraphik(Cos);
    ZeichneGraphik(SinMalCos);
    ReadLn;
    CloseGraph
  END.
```

Siehe auch
FORWARD, FUNCTION, EXTERNAL, OVERLAY, PROGRAM

PROGRAM

Reserviertes Wort

Zweck
Kopf eines Programmes.

Bemerkung
In Turbo Pascal ist der Programmkopf nicht obligatorisch. Falls er vorhanden ist, gibt er dem Programm einen Namen, dem wiederum fakultativ eine Liste aller Geräte und Dateien folgt, mit denen das Programm kommuniziert:

```
PROGRAM test;
PROGRAM test(INPUT, OUTPUT);
```

Ein Pascal-Programm besteht aus folgenden Teilen:

- Programmkopf
- USES-Anweisung
- Deklarationsteil
- Anweisungsteil

Die **USES-Anweisung** bindet Units ein, die Routinen enthalten und die Möglichkeiten des Programmierers erweitern (siehe hierzu *Crt*, *Dos*, *Graph*, *Graph3*, *Printer*, *Turbo3* und *System*).

Im **Deklarationsteil** werden alle später verwendeten Bezeichner definiert. Er ist in fünf verschiedene Abschnitte unterteilt:

- Label-Deklarationen
- Konstanten-Deklarationen
- Typen-Deklarationen
- Variablen-Deklarationen
- Prozeduren- und Funktionen-Deklarationen

Standard-Pascal schreibt vor, daß jeder Abschnitt nicht oder nur einmal vorkommen darf, wobei obige Reihenfolge eingehalten werden muß. Bei Turbo Pascal kann jeder Abschnitt beliebig oft erscheinen und in jeder Reihenfolge geschrieben werden.

Im **Anweisungsteil** werden die auszuführenden Aktionen spezifiziert. Er beginnt mit dem reservierten Wort BEGIN und endet mit END., dazwischen befinden sich die einzelnen Anweisungen, die mit einem Strichpunkt (;) voneinander getrennt werden müssen.

Beispiel
Dieses Programm zeigt alle wichtigen Elemente eines Pascal-Programmes. Alle Aktionen sind als Prozeduren oder Funktionen geschrieben, wodurch das Hauptprogramm sehr kurz und verständlich bleibt.

```
PROGRAM Test;
USES
  Crt,Printer;
CONST
  ersteszeichen='A';
  letzteszeichen='Z';
  zeilenbreite=50;
  seitenlaenge=2000;
TYPE
  groesse=ARRAY [1..seitenlaenge] OF CHAR;
VAR
  w,x,y,z:INTEGER;
  seite:groesse;

  FUNCTION next(ch:CHAR):CHAR;
  BEGIN
    IF ch IN [ersteszeichen..Pred(letzteszeichen)] THEN
      next:=Succ(ch)
    ELSE
      next:=ersteszeichen
  END;

  PROCEDURE erhoehe;
  VAR
    i:INTEGER;
    erledigt:BOOLEAN;
  BEGIN
    i:=0;
    REPEAT
      erledigt:=TRUE;
      i:=Succ(i);
      seite[i]:=next(seite[i]);
      IF seite[i]=ersteszeichen THEN
        IF i<seitenlaenge THEN
          erledigt:=FALSE
```

```
    UNTIL erledigt
  END;

  PROCEDURE ausgabe;
  VAR
    i:INTEGER;
  BEGIN
    FOR i:=1 TO seitenlaenge DO BEGIN
      Write(LST,seite[i]);
      IF i MOD zeilenbreite=0 THEN BEGIN
        WriteLn(LST);
        IF KeyPressed THEN BEGIN
          Write(LST,#12);
          Halt
        END
      END
    END;
    Write(LST,#12)
  END;

  FUNCTION ende:BOOLEAN;
  VAR
    i:INTEGER;
    aus:BOOLEAN;
  BEGIN
    aus:=FALSE;
    ende:=TRUE;
    i:=0;
    REPEAT
      i:=Succ(i);
      IF i>seitenlaenge THEN Exit;
      IF seite[i]<>ersteszeichen THEN
        aus:=TRUE;
    UNTIL aus;
    ende:=FALSE
  END;

BEGIN
  ClrScr;
  WriteLn('Buch-Seiten-Generator');
  WriteLn;
  Write('Ende mit jeder Taste ...');
  FillChar(seite,SizeOf(seite),ersteszeichen);
  REPEAT
    ausgabe;
    erhoehe
  UNTIL ende
END.
```

Nehmen Sie es mir bitte nicht übel, wenn sich Ihr Computer etwas länger mit der Ausführung dieses Programmes beschäftigt. Ich habe bei meinen Berechnungen folgende Werte ermittelt:

Ausführungszeit (Druckerauswurf: 10 Seiten/Minute)

- in Jahren: $1.7*10^{2823}$

Papierverbrauch

- Anzahl Blätter: $26^{2000} = 8.8*10^{2829}$
- Höhe des Stapels (in Km): $8.8*10^{2822}$

Diese Werte können sich in der Zukunft (mit leistungsfähigeren Computern) etwas verbessern.
Diesen etwas nachteilig erscheinenden Werten steht die Erzeugung aller bereits geschriebenen und noch zu schreibenden Buchseiten entgegen. Daraus lassen sich zusammensetzen:

a) Bücher in allen Sprachen (das werden sich die Übersetzer kaum gefallen lassen).
b) Bücher in allen Stilrichtungen (stellen Sie sich doch vor: Niklaus Wirth in der Sprache von Max Frisch).
c) Alle unbekannten wissenschaftlichen Untersuchungen werden genaustens beschrieben (inklusiv ein Bericht, der Verbesserungsvorschläge zu diesem Programm unterbreitet).

Es würde mich freuen, wenn Sie dieses Programm wesentlich verbessern könnten.

Siehe auch
CONST, FUNCTION, LABEL, PROCEDURE, TYPE, VAR

Ptr

System

Zweck
Weist einer Zeigervariablen einen bestimmten Zeigerwert zu.

Struktur

```
FUNCTION Ptr(segment,offset:WORD):POINTER;
```

Bemerkung
Die Funktion *Ptr* ermöglicht es, einer Zeigervariablen einen bestimmten Zeigerwert zuzuweisen.

Der Zeigerwert ist eine 32-Bit-Adresse und besteht aus einem Segment und einem Offset.

Beispiel
Dieses Programm legt die Zeigervariable *s* auf den Bildschirmspeicher.
Achtung: Bei einem Monochrom-Bildschirm muß die Segmentadresse $B800 auf $B000 abgeändert werden!

```
PROGRAM Ptr_Test;
TYPE
  screen=ARRAY [1..2000] OF INTEGER;
VAR
  s:^screen;
BEGIN
  s:=Ptr($B800,0);  { bei Monochrom-Bildschirm: $B000 }
  FillChar(s,4000,8)
END.
```

Siehe auch
Ofs, Seg

PutImage

Graphik

Zweck
Schreibt den Inhalt eines Puffers, der Daten eines Bildes enthält, in den Bildschirmspeicher.

Struktur

```
PROCEDURE PutImage(x,y:INTEGER; VAR puffer; art:WORD);
```

Bemerkung
PutImage ist in der Unit **Graph** verfügbar.
Die Daten der Variablen *puffer* werden so in den Bildschirm geschrieben, daß der Punkt *(x,y)* der linken oberen Ecke des kopierten Bildes entspricht. Bitte beachten Sie, daß das Bild nicht in den Bildspeicher kopiert wird, wenn der Punkt *(x,y)* außerhalb der gültigen Fenstergrenzen liegt.
Mit *PutImage* ist es nur möglich, rechteckige Bildausschnitte zu kopieren; jedoch ermöglicht es der Parameter *art*, verschiedene Verknüpfungen mit dem Inhalt von *puffer* und dem aktuellen Bildausschnitt zu erzwingen. Hierzu können die vordefinierten Konstanten in der Unit **Graph** verwendet werden:

NormalPut	=0; Der Inhalt von *puffer* überschreibt den entsprechenden Bildschirm
CopyPut	=0; Der Inhalt von *puffer* überschreibt den entsprechenden Bildschirm (ab Version 5.0)
XorPut	=1; Ein Bildpunkt wird genau dann gesetzt, wenn entweder der aktuelle Bildschirmpunkt oder der Punkt in der Variablen *puffer* gesetzt ist
OrPut	=2; Ein Bildpunkt wird dann gesetzt, wenn der aktuelle Bildschirmpunkt und/oder der Punkt in der Variablen *puffer* gesetzt ist
AndPut	=3; Ein Bildpunkt wird nur dann gesetzt, wenn beide entsprechenden Punkte (aktueller Bildschirmpunkt und *puffer*-Punkt) gesetzt sind
NotPut	=4; Der Inhalt von *puffer* überschreibt den entsprechenden Bildschirmausschnitt mit invertierten Werten

Soll beispielsweise eine Kreisfläche mit *PutImage* in den Bildschirm kopiert werden, ohne daß die Bildfläche außerhalb des Kreises überschrieben werden soll, müssen zwei Bilder in den aktuellen Bildschirm kopiert werden. Beim ersten sind all jene Punkte zu setzen, die nicht verändert werden sollen (Umgebung retten); es wird mit *PutImage(...,AndPut);* in den Bildschirm geschrieben. Das zweite Bild enthält die eigentliche Zeichnung und wird mit *PutImage(...,OrPut);* oder *PutImage(...,XorPut);* in den Bildschirmspeicher kopiert (siehe Beispiel).

Beispiel
Folgendes Programm nützt verschiedene Verknüpfungen aus und zeichnet zwei ständig wachsende Röhren.

```
PROGRAM PutImage_Test;
USES
  Graph,Crt;
Const
  e=2;
VAR
  gr,mo:INTEGER;
  b1,b2:POINTER;
  gross:WORD;
  i,k,l:INTEGER;
  x,y,dx,dy:ARRAY [1..2] OF INTEGER;
BEGIN
  gr:=Detect;
  InitGraph(gr,mo,'');
  gross:=ImageSize(29,19,71,81);
  GetMem(b1,gross);
  GetMem(b2,gross);
```

```
  Ellipse(50,50,0,360,20,30);
  Ellipse(50,50,0,360,10,15);
  GetImage(29,19,71,81,b1^);
  PutImage(29,119,b1^,NotPut);   { Invertiertes Bild              }
  SetFillStyle(0,0);
  FloodFill(35,150,0);           { Siehe Bemerkung bei FloodFill }
  GetImage(29,19,71,81,b1^);     { Eigentliches Bild              }
  GetImage(29,119,71,181,b2^);   { Bild, das die Umgebung rettet }
    { Fügen Sie hier ReadLn; ein, wenn Sie die beiden Bilder ... }
    { ... sehen wollen. Das Programm kann mit <RETURN> wie-  ... }
    { ... der fortgesetzt werden.                                }
  ClearDevice;
  Randomize;
  x[1]:=Random(GetMaxX-40);
  y[1]:=Random(GetMaxY-60);
  x[2]:=x[1];
  y[2]:=y[1];
  dx[1]:=e; if Random(2)=1 THEN dx[1]:=-e;
  dy[1]:=e; if Random(2)=1 THEN dy[1]:=-e;
  dx[2]:=-dx[1];
  dy[2]:=dy[1];
  REPEAT
    l:=Succ(Random(10))*10;
    FOR i:=1 TO l DO BEGIN
      FOR k:=1 TO 2 DO BEGIN
        IF (x[k]>0) AND (y[k]>0) AND (x[k]<GetMaxX-40)
          AND (y[k]<GetMaxY-60) THEN BEGIN
          PutImage(x[k],y[k],b2^,AndPut);       { Rettet Umgebung }
          PutImage(x[k],y[k],b1^,OrPut) END
        ELSE BEGIN
          IF x[k]<=0 THEN dx[k]:=e;
          IF x[k]>=GetMaxX-40 THEN dx[k]:=-e;
          IF y[k]<=0 THEN dy[k]:=e;
          IF y[k]>=GetMaxY-60 THEN dy[k]:=-e
        END;
        IF KeyPressed THEN BEGIN
          TextMode(LastMode);
          FreeMem(b1,gross);
          FreeMem(b2,gross);
          Halt
        END;
        Inc(x[k],dx[k]);
        Inc(y[k],dy[k])
      END
    END;
    FOR k:=1 TO 2 DO BEGIN
      IF Random(2)=0 THEN
        dx[k]:=-dx[k]
      ELSE IF Random(2)=0 THEN
        dy[k]:=-dy[k]
    END;
  UNTIL FALSE
END.
```

Siehe auch
GetImage, GetPixel, PutPixel

PutPixel

Graphik

Zweck
Setzt einen Bildschirm-Punkt in beliebiger Farbe.

Struktur

```
PROCEDURE PutPixel(x,y:INTEGER; farbe:WORD);
```

Bemerkung
PutPixel ist in der Unit **Graph** verfügbar.
Mit *PutPixel* wird es möglich, an der Stelle *(x,y)* im Graphikbildschirm einen einzelnen Punkt zu setzen oder zu löschen. Die Zeichenfarbe wird mit dem Parameter *farbe* festgelegt.

Beispiel
Folgendes Programm zeigt mit Hilfe von Graphik die Arbeitsweise des nicht ganz einfach zu verstehenden Quick-Sorts. Jeder Graphik-Punkt stellt eine zu sortierende Zahl dar. Die X-Koordinate entspricht dem eigentlichen Zahlenwert, die Y-Koordinate der Position innerhalb des Arrays (der Punkt (5,14) sagt uns also, das sich der Zahlenwert 5 an der 14. Stelle innerhalb des Arrays befindet).
Die Prozedur *sort* wird rekursiv aufgerufen; deshalb könnte ein Laufzeitfehler auftreten, wenn der Stack überfüllt würde (siehe auch Compiler-Befehl **M** im Anhang E).

```
PROGRAM PutPixel_Test;

{$M 64000,0,0 }

USES
  Crt,Graph;
CONST
  max=6400;  { Anzahl Punkte        }
  f=5;       { Verkleinerungsfaktor }
TYPE
  feld=ARRAY [1..max] OF INTEGER;

  PROCEDURE qsort(VAR a:feld; max:INTEGER);
    PROCEDURE sort(li,re:INTEGER);
    VAR
      i,j,wert,hilf:INTEGER;
```

```
    BEGIN
      i:=li;
      j:=re;
      wert:=a[(li+re) DIV 2];
      REPEAT
        WHILE a[i]<wert DO Inc(i);
        WHILE a[j]>wert DO Dec(j);
        IF i<=j THEN BEGIN
          PutPixel(i SHR f,a[i] SHR f,0);
          PutPixel(j SHR f,a[j] SHR f,0);
          hilf:=a[i];
          a[i]:=a[j];
          a[j]:=hilf;
          PutPixel(i SHR f,a[i] SHR f,1);
          PutPixel(j SHR f,a[j] SHR f,1);
          Inc(i);
          Dec(j)
        end
      UNTIL i>j;
      IF li<j THEN sort(li,j);
      IF i<re THEN sort(i,re)
    END;
  BEGIN
    sort(1,max)
  END;

VAR
  a:feld;
  hilf,
  i,i2,
  gr,mo:INTEGER;
  ch:CHAR;
BEGIN
  gr:=Detect;
  InitGraph(gr,mo,'');
  DirectVideo:=FALSE;
  Randomize;
  GotoXY(60,1); WriteLn('Erzeugen');
  FOR i:=1 TO max DO a[i]:=i;
  FOR i:=1 TO max DO PutPixel(i SHR f,a[i] SHR f,1);
  GotoXY(60,2); WriteLn('Mischen');
  FOR i:=1 TO max DO BEGIN
    i2:=Random(max)+1;
    PutPixel(i SHR f,a[i] SHR f,0);
    PutPixel(i2 SHR f,a[i2] SHR f,0);
    hilf:=a[i];
    a[i]:=a[i2];
    a[i2]:=hilf;
    PutPixel(i SHR f,a[i] SHR f,1);
    PutPixel(i2 SHR f,a[i2] SHR f,1)
  END;
  GotoXY(60,3); WriteLn('Sortieren');
  qsort(a,max);
```

```
    GotoXY(60,4); Write('Schluß ');
    Sound(440);
    Delay(10);
    NoSound;
    ch:=ReadKey;
    CloseGraph
  END.
```

Siehe auch
GetPixel

Random

Zweck
Erzeugt eine Zufallszahl.

Struktur

```
FUNCTION Random:REAL;
FUNCTION Random(i:WORD):WORD;
```

Bemerkung
Falls die Funktion *Random* ohne Argument gebraucht wird, gilt für den Funktionswert:

```
0 <= Random < 1      { reeller Wert }
```

Wird für die Funktion *Random* ein Argument angegeben, gilt für den ganzzahligen Funktionswert:

```
0 <= Random(x) < x   { ganzzahliger-Wert }
```

Die typisierte Konstante *RandSeed* enthält einen Zahlenwert, der für die Berechnung von Zufallszahlen herangezogen wird.

Beispiel
Dieses Programm simuliert einen Würfel, der immer wieder geworfen wird. In der Anzeige erscheint die prozentuale Verteilung dieser Würfe. Das Programm kann mit beliebigem Tastendruck abgebrochen werden.

```
PROGRAM Random_Test;
USES
  Crt;
VAR
  i:INTEGER;
  summe:REAL;
  anzahl:ARRAY [0..5] OF INTEGER;
BEGIN
  ClrScr;
  FOR i:=0 TO 5 DO anzahl[i]:=0;
  summe:=0;
  REPEAT
    summe:=summe+1;
    i:=Random(6);
    anzahl[i]:=Succ(anzahl[i]);
    GotoXY(1,1); Write('Würfe: ',summe:1:0,' ');
    FOR i:=0 TO 5 DO Write(anzahl[i]/summe:5:2)
  UNTIL KeyPressed
END.
```

Siehe auch
Randomize, RandSeed

Randomize

Zweck
Initialisiert den Zufallszahlengenerator mit einer Zahl.

Struktur

```
PROCEDURE Randomize;
```

Bemerkung
Die Prozedur *Randomize* versetzt den Zufallszahlengenerator in einen undefinierten Startzustand. Dies ist bei hohen Ansprüchen an die Zufälligkeit oft wünschenswert.

Siehe auch
Random, RandSeed

RandSeed

Systemvariable

Zweck
Enthält einen Wert, der für die Zufallsberechnungen verwendet wird.

Struktur

```
VAR RandSeed:LONGINT;        { nur 4.0 }
CONST RandSeed:LONGINT=0;    { ab 5.0  }
```

Bemerkung
Die Prozedur *Randomize* verändert den Inhalt der Variablen *RandSeed* und verwendet dabei das Datum und die Uhrzeit des Systems. Wenn *RandSeed* bei jedem Programmlauf derselbe Wert zugewiesen wird, erzeugt der Zufallszahlengenerator immer wieder dieselbe Folge von Zufallszahlen. Dieses Wissen kann bei Simulationen oder Verschlüsselungsprogrammen sehr hilfreich sein.

Beispiel

Folgendes Programm verschlüsselt einen Text. Aus dem Paßwort wird ein LONGINT-Wert gebildet, der schließlich der Variablen *RandSeed* übergeben wird.

```
PROGRAM RandSeed_Test;
VAR
  zeile,passwort:STRING;
  l:LONGINT;
  i:INTEGER;
BEGIN
  zeile:='Dieser Text soll verschlüsselt werden.';
  WriteLn(zeile);
  Write('Paßwort: ');
  ReadLn(passwort);
  l:=0;
  FOR i:=1 TO Length(passwort) DO
    l:=l shl 3+BYTE(passwort[i]);
  RandSeed:=l;
  FOR i:=1 TO Length(zeile) DO
    zeile[i]:=CHAR(BYTE(zeile[i]) XOR Random(256));
  WriteLn(zeile);
  RandSeed:=l;
  FOR i:=1 TO Length(zeile) DO
    zeile[i]:=CHAR(BYTE(zeile[i]) XOR Random(256));
  WriteLn(zeile)
END.
```

Siehe auch

Random, Randomize

Read

Datei

Zweck

Ermöglicht die Eingabe von Zeichenketten und Zahlen.

Struktur

```
PROCEDURE Read(VAR f:FILE OF typ_1; VAR x:typ_1);
PROCEDURE Read(VAR f:TEXT; VAR x:typ_2);

- typ_1: beliebiger Typ
- typ_2: BYTE, INTEGER, REAL, CHAR oder STRING
         SHORTINT, WORD, LONGINT, POINTER oder 8087-Typen
```

Bemerkung
Read liest, falls eine Datei als Parameter angegeben wird, aus einer Diskettendatei. Diese Datei muß vorher mit *Assign* bekannt gemacht und mit *Reset* geöffnet werden.
Falls bei *Read* keine Datei angegeben wird, werden alle Eingaben von der Standarddatei *INPUT* (gewöhnlich der Tastatur) übernommen.
Wird einer Variablen bei der Eingabe ein ungültiger Wert übergeben, tritt ein I/O-Fehler auf. Dieser kann mit dem Compilerbefehl **I** (siehe Anhang E) ausgeschaltet und mit der Funktion *IOresult* überprüft werden:

```
VAR
  a:INTEGER;
BEGIN
  {$I-}
  REPEAT
    ReadLn(a)      { jeder gültige INTEGER-Wert möglich, auch $123 }
  UNTIL IOresult=0;
  {$I+}
  .
  .
```

Die Tastatur-Eingaben (maximal 127 Zeichen) werden gepuffert und können mit den unter MS-DOS üblichen Tasten editiert werden (nur wenn die Unit **Crt** nicht eingebunden wird):

<table>
<tr><td><- und |<-</td><td>Löscht ein Zeichen links des Cursors</td></tr>
<tr><td>-> und F1</td><td>Kopiert ein Zeichen aus dem Puffer in die Anzeige</td></tr>
<tr><td>F3</td><td>Kopiert den gesamten Puffer in die Anzeige</td></tr>
<tr><td>Ctrl-J</td><td>Bewegt den Cursor eine Zeile weiter, ohne jedoch die Eingabe abzubrechen</td></tr>
<tr><td>Ctrl-P</td><td>Schalten den Drucker ein/aus</td></tr>
<tr><td>Esc</td><td>Ignoriert die aktuelle Eingabe</td></tr>
<tr><td>Return</td><td>Schließt die Eingabe ab</td></tr>
</table>

Wenn Sie *Read* oder *ReadLn* im Graphik-Modus verwenden wollen, weisen Sie bitte der Variablen *DirectVideo* den Wert FALSE zu. Wenn Sie eine Hercules-Karte besitzen, kann der ROM-Zeichensatz nicht im Graphik-Modus verwendet werden; dies bedeutet, daß *Read* und *ReadLn* zwar korrekt funktionieren, aber keine Zeichen darstellen können.
Um ein einzelnes Zeichen einzulesen, verwenden Sie bitte die Funktion *ReadKey*:

```
ch:=ReadKey;  { ch ist vom Typ CHAR }
```

Die Funktion *KeyPressed* prüft, ob sich ein Zeichen im Tastaturpuffer befindet:

```
REPEAT UNTIL KeyPressed;  { Wartet auf einen Tastendruck }
```

Die unter MS-DOS gebräuchliche Tastaturumleitung ist in Turbo Pascal unbegrenzt nutzbar, solange nicht die Unit **Crt** in ein Programm eingebunden wird (siehe folgendes Beispiel).

Beispiel
Folgendes Programm demonstriert die Tastatur-Umleitung; es wandelt alle Kleinbuchstaben in Großbuchstaben um (und umgekehrt).

```
PROGRAM Read_Test;
  { Geben Sie diesem Programm bitte den Dateinamen TEST.PAS und }
  { compilieren Sie es schließlich auf den Datenträger (somit   }
  { entsteht die Datei TEST.EXE). Starten Sie nun dieses Pro-   }
  { gramm wie folgt: TEST <TEST.PAS >TEST.INV                    }
VAR
  ch:CHAR;
BEGIN
  WHILE NOT Eof(INPUT) DO BEGIN
    Read(ch);        { oder: Read(INPUT,ch); }
    CASE ch OF
      'A'..'Z':ch:=CHAR(BYTE(ch)+32);
      'a'..'z':ch:=UpCase(ch)
    END;
    Write(ch)        { oder: Write(INPUT,ch) }
  END
END.
```

Siehe auch
ReadKey, ReadLn, Write, WriteLn

ReadKey

Textbildschirm

Zweck
Ermöglicht das Lesen eines einzelnen Zeichens von der Tastatur.

Struktur

```
FUNCTION ReadKey:CHAR;
```

Bemerkung
ReadKey ist in der Unit **Crt** enthalten.

Falls sich einzelne Zeichen im Tastaturpuffer befinden (*KeyPressed* liefert in diesem Fall den Wert TRUE), liest *ReadKey* das entsprechende Zeichen, andernfalls stoppt *ReadKey* das laufende Programm und wartet solange, bis eine Taste gedrückt wird. Das gelesene Zeichen wird nicht am Bildschirm dargestellt.
Einige Tasten (Funktionstasten, Cursorsteuertasten ...) erzeugen zwei Eintragungen im Tastaturpuffer (siehe Anhang I). Die erste ist immer das Zeichen mit dem ASCII-Code 0 (entspricht #0), die zweite bezeichnet die gedrückte Taste. Wenn sich also #0 im Tastaturspeicher befindet, können Sie sicher sein, daß *KeyPressed* TRUE ergibt und mit *ReadKey* nochmals ein Zeichen (ohne Programmunterbruch) im Tastaturpuffer gelesen werden kann.
Falls die Systemvariable *CheckBreak* den Wert FALSE enthält, kann ein Lesevorgang mit *ReadKey* durch Ctrl-Break (entspricht dem Zeichen #3) abgebrochen werden.

Beispiel

```
PROGRAM ReadKey_Test;
USES
  Crt;
VAR
  ch:CHAR;
BEGIN
  ClrScr;
  WriteLn('Programmabbruch mit <ESC> ...');
  REPEAT
    ch:=ReadKey;
    IF ch=#0 THEN BEGIN
      ch:=ReadKey;
      WriteLn('Zwei Einträge, Tastaturcode: #0 #',BYTE(ch)) END
    ELSE
      IF ch=#27 THEN
        WriteLn('<ESC> gedrückt - Programmende.')
      ELSE
        WriteLn('<',ch,'> gedrückt ...')
  UNTIL ch=#27
END.
```

Siehe auch
KBD, KeyPressed, Read

ReadLn

Datei

Zweck
Ermöglicht die Eingabe von Zeichenketten und Zahlen.

Struktur

```
PROCEDURE ReadLn(VAR f:FILE OF typ_1; VAR x:typ_1);
PROCEDURE ReadLn(VAR f:TEXT; VAR x:typ_2);
PROCEDURE ReadLn(VAR f:TEXT);
PROCEDURE ReadLn;

- typ_1: beliebiger Typ
- typ_2: BYTE, INTEGER, REAL, CHAR oder STRING
         SHORTINT, LONGINT, POINTER oder 8087-Typen
```

Bemerkung
Die Prozedur *ReadLn* ist identisch mit der Prozedur *Read*, mit der Ausnahme, daß nach dem Prozedur-Aufruf die nächste CR/LF-Sequenz (entspricht dem Zeilenende) gesucht wird (somit kann es vorkommen, daß gewisse Zeichen nicht eingelesen werden):

```
VAR
  a,b,c:INTEGER;
BEGIN
  ReadLn(a);
    { Falls Sie nun die Werte 11 12 13 eingeben, wird nur die   }
    { 11 eingelesen, 12 und 13 werden übersprungen.              }
  ReadLn(a,b);
    { Ihre Eingabe: 11 12 13                                     }
    { Gelesen werden die Werte 11 und 12, 13 wird übersprungen. }
```

Nach einem *ReadLn* wird das folgende *Read* oder *ReadLn* am Anfang einer neuen Zeile zu lesen beginnen (bei Textdateien).
ReadLn; (Aufruf ohne Parameter) wartet, bis Sie die RETURN-Taste drücken, *ReadLn(dateivariable);* (als Parameter nur eine Textdatei) sucht die nächste CR/LF-Sequenz, ohne auch nur einen Wert zu lesen.

Siehe auch
Read, Write, WriteLn

REAL

Datentyp

Zweck
Datentyp, der die Bereiche 2.9e-39 bis 1e38 und -2.9e-39 bis -1e38 zuläßt.

Bemerkung
Ein Datentyp definiert die Beschaffenheit der Werte, die eine Variable annehmen kann.

In einem Programm kann jeder Variablen nur ein einziger Datentyp zugeordnet werden.
Der Datentyp REAL bezeichnet reelle Zahlen mit einer Mantisse bis zu 11 signifikanten Stellen.
Ein Überlauf, der bei einer arithmetischen Operation mit reellen Zahlen erfolgt, führt zu einem Programmabbruch.
Im Gegensatz zu anderen skalaren Typen (wie INTEGER oder CHAR) muß beim Datentyp REAL beachtet werden:

- **a)** Die Funktionen *Pred* und *Succ* sowie die Prozeduren *Dec* und *Inc* sind nicht erlaubt.
- **b)** Der Datentyp REAL darf nicht als Index eines Arrays verwendet werden.
- **c)** Der Datentyp REAL kann nicht als Kontrollvariable in den Anweisungen FOR oder CASE verwendet werden.
- **d)** Teilbereiche des Types REAL sind nicht erlaubt (nicht möglich ist also VAR r:1.0..2.34;).

Reelle Datentypen belegen 6 Bytes im Arbeitsspeicher. REAL-Variablen werden vom mathematischen Coprozessor nicht direkt unterstützt und müssen deshalb zuerst konvertiert werden. Aus diesem Grund ist ersichtlich, daß Rechenoperationen mit REAL-Variablen plötzlich wesentlich mehr Zeit beanspruchen, wenn diese mit Hilfe eines mathematischen Coprozessors oder des Emulators (ab Version 5.0) ausgeführt werden. In diesem Fall ist es vorteilhafter, einen der Datentypen SINGLE, DOUBLE oder EXTENDED zu verwenden.

Siehe auch
DOUBLE, EXTENDED, SINGLE, TYPE

RECORD

Reserviertes Wort

Zweck
Ermöglicht das Definieren von Datenstrukturen, die aus mehreren Komponenten bestehen.

Bemerkung
Mit RECORD lassen sich komplexe Datenstrukturen bilden, die eine bestimmte Anzahl von Komponenten umfassen. Eine einzelne Komponente wird Feld (engl. *field*) genannt. Die gesamte Datenstruktur heißt Datensatz (engl. *record*). Viele Datensätze der gleichen Struktur (die sich beispielsweise in einer Disketten-Datei befinden) bilden eine Datenbank (engl. *data base*).

Die Definition eines Datensatzes besteht aus dem reservierten Wort RECORD, dem eine Auflistung der einzelnen Felder folgt. Das Ende eines Datensatzes wird mit dem reservierten Wort END markiert. Den einzelnen Feldern muß ein Datentyp folgen. Mehrere Felder des gleichen Typs können zusammengefaßt werden, getrennt durch ein Komma:

```
TYPE
  buch=RECORD
    autor:STRING[20];
    titel,untertitel:STRING[50];
    verlag:STRING[15]
  END;
VAR
  dasneuste,einanderes:buch;
```

autor oder *titel* sind Feldbezeichner. Sie sind nur im Datentyp *buch* gültig. Ein einzelnes Feld wird durch den Namen einer Variablen und den Feldnamen, getrennt durch einen Punkt, angesprochen:

```
dasneuste.titel:='Fachbuch-Katalog';
```

Ganze Zuweisungen von Datensätzen der gleichen Struktur sind erlaubt:

```
einanderes:=dasneuste;
```

Einzelne Felder eines Datensatzes können als Typ wieder einen Datensatz erhalten:

```
TYPE
  position=RECORD
    x:RECORD
        xneu,xalt:INTEGER
      END;
    y:INTEGER
  END;
VAR
  cursor:position;
```

Auf *xalt* des Datensatzes *cursor* kann wie folgt zugegriffen werden:

```
cursor.x.xalt:=12;
```

Der oben beschriebene Gebrauch von Datensätzen führt manchmal zu langen Anweisungen. Es wäre bedeutend einfacher, wenn auf die einzelnen Felder wie auf Variablen zugegriffen werden könnte. Diesen Wunsch erfüllt die WITH-Anweisung: Sie eröffnet einen Datensatz und ermöglicht so den Zugriff auf die einzelnen Felder:

```
WITH dasneuste DO BEGIN
  titel:='Fachbuch-Katalog';
  untertitel:='Mit allen Neuerscheinungen';
  autor:='entfällt'
END;
```

Wie oben gezeigt, wird der Name der Datensatzvariablen von den beiden reservierten Worten WITH und DO umschlossen. Mehrere zusammengehörende Feld-Zugriffe werden in einem Block (BEGIN ... END) zusammengefaßt.
WITH-Anweisungen können geschachtelt werden:

```
WITH cursor DO
  WITH x DO
    xalt:=12;
```

oder

```
WITH cursor, x DO
  xalt:=12;
```

Wollen wir beispielsweise eine Datenbank aufbauen, die Informationen von Kunstgegenständen enthält, so werden wir feststellen, daß Gemälde andere Felder benötigen als Plastiken:

Kunstgegenstand	typische Felder
Gemälde	Länge, Breite, Rahmen
Plastik	Länge, Breite, Höhe, Gewicht

Nur die beiden Felder *Länge* und *Breite* stimmen überein, die anderen sind individuell. Um nicht unnötigen Ballast in einem Datensatz mitzuschleppen, erlaubt Pascal die Verwendung von Varianten.
Ein Variantenteil besteht aus dem Variantenmarkierfeld (engl. tag-field) eines zuvor definierten Typs, dessen Wert die jeweilige Variante bestimmt. Ihm folgen Labels, die jedem möglichen Wert des Variantenmarkierfeldes entsprechen. Jedem Label folgt eine Auflistung der Felder, die den entsprechenden Variantentyp definiert:

```
TYPE
  gegenstand=(gemaelde,plastik);
  kunst=RECORD
    lang,breit:INTEGER;
    CASE kunsttyp:gegenstand OF
      gemaelde:(rahmen:STRING[25]);
```

```
        plastik:(hoehe:INTEGER;
                 gewicht:REAL)
      END;
    VAR
      satz:kunst;
```

Die Felder-Gruppen *rahmen* und *hoehe/gewicht* werden im Arbeitsspeicher übereinander gelegt, um Speicherplatz zu sparen.
Die feststehenden Felder (hier *lang* und *breit*) müssen immer vor den Feldern im Variantenteil stehen.
Um das Feld *rahmen* anzusprechen, muß geschrieben werden:

```
satz.kunsttyp:=gemaelde;
satz.rahmen:'Weißgold, Holz';
```

Es ist durchaus möglich, nach obiger Zuweisung das Feld *gewicht* abzufragen, obwohl ihm kein Wert zugewiesen worden ist. Es wird einfach ein Teil des Textes 'Weißgold, Holz' als REAL-Wert interpretiert:

```
satz.kunsttyp:=plastik;
WriteLn('Gewicht: ',satz.gewicht);
```

Durch diese Überlappungen von Feldgruppen ist es möglich, Werte in die verschiedensten Typen umzuwandeln:

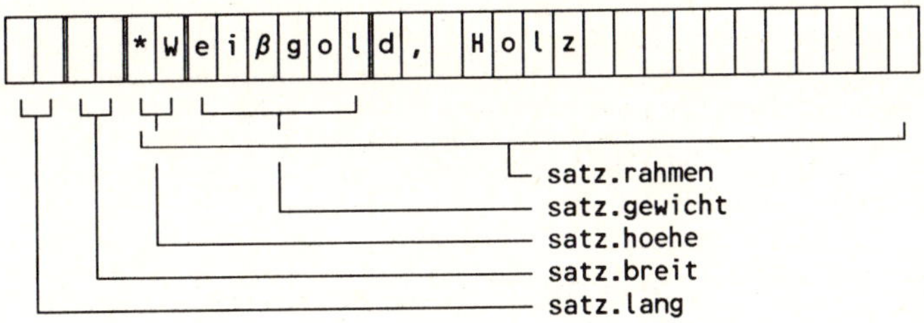

An der mit einem Stern (*) markierten Speicherstelle ist die Länge des Strings angegeben.
Das Variantenmarkierfeld muß nicht unbedingt vorhanden sein, an seiner Stelle kann allein ein Datentyp stehen:

```
VAR
  pack:RECORD
    CASE BOOLEAN OF
      TRUE:(ax,bx,cx,dx,bp,si,di,ds,es,flags:INTEGER);
      FALSE:(al,ah,bl,bh,cl,ch,dl,dh:BYTE)
  END;
```

Derartige Recordvarianten dienen lediglich der Datentransformation und werden bei systemnaher Programmierung oft verwendet. Auf die einzelnen Felder wird wie gewohnt zugegriffen:

```
.
.
pack.ax:=$1234;
WriteLn(pack.ah);
WriteLn(pack.al);
.
.
```

Siehe auch
ARRAY

Rectangle

Graphik

Zweck
Zeichnet ein Rechteck.

Struktur

```
PROCEDURE Rectangle(x1,y1,x2,y2:INTEGER);
```

Bemerkung
Rectangle ist in der Unit **Graph** enthalten.
(x1,y1) entspricht der oberen linken, *(x2,y2)* der unteren rechten Ecke des zu zeichnenden Rechteckes.
Bitte achten Sie darauf, daß die vier übergebenen Werte ein Rechteck bezeichnen, welches innerhalb der Bildschirmgrenzen liegt.
Die Prozedur *Rectangle* verwendet die mit *SetLineStyle* gesetzte Linienart und Zeichendicke. Die Zeichenfarbe läßt sich mit *SetColor* festlegen.

Beispiel

```
PROGRAM Rectangle_Test;
USES
  Crt,Graph;
VAR
  gr,mo,i:INTEGER;
BEGIN
  gr:=Detect;
  InitGraph(gr,mo,'');
  Rectangle(0,0,GetMaxX,GetMaxY);
```

```
    REPEAT
      SetLineStyle(Random(4),0,1);
      Rectangle(Random(50),Random(50),GetMaxX-Random(50),GetMaxY-Random(50))
    UNTIL KeyPressed;
    CloseGraph
  END.
```

Siehe auch
Bar, Bar3D, Ellipse, Line

RegisterBGIdriver

Graphik

Zweck
Gibt dem System einen Graphiktreiber bekannt.

Struktur

```
FUNCTION RegisterBGIdriver(treiber:POINTER):INTEGER;
```

Bemerkung
RegisterBGIdriver ist in der Unit **Graph** enthalten.
Die Prozedur *InitGraph* sucht auf dem Datenträger nach einem passenden Graphiktreiber (.BGI-Datei) und legt diesen auf dem Heap ab. Nun besteht die Möglichkeit, mit der Funktion *RegisterBGIdriver* einen Graphiktreiber direkt in den Programmcode einzubinden. Dieser muß zu diesem Zweck mit dem Programm BINOBJ.EXE (auf einer der Systemdisketten enthalten) in eine .OBJ-Datei konvertiert und der dabei entstandene Code mit dem Compiler-Befehl **L** (siehe Anhang E) in das Programm aufgenommen werden.
Die Funktion *RegisterBGIdriver* teilt dem System mit (Parameter *treiber*), an welcher Speicherstelle sich der eingebundene Graphik-Treiber befindet. Falls hierbei ein Fehler auftritt, liefert *RegisterBGIdriver* einen Wert kleiner null, der einem der Funktionswerte von *GraphResult* entspricht.
Bitte beachten Sie, daß die Bekanntmachung des eingebundenen Treibers vor dem ersten Aufruf von *InitGraph* erfolgen soll.

Beispiel
Folgendes Programm bindet alle verfügbaren Graphik-Treiber in den Programmcode ein. Damit alles nach Vorschrift funktioniert, konvertierten Sie bitte zuerst alle Graphik-Treiber in .OBJ-Dateien (z.B. mit *BINOBJ CGA.BGI CGA.OBJ CGA_MCGAtreiber*, ganz allgemein: BINOBJ <quelldatei> <zeildatei> <prozedurname>) und kopieren Sie diese, falls nötig, ins aktuelle Verzeichnis.

```
PROGRAM RegisterBGIdriver_Test;
USES
  Graph;
VAR
  gr,mo,
  i:INTEGER;

{$F+}
  PROCEDURE CGA_MCGAtreiber; EXTERNAL;
  {$L CGA.OBJ}

  PROCEDURE EGA_VGAtreiber; EXTERNAL;
  {$L EGAVGA.OBJ}

  PROCEDURE HERCtreiber; EXTERNAL;
  {$L HERC.OBJ}

  PROCEDURE ATTtreiber; EXTERNAL;
  {$L ATT.OBJ}

  PROCEDURE PC3270treiber; EXTERNAL;
  {$L PC3270.OBJ}
{$F-}

  PROCEDURE fehler;
  BEGIN
    WriteLn('Es ist ein Fehler aufgetreten: ',GraphResult);
    Halt(0)
  END;

BEGIN
  IF RegisterBGIdriver(Addr(CGA_MCGAtreiber))<0 THEN fehler;
  IF RegisterBGIdriver(Addr(EGA_VGAtreiber))<0 THEN fehler;
  IF RegisterBGIdriver(Addr(HERCtreiber))<0 THEN fehler;
  IF RegisterBGIdriver(Addr(ATTtreiber))<0 THEN fehler;
  IF RegisterBGIdriver(Addr(PC3270treiber))<0 THEN fehler;
  gr:=Detect;
  InitGraph(gr,mo,'');   { nun kein Diskettenzugriff mehr notwendig }
  IF GraphResult<>0 THEN BEGIN
    WriteLn('Die Prozedur InitGraph meldet einen Fehler');
    Halt(0)
  END;
  FOR i:=0 TO 50 DO Line(0,0,i*4,GetMaxY);
  ReadLn;
  CloseGraph
END.
```

Siehe auch

InitGraph, InstallUserDriver, RegisterBGIfont

RegisterBGIfont

Graphik

Zweck
Gibt dem System die Speicheradresse eines Zeichensatzes bekannt.

Struktur

```
FUNCTION RegisterBGIfont(zeichensatz:POINTER):INTEGER;
```

Bemerkung
RegisterBGIfont ist in der Unit **Graph** enthalten.
Die Prozedur *SetTextStyle* sucht auf dem Datenträger nach dem gewünschten Zeichensatz (.CHR-Datei) und legt diesen auf dem Heap ab. Mit Hilfe der Funktion *RegisterBGIfont* wird es möglich, einen Zeichensatz direkt in den Programmcode einzubinden. Dieser muß zu diesem Zweck mit dem Programm BINOBJ.EXE (auf einer der Systemdisketten enthalten) in eine .OBJ-Datei konvertiert und der dabei entstandene Code mit dem Compiler-Befehl L (siehe Anhang E) in das Programm aufgenommen werden.
Die Funktion *RegisterBGIfont* teilt dem System mit (Parameter *zeichensatz*), an welcher Speicherstelle sich der eingebundene Zeichensatz befindet. Falls hierbei ein Fehler auftritt, liefert *RegisterBGIfont* einen Wert kleiner null, der einem der Funktionswerte von *GraphResult* entspricht.
Bitte achten Sie darauf, daß Sie dem System die Speicheradressen der eingebundenen Zeichensätze vor dem Aufruf von *InitGraph* bekanntmachen sollten.

Beispiel
Folgendes Programm bindet alle verfügbaren Zeichensätze in den Programmcode ein; dazu sind die konvertierten Zeichensätze im aktuellen Verzeichnis notwendig (konvertieren Sie beispielsweise den gotischen Zeichensatz mit *BINOBJ GOTH.CHR GOTH.OBJ*, ganz allgemein: BINOBJ <quelldatei> <zieldatei> <prozedurname>). Der 8x8-Zeichensatz steht immer zur Verfügung und braucht deshalb nicht ins Programm eingebunden zu werden.

```
PROGRAM RegisterBGIfont_Test;
USES
  Graph;
VAR
  gr,mo:INTEGER;

{$F+}
  PROCEDURE triplex; EXTERNAL;
  {$L TRIP.OBJ}
```

```
    PROCEDURE small; EXTERNAL;
    {$L LITT.OBJ}

    PROCEDURE sansserif; EXTERNAL;
    {$L SANS.OBJ}

    PROCEDURE gothic; EXTERNAL;
    {$L GOTH.OBJ}
  {$F-}

    PROCEDURE fehler;
    BEGIN
      WriteLn('Es ist ein Fehler aufgetreten: ',GraphResult);
      Halt(0)
    END;

  BEGIN
    IF RegisterBGIfont(Addr(triplex))<0 THEN fehler;
    IF RegisterBGIfont(Addr(small))<0 THEN fehler;
    IF RegisterBGIfont(Addr(sansserif))<0 THEN fehler;
    IF RegisterBGIfont(Addr(gothic))<0 THEN fehler;
    gr:=Detect;
    InitGraph(gr,mo,'');
    OutTextXY(0,0,'8x8-Zeichensatz, immer verfügbar');
    SetTextStyle(TriplexFont,HorizDir,2);
    OutTextXY(0,40,'Zeichensatz "Triplex", nun ohne Diskettenzugriff');
    SetTextStyle(SmallFont,HorizDir,5);
    OutTextXY(0,80,'Kleine und magere Schrift');
    SetTextStyle(SansSerifFont,HorizDir,2);
    OutTextXY(0,120,'Schrift "SansSerif", nicht schlecht');
    SetTextStyle(GothicFont,HorizDir,2);
    OutTextXY(0,160,'Wir schreiben das Jahr 0');
    ReadLn;
    CloseGraph
  END.
```

Siehe auch

InstallUserFont, RegisterBGIdriver, SetTextStyle

Release

Dynamische Speicherung

Zweck

Gibt den für dynamische Variablen reservierten Spreicherbereich wieder frei.

Struktur

```
PROCEDURE Release(VAR p:POINTER);
```

Bemerkung
Die Prozedur *Release* arbeitet eng mit *Mark* zusammen. Diese beiden Prozeduren werden benötigt, um den Heap, der von dynamischen Variablen benutzt worden ist, wieder freizumachen.
Mark weist der Zeigervariablen *p* den aktuellen Wert des Heap-Zeigers (entspricht der Systemvariablen *HeapPtr*) zu. *Release* löschte alle Variablen oberhalb dieses Wertes (d.h. *Release* löscht alle dynamischen Variablen, die nach dem Prozedur-Aufruf *Mark* erzeugt worden sind). Im Gegensatz zu *Dispose* ist es mit *Mark/Release* nicht möglich, nur einzelne Variablen zu löschen.
Dispose und *Mark/Release* verwenden verschiedene Heap-Verwaltungen. Aus diesem Grund ist es nicht empfehlenswert, diese Prozeduren gleichzeitig einzusetzen.

Release löscht automatisch die Fragmentliste (siehe hierzu *FreeMin*), um Speicherschwierigkeiten bei der gleichzeitigen Benutzung von *Dispose* und *Mark/Release* aus dem Weg zu gehen; somit werden allfällige Löcher im Heap (erzeugt durch die Prozedur *Dispose*) nicht mehr registriert und liegen deshalb brach. Der gesamte Heap läßt sich mit folgendem Prozedur-Aufruf freigeben:

```
Release(HeapOrg);
```

Jedoch werden auf diese Weise auch vorhandene Graphik-Treiber und Zeichensätze eliminiert, falls diese nicht mit der Compiler-Anweisung {$L **<dateiname>**} in ein Programm aufgenommen worden sind!

Siehe auch
Dispose, FreeMem, Mark, New

Rename

Datei

Zweck
Umbenennen einer Datei.

Struktur

```
PROCEDURE Rename(VAR f:dateityp; s:STRING);
```

Bemerkung
Die Datei *f* erhält durch den Stringausdruck *s* einen neuen Namen.
Das Directory wird auf den neuesten Stand gebracht.
Alle künftigen Operationen beziehen sich auf diese Datei.

Die Prozedur *Rename* sollte nicht verwendet werden, wenn die Datei offen ist.
Der Programmierer ist dafür verantwortlich, daß der neue Dateiname noch nicht existiert; wenn doch, entstehen mehrere Dateien mit demselben Namen.
Ab der DOS-Version 3.0 lassen sich mit *Rename* auch Verzeichnisse umbenennen.
Falls beim Umbenennen einer Datei oder eines Verzeichnisses ein Fehler auftritt und der Compilerbefehl {$I-} (siehe Anhang E) gilt, enthält die Funktion *IOresult* einen Integer-Wert ungleich Null.

Beispiel
Die Datei NAME.ALT erhält den neuen Namen NAME.NEU.

```
PROGRAM Rename_Test;
VAR
  f:FILE;
BEGIN
  Assign(f,'NAME.ALT');
  Rename(f,'NAME.NEU')
END.
```

Siehe auch
Assign, Close, Erase

REPEAT ... UNTIL

Reserviertes Wort

Zweck
Schleife, deren Abbruch-Bedingung sich am Schluß befindet.

Bemerkung
Anweisungen zwischen den beiden reservierten Worten REPEAT und UNTIL werden solange wiederholt, bis die Abbruch-Bedingung WAHR wird.
Vor dem reservierten Wort UNTIL muß kein Strichpunkt (;) stehen.
Die REPEAT-Schleife wird immer mindestens einmal ausgeführt.
Der Ausdruck (die Abbruch-Bedingung), der die Wiederholung kontrolliert, muß vom Typ BOOLEAN sein.

Beispiel
REPEAT-Schleifen werden oft bei Tastaturabfragen benützt.

```
PROGRAM REPEAT_Test1;
USES
  Crt;
VAR
  ch:CHAR;
BEGIN
  REPEAT
    Write('Wollen Sie dieses Programm beenden (J/N)? ');
    REPEAT
      ch:=ReadKey
    UNTIL Pos(ch,'JjNn')<>0
  UNTIL ch IN ['J','j']
END.
```

Folgend wird eine Endlosschleife verwendet. Sie könnte mit der Anweisung GOTO verlassen werden. Hier stoppt *Halt* das Programm.

```
PROGRAM REPEAT_Test2;
USES
  Crt;
VAR
  ch:CHAR;
BEGIN
  REPEAT
    WriteLn('Die Leertaste unterbricht diese Programm');
    ch:=ReadKey;
    IF ch=' ' THEN BEGIN
      ClrScr;
      Halt
    END
  UNTIL FALSE
END.
```

Siehe auch
FOR ... TO/DOWNTO ... DO, WHILE ... DO

Reset

Datei

Zweck
Eine Datei wird zur Bearbeitung freigegeben.

Struktur

```
PROCEDURE Reset(VAR f:dateityp);
PROCEDURE Reset(VAR f:FILE; blockgroesse:WORD);
```

Bemerkung
Die Datei mit dem Namen, der der Dateivariablen *f* zugewiesen worden ist, wird zur Bearbeitung freigegeben (Datei wird geöffnet).
Der Zeiger wird auf den Anfang der Datei gesetzt.
Die Dateivariable *f* muß eine bestehende Datei bezeichnen, da sonst ein I/O-Fehler auftritt; der jedoch mit dem Compilerbefehl **{$I-}** (siehe Anhang E) abgefangen werden kann; die Funktion *IOresult* ermittelt den allfälligen Fehlercode.
Reset kann den Parameter *blockgroesse* erhalten, der bei untypisierten Dateien die Größe eines Blockes bestimmt (siehe hierzu *BlockRead*, *BlockWrite*).

Beispiel
Dieses Programm überprüft die Existenz einer Datei.

```
PROGRAM Reset_Test;
VAR
  f:FILE;
  dateiname:STRING[14];
BEGIN
  Write('Dateiname: ');
  ReadLn(dateiname);
  Assign(f,dateiname);
  {$I-}
  Reset(f);
  {$I+}
  IF IOresult=0 THEN BEGIN
    Write('Datei existiert');
    Close(f) END
  ELSE
    Write('Datei existiert nicht')
END.
```

Siehe auch
Assign, Rewrite

RestoreCrtMode

Graphik

Zweck
Schaltet bei aktivem Graphikmodus in den Textmodus zurück.

Struktur

```
PROCEDURE RestoreCrtMode;
```

Bemerkung
RestoreCrtMode ist in der Unit **Graph** enthalten.
Durch den Aufruf der Prozedur *RestoreCrtMode* wird der Graphikmodus verlassen und zum Textmodus zurückgekehrt. Der von der Prozedur *InitGraph* geladene Graphiktreiber bleibt im Speicher erhalten.
Der Prozeduraufruf *TextMode(LastMode);* zeigt dieselbe Wirkung wie die *RestoreCrtMode*.

Siehe auch
CloseGraph, TextMode, SetGraphMode

Rewrite **Datei**

Zweck
Erzeugt eine neue Datei.

Struktur

```
PROCEDURE Rewrite(VAR f:dateityp);
PROCEDURE Rewrite(VAR f:FILE; blockgroesse:WORD);
```

Bemerkung
Erzeugt eine neue Datei mit dem Namen, der der Dateivariablen zugewiesen worden ist.
Der Dateizeiger steht am Anfang der Datei.
Eine bereits bestehende Datei wird mit der Prozedur *Rewrite* gelöscht.
Eine Datei, die mit *Rewrite* erzeugt worden ist, ist zu Beginn leer und enthält keinerlei Elemente.
Rewrite kann den Parameter *blockgroesse* erhalten, der bei untypisierten Dateien die Größe eines Blockes bestimmt (siehe hierzu *BlockRead*, *BlockWrite*).

Beispiel
Dieses Programm erzeugt die Datei ZAHLEN.INT auf dem Laufwerk B: und schreibt die Zahlen 1 bis 100 hinein.

```
PROGRAM Rewrite_Test;
VAR
  f:FILE OF INTEGER;
  i:INTEGER;
BEGIN
  Assign(f,'B:ZAHLEN.INT');
  Rewrite(f);
```

```
    FOR i:=1 TO 100 DO Write(f,i);
    Close(f)
  END.
```

Siehe auch
Assign, Reset

RmDir

System

Zweck
Löscht ein Verzeichnis.

Struktur

```
PROCEDURE RmDir(VAR pfad:STRING);
```

Bemerkung
Ein Subdirectory, dem Stringausdruck *pfad* entsprechend, wird gelöscht. Ein Pfadname kann die Angabe eines Laufwerkes enthalten.
Ein Subdirectory muß leer sein, wenn es gelöscht werden soll. Die einzelnen Unterverzeichnisse werden mit einem Backslash (\) voneinander getrennt.
Wenn ein Verzeichnis gelöscht werden soll, das nicht existiert oder noch Dateien enthält, tritt ein I/O-Fehler auf (siehe *IOresult*).

Beispiel

```
RmDir(B:\PROG\PAS);         { Löscht im Laufwerk B: das Unter- }
                            { Verzeichnis \PROG\PAS            }

RmDir(\PROG);               { Löscht das Verzeichnis PROG im   }
                            { aktuellen Laufwerk.              }
```

Siehe auch
ChDir, GetDir, MkDir, OvrPath

Round

Arithmetik

Zweck
Rundet eine reelle Zahl.

Struktur

```
FUNCTION Round(r:REAL):LONGINT;
```

Bemerkung
Falls r>=0, dann ist Round(r)=Trunc(r+0.5),
falls r<0, dann ist Round(r)=Trunc(r-0.5).

Die Prozeduren *Write* und *WriteLn* runden reelle Zahlen bei der Ausgabe auf eine bestimmte Anzahl nach dem Komma.

Beispiel

```
Round(3.4)  = 3
Round(3.5)  = 4
Round(3.6)  = 4

Round(-3.4) = -3
Round(-3.5) = -4
Round(-3.6) = -4
```

Siehe auch
Abs, Frac, Int, Odd, Trunc

RunError

System (ab Version 5.0)

Zweck
Erzeugt einen Laufzeitfehler.

Struktur

```
PROCEDURE RunError;
PROCEDURE RunError(fehlernr:WORD);
```

Bemerkung
Die Prozedur *RunError* erzeugt einen Laufzeitfehler mit der Nummer *fehlernr* (die Bedeutungen der einzelnen Werte sind im Anhang F beschrieben). Falls *RunError* ohne Parameter aufgerufen wird, entsteht ein Laufzeitfehler mit der Nummer 0.
RunError kann dazu verwendet werden, um Exit-Prozeduren zu testen (siehe hierzu *ExitProc*).

Siehe auch
ErrorAddr, ExitCode, ExitProc

SaveInt00

Systemvariable

Zweck
Enthält den Original-Vektor des Interrupts $00.

Struktur

```
VAR
  SaveInt00:POINTER;
```

Bemerkung
Der Vektor (die Speicheradresse) des Interrupts $00 wird von Turbo Pascal zu Beginn jedes Programmes verändert und am Ende wieder hergestellt.
Der Interrupt $00 wird bei einer Division durch null ausgelöst.

Siehe auch
GetIntVec, SetIntVec, SwapVectors

SaveInt02

Systemvariable

Zweck
Enthält den Original-Vektor des Interrupts $02.

Struktur

```
VAR
  SaveInt02:POINTER;
```

Bemerkung
Der Vektor (die Speicheradresse) des Interrupts $02 wird von Turbo Pascal zu Beginn jedes Programmes verändert und am Ende wieder hergestellt.

Siehe auch
GetIntVec, SetIntVec, SwapVectors

SaveInt1B

Systemvariable

Zweck
Enthält den Original-Vektor des Interrupts $1B.

Struktur

```
VAR
  SaveInt1B:POINTER;
```

Bemerkung
SaveInt1B ist in der Unit **Crt** (Version 4.0) oder **System** (ab Version 5.0) enthalten.
Der Vektor (die Speicheradresse) des Interrupts $1B wird von Turbo Pascal zu Beginn jedes Programmes verändert (falls die Unit **Crt** eingebunden ist) und am Ende wieder hergestellt.
Der Interrupt $1B ist für die Ctrl-C-Behandlung verantwortlich.

Siehe auch
GetIntVec, SetIntVec, SwapVectors

SaveInt23

Systemvariable

Zweck
Enthält den Original-Vektor des Interrupts $23.

Struktur

```
VAR
  SaveInt23:POINTER;
```

Bemerkung
Der Vektor (die Speicheradresse) des Interrupts $23 wird von Turbo Pascal zu Beginn jedes Programmes verändert und am Ende wieder hergestellt.
Der Interrupt $23 ist für die Ctrl-C-Behandlung verantwortlich.

Siehe auch
GetIntVec, SetIntVec, SwapVectors

SaveInt24

Systemvariable

Zweck
Enthält den Original-Vektor des Interrupts $24.

Struktur

```
VAR
  SaveInt24:POINTER;
```

Bemerkung
Der Vektor (die Speicheradresse) des Interrupts $24 wird von Turbo Pascal zu Beginn jedes Programmes verändert und am Ende wieder hergestellt.
Der Interrupt $24 wird bei kritischen Fehlern (Laufwerksklappe offen ...) ausgelöst.

Siehe auch
GetIntVec, SetIntVec, SwapVectors

SaveInt3?

Systemvariablen (ab Version 5.0)

Zweck
Enthalten die Original-Vektoren der Interrupts $34..$3F.

Struktur

```
VAR
  SaveInt34, SaveInt37, SaveInt3A, SaveInt3D,
  SaveInt35, SaveInt38, SaveInt3B, SaveInt3E,
  SaveInt36, SaveInt39, SaveInt3C, SaveInt3F:POINTER;
```

Bemerkung
Die Vektoren (Speicheradressen) der Interrupts $34..$3F werden von Turbo Pascal zu Beginn jedes Programmes verändert (falls dieses mit dem Compiler-Befehl **{$N+,E+}** compiliert worden ist) und am Ende wieder hergestellt.
Die Interrupts $34..$3F werden von Turbo Pascal für die Steuerung und Emulation des mathematischen Coprozessors und die Overlay-Verwaltung verwendet.

Siehe auch
SaveInt75, SwapVectors

SaveInt75

Systemvariable

Zweck
Enthält den Original-Vektor des Interrupts $75.

Struktur

```
VAR
  SaveInt75:POINTER;
```

Bemerkung
Der Vektor (die Speicheradresse) des Interrupts $75 wird von Turbo Pascal zu Beginn jedes Programmes verändert und am Ende wieder hergestellt.
Der Interrupt $75 wird im Zusammenhang mit dem mathematischen Coprozessor verwendet und behandelt Fließkomma-Ausnahmezustände.

Siehe auch
GetIntVec, SetIntVec, SwapVectors

Sector

Graphik (ab Version 5.0)

Zweck
Zeichnet einen elliptischen Sektor (Kuchenstück), der mit einem Muster ausgefüllt werden kann.

Struktur

```
PROCEDURE Sector(mx,my:INTEGER; start,ende,xr,yr:WORD);
```

Bemerkung
Sector ist in der Unit **Graph** definiert.
Der Punkt *(mx,my)* entspricht dem Ellipsenmittelpunkt des zu zeichnenden Sektors. Die beiden Parameter *start* und *ende* legen den Start- und den Endwinkel des elliptischen Bogens fest und sind in Grad anzugeben. *xr* bezeichnet den horizontalen, *yr* den vertikalen Radius.
90° bezeichnet einen Punkt, der sich senkrecht über dem Ellipsenmittelpunkt befindet. Eine Vergrößerung des Winkels entspricht einer Drehung gegen den Uhrzeigersinn.
Damit ein Kuchenstück dargestellt wird, werden die beiden Endpunkte des elliptischen Bogens mit dem Punkt *(mx,my)* verbunden. Die dabei entstehende Fläche wird mit einem Muster gefüllt, das mit den beiden Prozeduren *SetFillStyle* und *SetFillPattern* verändert werden kann. Wäh-

rend des Ausfüllens kann der Graphik-Fehler mit dem Wert -6 auftreten (siehe *GraphResult*).
Bitte beachten Sie, daß *Sector(mx,my,0,360,100,100);* keinen optischen runden Kreis zeichnet (siehe hierzu auch *SetAspectRatio*).
Die Prozedur *Sector* wird hauptsächlich dazu gebraucht, um Kuchendiagramme in 3D-Darstellung zu zeichnen (siehe folgendes Beispiel).

Beispiel

```
PROGRAM Sector_Test;
USES
  Graph;
VAR
  gr,mo,
  mx,my,
  xrad,yrad,
  d,ws,we,i:INTEGER;
  xasp,yasp:WORD;
BEGIN
  gr:=Detect;
  InitGraph(gr,mo,'');
  GetAspectRatio(xasp,yasp);
  mx:=GetMaxX DIV 2;
  my:=GetMaxY DIV 2;
  xrad:=Round(mx*0.8);                 { X-Radius                         }
  yrad:=Round(xrad*0.4/yasp*xasp);     { Y-Radius (optisch 40 % von xrad) }
  d:=Round(yrad*0.3);                  { Kuchendicke (30 % von yrad)      }
  Ellipse(mx,my+d,180,360,xrad,yrad);  { Kuchenboden                      }
  Line(mx+xrad,my,mx+xrad,my+d);       { Seitenstrich rechts              }
  Line(mx-xrad,my,mx-xrad,my+d);       { Seitenstrich links               }
  ws:=0;
  we:=0;
  Randomize;
  FOR i:=1 TO 12 DO BEGIN
    SetFillStyle(i,GetMaxColor);
    we:=we+Random(30)+30;
    IF (we>360) OR (i=12) THEN we:=360;
    IF we<>ws THEN Sector(mx,my,ws,we,xrad,yrad);
    ws:=we
  END;
  ReadLn;
  CloseGraph
END.
```

Siehe auch

Arc, Circle, Ellipse, FillEllipse, FillPoly

Seek

Datei mit direktem Zugriff

Zweck

Bewegt den Datenzeiger zu einer bestimmten Komponente.

Struktur

```
PROCEDURE Seek(VAR f:FILE OF bel_typ; i:LONGINT);
```

Bemerkung

Die erste Komponente einer Datei trägt die Nummer 0.
Um eine Datei zu erweitern, kann der Dateizeiger an das Ende der Datei gesetzt werden:

```
Seek(f,FileSize(f));
```

Beispiel

Dieses Programm erlaubt es, beliebige Datensätze anzusehen.

```
PROGRAM Seek_Test;
TYPE
  kartei=RECORD
    name,
    vorname:STRING[20]
  END;
VAR
  f:FILE OF kartei;
  karte:kartei;
  i:INTEGER;
BEGIN
  Assign(f,'EXISTENT.DBF');  { Datei muß existieren }
  WriteLn('Die Datei EXISTENT.DBF enthält ',FileSize(f),
         ' Datensätze');
  REPEAT
    WriteLn;
    Write('Welchen Datensatz wollen Sie sehen? );
    ReadLn(i);
    IF (i>=0) AND (i<FileSize(f)) THEN BEGIN
      Seek(f,i);
      Read(f,karte);
      WriteLn(karte.name,' ',karte.vorname)
    END
  UNTIL (i<0) OR (i>=FileSize(f));
  Close(f)
END.
```

Siehe auch

FilePos, FileSize, LongFilePos, LongFileSize, LongSeek

SeekEof

Text-Datei

Zweck
Ermittelt, ob das Ende einer Datei erreicht werden kann.

Struktur

```
FUNCTION SeekEof(f:TEXT):BOOLEAN;
```

Bemerkung
SeekEof arbeitet ähnlich wie *Eof*. Im Gegensatz zu *Eof* überspringt die Funktion *SeekEof* jedoch zuerst alle Leerzeichen, Tabulatoren oder Zeilenende-Markierungen (CR/LF), bevor sie überprüft, ob das Dateiende erreicht ist.

Siehe auch
Eof, EoLn, SeekEoLn

SeekEoLn

Text-Datei

Zweck
Ermittelt, ob ein Zeilenende erreicht werden kann.

Struktur

```
FUNCTION SeekEoLn(f:TEXT):BOOLEAN;
```

Bemerkung
SeekEoLn arbeitet ähnlich wie *EoLn*. Im Gegensatz zu *EoLn* überspringt die Funktion *SeekEoLn* zuerst alle Leerzeichen und Tabulatoren, bevor es überprüft, ob das Zeilenende erreicht ist.

Siehe auch
Eof, EoLn, SeekEof

Seg

System

Zweck
Bestimmt den Segmentwert einer Variablen, einer Prozedur oder Funktion.

Struktur

```
FUNCTION Seg(bezeichner):WORD;
```

Bemerkung
Die Adresse einer Speicherzelle (eines Bytes) im RAM-Bereich besteht aus zwei Werten, einem Segment und einem Offset.
Die Funktion *Seg* bestimmt den Segment-Wert des ersten Bytes einer Variablen, einer Prozedur oder Funktion.
Ist die Variable ein Array, kann sie indiziert werden:

```
VAR
  brett:ARRAY [1..2,1..2] OF CHAR;
BEGIN
  Write(Seg(brett[1,2]))
END.
```

Ist die Variable ein Record, können einzelne Felder selektiert werden:

```
VAR
  titel:RECORD
    autor,titel:STRING[30]
  END;
BEGIN
  Write(Seg(titel.autor))
END.
```

Segment und Offset werden bei maschinennaher Programmierung gebraucht.
Mit den beiden Prozeduren *Ofs* und *Seg* können auch Zeigerwerte, die eine 32-Bit-Adresse darstellen, ermittelt werden:

```
segment:=Seg(p^);
offset:=Ofs(p^);
```

Siehe auch
Addr, CSeg, DSeg, Ofs, Ptr, SSeg

SET

Reserviertes Wort

Zweck
Ermöglicht das Bilden von Mengen.

Bemerkung
Eine Menge besteht aus einer Anzahl von Elementen, die alle demselben Typ angehören.
Zwei Mengen sind nur dann gleich, wenn auch ihre Elemente dieselben sind.
Die Reihenfolge der Elemente spielt keine Rolle; folgende Mengen sind also gleich:

```
[1,2,3] = [1,3,2]
```

Eine Menge, die unter anderen auch die Elemente einer anderen Menge enthält, wird Obermenge genannt; entsprechend ist die zweite Menge die Untermenge der ersten:

```
[1,2,3] ist die Obermenge von [2,3]
[2,3] ist die Untermenge von [1,2,3]
```

Eine Menge, die keine Elemente enthält, wird leere Menge genannt:

```
[] bezeichnet eine leere Menge
```

Zwei Menge können auf drei verschiedene Arten miteinander verknüpft werden:

Menge A	Menge B	Operation	Bemerkung	Ergebnis
[1,2,3]	[2,3,4]	A + B	Vereinigung	[1,2,3,4]
[1,2,3]	[2,3,4]	A * B	Durchschnitt	[2,3]
[1,2,3]	[2,3,4]	A - B	Komplement	[1]

Vereinigung: Die Ergebnismenge enthält alle Elemente der ersten und der zweiten Menge.
Durchschnitt: Die Ergebnismenge enthält nur diejenigen Elemente, die in beiden Mengen vorkommen.
Komplement: Die Ergebnismenge enthält nur diejenigen Elemente der ersten Menge, die nicht in der zweiten Menge enthalten sind.

Die Elemente einer Menge müssen einem Grundtyp angehören (z.B. BYTE, CHAR, auch Teilbereiche), sie dürfen nicht vom Typ REAL oder STRING sein.
Bei Definition einer Menge steht ein Bezeichner, dem die reservierten Worte SET OF und ein einfacher Datentyp folgen:

```
TYPE
  grossbuchstaben=SET OF 'A'..'Z'
  buchstaben=SET OF CHAR;
```

Bei Turbo Pascal können maximal 256 Elemente in eine Menge aufgenommen werden. Die Ordinalwerte der Elemente müssen im Bereich 0..255 liegen:

```
IF i IN [440..880] ...     { falsch! }
```

Die Mengenangabe besteht aus einem oder mehreren Elementen, die voneinander durch Kommas (,) getrennt werden. Die gesamte Menge wird von eckigen Klammern umschlossen. Bereiche in Mengen sind ebenfalls erlaubt; Start- und Endwert werden dann durch zwei Punkte (..) getrennt:

```
VAR
  alphabet,gross,klein:buchstaben;
BEGIN
  gross:=['A'..'Z','Ä','Ö','Ü'];
  klein:=['a'..'z','ä','ö','ü','ß'];
  alphabet:=gross+klein;
```

Mit folgenden Operatoren können gewisse Zustände erfragt werden:

Operator	Bemerkung
=	Überprüft, ob zwei Mengen gleich sind.
<>	Überprüft, ob zwei Mengen ungleich sind.
<=	Überprüft, ob die erste Menge in der zweiten enthalten ist, ob erste Menge Teilmenge ist.
>=	Überprüft, ob in der ersten Menge mindestens alle Elemente der zweiten enthalten sind, ob erste Menge Obermenge ist.
IN	Überprüft, ob ein bestimmtes Element in einer Menge enthalten ist. Der erste Operand ist ein Element, der zweite bezeichnet eine Menge: - IF ch IN ['J','N'] THEN ...

Komplizierte Tests:

```
IF ((i>=65) AND (i<=90)) OR ((i>=97 AND i<=122)) THEN
  Write('Gültiges Zeichen');
```

können mit Hilfe von Mengen wesentlich vereinfacht (lesbarer) werden (bezüglich Arbeitsgeschwindigkeit siehe hierzu auch IN):

```
IF i IN [65..90,97..122] THEN
  Write('Gültiges Zeichen');
```

Set-Variablen belegen im Arbeitsspeicher immer 32 Bytes. Jedem Mengenelement wird ein Bit zugeordnet. Ein gesetztes Bit bedeutet die Existenz eines bestimmten Elementes.

Siehe auch
IN

SetActivePage

Graphik

Zweck
Legt fest, für welche Bildschirmseite alle folgenden Graphikbefehle gelten.

Struktur

```
PROCEDURE SetActivePage(seite:WORD);
```

Bemerkung
SetActivePage ist in der Unit **Graph** enthalten.
Einige Bildschirmkarten (EGA, VGA und Hercules) unterstützen mehrere Graphikseiten; jede entspricht einem gesamten Bildschirm.
Die Prozedur *SetActivePage* legt für alle kommenden Graphikbefehle die aktuelle Zeichenfläche fest. Bitte beachten Sie, daß der ersten Bildschirmseite die Nummer 0 entspricht.

Siehe auch
SetVisualPage

SetAllPalette

Graphik

Zweck
Ermöglicht das Verändern aller Einträge einer Farbpalette.

Struktur

```
PROCEDURE SetAllPalette(VAR pal);
```

Bemerkung
SetAllPalette ist in der Unit **Graph** definiert.
Mit der Prozedur *SetAllPalette* werden alle Farbeinträge der aktuellen Palette auf einen Schlag verändert. Für der typenlosen Parameter *pal* kann der in der Unit **Graph** definierte Datentyp *PaletteType* verwendet werden:

```
CONST
  MaxColors=15;
TYPE
  PaletteType=RECORD
    Size:BYTE;
    Colors:ARRAY [0..MaxColors] OF SHORTINT
  END;
```

Jedes Element des Arrays *Colors* entspricht einem Eintrag (Wertebereich -1..15, siehe hierzu auch *SetPalette*) der Farbpalette. Falls für ein Element der Wert -1 angegeben wird, bleibt ein Farb-Eintrag unverändert. Bestehende Graphiken wechseln bei einer Veränderung der Palette sofort die Farben.
Bitte beachten Sie, daß *SetAllPalette* nur mit einer EGA- oder VGA-Graphikkarte wunschgemäß arbeitet. Für alle anderen Graphikkarten (CGA, AT&T ...) ist zur Veränderung der gesamten Farbpalette die in der Unit **Graph3** definierte Prozedur *Palette* zu benutzen. Beispielsweise:

```
Palette(CGAC0);  { Palette im Einsatz für CGA-Karte            }
.
.
Palette(CGAC3);  { 320x200 Punkte, 4 Farben (siehe InitGraph) }
Palette(CGAHi);  { 640x200 Punkte                              }
```

Die Funktion *GetMaxColor* ermittelt die größtmögliche Farbnummer.

Beispiel
Folgendes Programm verändert die Farben einer Graphik, wobei eine Wirkung nur bei einer EGA- oder VGA-Graphikkarte ersichtlich ist.

```
PROGRAM SetAllPalette_Test;
USES
  Crt,Graph;
VAR
  gr,mo,
  i:INTEGER;
  pal:PaletteType;
```

```
BEGIN
  gr:=Detect;
  InitGraph(gr,mo,'');
  FOR i:=0 TO GetMaxX DO BEGIN
    SetColor(Random(Succ(GetMaxColor)));
    Line(i,0,i,GetMaxY)
  END;
  GetPalette(pal);
  REPEAT
    FOR i:=0 TO GetMaxColor DO
      pal.colors[i]:=Random(Succ(GetMaxColor));
    SetAllPalette(pal)
  UNTIL KeyPressed;
  CloseGraph
END.
```

Siehe auch
GetPalette, Palette, SetPalette

SetAspectRatio

Graphik (ab Version 5.0)

Zweck
Ermöglicht das Verändern des Höhen-/Seitenverhältnisses eines Bildschirms.

Struktur

```
PROCEDURE SetAspectRatio(xasp,yasp:WORD);
```

Bemerkung
SetAspectRatio ist in der Unit **Graph** definiert.
Jeder Graphik-Treiber und -Modus besitzt sein eigenes Seiten-/Höhenverhältnis. Aus diesem Grund würden Graphik-Routinen, die ohne dieses Wissen Kreise oder Quadrate zeichneten, nicht auf jedem Gerät dieselben Resultate (Proportionen) liefern.
Turbo Pascal speichert für jeden Graphik-Treiber und -Modus eine Verhältniszahl, um Kreise optisch rund darstellen zu können (d.h. die Y-Koordinaten der einzelnen Kreispunkte werden verändert). Diese Zahl läßt sich mit *GetAspectRatio* ermitteln und mit *SetAspectRatio* beliebig verändern.
Um optisch gleichlange Linien zu erhalten, verwenden Sie bitte folgende Formeln:

```
GetAspectRatio(xasp,yasp);
x:=100;
y:=Round(x/yasp*xasp);  { Y-Richtung entspricht 100 Punkten in X-Richtung }

y:=100;
x:=Round(y/xasp*yasp);  { X-Richtung entspricht 100 Punkten in Y-Richtung }
```

Bitte beachten Sie, daß bei einem Wechsel des Graphik-Modus die von Ihnen gesetzten Werte verloren gehen.

Beispiel

```
PROGRAM SetAspectRatio_Test;
USES
  Graph;
VAR
  gr,mo,
  x,y,i:INTEGER;
BEGIN
  gr:=Detect;
  InitGraph(gr,mo,'');
  x:=GetMaxX DIV 2;
  y:=GetMaxY DIV 2;
  FOR i:=1 TO 10 DO BEGIN
    SetAspectRatio(i*1000,10000);
    Circle(x,y,y);
    SetAspectRatio(10000,i*1000);
    Circle(x,y,y)
  END;
  ReadLn;
  CloseGraph
END.
```

Siehe auch
GetAspectRatio

SetBkColor

Graphik

Zweck
Setzt die Hintergrundfarbe des Graphik-Bildschirms.

Struktur

```
PROCEDURE SetBkColor(farbe:WORD);
```

Bemerkung
SetBkColor ist in der Unit **Graph** definiert.

Die Funktionsweise der Prozedur hängt vom verwendeten Graphiktreiber ab.
Bei CGA-,MCGA- und AT&T-Graphikkarten bezeichnet der Parameter *farbe* die Nummer (Wertebereich 0..15) der Farbe, in der der Hintergrund des Graphik-Bildschirmes erscheinen soll. Folgende Konstanten sind hierzu in der Unit **Graph** definiert:

Black	=0; Schwarz
Blue	=1; Blau
Green	=2; Grün
Cyan	=3; Türkis
Red	=4; Rot
Magenta	=5; Lila
Brown	=6; Braun
LightGray	=7; Hellgrau
DarkGray	=8; Dunkelgrau
LightBlue	=9; Hellblau
LightGreen	=10; Hellgrün
LightCyan	=11; Helltürkis
LightRed	=12; Hellrot
LightMagenta	=13; Rosa
Yellow	=14; Gelb
White	=15; Weiß

In einigen Graphik-Modi bleibt der Hintergrund immer schwarz (CGAHi, ATT400Hi ...), in diesen Fällen ist es aber möglich, den gesamten Bildschirm mit der Prozedur *Bar* einzufärben.
Für EGA- und VGA-Karten bezeichnet der Parameter *farbe* den Palette-Eintrag (2 bezeichnet also das 3. Element der Farbpalette).
Der Prozeduraufruf *SetBkColor(0);* wählt immer einen schwarzen Hintergrund, unabhängig davon, welcher Farbe das 1. Element der Farbpalette entspricht.

Siehe auch
GetBkColor, SetColor, SetPalette

SetCBreak

MS-DOS (ab Version 5.0)

Zweck
Ermöglicht das Setzen eines Schalters, der festlegt, wann sich das Betriebssystem MS-DOS durch die Tastenkombination *Ctrl-Break* unterbrechen lassen soll.

Struktur

```
PROCEDURE SetCBreak(break:BOOLEAN);
```

Bemerkung
SetCBreak ist in der Unit **Dos** definiert.
Der Prozeduraufruf *SetCBreak(TRUE);* ermöglicht die Programmunterbrechung vor jeder DOS-Funktionsausführung des Interrupts $21, *SetCBreak(FALSE);* hingegen erlaubt das Stoppen des laufenden Programmes nur während der Ein- oder Ausgabe.
Ausführliche Informationen hierzu erhalten Sie bei *GetCBreak*.

Siehe auch
CheckBreak, GetCBreak

SetColor **Graphik**

Zweck
Legt die Zeichenfarbe fest.

Struktur

```
PROCEDURE SetColor(farbe:WORD);
```

Bemerkung
SetColor ist in der Unit **Graph** enthalten.
Mit der Prozedur *SetColor* wird die Zeichen-Farbe aller kommenden Graphik-Routinen bestimmt. Der Parameter *farbe* bezeichnet ein Element der aktuellen Farbpalette (für EGA- und VGA-Graphikkarte siehe hierzu *SetPalette* und *SetAllPalette*, für CGA-Graphikkarte (und kompatible) siehe *Palette*).
Mit der Prozedur *GetMaxColor* kann die Anzahl der zur Verfügung stehenden Farben, mit *GetColor* die aktuell gesetzte Farbe ermittelt werden.

Siehe auch
GetColor, Palette, SetBkColor, SetPalette

SetDate **MS-DOS**

Zweck
Ermöglicht das Setzen des Systemdatums.

Struktur

```
PROCEDURE SetDate(VAR jahr,monat,tag:WORD);
```

Bemerkung
SetDate ist in der Unit **Dos** enthalten.
Die einzelnen Parameter müssen in folgenden Bereichen liegen:

jahr	1980..2099
monat	1..12
tag	1..31

Falls die übergebenen Parameter kein gültiges Datum darstellen, wird das Systemdatum nicht verändert.

Siehe auch
GetDate, GetTime, SetTime

SetFAttr

MS-DOS

Zweck
Ermöglicht das Setzen eines Dateiattributs.

Struktur

```
PROCEDURE SetFAttr(VAR f; attr:WORD);
```

Bemerkung
SetFAttr ist in der Unit **Dos** enthalten.
Dem Parameter *f* ist eine Datei-Variable beliebigen Typs zu übergeben, der zuvor mit *Assign* ein Dateiname zugeordnet worden ist. Eine Datei muß geschlossen sein, wenn ihr Dateiattribut verändert wird.
attr enthält den Wert des zu verändernden Dateiattributs. Folgende Konstanten sind in der Unit **Dos** deklariert und können im Zusammenhang mit *attr* verwendet werden:

ReadOnly	=$01; Datei kann nur gelesen werden
Hidden	=$02; Versteckte Datei
SysFile	=$04; Systemdatei (MS-DOS-Kern)
VolumeID	=$08; Datenträgername
Directory	=$10; Verzeichnis
Archive	=$20; Archivierungsbit (gewöhnliche Datei)
AnyFile	=$3F; Setzt alle Bits

Durch die Addition der einzelnen Konstanten können mehrere Bits des Attributes verändert werden. Es ist möglich, das Attribut einer Datei beliebig zu verändern, auch wenn die gesetzten Bits keinen Sinn ergeben:

```
SetFAttr(f,ReadOnly+Hidden+VolumeID);
```

Fehler, die während der Ausführung von *SetFAttr* auftreten, können mit der Systemvariablen *DosError* ermittelt werden (mögliche Werte sind: 3 und 5).

Beispiel

```
PROGRAM SetFAttr_Test;
USES
  Dos;
VAR
  f:FILE OF INTEGER;
  i,z:INTEGER;
BEGIN
  Assign(f,'WICHTIG.TS');
  Rewrite(f);
  FOR i:=1 TO 1000 DO BEGIN
    z:=Random(1000);
    Write(f,z)
  END;
  Close(f);
  SetFAttr(f,ReadOnly);
  WriteLn('WICHTIG.TS kann jetzt nicht mehr gelöscht werden.')
END.
```

Siehe auch
GetFAttr, GetFTime, SetFTime

SetFillPattern

Graphik

Zweck
Definiert ein Muster, das zur Flächenfüllung verwendet wird.

Struktur

```
PROCEDURE SetFillPattern(VAR muster:FillPatternType; farbe:WORD);
```

Bemerkung
SetFillPattern ist in der Unit **Graph** enthalten.

Der Parameter *muster* legt ein Füllmuster fest, das bei den Prozeduren *Bar*, *Bar3D*, *FillPoly*, *FloodFill* und *PieSlice* verwendet werden kann; *farbe* bestimmt die Farbe des Musters (lesen Sie hierzu bitte *SetColor*).
Damit das mit *SetFillPattern* definierte Füllmuster auch wirklich verwendet wird, muß zuerst die Prozedur *SetFillStyle* ausgeführt werden:

```
SetFillStyle(UserFill,farbe); { <UserFill> entspricht dem Wert 12 }
```

Der Datentyp *FillPatternType* des Parameters *muster* ist in der Unit **Graph** wie folgt definiert:

```
TYPE
  FillPatternType=ARRAY [1..8] OF BYTE;
```

Jedes Byte des Parameters *muster* entspricht einer horizontalen Linie, jedes Bit der 8x8-Matrix einem Bildpunkt (Pixel). Ein Bildpunkt erscheint genau dann in der angegebenen Zeichenfarbe *farbe*, wenn das entsprechende Bit des Parameters *muster* auf 1 gesetzt ist.
Die Werte eines Musters werden wie folgt ermittelt:

	128	64	32	16	8	4	2	1	
1. Byte	■	■	■	■	■				= 1111'1000 = $F8
2. Byte		■	■	■		■			= 0111'0100 = $74
3. Byte			■				■		= 0010'0010 = $22
4. Byte		■				■	■	■	= 0100'0111 = $47
5. Byte	■				■	■	■	■	= 1000'1111 = $8F
6. Byte				■		■	■	■	= 0001'0111 = $17
7. Byte			■				■		= 0010'0010 = $22
8. Byte		■	■	■				■	= 0111'0001 = $71

Beispiel
Folgendes Programm definiert vier verschiedene Muster.

```
PROGRAM SetFillPattern_Test;
USES
  Graph;
CONST
  m1:FillPatternType=($77,$89,$8F,$8F,$77,$98,$F8,$F8);
  m2:FillPatternType=($BF,$00,$BF,$BF,$B0,$B0,$B0,$B0);
  m3:FillPatternType=($F8,$74,$22,$47,$8F,$17,$22,$71);
  m4:FillPatternType=($B1,$30,$03,$1B,$B8,$C0,$0C,$8D);
```

```
VAR
  gr,mo,
  mx,my:INTEGER;
BEGIN
  gr:=Detect;
  InitGraph(gr,mo,'');
  mx:=GetMaxX DIV 2;
  my:=GetMaxY DIV 2;
  SetFillStyle(UserFill,GetMaxColor);
  SetFillPattern(m1,GetMaxColor);
  Bar(0,0,mx,my);
  SetFillPattern(m2,GetMaxColor);
  Bar(mx,0,2*mx,my);
  SetFillPattern(m3,GetMaxColor);
  Bar(0,my,mx,2*my);
  SetFillPattern(m4,GetMaxColor);
  Bar(mx,my,2*mx,2*my);
  Write('Ende mit RETURN ...');
  ReadLn;
  CloseGraph
END.
```

Siehe auch
SetFillStyle

SetFillStyle

Graphik

Zweck
Setzt ein vordefiniertes Füllmuster.

Struktur

```
PROCEDURE SetFillStyle(muster,farbe:WORD);
```

Bemerkung
SetFillStyle ist in der Unit **Graph** enthalten.
Der Parameter *muster* enthält die Nummer eines vordefinierten Füllmusters. Folgende in der Unit **Graph** definierten Konstanten können verwendet werden:

EmptyFill	=0; Hintergrundfarbe
SolidFill	=1; Zeichenfarbe
LineFill	=2; Horizontale Linien
LtSlashFill	=3; Leichtes ///-Muster
SlashFill	=4; Dichtes ///-Muster
BkSlashFill	=5; Dichtes \\\-Muster

LtBkSlashFill	=6; Leichtes \\\-Muster
HatchFill	=7; Leicht schraffiert
XHatchFill	=8; Stark schraffiert
InterleaveFill	=9; Abwechselnde Linien
WideDotFill	=10; Dünne Punktwolke
CloseDotFill	=11; Dichte Punktwolke
UserFill	=12; Benutzerdefiniertes Muster (siehe hierzu *SetFillPattern*)

Falls *muster* den Wert 12 (*UserFill*) enthält, kann mit der Prozedur *SetFillPattern* ein eigenes Muster entworfen werden.
Der Parameter *farbe* legt die Farbe des Füllmusters fest; sein Wert bezieht sich auf die gesetzte Farbpalette (genaueres bei *SetColor*).
Das gesetzte Füllmuster wird von den Prozeduren *Bar*, *Bar3D*, *FillPoly*, *FloodFill* und *PieSlice* verwendet.
Falls *SetFillStyle* nicht verwendet wird, entspricht *SolidFill* dem Füllmuster und der höchste Paletten-Eintrag der Zeichenfarbe. Mit der Prozedur *GetFillSettings* können die aktuell gesetzten Werte ermittelt werden.

Beispiel
Folgendes Programm zeigt alle vordefinierten Muster.

```
PROGRAM SetFillStyle_Test;
USES
  Graph;
VAR
  gr,mo,
  mx,my,
  i,dx:INTEGER;
BEGIN
  gr:=Detect;
  InitGraph(gr,mo,'');
  mx:=GetMaxX;
  my:=GetMaxY;
  dx:=GetMaxX DIV 12;
  FOR i:=0 TO 11 DO BEGIN
    SetFillStyle(i,GetMaxColor);
    Bar3D(i*dx,0,Succ(i)*dx,my,0,TopOff)
  END;
  ReadLn;
  CloseGraph
END.
```

Siehe auch
GetFillSettings, SetFillPattern, SetLineStyle

SetFTime

MS-DOS

Zweck
Ermöglicht, Datum und Uhrzeit einer Datei zu verändern.

Struktur

```
PROCEDURE SetFTime(VAR f; zeit:LONGINT);
```

Bemerkung
SetFTime ist in der Unit **Dos** enthalten.
Beim Schließen einer Datei wird das aktuelle Datum und die Uhrzeit auf den Datenträger übertragen.
Der Parameter *f* enthält eine Datei-Variable beliebigen Typs und bezeichnet eine offene Disketten-Datei. *zeit* enthält Datum und Zeit in einer kompakten Form (siehe hierzu *PackTime*).
Wenn während der Ausführung von *SetFTime* Fehler auftreten, enthält die Systemvariable *DosError* eine Fehlernummer ungleich null (möglicher Wert: 6).

Beispiel
Dieses Programm setzt das Datum und die Uhrzeit einer Datei neu.

```
PROGRAM SetFTime_Test;
USES
  Dos;
VAR
  f:FILE;
  name:STRING;
  zeit:DateTime;   { dieser Datentyp ist in der Unit Dos deklariert }
  z:LONGINT;
BEGIN
  Write('Dateiname: '); ReadLn(name);
  Assign(f,name);
  Reset(f);
  WriteLn('Neues Datum ...');
  WITH zeit DO BEGIN
    Write('Jahr (1980..2099): '); ReadLn(Year);
    Write('     Monat (1..12): '); ReadLn(Month);
    Write('       Tag (1..31): '); ReadLn(Day);
    Write('    Stunde (0..23): '); ReadLn(Hour);
    Write('    Minute (0..59): '); ReadLn(Min);
    Write('   Sekunde (0..59): '); ReadLn(Sec)
  END;
  PackTime(zeit,z);
  SetFTime(f,z);
  Close(f)
END.
```

Siehe auch
GetFAttr, GetFTime, SetFAttr

SetGraphBufSize

Graphik

Zweck
Setzt die Größe des Graphikpuffers.

Struktur

```
PROCEDURE SetGraphBufSize(gross:WORD);
```

Bemerkung
SetGraphBufSize ist in der Unit **Graph** enthalten.
Für das Ausfüllen von Flächen wird ein Puffer verwendet, in dem Eckpunkte von Polygonen abgelegt werden. Standardmäßig ist dieser Puffer 4 KByte groß, was rund 650 Eckpunkten entspricht.
Bitte beachten Sie, daß ein Verändern der Puffergröße vor dem ersten Aufruf von *InitGraph* erfolgen muß.

Siehe auch
GraphGetMemPtr, GraphFreeMemPtr

SetGraphMode

Graphik

Zweck
Wählt einen Graphik-Modus.

Struktur

```
PROCEDURE SetGraphMode(modus:INTEGER);
```

Bemerkung
SetGraphMode ist in der Unit **Graph** enthalten.
Ein Aufrufen der Prozedur *SetGraphMode* ist nur dann erlaubt, wenn bereits ein Graphik-Treiber mit *InitGraph* installiert worden ist.
SetGraphMode ermöglicht das Umschalten von einem Text- in einen Graphik-Modus, setzt alle Parameter (Zeichenfarbe, Fenstergröße, Graphik-Cursor) auf ihre Standard-Werte zurück und löscht den Bildschirm (*SetGraphMode* ist das Gegenstück der Prozedur *TextMode*).

Falls Sie versuchen, einen Graphik-Modus zu wählen, der für den installierten Graphik-Treiber nicht vorhanden ist, liefert die Funktion *GraphResult* die Fehlernummer -10.
Mit der Prozedur *GetModeRange* kann ermittelt werden, welche Graphik-Modi für einen Graphik-Treiber zulässig sind.
Folgende Konstanten (definiert in der Unit **Graph**) können verwendet werden:

CGAC0	=0; 320x200 Punkte, Farbpalette 0 (Hintergrundfarbe, grün, rot, braun), 1 Seite
CGAC1	=1; 320x200 Punkte, Farbpalette 1 (Hintergrundfarbe, türkis, lila, hellbraun), 1 Seite
CGAC2	=2; 320x200 Punkte, Farbpalette 2 (Hintergrundfarbe, hellgrün, hellrot, gelb), 1 Seite
CGAC3	=3; 320x200 Punkte, Farbpalette 3 (Hintergrundfarbe, helltürkis, rosa, weiß), 1 Seite
CGAHi	=4; 640x200 Punkte, schwarz-weiß, 1 Seite
MCGAC0	=0; 320x200 Punkte (wie CGAC0)
MCGAC1	=1; 320x200 Punkte (wie CGAC1)
MCGAC2	=2; 320x200 Punkte (wie CGAC2)
MCGAC3	=3; 320x200 Punkte (wie CGAC3)
MCGAMed	=4; 640x200 Punkte (wie CGAHi)
MCGAHi	=5; 640x480 Punkte, schwarz-weiß, 1 Seite
EGALo	=0; 640x200 Punkte, 16 beliebige Farben, 4 Seiten
EGAHi	=1; 640x350 Punkte, 16 beliebige Farben, 2 Seiten
EGA64Lo	=0; 640x200 Punkte, 16 beliebige Farben, 1 Seite
EGA64Hi	=1; 640x350 Punkte, 4 beliebige Farben, 1 Seite
EGAMonoHi	=3; 640x350 Punkte, schwarz-weiß, 1 Seite bei 64 KBytes, 4 Seiten bei 256 KBytes
IBM8514Lo	=0; 640x480 Punkte, 256 Farben (siehe *SetRGBPalette*), 1 Seite (ab 5.0)
IBM8514Hi	=1; 1024x768 Punkte, 256 Farben (siehe *SetRGBPalette*), 1 Seite (ab 5.0)
HercMonoHi	=0; 720x348 Punkte, schwarz-weiß, 2 Seiten
ATT400C0	=0; 320x200 Punkte (wie CGAC0)
ATT400C1	=1; 320x200 Punkte (wie CGAC1)
ATT400C2	=2; 320x200 Punkte (wie CGAC2)
ATT400C3	=3; 320x200 Punkte (wie CGAC3)

ATT400Med	=4; 640x200 Punkte (wie CGAHi)
ATT400Hi	=5; 640x400 Punkte, schwarz-weiß, 1 Seite
VGALo	=0; 640x200 Punkte, 16 beliebige Farben, 4 Seiten
VGAMed	=1; 640x350 Punkte, 16 beliebige Farben, 2 Seiten
VGAHi	=2; 640x480 Punkte, 16 beliebige Farben, 1 Seite
PC3270Hi	=0; 720x350 Punkte

Siehe auch
GetModeRange, InitGraph, TextMode

SetIntVec

MS-DOS

Zweck
Setzt die Adresse einer Interrupt-Routine.

Struktur

```
PROCEDURE SetIntVec(nr:BYTE; adresse:POINTER);
```

Bemerkung
SetIntVec ist in der Unit **Dos** enthalten.
Interrupt-Vektoren (Adressen von Interrupt-Routinen) können bei maschinennaher Programmierung von wesentlicher Bedeutung sein. Ein Interrupt wird beispielsweise immer dann ausgelöst, wenn eine Taste der Tastatur gedrückt wird oder ein Programm eine Zahl durch null dividiert. In solchen Fällen wird vom System eine besondere Routine angesprungen, die bestimmte Aufgaben zu erfüllen hat. Die Speicheradresse einer solchen Routine wird Interrupt-Vektor genannt und befindet sich irgendwo am Anfang des Arbeitsspeichers.
Mit *SetIntVec* wird es möglich, einen Interrupt-Vektor so zu verändern, daß bei einem Interrupt eine selbst geschriebene Prozedur ausgeführt wird (ein Interrupt-Vektor wird "verbogen"). Jedoch muß hier darauf geachtet werden, daß der Original-Vektor gesichert (mit *GetIntVec*) und am Ende des Programmes wieder zurückgeschrieben wird.

Beispiel
Im folgenden Programm wollen wir für den Interrupt $1C eine neue Routine schreiben. Dieser Interrupt wird 18.2 Mal jede Sekunde vom Interrupt $08 (interne Uhr) aufgerufen und ist für den freien Gebrauch gedacht.

Unsere Routine *musik* spielt selbständig eine Melodie, während das Hauptprogramm Primzahlen berechnet.

```
PROGRAM SetIntVec_Test;
USES
  Dos,Crt;
CONST
  ton:ARRAY [1..10,1..2] OF INTEGER=
    ((440,10),(880,10),(0,10),(440,5),(554,5),
    (659,5),(784,5),(988,10),(880,10),(0,20));

{$F+}
  PROCEDURE musik; INTERRUPT;
  CONST
    d:INTEGER=0;
    i:INTEGER=0;
  BEGIN
    IF d=0 THEN BEGIN
      Inc(i);
      IF i>10 THEN i:=1;
      IF ton[i,1]=0 THEN
        NoSound
      ELSE
        Sound(ton[i,1]);
      d:=ton[i,2]
    END;
    IF d=1 THEN NoSound;
    Dec(d)
  END;
{$F-}

  FUNCTION prim(zahl:LONGINT):BOOLEAN;
  VAR
    wurzel,teiler:LONGINT;
  BEGIN
    teiler:=3;
    wurzel:=Round(Sqrt(zahl));
    prim:=TRUE;
    REPEAT
      IF zahl MOD teiler=0 THEN BEGIN
        prim:=FALSE;
        Exit
      END;
      Inc(teiler,2)
    UNTIL teiler>wurzel
  END;

VAR
  original:POINTER;
  zahl:LONGINT;
BEGIN
  GetIntVec($1C,original);
```

```
    SetIntVec($1C,Addr(musik));
    zahl:=5;
    REPEAT
      IF prim(zahl) THEN
        Write(zahl:10);
      Inc(zahl,2)
    UNTIL KeyPressed;
    SetIntVec($1C,original);
    NoSound
  END.
```

Siehe auch
INTERRUPT, GetIntVec, Keep

SetLineStyle

Graphik

Zweck
Ermöglicht das Setzten der Linienart und -dicke.

Struktur

```
PROCEDURE SetLineStyle(linienart,muster,dicke:WORD);
```

Bemerkung
SetLineStyle ist in der Unit **Graph** enthalten.
Der Parameter *linienart* legt das Aussehen einer zu zeichnenden Linie fest. Folgende Werte sind in der Unit **Graph** definiert:

SolidLn	=0; Durchgezogene Linie
DottedLn	=1; Gepunktete Linie
CenterLn	=2; Punkt-Strich-Punkt-Linie
DashedLn	=3; Gestrichelte Linie
UserBitLn	=4; Benutzerdefinierte Linie

Falls *linienart* den Wert 4 (*UserBitLn*) enthält, wird das Bitmuster des Parameters *muster* zum Zeichnen von Linien verwendet, andernfalls wird dieser Parameter nicht beachtet.
Der Parameter *dicke* legt die Zeichendicke fest. Folgende Konstanten sind hierzu in der Unit **Graph** deklariert:

NormWidth	=1; Normale Zeichendicke
ThickWidth	=3; Breite Linie

Die Farbe einer Linie kann mit der Prozedur *SetColor* gesetzt werden.

Die durch *SetLineStyle* gesetzte Linienart wird von allen Graphikroutinen verwendet (z.B. *Circle*, *DrawPoly*).

Beispiel
Folgendes Programm zeichnet Linien mit verschiedenen Bitmustern.

```
PROGRAM SetLineStyle_Test;
USES
  Graph;
VAR
  gr,mo,
  mx,my:INTEGER;
  m:WORD;
BEGIN
  gr:=Detect;
  InitGraph(gr,mo,'');
  mx:=GetMaxX;
  my:=GetMaxY;
  FOR m:=0 TO mx DO BEGIN
    SetLineStyle(UserBitLn,m,NormWidth);
    Line(m,0,m,my)
  END;
  ReadLn;
  CloseGraph
END.
```

Siehe auch
GetLineSettings

SetPalette

Graphik

Zweck
Ermöglicht das Ändern eines Paletten-Eintrages.

Struktur

```
PROCEDURE SetPalette(nr:WORD; farbe:SHORTINT);
```

Bemerkung
SetPalette ist in der Unit **Graph** enthalten.
Die aktuell gesetzten Farben einer Farbpalette können mit der Prozedur *GetPalette* ermittelt werden. *SetPalette* ersetzt den Paletteneintrag *nr* durch die neue Farbe *farbe* und läßt Graphiken, falls sie mit der entsprechenden Farbe gezeichnet worden sind, in der neu bestimmten Farbenpracht erscheinen.

Folgende Konstanten sind in der Unit **Graph** definiert und können verwendet werden:

Black	=0; Schwarz
Blue	=1; Blau
Green	=2; Grün
Cyan	=3; Türkis
Red	=4; Rot
Magenta	=5; Lila
Brown	=6; Braun
LightGray	=7; Hellgrau
DarkGray	=8; Dunkelgrau
LightBlue	=9; Hellblau
LightGreen	=10; Hellgrün
LightCyan	=11; Helltürkis
LightRed	=12; Hellrot
LightMagenta	=13; Rosa
Yellow	=14; Gelb
White	=15; Weiß

Bitte beachten Sie, daß *SetPalette* nur bei einer EGA- oder VGA-Graphikkarte die oben beschriebene Wirkung zeigt; um bei den anderen Graphikkarten (CGA, MCGA, AT&T ...) die gesamte Farbpalette zu verändern, verwenden Sie bitte die in der Unit **Graph3** definierte Prozedur *Palette*:

```
Palette(CGAC2);  { wählt Palette 2 für CGA-Karte, siehe auch InitGraph }
```

Mit der Funktion *GetMaxColor* kann die höchste Farbnummer des installierten Graphik-Treibers ermittelt werden.

Siehe auch
GetMaxColor, GetPalette, SetColor, SetBkColor, SetAllPalette

SetRGBpalette

Graphik (ab Version 5.0)

Zweck
Ändert einen Eintrag der Farbpalette, die vom Graphik-Adapter IBM 8514 verwendet wird.

Struktur

```
PROCEDURE SetRGBpalette(nr,rot,gruen,blau:INTEGER);
```

Bemerkung
SetRGBpalette ist in der Unit **Graph** definiert.
Der Graphik-Adapter IBM 8514 steuert den Bildschirm mit analogen Signalen an. Dies bedeutet, daß nicht jeder Farbe ein fixer Zahlenwert zugeordnet ist, sondern daß jede aus den 3 Farbkomponenten rot, grün und blau besteht. Diese Komponenten lassen sich praktisch stufenlos regulieren (64 Stufen) zwischen den beiden Extremwerten "keine Farbe" (schwarz) und "volle Farbe" (rot, grün oder blau). Auf diese Weise sind 262'144 (64*64*64) Farbnuancen möglich.
Mit Hilfe der Prozedur *SetRGBpalette* läßt sich dem Paletten-Eintrag *nr* (Bereich 0..255) die drei Farb-Werte *rot*, *gruen* und *blau* zuordnen. Der Wertebereich für die Parameter *rot*, *gruen* und *blau* ist etwas komplizierter anzugeben: 0, 4, 8, 12, ..., 252 (eigentlich 0..255, aber die beiden ersten Bits der Parameter *rot*, *gruen* und *blau* werden nicht berücksichtigt; aus diesem Grund entstehen Zahlen, die ein ganzes Vielfaches von 4 sind). Ein gültiger Farbwert läßt sich auch mit folgender Formel berechnen:

```
Farbwert:=x*4;  { x liegt im Bereich 0..63 }
```

Die ersten 16 Einträge der RGB-Farbpalette werden bei der Installierung des Graphik-Treibers IBM 8514 mit Werten initialisiert, die den Standard-Farben einer EGA- oder VGA-Karte entsprechen:

Farbe	Rot	Grün	Blau
Schwarz	$00	$00	$00
Blau	$00	$00	$FC
Grün	$24	$FC	$24
Türkis	$00	$FC	$FC
Rot	$FC	$14	$14
Lila	$B0	$00	$FC
Braun	$70	$48	$00
Hellgrau	$C4	$C4	$C4

Farbe	Rot	Grün	Blau
Dunkelgrau	$34	$34	$34
Hellblau	$00	$00	$70
Hellgrün	$00	$70	$00
Helltürkis	$00	$70	$70
Hellrot	$70	$00	$00
Rosa	$70	$00	$70
Gelb	$FC	$FC	$24
Weiß	$FC	$5C	$FC

Eine Farbe der RGB-Palette läßt sich mit der Prozedur *SetColor* anwählen. **Wichtig:** Die Prozedur *SetRGBpalette* arbeitet nur mit dem Bildschirm-Adapter IBM 8514 zusammen. Um die Farbpalette für VGA- und EGA-Bildschirme zu verändern, verwenden Sie bitte die Prozedur *SetPalette*. Bei den CGA-, MCGA und AT&T-Karten läßt sich die gesamte Palette nur mit der in der Unit **Turbo3** enthaltenen Prozedur *Palette* verändern (siehe Beispiel bei *SetPalette*).
SetRGBpalette läßt sich (entgegen der Beschreibung im Original-Handbuch) *nicht* zusammen mit VGA-Karten einsetzen.

Beispiel

```
PROGRAM SetRBGpalette_Test;
USES
  Crt,Graph;
VAR
  gr,mo,
  i,x,y,
  rot,gruen,blau:INTEGER;
  ch:CHAR;
BEGIN
  gr:=IBM8514;
  mo:=IBM8514Hi;
  InitGraph(gr,mo,'');
  IF GraphResult<>0 THEN BEGIN
    WriteLn('Kein geeigneter Graphik-Bildschirm');
    WriteLn('für dieses Programm vorhanden ...');
    Halt
  END;
  x:=GetMaxX;
  y:=GetMaxY;
  FOR i:=1 TO 100 DO BEGIN
    SetColor(Random(16));
    Line(Random(x),Random(y),Random(x),Random(y))
  END;
  REPEAT
    rot:=Random(64)*4;
    gruen:=Random(64)*4;
    blau:=Random(64)*4;
    SetRGBpalette(Random(16),rot,gruen,blau)
  UNTIL KeyPressed;
  WHILE KeyPressed DO ch:=ReadKey;  { Tastaturpuffer leeren }
  CloseGraph
END.
```

Siehe auch
GetDefaultPalette, SetPalette

SetTextBuf

Text-Datei

Zweck
Richtet für eine Textdatei-Variable einen Puffer ein.

Struktur

```
PROCEDURE SetTextBuf(VAR f:TEXT; VAR puffer);
PROCEDURE SetTextBuf(VAR f:TEXT; VAR puffer; groesse:WORD);
```

Bemerkung
Jeder Textdatei wird standardmäßig ein Puffer von 128 Bytes zugeordnet. Dieser dient zur Zwischenspeicherung der Daten, die auf die Diskette/ Festplatte geschrieben oder von der Diskette/Festplatte gelesen werden sollen. Falls diese Puffergröße nicht ausreicht (z.B. bei Kopierprogrammen), kann mit der Prozedur *SetTextBuf* einer Dateivariablen (*f*) ein Puffer (*puffer*) zugeordnet werden. Der optionale Parameter *groesse* gibt an, wieviele Bytes des Puffers verwendet werden sollen. Wenn Sie *groesse* weggelassen, wird der gesamte Puffer mit Daten belegt. Es ist immer dann ein Wert für *groesse* anzugeben, wenn der Datentyp der Puffervariablen keinen Aufschluß über die Puffergröße gibt:

```
VAR
  p:POINTER;
  groesse:INTEGER;
  t:TEXT;
BEGIN
  groesse:=$1000;
  Assign(t,'TEST.TXT');
  GetMem(p,groesse);        { Hier kann die Speichergröße nicht ... }
  SetTextBuf(t,p^,groesse); { ... automatisch berechnet werden      }
```

Ein Datenpuffer bleibt für eine Dateivariable nur solange bestehen, bis ihr mit der Prozedur *Assign* ein neuer Dateiname zugeordnet wird.
Wenn für eine offene Datei ein Puffer eingerichtet wird, besteht die Möglichkeit, Daten zu verlieren, da die sich im Standard-Puffer befindenden Daten nicht automatisch in den neuen Puffer kopiert werden.
Ein Datenpuffer für Textdateien muß in einem Programm immer global deklariert sein, da sonst die Gefahr besteht, daß er nicht in allen Programmteilen definiert ist. Folgende Prozedur legt zwar einen Textdatei-Puffer von 1 kB an, er ist jedoch außerhalb der Prozedur nicht mehr definiert:

```
PROCEDURE puffer(VAR f:TEXT);
VAR
  puf:ARRAY [1..1024] OF CHAR;
BEGIN
  SetTextBuf(f,puf)  { nur innerhalb der Prozedur <puffer> definiert }
END;
```

Die Prozedur *Flush* schreibt den Inhalt eines Datenpuffers auf die Diskette/Festplatte; falls die Prozedur *Close* noch Daten im Puffer findet, werden diese automatisch in die entsprechende Textdatei geschrieben.

Beispiel
Folgendes Programm kopiert eine Textdatei und verwendet dabei zwei Puffer, die auf dem Heap angelegt werden.

```
PROGRAM SetTextBuf_Test;
VAR
  pq,pz:POINTER;
  q,z:TEXT;
  quelle,ziel,daten:STRING;
  size:INTEGER;
BEGIN
  Write('Größe des Puffers: ');
  ReadLn(size);
  GetMem(pq,size);
  GetMem(pz,size);
  Write('Name der Quelldatei: ');
  ReadLn(quelle);
  Write(' Name der Zieldatei: ');
  ReadLn(ziel);
  Assign(q,quelle);
  SetTextBuf(q,pq^,size);
  Reset(q);
  Assign(z,ziel);
  SetTextBuf(z,pz^,size);
  Rewrite(z);
  WHILE NOT Eof(q) DO BEGIN
    ReadLn(q,daten);
    WriteLn(z,daten)
  END;
  Close(q);
  Close(z);
  FreeMem(pq,size);  { Diese beiden Zeilen geben ... }
  FreeMem(pz,size)   { ... den Heap wieder frei.     }
END.
```

Siehe auch
FILE, TEXT

SetTextJustify

Graphik

Zweck
Legt fest, wie ein auszugebender Text im Graphikmodus auszurichten ist.

Struktur

```
PROCEDURE SetTextJustify(horizontal,vertikal:WORD);
```

Bemerkung
SetTextJustify ist in der Unit **Graph** definiert.

Ein Text, der im Graphik-Modus mit einer der Prozeduren *OutText* oder *OutTextXY* ausgegeben wird, kann links-, rechtsbündig oder zentriert (bezüglich der aktuellen Position des Graphik-Cursors) ausgegeben werden. Der Wert des Parameters *horizontal* (*vertikal*) bestimmt die Formatierung in horizontaler (vertikaler) Schreibrichtung, Die Schreibrichtung selbst wird mit der Prozedur *SetTextStyle* festgelegt.
Folgende Konstanten sind für den Parameter *horizontal* in der Unit **Graph** deklariert:

LeftText	=0; Der Text wird ab der Position des Graphik-Cursors ausgegeben.
CenterText	=1; Ein Text wird so ausgegeben, daß seine Mitte auf die Position des Graphik-Cursors zu liegen kommt.
RightText	=2; Das Ende eines Textes liegt auf der Position des Graphik-Cursors.

Die folgenden, in der Unit **Graph** definierten Konstanten können dem Parameter *vertikal* übergeben werden:

BottomText	=0; Der ausgegebene Text liegt oberhalb der Position des Graphik-Cursors.
CenterText	=1; Der Graphik-Cursor liegt in der Mitte eines Textes.
TopText	=2; Der ausgegebene Text liegt unterhalb der Position des Graphik-Cursors.

Siehe auch
GetTextSettings, OutText, SetTextStyle

SetTextStyle **Graphik**

Zweck
Legt den Zeichensatz, die Schreibrichtung und die Zeichengröße fest.

Struktur

```
PROCEDURE SetTextStyle(zeichensatz,richtung,groesse:WORD);
```

Bemerkung
SetTextStyle ist in der Unit **Graph** enthalten.
Zur Zeit verfügt Turbo Pascal über fünf Zeichensätze, die im Graphik-Modus mit den beiden Prozeduren *OutText* und *OutTextXY* verwendet

werden können. Einer davon steht immer zur Verfügung und wird aus 8x8 Punkten gebildet, die anderen vier sind Vektorzeichensätze, die auch bei einer Vergrößerung ein gutes Schriftbild ermöglichen. Sie befinden sich als .CHR-Dateien auf einer der Systemdisketten und werden bei Bedarf in den Speicher (Heap) geladen. Mit *RegisterBGIfont* besteht die Möglichkeit, die Vektorzeichensätze direkt in ein Programm einzubinden, so daß ein Nachladen von der Diskette/Festplatte wegfällt.
Folgende Konstanten sind in der Unit **Graph** definiert und können dem Parameter *zeichensatz* übergeben werden:

DefaultFont	=0; 8x8-Raster, kann immer verwendet werden und wird nie von der Diskette/Festplatte in den Speicher geladen.
TriplexFont	=1; Vektorzeichensatz, Schriftart "Triplex", als Datei TRIP.CHR vorhanden.
SmallFont	=2; Vektorzeichensatz mit kleinen Zeichen, als Datei LITT.CHR vorhanden.
SansSerifFont	=3; Vektorzeichensatz, Schriftart "Sans Serif", als Datei SANS.CHR vorhanden.
GothicFont	=4; Vektorzeichensatz, Schriftart "Gothic", als Datei GOTH.CHR vorhanden.

Mit dem Parameter *richtung* kann die Schreibrichtung festgelegt werden. Hierzu sind zwei Konstanten in der Unit **Graph** deklariert:

HorizDir	=0; Horizontale Schreibrichtung (von links nach rechts), entspricht der Standardeinstellung.
VertDir	=1; Vertikale Schreibrichtung (von unten nach oben).

groesse schließlich ermöglicht das Verändern der Schriftgröße und kann im Bereich 0..10 liegen. Falls *groesse* den Wert 0 (vordefinierte Konstante *UserCharSize*) erhält, läßt sich mit der Prozedur *SetUserCharSize* die Zeichenbreite und -höhe unabhängig voneinander verändern.
Fehler, die während der Prozedur *SetTextStyle* auftreten, können mit der Funktion *GraphResult* ermittelt werden. Hierzu sind folgende Konstanten in der Unit **Graph** definiert:

grFontNotFound	=-8; Zeichensatz-Datei (*.CHR) nicht gefunden
grNoFontMem	=-9; Nicht genug Speicherplatz für Zeichensatz
grIOError	=-12; I/O-Fehler beim Laden der Datei
grInvalidFont	=-13; Zeichensatz-Datei zerstört oder ungültig
grInvalidFontNum	=-14; Zeichensatz-Nummer unbekannt

Siehe auch
GetTextSettings, OutText, RegisterBGIfont, SetTextJustify, SetUserCharSize

SetTime

MS-DOS

Zweck
Ermöglicht das Setzen der Systemzeit.

Struktur

```
PROCEDURE SetTime(VAR std,min,sek,sek100:WORD);
```

Bemerkung
SetTime ist in der Unit **Dos** enthalten.
Die einzelnen Parameter müssen in folgenden Bereichen liegen:

std	0..23
min	0..59
sek	0..59
sek100	0..99

Falls sich aus den übergebenen Parametern keine gültige Zeit bilden läßt, wird die Systemzeit nicht verändert.

Siehe auch
GetDate, GetTime, SetDate

SetUserCharSize

Graphik

Zweck
Ermöglicht beliebige Schriftgrößen.

Struktur

```
PROCEDURE SetUserCharSize(mx,dx,my,dy:WORD);
```

Bemerkung
SetUserCharSize ist in der Unit **Graph** enthalten.
Mit *SetUserCharSize* können die einzelnen Maße eines Zeichens in X- und Y-Richtung verändert werden.

Die Veränderung in X-Richtung ergibt sich aus *mx/dx*, diejenige in Y-Richtung aus *my/dy*. Der Aufruf *SetUserCharSize(2,1,3,2);* vergrößert ein Zeichen in X-Richtung um 2, in Y-Richtung um 1.5.
Version 4.0: Damit die mit *SetUserCharSize* gesetzte Zeichengröße verwendet wird, muß bei der Prozedur *SetTextStyle* die Größe 0 (entspricht der definierten Konstanten *UserCharSize*) übergeben werden:

```
SetUserCharSize(2,1,13,2);
SetTextStyle(TriplexFont,HorizDir,UserCharSize);  { nur für Version 4.0 }
OutText('Leicht verzogen');
```

Siehe auch
OutText, OutTextXY, SetTextStyle

SetVerify

MS-DOS (ab Version 5.0)

Zweck
Verändert den aktuellen Stand des "Verify"-Schalters.

Struktur

```
PROCEDURE SetVerify(verify:BOOLEAN);
```

Bemerkung
SetVerify ist in der Unit **Dos** definiert.
Der Prozeduraufruf *SetVerify(TRUE);* schaltet die Überprüfung des Schreibvorganges (Diskette, Festplatte) ein, *SetVerify(FALSE);* schaltet diese aus (entspricht der Standard-Einstellung).
Ausführliche Informationen hierzu erhalten Sie bei *GetVerify*.

Siehe auch
GetVerify

SetViewPort

Graphik

Zweck
Definiert einen Teil des Bildschirmes als Graphik-Fenster.

Struktur

```
PROCEDURE SetViewPort(x1,y1,x2,y2:INTEGER; clip:BOOLEAN);
```

Bemerkung
SetViewPort ist in der Unit **Graph** enthalten.
(x1,y1) legen die linke obere, *(x2,y2)* die rechte untere Ecke des Graphik-Fensters fest. Das voreingestellte Fenster entspricht der gesamten Bildschirmgröße und ist wie folgt festgelegt:

```
SetViewPort(0,0,GetMaxX,GetMaxY,TRUE);
```

Graphiken, die über die Grenzen des aktuellen Fensters hinausgehen, werden nur dann abgeschnitten, wenn dem Parameter *clip* bei der Festlegung des Graphik-Fensters der Wert TRUE übergeben worden ist. Die folgenden Konstanten (definiert in der Unit **Graph**) können hierfür verwendet werden:

ClipOn	=TRUE; Graphiken werden an den Fensterrändern abgeschnitten.
ClipOff	=FALSE; Graphiken werden nicht abgeschnitten.

Mit Hilfe der Prozedur *SetViewPort* kann der Ursprung des Koordinatensystems ohne Schwierigkeiten in die Mitte des Bildschirmes gelegt werden:

```
SetViewPort(GetMaxX DIV 2,GetMaxY DIV 2,GetMaxX,GetMaxY,ClipOff);
```

Da hier Graphiken am Rande des Fensters nicht abgeschnitten werden, steht der gesamte Bildschirm zur Verfügung.
SetViewPort speichert den Bildschirmausschnitt, der vom neuen Graphikfenster verdeckt wird, nicht selbständig ab. Dieser kann bei Bedarf mit der Prozedur *GetImage* gesichert werden.

Beispiel
Folgendes Programm füllt den Bildschirm mit einem Muster, definiert schließlich ein Graphikfenster und speichert den verdeckten Bildschirmausschnitt auf dem Heap ab.

```
PROGRAM SetViewPort_Test;
USES
  Graph;
VAR
  gr,mo:INTEGER;
  gross,i:WORD;
  p:POINTER;
BEGIN
  gr:=Detect;
  InitGraph(gr,mo,'');
  SetFillStyle(WideDotFill,1);
  Bar3D(0,0,GetMaxX,GetMaxY,0,TopOff);
```

```
    gross:=ImageSize(20,20,120,120);
    GetMem(p,gross);
    GetImage(20,20,120,120,p^);
    SetViewPort(20,20,120,120,ClipOn);
    ClearViewPort;
    Randomize;
    FOR i:=1 TO 200 DO
      LineTo(Random(100),Random(100));
    OutTextXY(0,0,'Weiter mit <RETURN> ...');
    ReadLn;
    SetViewPort(0,0,GetMaxX,GetMaxY,ClipOn);
    PutImage(20,20,p^,NormalPut);
    FreeMem(p,gross);
    OutTextXY(0,0,'Ende mit <RETURN> ...');
    ReadLn;
    CloseGraph
  END.
```

Siehe auch
ClearDevice, ClearViewPort, GetViewSettings

SetVisualPage

Graphik

Zweck
Zeigt eine von mehreren Graphikseiten.

Struktur

```
PROCEDURE SetVisualPage(seite:WORD);
```

Bemerkung
SetVisualPage ist in der Unit **Graph** enthalten.
Einige Graphikkarten (EGA, VGA und Hercules) stellen mehrere Graphikseiten zur Verfügung; jede entspricht einem gesamten Bildschirm. Mit der Prozedur *SetVisualPage* läßt sich festlegen, welche dieser Seiten angezeigt werden soll.
Bitte beachten Sie, daß der ersten Bildschirmseite die Nummer 0 entspricht.
Die Prozedur *SetActivePage* teilt dem System mit, auf welcher Seite die einzelnen Graphik-Routinen zeichnen sollen. So ist es möglich, Graphiken im Hintergrund entstehen und sie dann auf einen Schlag anzeigen zu lassen.

Beispiel
Folgendes Programm verwendet zwei Graphikseiten, die auf Tastendruck abwechselnd angezeigt werden.
Bitte beachten Sie, daß dieses Programm nur mit einer EGA-, VGA- oder Hercules-Graphikkarte den erwünschten Effekt zeigt.
Das Programm kann mit <ESC> abgebrochen werden.

```
PROGRAM SetVisualPage_Test;
USES
  Crt,Graph;
VAR
  gr,mo,
  i,mx,my:INTEGER;
  ch:CHAR;
BEGIN
  gr:=Detect;
  InitGraph(gr,mo,'');
  mx:=GetMaxX;
  my:=GetMaxY;
  SetVisualPage(0);
  SetActivePage(0);
  FOR i:=1 TO 10 DO
    Circle(mx DIV 2,my DIV 2,i*4);
  SetActivePage(1);
  FOR i:=1 TO 10 DO
    Rectangle(i*4,i*4,mx-i*4,my-i*4);
  i:=0;
  REPEAT
    ch:=ReadKey;
    Inc(i);
    IF i>1 THEN i:=0;
    SetVisualPage(i)
  UNTIL ch=#27;
  CloseGraph
END.
```

Siehe auch
SetActivePage

SetWriteMode

Graphik (ab Version 5.0)

Zweck
Legt fest, ob Graphik-Linien den Bildschirm-Inhalt überschreiben oder diesen mit einer XOR-Operation verknüpfen sollen.

Struktur

```
PROCEDURE SetWriteMode(modus:INTEGER);
```

Bemerkung
SetWriteMode ist in der Unit **Graph** definiert.
Die Prozedur *SetWriteMode* legt fest, ob die Prozeduren *DrawPoly*, *Line*, *LineRel*, *LineTo* und *Rectangle* direkt in den Bildschirm zeichnen oder zuvor den Bildschirm-Inhalt mit einer XOR-Operation verknüpfen sollen. Für den Parameter *modus* lassen sich die folgenden Konstanten (in der Unit **Graph** definiert) verwenden:

CopyPut	=0; Linien überschreiben den Bildschirm
XORput	=1; Die einzelnen Punkte der zu zeichnenden Linien und der Bildschirm-Inhalt werden mit dem arithmetischen Operator XOR verknüpft

Im *XORput*-Modus können Hilfslinien gezeichnet werden, die sich durch einen zweiten Aufruf derselben Zeichenoperation ohne Probleme wieder entfernen lassen. Solche Hilfslinien werden von Graphik-Programmen beim Zeichnen von sogenannten "Gummi-Linien" (siehe folgendes Beispiel) verwendet.

Beispiel
Mit folgendem Programm lassen sich Rechtecke beliebiger Größe zeichnen. Sie verfügen hierzu über einen Cursor, der sich frei über den Bildschirm bewegen läßt (mit den Cursor-Tasten). Sobald Sie auf die RETURN-Taste drücken, wird ein erster Diagonal-Eckpunkt des Rechtecks gesetzt. Jede Bewegung des Cursors verändert nun solange die Größe des zu zeichnenden Rechtecks, bis Sie zum zweiten Mal die RETURN-Taste drücken.

```
PROGRAM SetWriteMode_Test;
USES
  Crt,Graph;
VAR
  gr,mo,
  xp,yp,xa,ya,
  x1,y1:INTEGER;
  ch:CHAR;

  PROCEDURE Cursor(x,y:INTEGER);
  BEGIN
    Line(x-5,y,x+5,y);
    Line(x,y-5,x,y+5)
  END;
```

```
BEGIN
  gr:=Detect;
  InitGraph(gr,mo,'');
  SetWriteMode(XORput);
  xp:=GetMaxX DIV 2;
  yp:=GetMaxY DIV 2;
  x1:=-1;
  Cursor(xp,yp);
  OutTextXY(0,0,'Programm-Abbruch mit ESC');
  REPEAT
    ch:=ReadKey;
    IF ch=#0 THEN BEGIN
      ch:=ReadKey;
      xa:=xp;
      ya:=yp;
      CASE ch OF
        #75:Dec(xp,5);  { <-  }
        #77:Inc(xp,5);  { ->  }
        #72:Dec(yp,5);  { auf }
        #80:Inc(yp,5)   { ab  }
      END;
      IF xp<0 THEN xp:=xa; IF xp>GetMaxX THEN xp:=xa;
      IF yp<0 THEN yp:=ya; IF yp>GetMaxY THEN yp:=ya;
      IF (xp<>xa) OR (yp<>ya) THEN BEGIN
        Cursor(xa,ya);  { alten Cursor löschen }
        Cursor(xp,yp);  { neuen schreiben      }
        IF x1<>-1 THEN BEGIN
          Rectangle(x1,y1,xa,ya);  { altes Rechteck löschen }
          Rectangle(x1,y1,xp,yp)   { neues zeichnen         }
        END
      END
    END ELSE BEGIN
      CASE ch OF
        #13:IF x1=-1 THEN BEGIN  { RETURN-Taste }
              x1:=xp;
              y1:=yp
            END ELSE BEGIN
              Cursor(xp,yp);  { Cursor ausschalten }
              SetWriteMode(CopyPut);
              Rectangle(x1,y1,xp,yp);
              x1:=-1;
              SetWriteMode(XORput);
              Cursor(xp,yp)   { Cursor einschalten }
            END
      END
    END
  UNTIL ch=#27;  { ESC-Taste }
  CloseGraph
END.
```

SHL

Operator

Zweck
Verschiebt das Bitmuster eines Integer-Wertes nach links.

Bemerkung
i1 SHL *i2* verschiebt das Bitmuster der Zahl *i1* um *i2* Stellen nach links. Die Bits, die links hinausfallen, gehen verloren. Bits, die rechts dazukommen, werden auf Null gesetzt.
Das Verschieben um eine Stelle nach links entspricht einer Multiplikation mit 2 (i SHL 1 ist bedeutend schneller als i*2).

Typ der Operanden <i1> und <i2>	Ergebnistyp
SHORTINT	SHORTINT
BYTE	BYTE
INTEGER	INTEGER
WORD	WORD
LONGINT	LONGINT

Beispiel

```
1 SHL 2 = 4
3 SHL 1 = 6
```

Siehe auch
SHR

SHR

Operator

Zweck
Verschiebt das Bitmuster eines Integer-Wertes nach rechts.

Bemerkung
i1 SHR *i2* verschiebt das Bitmuster der Zahl *i1* um *i2* Stellen nach rechts. Die Bits, die rechts hinausfallen, gehen verloren. Bits, die links dazukommen, werden auf Null gesetzt.
Das Verschieben um eine Stelle nach rechts entspricht einer Division durch 2 (i SHR 1 ist bedeutend schneller als i DIV 2).

Typ der Operanden <i1> und <i2>	Ergebnistyp
SHORTINT	SHORTINT
BYTE	BYTE
INTEGER	INTEGER
WORD	WORD
LONGINT	LONGINT

Beispiel

```
8 SHR 2  = 2
23 SHR 3 = 2
```

Siehe auch
SHL

SHORTINT

Datentyp

Zweck
Datentyp, der einen Bereich von -128..127 zuläßt.

Bemerkung
Ein Datentyp definiert die Beschaffenheit der Werte, die eine Variable annehmen kann. Dieser kann in einem Programm nur ein einziger Datentyp zugeordnet werden.
Der Datentyp SHORTINT stellt einen Teilbereich des Typs INTEGER dar. Aus diesem Grund sind beide Typen zuweisungskompatibel:

```
VAR
  b:BYTE;
  s:SHORTINT;
  i:INTEGER;
  w:WORD;
  l:LONGINT;
  r:REAL;
BEGIN
  b:=255;
  s:=b;

  s:=-127;
  b:=s;

  i:=12345;
  b:=i; s:=i;
```

```
    i:=-12345;
    b:=i; s:=i; w:=i;

    l:=123456;
    w:=l; i:=l; b:=l; s:=l;

    r:=123;
    l:=Trunc(r); i:=Trunc(r); w:=Trunc(r);
    r:=l; r:=i; r:=w;
  END.
```

Falls eine Variable des Typs SHORTINT einem Variablenparameter übergeben wird, der nicht selbst vom Typ SHORTINT ist, wird ein Fehler bei der Compilation ausgegeben:

```
  VAR
    s:SHORTINT;

    PROCEDURE ja(n:INTEGER);
    BEGIN
    END;

    PROCEDURE nein(VAR n:INTEGER);
    BEGIN
    END;

  BEGIN
    ja(s);    { Kein Fehler }
    nein(s);  { Fehler!     }
```

Siehe auch
BOOLEAN, CHAR, INTEGER, REAL, STRING, TYPE, WORD

Sin

Arithmetik

Zweck
Errechnet den Sinus.

Struktur

```
FUNCTION Sin(r:REAL):REAL;
```

Bemerkung
Das Argument ist im Bogenmaß anzugeben.

```
Bogenmaß       = Grad*Pi/180
ArcusSinus(x) = ArcTan(x/Sqrt(1-Sqr(x))
```

Siehe auch
ArcTan, Cos, Exp, Ln, Sqr, Sqrt

SINGLE

Datentyp

Zweck
Datentyp, die Bereiche 1.5e-45 bis 3.4e38 und -1.5e-45 bis -3.4e38 zuläßt.

Bemerkung
Ein Datentyp definiert die Beschaffenheit der Werte, die eine Variable annehmen kann. Dieser kann in einem Programm nur ein einziger Datentyp zugeordnet werden.

Version 4.0: Der Datentyp SINGLE ist nur bei vorhandenem mathematischen Coprozessor verfügbar (siehe Compiler-Befehl **N** im Anhang E).

Ab Version 5.0: Der Datentyp SINGLE kann dank des Coprozessor-Emulators auf jedem Computersystem eingesetzt werden (siehe Compiler-Befehl **E** im Anhang E).

SINGLE ist ein reeller Datentyp mit einer Genauigkeit von 7 bis 8 signifikanten Dezimalstellen; eine Variable diesen Typs belegt 4 Bytes Speicher.
Folgende Regeln sind beim Typ SINGLE zu beachten:

a) Die Funktionen *Pred* und *Succ* sowie die Prozeduren *Dec* und *Inc* sind nicht erlaubt.
b) Der Datentyp SINGLE kann nicht als Kontrollvariable in den Anweisungen FOR oder CASE verwendet werden.
c) Der Datentyp SINGLE darf nicht als Index eines Arrays verwendet werden.
d) Teilbereiche des Typs SINGLE sind nicht erlaubt.

Siehe auch
COMP, DOUBLE, EXTENDED, REAL

SizeOf

System

Zweck
Ermittelt den Speicherbedarf einer Variablen oder eines Typs.

Struktur

```
FUNCTION SizeOf(variable):WORD;
FUNCTION SizeOf(datentyp):WORD;
```

Bemerkung

Die Funktion *SizeOf* übergibt die Anzahl Bytes, die eine Variable oder ein Datentyp im Speicher beansprucht.

Beispiel

```
PROGRAM SizeOf_Test;
TYPE
  tier=(maus,katze,hund);
  karte=RECORD
    name:STRING[20];
    nr:INTEGER
  END;
VAR
  c:CHAR;
  r:REAL;
  s:SET OF CHAR;
BEGIN
  WriteLn('Werte von SizeOf');
  WriteLn('für <tier> : ',SizeOf(tier));       { ergibt 1  }
  WriteLn('für <karte>: ',SizeOf(karte));      { ergibt 23 }
  WriteLn('für <c>    : ',SizeOf(c));          { ergibt 1  }
  WriteLn('für <char> : ',SizeOf(CHAR));       { ergibt 1  }
  WriteLn('für <r>    : ',SizeOf(r));          { ergibt 6  }
  WriteLn('für <s>    : ',SizeOf(s))           { ergibt 32 }
END.
```

Siehe auch

FillChar, Move

Sound

Zweck

Erzeugt einen Ton in angegebener Höhe.

Struktur

```
PROCEDURE Sound(hoehe:WORD);
```

Bemerkung

Sound ist in der Unit **Crt** enthalten.

Die Prozedur *Sound* erzeugt einen Ton von unbeschränkter Dauer.
Das Argument *hoehe* gibt die Tonhöhe in Hertz (Hz) an. 440 Hz entspricht dem Kammerton a.
Die Prozedur *Sound* wird zusammen mit den Prozeduren *NoSound* und *Delay* verwendet. *NoSound* schaltet den Tongenerator aus.

Beispiel

```
PROGRAM Sound_Test;
USES
  Crt;
VAR
  r:REAL;
BEGIN
  r:=100;
  REPEAT
    Sound(Trunc(r));
    Delay(10);
    r:=r*1.1
  UNTIL r>20000;
  NoSound
END.
```

Siehe auch
Delay, NoSound

SPtr

System

Zweck
Ermittelt den Offset der Stack-Spitze.

Struktur

```
FUNCTION SPtr:WORD;
```

Bemerkung
Auf dem Stack befinden sind lokale Variablen und Zwischen-Ergebnisse von rekursiven Prozeduren und Funktionen.
SPtr ermittelt die Offset-Adresse der Stack-Spitze (entspricht dem CPU-Register SP).
Turbo Pascal definiert beim Programmstart eine fixe Stackgröße, die mit dem Compiler-Befehl M (siehe Anhang E) verändert werden kann.
Die Funktion *SSeg* stellt das Segment des Stacks zur Verfügung.

Siehe auch
SSeg, StackLimit

Sqr

Arithmetik

Zweck
Berechnet das Quadrat einer Zahl.

Struktur

```
FUNCTION Sqr(x:typ):wie_argument;
```

Bemerkung
Sqr(x) entspricht *x*x*.

```
y "hoch" x = Exp(x*Ln(y))
```

Beispiel

```
Sqr(-4)    = 16
Sqr(1.25) = 1.5625
```

Siehe auch
ArcTan, Cos, Exp, Ln, Sin, Sqrt

Sqrt

Arithmetik

Zweck
Berechnet die Quadratwurzel einer Zahl.

Struktur

```
FUNCTION Sqrt(r:REAL):REAL;
```

Bemerkung
*Sqrt(x)*Sqrt(x)* entspricht *x*.
Die Funktion Sqrt ist im reellen Zahlenbereich nur für Argumente x>=0 definiert.

```
x-te Wurzel von y = Exp(1/x*Ln(y))
```

Beispiel

```
Sqrt(9) = 3
Sqrt(2) = 1.4142135624...
```

Siehe auch
ArcTan, Cos, Exp, Ln, Sin, Sqr

SSeg

System

Zweck
Ermittelt die Adresse des Stacksegmentes.

Struktur

```
FUNCTION SSeg:WORD;
```

Bemerkung
Jede Speicherzelle im RAM-Bereich wird durch zwei Werte, dem Segment und dem Offset, definiert.
Die Funktion *SSeg* ermittelt den Wert (entspricht dem SS-Register) des Segmentes, bei dem der Stack beginnt.
Diese Funktion ändert ihren Wert während eines Programmes normalerweise nicht.
Der Stack wird für lokale Variablen, Zwischenergebnisse bei der Berechnung von Ausdrücken und für Parameter verwendet.
Die Funktion *SPtr* ermittelt die Offset-Adresse der Stackspitze.

Siehe auch
Addr, CSeg, DSeg, Ofs, Seg, SPtr, StackLimit

StackLimit

Systemvariable (ab Version 5.0)

Zweck
Enthält einen Wert, der angibt, wieviele Bytes des Stacks reserviert sind.

Struktur

```
CONST
  StackLimit:WORD=0;
```

Bemerkung
Mit Hilfe der typisierten Konstanten *StackLimit* kann ein Bereich auf dem Stack reserviert werden. So weist Turbo Pascal bei aktivem Emulator (wenn die Compiler-Anweisung {$N+,E+} geschrieben wird) der typisierten Konstanten *StackLimit* den Wert 230 zu; diese 230 Bytes stehen nun dem Emulator zur Verfügung und können nicht mehr für lokale Variablen, Parameter, Funktionsergebnisse und Rücksprung-Adressen verwendet werden. Vielmehr bricht die Stackprüfung ein Programm mit dem Laufzeitfehler 202 (Stacküberlauf) ab, wenn die Stack-Verwaltung diesen Bereich benutzen will.
Bitte beachten Sie, daß 512 Bytes des Stacks in jedem Fall reserviert sind und die nicht verfügbare Stackgröße richtigerweise *512+StackLimit* Bytes umfaßt.
Die Größe des gesamten Stacks kann mit dem Compiler-Befehl **M** gesetzt werden (siehe Anhang E), und mit der Funktion *SPtr* läßt sich ermitteln, wieviele Bytes des Stacks noch verfügbar sind (siehe Beispiel).
Die Stackprüfung kann mit Hilfe des Compiler-Befehls **S** abgeschaltet werden, was aber nur dann sinnvoll ist, wenn der Stack eines Programmes nie überfüllt wird.

Beispiel
Dieses Programm ruft eine Prozedur solange rekursiv auf, bis der Stack voll ist.

```
PROGRAM StackLimit_Test;
{$M 2048,0,0}  { für Stack 2 KBytes reservieren }
VAR
  i:INTEGER;

  PROCEDURE test(nr:WORD);
    { Die Adresse der Prozedur <test> benötigt bei jedem Aufruf }
    { 4, der Parameter <nr> 2 Bytes des Stacks.                 }
  VAR
    c:CHAR;      { 1 Bytes }
    w:WORD;      { 2 Bytes }
    l:LONGINT;  { 4 Bytes }
  CONST
    DataSize=2*4+2+1+2+4+512; { 2*<test>+<nr>+<c>+<w>+<l>+<reserviert> }
  BEGIN
    WriteLn('SPtr: ',SPtr,' Aufruf: ',nr);
    IF SPtr<=DataSize+StackLimit THEN BEGIN
      WriteLn('Stack fast voll. RETURN ...');
      ReadLn;
      Exit
    END;
    test(nr+1);
    Write(nr:4)
  END;
```

```
BEGIN
  FOR i:=1 TO 3 DO BEGIN
    StackLimit:=Random(500)+500;
    WriteLn;
    WriteLn('Reservierter Bereich des Stacks: ',512+StackLimit);
    WriteLn;
    WriteLn('Start mit RETURN ...');
    ReadLn;
    test(1);
    WriteLn;
    WriteLn('Weiter mit RETURN ...');
    ReadLn
  END
END.
```

Siehe auch
SPtr, SSeg

Str

String

Zweck
Wandelt numerische Werte in Zeichenketten um.

Struktur

```
PROCEDURE Str(x:INTEGER; VAR s:STRING);
PROCEDURE Str(x:REAL; VAR s:STRING);
```

Bemerkung
Der numerische Wert *x* kann beim Aufruf von *Str* formatiert angegeben werden.
Die Stringlänge ist gleich der Breite des Feldes; falls diese nicht ausreicht, wird sie automatisch erweitert.
Ist *s* zu groß, wird die Zahl rechtsbündig geschrieben (vor der Zahl werden Leerzeichen eingefügt).
Reelle Zahlen werden, wenn nötig, gerundet.

Beispiel

```
r:=3.264556E2;
i:=1243;

Str(r:10:2,s) ergibt für s="    326.46"
Str(r:10:5,s) ergibt für s=" 326.45560"
```

```
Str(r:10:9,s) ergibt für s="326.455600000"
Str(r,s)      ergibt für s="3.264556E2"

Str(i:10,s)   ergibt für s="      1243"
Str(i:2,s)    ergibt für s="1243"
Str(i,s)      ergibt für s="1243"
```

Siehe auch
Val

STRING

Reserviertes Wort

Zweck
Datentyp, der eine Zeichenkette bezeichnet.

Bemerkung
Ein Datentyp definiert die Beschaffenheit der Werte, die eine Variable annehmen kann; dieser wird in einem Programm nur ein einziger Datentyp zugeordnet.
Die Definition des Datentyps STRING kann die maximale Anzahl Zeichen, die eine Variable speichern soll, enthalten.
Die Definition besteht aus dem reservierten Wort STRING, dem in eckigen Klammern die Maximallänge folgt. Diese liegt im Bereich 1..255:

```
VAR datei:STRING[14];
```

Stringvariablen besetzen den Speicher mit (Maximallänge+1) Bytes. Im Byte 0 ist die aktuelle Länge des Strings abgespeichert.
Auf die einzelnen Zeichen einer Stringvariablen kann zugegriffen werden, indem der Variablen ein Index in rechteckigen Klammern folgt:

```
datei[10]:=UpCase(datei[10]);
```

Folgende Anweisung setzt die aktuelle Länge der String-Variablen *datei*:

```
datei[0]:=CHAR(14);
```

Soll eine Stringvariable gelöscht werden, kann ihr ein leerer Text (entspricht zwei Anführungszeichen, die kein Zeichen umschließen) zugewiesen werden. Die Länge der Stringvariablen wird dann auf 0 gesetzt:

```
datei:='';
```

Wird einer Stringvariablen ein zu langer Text zugewiesen, werden die Zeichen rechts abgeschnitten (im folgenden Beispiel werden nur die ersten 14 Zeichen übernommen):

```
datei:='In der Sonne steht die Maus und lacht.';
```

Folgende beiden Zeilen zeigen dieselbe Wirkung:

```
datei1:STRING;
datei2:STRING[255];
```

Siehe auch
BOOLEAN, BYTE, CHAR, INTEGER, REAL, TYPE

Succ

Zweck
Ermittelt den Nachfolger eines skalaren Typs.

Struktur

```
FUNCTION Succ(x:skalar):skalar;
```

Bemerkung
Falls beim Aufruf von *Succ* kein Nachfolger existiert, wird in gewissen Fällen eine Fehlermeldung ausgegeben (siehe auch Compiler-Befehl **R**, Anhang E).

Beispiel

```
Succ(1)   = 2
Succ('A') = 'B'

PROGRAM Succ_Test;
  { Ein Deutschprofessor würde sich die Haare färben lassen,  }
  { Ernst Jandl aber leidend flüstern: "Oh, du arme Maus ..." }
TYPE
  tier=(hund,katze,maus);
VAR
  werjagtwen:tier;
  i:INTEGER;
BEGIN
  werjagtwen:=hund;
```

```
    FOR i:=1 TO 3 DO BEGIN
      CASE werjagtwen OF
        hund:Write('Der Hund jagt ');
        katze:Write('die Katze jagt ');
        maus:Write('die Maus wird gejagt.')
      END;
      werjagtwen:=Succ(werjagtwen)
    END
  END.
```

Siehe auch
Ord, Pred

Swap

Zweck
Tauscht das höherwertige Byte gegen das niederwertige aus.

Struktur

```
FUNCTION Swap(i:WORD):WORD;
```

Bemerkung
Ein WORD- oder INTEGER-Ausdruck besteht aus zwei Bytes.
Die Funktion *Swap* tauscht diese Bytes miteinander aus.

Beispiel

```
Swap($1122) = $2211
Swap($1234) = $3412
```

Siehe auch
Hi, Lo

SwapVectors

MS-DOS (ab Version 5.0)

Zweck
Alle veränderten Interrupt-Vektoren erhalten ihre ursprünglichen Werte zurück.

Struktur

```
PROCEDURE SwapVectors;
```

Bemerkung
SwapVectors ist in der Unit **Dos** enthalten.
Turbo Pascal verändert beim Programmstart die Interrupt-Vektoren $00, $02, $1B, $23, $24, $34..$3F und $75. Diese Werte werden in den Variablen *SaveInt??* gespeichert und am Ende jedes Programmes wieder restauriert.
Beim ersten Aufruf von *SwapVectors* erhalten alle Interrupt-Vektoren ihre ursprünglichen Werte zurück, beim zweiten wiederum diejenigen von Turbo Pascal (usw.).
Wenn mit Hilfe der Turbo Pascal-Prozedur *Exec* ein weiteres Programm (.EXE oder .COM) gestartet wird, besteht die Gefahr, daß das neue Programm einige Interrupt-Vektoren verändert (die Interrupt-Vektoren $34..$3F sind beispielsweise für den Coprozessor-Emulator unerläßlich); außerdem landet das Programm bei Fehlern in der Laufzeit-Bibliothek von Turbo Pascal. Aus diesen Gründen sollte vor und nach jedem Aufruf von *Exec* und *Keep* die Prozedur *SwapVectors* ausgeführt werden, damit jederzeit mit den erforderlichen Interrupt-Vektoren gearbeitet wird.

Beispiel

```
PROGRAM SwapVectors_Test;
{$M 4096,0,0}
USES
  Dos;
VAR
  prog:STRING;
BEGIN
  REPEAT
    prog:='';
    Write('Welches Programm soll gestartet werden? ');
    ReadLn(prog);
    IF prog='' THEN Halt;
    SwapVectors;      { Original-Vektoren         }
    Exec(prog,'');
    SwapVectors       { Vektoren von Turbo Pascal }
  UNTIL FALSE
END.
```

Siehe auch
Exec

System

Unit

Zweck
Die Unit **System** stellt alle grundlegenden Funktionen und Prozeduren für die Programmierung zur Verfügung (Dateisystem, Arithmetik usw.).

Bemerkung
Die Unit **System** wird automatisch in jedes Programm aufgenommen und darf **nicht** durch eine USES-Anweisung eingebunden werden.
Folgende Prozeduren und Funktionen stellt **System** zur Verfügung:

Abs	Absoluter Betrag einer Zahl
Addr	Zeigerwert einer Variablen
Append	Erweitern einer Textdatei
ArcTan	Arcustangens
Assign	Ordnet einer Dateivariablen einen Dateinamen zu
BlockRead	Lesen eines Blockes von 128 Bytes
BlockWrite	Schreiben eines Blockes von 128 Bytes
ChDir	Wechseln eines Verzeichnisses
Chr	ASCII-Zeichen zum entsprechenden Ordinalwert
Close	Schließen einer Datei
Concat	Zusammenfügen mehrerer Zeichenketten
Copy	Teil einer Zeichenkette wird ausgegeben
Cos	Cosinus
CSeg	Aktuelles Code-Segment
Dec	Erniedrigen einer Variablen
Delete	Teil einer Zeichenkette wird gelöscht
Dispose	Freigabe des belegten Speicherplatzes auf dem Heap
DSeg	Daten-Segment
Eof	TRUE, wenn Ende einer Datei erreicht
EoLn	TRUE, wenn Ende einer Zeile erreicht
Erase	Löschen einer Datei
Exit	Verlassen des aktuellen Blockes
Exp	Exponentialfunktion (e "hoch" x)
FilePos	Position des Dateizeigers
FileSize	Anzahl Datensätze einer Datei
FillChar	Initialisiert Variablen mit einem beliebigen Wert
Flush	Inhalt des Textdatei-Puffers wird geschrieben
Frac	Dezimalbruch einer Zahl
FreeMem	Gibt Block auf dem Heap frei
GetDir	Ermittelt aktuellen Pfad
GetMem	Reserviert Block auf dem Heap
Halt	Programmabbruch
Hi	Höherwertiges Byte

Inc	Erhöhen einer Variablen
Insert	Einfügen einzelner Zeichen in einen String
Int	Ganzzahliger Real-Wert einer Zahl
IOresult	Ermittelt Ein- und Ausgabefehler
Length	Ermittelt die Länge einer Zeichenkette
Ln	Natürlicher Logarithmus
Lo	Niederwertiges Byte
Mark	Wert des Heap-Zeigers einer Variablen zuweisen
MaxAvail	Bestimmt größten, zusammenhängenden Block auf dem Heap
MemAvail	Bestimmt freien Speicherplatz auf dem Heap
MkDir	Erzeugen eines Verzeichnisses
Move	Kopieren ganzer Speicherbereiche
New	Reserviert auf dem Heap Speicherplatz für eine Variable
Odd	TRUE, wenn Argument ungerade
Ofs	Offset von Variablen, Prozeduren, Funktionen
Ord	Ermittelt Ordinalwert
ParamCount	Anzahl vorliegender Parameter
ParamStr	Übergabe einzelner Parameter als Zeichenkette
Pi	Ermittelt die Zahl Pi (3.14159...)
Pos	Ausgabe der Position einer Zeichenkette, die in einer anderen vollständig enthalten ist
Pred	Vorgänger
Ptr	Wandelt einen Segment- und Offsetwert in einen Zeigerwert um
Random	Ermittelt eine Zufallszahl
Randomize	Bringt den Zufallszahlengenerator in einen unbekannten Zustand
Read	Lesen aus Datei
ReadLn	Lesen aus Datei bis ans Zeilenende
Release	Freigabe des Heaps ab einer bestimmten Adresse
Rename	Umbenennen einer Datei
Reset	Öffnen einer Datei
Rewrite	Erzeugen einer Datei
RmDir	Löschen eines Verzeichnisses
Round	Runden einer reellen Zahl
Seek	Dateizeiger auf beliebige Komponente stellen
SeekEof	TRUE, wenn nach Leer- und Tabulatorzeichen Dateiende erkannt wird
SeekEoLn	TRUE, wenn nach Leer- und Tabulatorzeichen Zeilenende erkannt wird
Seg	Ermittelt Segment von Variablen, Prozeduren, Funktionen
SetTextBuf	Weist einer Textdatei einen Datenpuffer zu

Sin	Sinus
SizeOf	Ermittelt den Speicherbedarf von Variablen
SPtr	Ermittelt den aktuellen Wert des Stack-Zeigers
Sqr	Quadrat einer Zahl
Sqrt	Quadratwurzel einer Zahl
SSeg	Ermittelt die Adresse des Stack-Segmentes
Str	Wandelt einen numerischen Wert in eine Zeichenkette um
Succ	Nachfolger
Swap	Vertauscht höher- und niederwertiges Byte
Trunc	Wandelt reellen Wert in eine ganze Zahl um
Truncate	Schneidet eine Datei an der aktuellen Position ab
UpCase	Wandelt Kleinbuchstaben in die entsprechenden Großbuchstaben um
Val	Wandelt eine Zeichenkette in einen numerischen Wert um
Write	Schreiben in eine Datei
WriteLn	Schreiben in eine Datei, Abschluß mit CR/LF

Folgende globalen Variablen und typisierten Konstanten können verwendet werden (genaue Beschreibung im lexikalischen Teil dieses Buches):

ErrorAddr	:POINTER=NIL; Adresse des letzten Laufzeitfehlers (für 4.0: *ErrorAddr:POINTER;*)
ExitCode	:INTEGER=0; Fehlernummer eines Laufzeitfehlers (für 4.0: *ExitCode:INTEGER;*)
ExitProc	:POINTER=NIL; Enthält die Speicheradresse einer benutzerdefinierten Prozedur, die beim Ende eines Programmes ausgeführt werden soll (für 4.0: *ExitProc:POINTER;*)
FileMode	:BYTE=2; Legt fest, mit welchen Zugriffsberechtigungen typisierte und untypisierte Dateien eröffnet werden (für 4.0: *FileMode:BYTE;*)
FreeMin	:WORD=0; Legt die Minimalgröße des Speicherplatzes zwischen der Heapspitze und der Fragmentliste fest (für 4.0: *FreeMin:WORD;*)
FreePtr	:POINTER=NIL; Startadresse der Fragmentliste (für 4.0: *FreePtr:POINTER;*)
HeapError	:POINTER=NIL; Enthält die Speicheradresse einer benutzerdefinierten Prozedur, die bei einem Fehler im Zusammenhang mit der Heapverwaltung aufgerufen wird (für 4.0: *HeapError:POINTER;*)
HeapOrg	:POINTER=NIL; Speicheradresse des Heapbeginns (für 4.0: *HeapOrg:POINTER;*)

HeapPtr	:POINTER=NIL; Speicheradresse der Heapspitze (für 4.0: *HeapPtr:POINTER;*)
InOutRes	:INTEGER=0; Enthält einen Fehler-Code, der von Ein- und Ausgabe-Routinen gesetzt wird (ab 5.0)
INPUT	:TEXT; Standard-Eingabe (Bildschirm)
OUTPUT	:TEXT; Standard-Ausgabe (Tastatur)
OvrCodeList	:WORD=0; Zeigt auf die Codesegment-Liste der Overlay-Verwaltung (ab 5.0)
OvrDebugPtr	:POINTER=NIL; Enthält die Einsprungsstelle innerhalb der Overlay-Verwaltung für den integrierten Debugger (ab 5.0)
OvrDosHandle	:WORD=0; DOS-Kanalnummer für die Overlay-Datei (ab 5.0)
OvrEmsHandle	:WORD=0; DOS-Kanalnummer für die EMS-Karte (ab 5.0)
OvrHeapEnd	:WORD=0; Zeigt auf das Ende des Overlay-Puffers (ab 5.0)
OvrHeapOrg	:WORD=0; Zeigt auf den Beginn des Overlay-Puffers (ab 5.0)
OvrHeapPtr	:WORD=0; Zeigt auf die 1. freie Stelle im Overlay-Puffer (ab 5.0)
OvrHeapSize	:WORD=0; Enthält die Minimal-Größe des Overlay-Puffers (ab 5.0)
OvrLoadList	:WORD=0; Zeigt auf die Liste der geladenen Segmente (ab 5.0)
PrefixSeg	:WORD=0; Enthält das Segment des Programmsegment-Präfix (PSP). Dieser Speicherbereich wird automatisch jedem Programm vorangestellt und umfaßt 256 Bytes (für 4.0: *PrefixSeg:WORD;*)
RandSeed	:LONGINT=0; Enthält den Startwert des Zufallszahlengenerators (für 4.0: *RandSeed:LONGINT;*)
SaveInt00	:POINTER; Originalvektor des Interrupts $00, der bei einer Division durch null ausgelöst wird.
SaveInt02	:POINTER; Originalvektor eines nichtmaskierbaren Interrupts.
SaveInt1B	:POINTER; Originalvektor für die Ctrl-Break-Behandlung (ab 5.0)
SaveInt23	:POINTER; Originalvektor für die Ctrl-C-Behandlung
SaveInt24	:POINTER; Originalvektor für Fehlerbehandlungen (Platten- oder Diskettenfehler)
SaveInt3?	:POINTER; Insgesamt 12 Variablen (*SaveInt34..SaveInt3F*); die Interrupts $34..$3F werden unter Turbo Pascal für den Coprozessor-Emulator und die Overlay-Verwaltung verwendet (ab 5.0)

SaveInt75	:POINTER; Originalvektor des Interrupts $75, wird für den Fließkomma-Ausnahmezustand des Coprozessors verwendet
StackLimit	:WORD=0; Zeigt, wieviele Bytes auf dem Stack für bestimmte Anwendungen (z.B. Emulator) reserviert sind (ab 5.0)
Test8087	:BYTE=0; Zeigt zur Laufzeit, ob ein mathematischer Coprozessor verfügbar ist; wenn ja, wird dieser noch genauer spezifiziert (ab 5.0)

Siehe auch

Crt, Dos, Graph, Graph3, Overlay, Printer, Turbo3

Test8087

Systemvariable (ab Version 5.0)

Zweck
Enthält einen Wert, der darüber Aufschluß gibt, welcher mathematische Coprozessor verfügbar ist.

Struktur

```
CONST Test8087:BYTE=0;
```

Bemerkung
Wenn ein Programm mit dem Compiler-Befehl {$N+} compiliert worden ist (siehe Anhang E), werden beim Programmstart zuerst einige Tests durchgeführt, die zu prüfen haben, über welchen Coprozessor Ihr Computersystem verfügt; der daraus resultierende Wert wird der typisierten Konstanten *Test8087* übergeben. Den einzelnen Werten kommen folgende Bedeutungen zu:

0	Kein mathematischer Coprozessor erkannt
1	8087
2	80287
3	80387

Bei manchen Computersystemen kann es vorkommen, daß die Testroutinen nicht korrekt erkennen, ob ein mathematischer Coprozessor vorhanden ist. In diesem Fall besteht die Möglichkeit, in der Environment-Tabelle einen der folgenden Einträge zu erzeugen (mit Hilfe des DOS-Befehls *SET*, z.B. *SET 87=Y*):

87=Y	Coprozessor ist vorhanden
87=N	Kein Coprozessor vorhanden

Sobald Turbo Pascal einen dieser Einträge in der Environment-Tabelle findet, werden alle weiteren Tests abgebrochen.
Ein Programm, daß mit den Compiler-Befehlen {$N+,E+} compiliert wird, ist auf Computersystemen mit und ohne mathematischem Coprozessor lauffähig (falls kein Coprozessor vorhanden ist, wird dieser emuliert). Somit können Sie auch bei vorhandenem Coprozessor mit dem Environment-Eintrag **87=N** ohne viel Aufwand das Laufzeitverhalten des Emulators testen.

TEXT

Reserviertes Wort

Zweck
Definiert einen Bezeichner als Textdatei.

Bemerkung
Textdateien werden wie folgt definiert:

```
VAR
  roman:TEXT;
```

Im Gegensatz zu allen anderen Dateiarten sind Textdateien nicht Folgen von Werten des gleichen Typs. Die grundlegenden Komponenten sind Zeilen, die aus Zeichen bestehen und am Ende mit der Markierung CR/LF (#10/#13) versehen werden. Das Dateiende wird mit ^Z (#26) bezeichnet.
Da die Länge der Zeilen meist nicht einheitlich ist, kann die Position einer bestimmten Zeile nicht berechnet werden. Aus diesem Grunde werden Textdateien nur sequentiell bearbeitet.
Bei einer Textdatei kann nicht gleichzeitig gelesen und geschrieben werden. Die erste Aktion nach dem Öffnen einer Textdatei entscheidet, ob sie nur zum Lesen oder zum Schreiben geöffnet worden ist.
Die voreingestellte Puffergröße einer Textdatei beträgt 128 Bytes. Für die meisten Anwendungen reicht diese Puffergröße aus.
Bei Programmen, die besonders viele Ein- und Ausgabeoperationen durchführen (z.B. Kopierprogramme), ist es möglich, die Puffergröße zu verändern:

```
PROGRAM TextPuffer;
VAR
  quelle,ziel:TEXT;
  puf1,puf2:ARRAY [1..2048] OF CHAR;
BEGIN
  Assign(quelle,<dateiname>);
  SetTextBuf(quelle,puf1);
  Assign(ziel,<dateiname>);
  SetTextBuf(ziel,puf2);
  .
  .
```

Die Textdatei-Variablen *quelle* und *ziel* besitzen nun einen Puffer von 2 KByte.
Textdateien können mit *Append* sehr leicht erweitert werden.

Beispiel
Dieses Programm zählt die Häufigkeit der einzelnen Buchstaben.

```
PROGRAM TEXT_Test;
VAR
  datei:TEXT;
  name:STRING[14];
  buchstabe:ARRAY[65..90] OF INTEGER;
  zeile:STRING[255];
  i:INTEGER;
  ch:BYTE;
  puffer:ARRAY [1..$1000] OF CHAR;
BEGIN
  FillChar(buchstabe,SizeOf(buchstabe),0);
  Write('Dateiname: ');
  ReadLn(name);
  Assign(datei,name);
  SetTextBuf(datei,puffer);
  Reset(datei);
  WHILE NOT Eof(datei) DO BEGIN
    ReadLn(datei,zeile);
    FOR i:=1 TO Length(zeile) DO BEGIN
      ch:=BYTE(UpCase(zeile[i]));
      IF ch in [65..90] THEN
        buchstabe[ch]:=Succ(buchstabe[ch])
    END
  END;
  Close(datei);
  WriteLn('Übersicht');
  FOR i:=65 TO 90 DO
    Write(CHAR(i):2,': ',buchstabe[i]:4);
  WriteLn
END.
```

Siehe auch
FILE

TextAttr

Systemvariable

Zweck
Enthält die aktuelle Text- und Hintergrundfarbe.

Struktur

```
VAR
  TextAttr:BYTE;
```

Bemerkung
TextAttr ist in der Unit **Crt** enthalten.

Die beiden Prozeduren *TextColor* und *TextBackground* ändern den Inhalt der Systemvariablen *TextAttr*, der der Farbe eines Textzeichens und dessen Hintergrund entspricht. Eine Veränderung des Variableninhaltes beeinflußt direkt die Textfarbe. Den einzelnen Bits der Variablen *TextAttr* kommen folgende Bedeutung zu:

7	6	5	4	3	2	1	0	Bit-Nummer
b	h	h	h	v	v	v	v	Bedeutung

Die Bits 0..3 legen die Vordergrundfarbe fest und 4..6 die Hintergrundfarbe. Falls Bit 7 gesetzt ist, wird ein Text blinkend dargestellt. Mit folgender Formel kann das Farbattribut leicht berechnet werden:

```
farbattribut:=vordergrund+hintergrund*16
farbattribut:=vordergrund+hintergrund*16+128    { blinkend }
```

Zu beachten ist:

```
vordergrund liegt im Bereich 0..15
hintergrund liegt im Bereich 0..7
```

Für die Vorder- und Hintergrundfarben können die in der Unit **Crt** definierten Konstanten *Black..White* und *Blink* verwendet werden (siehe hierzu *TextColor* und *TextBackground*).

Siehe auch
TextBackground, TextColor

TextBackground

Textbildschirm

Zweck
Bestimmt den Hintergrund einzelner Zeichen.

Struktur

```
PROCEDURE TextBackground(farbe:BYTE);
```

Bemerkung
Die Prozedur *TextBackground* ist in der Unit **Crt** enthalten. *TextBackground* wählt die Umgebungsfläche eines Textes (nicht des ganzen Bildschirmes). Bei Farbbildschirmen sind folgende Hintergrundfarben möglich:

Farbe	Konstante	Wert
Schwarz	Black	0
Blau	Blue	1
Grün	Green	2
Türkis	Cyan	3

Farbe	Konstante	Wert
Rot	Red	4
Lila	Magenta	5
Braun	Brown	6
Hellgrau	LightGray	7

Black, Blue, ..., LightGray sind vordefinierte Konstanten und können zur Farbangabe verwendet werden.
Bei Monochrom-Bildschirmen gelten folgende Zustände:

```
TextBackground(0) und TextColor(0 oder 8): unsichtbar
TextBackground(7) und TextColor(0 oder 8): invertiert
TextBackground(0) und TextColor(1 oder 9): unterstrichen
```

Im Graphikmodus bleibt *TextBackground* ohne Wirkung.

Beispiel

```
TextBackground(green);          { grüne Umgebungsfläche }
TextBackground(2);              { grüne Umgebungsfläche }
```

Siehe auch
LowVideo, NormVideo, TextColor

TextColor

Textbildschirm

Zweck
Wählt die Farbe des Textes.

Struktur

```
PROCEDURE TextColor(farbe:BYTE);
```

Bemerkung
Die Prozedur *TextColor* ist in der Unit **Crt** enthalten.
Die Arbeitsweise der Prozedur *TextColor* ist abhängig vom vorhandenden Bildschirm (Farb- oder Monochrom-Bildschirm). Beim Farbbildschirm sind folgende Textfarben möglich:

Farbe	Konstante	Wert
Schwarz	Black	0
Blau	Blue	1
Grün	Green	2
Türkis	Cyan	3
Rot	Red	4
Lila	Magenta	5
Braun	Brown	6
Hellgrau	LightGray	7

Farbe	Konstante	Wert
Dunkelgr.	DarkGray	8
Hellblau	LightBlue	9
Hellgrün	LightGreen	10
Helltürk.	LightCyan	11
Hellrot	LightRed	12
Rosa	LightMagen.	13
Gelb	Yellow	14
Weiß	White	15

Black, Blue, ..., White sind vordefinierte Konstanten und können zur Farbangabe verwendet werden.
Bei Monochrom-Bildschirmen gelten folgende Richtlinien:

```
TextColor(0..7)     : dunkler Text
TextColor(8..15)    : heller Text
TextColor(1 oder 9): Text unterstrichen
```

Manche Monitoren erkennen das Intensitätssignal zur Erzeugung der hellen Farben (8..15) nicht; diese werden deshalb wie die entsprechenden dunklen Farben (0..7) dargestellt.
Bei Farbbildschirmen ist es nicht möglich, unterstrichenen Text zu erzeugen.
Falls die Textfarbe mit 16 (vordefinierte Konstante: *Blink*) addiert wird, erscheint der Text blinkend:

```
TextColor(Red+Blink);
```

Beispiel
Dieses Programm zeigt alle möglichen Kombinationen von Text- und Hintergrund-Farben im Textmodus.

```
PROGRAM TextColor_Test1;
USES
  Crt;
VAR
  i,k:INTEGER;
BEGIN
  ClrScr;
  FOR k:=0 TO 7 DO BEGIN
    TextBackground(k);
    FOR i:=0 TO 15 DO BEGIN
      TextColor(i);
      GotoXY(1,i+1);
      Write('Texthintergrund:',k:3,' ******** Color:',i:3);
      TextColor(i+16);
```

```
      Write('  ******** Color:',i+16:3)
    END;
    REPEAT UNTIL KeyPressed
  END
END.
```

Folgendes Programm demonstriert die Verwendung der Prozeduren *TextColor* und *Palette* im Graphikmodus.

```
PROGRAM TextColor_Test2;
USES
  Crt,Graph3,Turbo3;
VAR
  i:INTEGER;
  ch:CHAR;
BEGIN
  GraphColorMode;
  Palette(3);
  FOR i:=0 TO 3 DO BEGIN
    TextColor(i);
    WriteLn('**************',i:5)
  END;
  i:=2;
  REPEAT
    Palette(i);
    i:=Pred(i);
    IF i<1 THEN i:=3;
    Read(KBD,ch)
  UNTIL ch=#27;
  TextMode
END.
```

Siehe auch
LowVideo, NormVideo, TextBackground

TextHeight

Graphik

Zweck
Ermittelt die Höhe (in Punkten) einer Zeichenkette im Graphik-Modus.

Struktur

```
FUNCTION TextHeight(zeichenkette:STRING):WORD;
```

Bemerkung
TextHeight ist in der Unit **Graph** enthalten.

Die Funktion *TextHeight* berechnet für den übergebenen String den Platzbedarf in vertikaler Richtung; dabei werden Zeichensatz und Schriftgröße beachtet.
Zeichensatz und Schriftgröße können mit den Prozeduren *SetTextStyle* und *SetUserCharSize* verändert werden.

Beispiel
Folgendes Programm setzt einen Text in die Mitte des Graphik-Bildschirmes.

```
PROGRAM TextHeight_Test;
USES
  Graph;
VAR
  gr,mo,
  mx,my:INTEGER;
  s:STRING;
BEGIN
  gr:=Detect;
  InitGraph(gr,mo,'');
  mx:=GetMaxX;
  my:=GetMaxY;
  s:='Hundertwasser, Dunkelbunt';
  OutTextXY((mx-TextWidth(s)) DIV 2,(my-TextHeight(s)) DIV 2,s);
  ReadLn;
  CloseGraph
END.
```

Siehe auch
OutText, OutTextXY, SetTextJustify, TextWidth

TextMode

Textbildschirm

Zweck
Setzt den Bildschirm in den Textmodus.

Struktur

```
PROCEDURE TextMode(i:WORD);
```

Bemerkung
Die Prozedur *TextMode* ist im Unit **Crt** enthalten. Folgende Konstanten sind definiert:

BW40	=0; 40x25 Zeichen, schwarz-weiß
C40	=1; 40x25 Zeichen, farbig
BW80	=2; 80x25 Zeichen, schwarz-weiß
C80	=3; 80x25 Zeichen, farbig
Mono	=7; 80x25 Zeichen, Monochrom-Karte
Font8x8	=256; 80x43 Zeichen für EGA oder 80x50 Zeichen für VGA (z.B. *TextMode(Font8x8+C80);*)

Mit *TextMode* läßt sich ein Bildschirm-Textmodus bestimmen. Ein Aufruf von *TextMode* löscht den Bildschirm.
Die Systemvariable *LastMode* (in der Unit **Crt** definiert) enthält den aktuellen Textmodus. *TextMode* ordnet *DirectVideo* automatisch den Wert TRUE zu.

Beispiel

```
TextMode(BW40);  { Schwarz-Weiß-Modus mit 40 Zeichen/Zeile. }
TextMode(C40);   { Modus in Farbe mit 40 Zeichen/Zeile.     }
TextMode(BW80);  { Schwarz-Weiß-Modus mit 80 Zeichen/Zeile. }
TextMode(C80);   { Modus in Farbe mit 80 Zeichen/Zeile.     }
```

Siehe auch
TextBackground, TextColor, Window

TextWidth

Graphik

Zweck
Ermittelt die Breite einer Zeichenkette in Punkten.

Struktur

```
FUNCTION TextWidth(zeichenkette:STRING):WORD;
```

Bemerkung
TextWidth ist in der Unit **Graph** enthalten.
Die Prozedur *TextWidth* ermittelt die aktuelle Länge eines Strings, wobei der aktuelle Zeichensatz und die Schriftgröße berücksichtigt werden.
Der Zeichensatz und die Schriftgröße lassen sich mit den Prozeduren *SetTextStyle* und *SetUserCharSize* festlegen.

Beispiel
Folgendes Programm teilt den Inhalt einer String-Variablen in mehrere Zeilen und gibt diese linksbündig formatiert aus.

```
PROGRAM TextWidth_Test;
USES
  Graph;
VAR
  gr,mo,
  hoch,pos:INTEGER;
  s:STRING;

  PROCEDURE WriteLine(VAR s:STRING);
  VAR
    h:STRING;
    m,i,k:BYTE;
  BEGIN
    IF TextWidth(s)<=GetMaxX THEN BEGIN
      OutText(s);
      s:='';
      Exit
    END;
    m:=Length(s);
    FOR i:=m-1 DOWNTO 1 DO BEGIN
      s[0]:=CHAR(i);
      IF TextWidth(s)<=GetMaxX THEN BEGIN
        FOR k:=i DOWNTO 1 DO BEGIN
          IF s[k]=' ' THEN BEGIN
            s[0]:=CHAR(m);
            h:=Copy(s,1,k-1);
            Delete(s,1,k);
            OutText(h);
            Exit
          END { IF }
        END { FOR }
      END { IF }
    END { FOR }
  END;

BEGIN
  gr:=Detect;
  InitGraph(gr,mo,'');
  s:='"Die reichsten Menschen bekommen meist auch das, was man fuer Geld';
  s:=s+' nicht kaufen kann", sagte einst Jacques Tati.';
  SetTextStyle(TriplexFont,HorizDir,3);
  hoch:=Round(TextHeight(s)*1.25);
  pos:=0;
  WHILE s<>'' DO BEGIN
    MoveTo(0,pos);
    WriteLine(s);
    Inc(pos,hoch)
  END;
  ReadLn;
  CloseGraph
END.
```

Siehe auch
OutText, OutTextXY, SetTextJustify, TextHeight

TRUE

Konstante

Zweck
Entspricht dem Wahrheitswert WAHR.

Bemerkung
TRUE ist vom Typ BOOLEAN.

```
Ord(TRUE) = 1
```

Siehe auch
BOOLEAN, FALSE

Trunc

Arithmetik

Zweck
Wandelt einen reellen Wert in einen ganzzahligen Wert um.

Struktur

```
FUNCTION Trunc(r:REAL):LONGINT;
```

Bemerkung
Trunc schneidet die Dezimalstellen einer reellen Zahl ab. Für *Trunc* gilt:

Falls x>=0, dann ist *Trunc(x)*<=x,
falls x<0, dann ist *Trunc(x)*>=x.

Beispiel

```
Trunc(2.9)  = 2
Trunc(2.1)  = 2

Trunc(-2.9) = -2
Trunc(-2.1) = -2
```

Siehe auch
Abs, Int, Odd, Round

Truncate

Datei

Zweck
Schneidet eine Datei an der Position des Zeigers ab.

Struktur

```
PROCEDURE Truncate(VAR f:dateityp);
```

Bemerkung
Alle Daten jenseits des Datenzeigers werden mit der Prozedur *Truncate* abgeschnitten.

Beispiel
Dieses Programm schneidet die Hälfte der Dateikomponenten ab.

```
PROGRAM Truncate_Test;
VAR
  f:FILE OF REAL;
BEGIN
  Assign(f,'DATEN.DBF');
  Reset(f);
  Seek(f,FileSize(f) DIV 2);
  Truncate(f);
  Close(f)
END.
```

Siehe auch
FileSize, LongFileSize

Turbo3

Unit

Zweck
Stellt alle Routinen der Version 3.0 zur Verfügung, die in der Version 4.0 nicht mehr existieren oder in ihrer Wirkungsweise etwas verändert worden sind.

Bemerkung
Falls Sie ein Programm, daß Sie für Turbo Pascal 3.0 geschrieben haben, mit der Version 4.0 compilieren wollen, können Sie die Unit **Turbo3** einbinden, um Kompatibilitätsproblemen weitgehend auszuweichen. Auf diese Weise mußte ich bei einem 5000-Zeilen-Programm nur wenige Änderungen vornehmen.

Bitte beachten Sie, daß im lexikalischen Teil dieses Buches nicht auf die Routinen dieser Unit eingegangen wird.
Folgende Prozeduren und Funktionen sind in der Unit **Turbo3** enthalten:

AssignKbd	Ordnet die Tastatur einer Textdatei zu und wird automatisch aufgerufen (nur für den internen Gebrauch gedacht)
HighVideo	Setzt Textfarbe auf Gelb und die Hintergrundfarbe auf Schwarz
IOresult	Liefert Turbo Pascal-Fehlercodes, die nicht dem DOS entsprechen
LongFilePos	Ermittelt die Position des Dateizeigers
LongFileSize	Ermittelt die Anzahl der Datensätze einer Datei
LongSeek	Setzt den Dateizeiger auf eine bestimmte Position
LowVideo	Setzt die Textfarbe auf Grau und die Hintergrundfarbe auf Schwarz
MaxAvail	Ermittelt den größten Block auf dem Heap (in Paragraphen)
MemAvail	Ermittelt den gesamten Speicherplatz auf dem Heap (in Paragraphen)
NormVideo	Setzt die Textfarbe auf Gelb und die Hintergrundfarbe auf Schwarz

Weiter sind folgende Variablen in der Unit **Turbo3** deklariert:

CBreak	:BOOLEAN; Entspricht der Systemvariablen *CheckBreak* und ermöglicht das lokale Ausschalten der Prüfung von Ctrl-C
KBD	:TEXT; Ist der Tastatur zugeordnet (mit *AssignKbd*) und ermöglicht das direkte Lesen eines Zeichens, das im Tastaturspeicher steht. In der Version 4.0 steht hierfür die Funktion *ReadKey* zur Verfügung. Tasten, die zwei Codes erzeugen (z.B. Funktionstasten), liefern in der Version 3.0 als ersten Code #27 (ESC), in der Version 4.0 hingegen #0. Diese Umwandlung wird von **Turbo3** selbständig ausgeführt.

Siehe auch
Crt, Dos, Graph, Graph3, Overlay, Printer, System

TYPE

Reserviertes Wort

Zweck
Ermöglicht das Definieren von eigenen Datentypen.

Bemerkung
Es stehen mehrere Standarddatentypen zur Verfügung (z.B. CHAR, INTEGER).
Ein neuer Datentyp kann direkt im Variablen-Deklarationsteil beschrieben werden.
Datentypen mit einem eigenen Namen werden im Typen-Deklarationsteil definiert. Das reservierte Wort TYPE steht am Anfang einer Definition, dem eine oder mehrere Zuweisungen folgen. Mehrere Zuweisungen werden durch einen Strichpunkt (;) getrennt. Die Zuweisung besteht aus einem Bezeichner, einem Gleichheitszeichen (=) und einem Datentyp:

```
TYPE
  umlaute=SET OF ['ä','ö','ü'];
  bereich=12..34;
VAR
  test:umlaute;
  meier,moser:bereich;
```

Ein großer Vorteil von Pascal ist, daß sich sehr komplexe Datentypen bilden lassen:

```
TYPE
  akte=RECORD
    anrede:STRING[10];
    name,
    vorname,
    beruf:STRING[20];
    plz:STRING[4];
    ort,
    land:STRING[15]
  END;
VAR
  f:FILE OF akte;
  einer:akte;
```

Neben den skalaren Standard-Typen (z.B. BOOLEAN, CHAR) unterstützt Pascal auch vom Benutzer definierte skalare Datentypen. Die Definition eines skalaren Datentyps gibt in aufsteigender Ordnung alle seine möglichen Werte an. Die Werte des neuen Datentyps werden durch Bezeichner repräsentiert:

```
TYPE
  bewertung=(sehrgut,gut,standardleistung,keinkommentar);
VAR
  pruefung:ARRAY [1..10] OF bewertung;
  i:INTEGER;
BEGIN
  FOR i:=1 TO 10 DO
    pruefung[i]:=bewertung(Random(4))
END;
```

Typendefinitionen müssen im Programmtext immer vor dem ersten Gebrauch geschrieben werden. Eine Ausnahme bilden hier die Zeigertypen:

```
TYPE
  wo=^txt;
  txt=RECORD
    vorn,
    dann:wo;
    linie:STRING[255]
  END;
VAR
  meintext,starttext:wo;
```

Bitte beachten Sie, daß folgender Programmcode bei der Compilation einen Fehler erzeugt, da die zusammengesetzten Datentypen (mit ARRAY oder RECORD) nicht als identisch betrachtet werden:

```
VAR
  r1:ARRAY [1..2] OF CHAR;
  r2:ARRAY [1..2] OF CHAR;
BEGIN
  r1:=r2  { Fehler, da der strengen Typenprüfung zum Opfer gefallen }
END.
```

Folgende Typendeklarationen sind einwandfrei:

```
VAR
  r1,r2:ARRAY [1..2] OF CHAR;
BEGIN
  r1:=r2
END.

TYPE
  typ=ARRAY [1..2] OF CHAR;
VAR
  r1:typ;
  r2:typ;
BEGIN
  r1:=r2
END.
```

Ab der **Version 5.0** von Turbo Pascal ist es möglich, im Deklarationsteil eines Programmes, einer Prozedur oder Funktion Konstanten-Ausdrücke (berechnete Konstanten) zu verwenden (weitere Informationen hierzu erhalten Sie bei CONST). Zudem ist es möglich, Prozeduren und Funktionen als Datentypen einzusetzen (siehe hierzu PROCEDURE).

Siehe auch
BOOLEAN, BYTE, CHAR, INTEGER, REAL, STRING

TypeOf

System (nur Version 5.5)

Zweck
Ermittelt die Adresse der VMT (Tabelle der virtuellen Methoden), die bei Objekt-Typen angelegt wird.

Struktur

```
FUNCTION TypeOf(objekt_typ):POINTER;
FUNCTION TypeOf(objekt):POINTER;
```

Bemerkung
Die Prozedur *TypeOf* ermittelt die Speicheradresse der VMT. Diese wird nur bei Objekt-Typen angelegt, die über viruelle Methoden verfügen (siehe hierzu auch VIRTUAL); aus diesem Grund läßt sich *TypeOf* auch nur bei solchen Objekten verwenden.
Das Argument der Funktion *TypeOf* kann entweder ein Objekt-Typ oder ein Objekt sein.

Beispiel
Folgendes Programm ermittelt innerhalb der Prozedur *WasBinIch* den zu einem Objekt passenden Datentyp. Die Funktion *TypeOf* vergleicht hierzu zwei Adressen (VMT) miteinander.

```
PROGRAM TypeOf_Test;
TYPE
  ap=^a;
  a=OBJECT
    CONSTRUCTOR Init;
    PROCEDURE Ha; VIRTUAL;
    DESTRUCTOR Done; VIRTUAL
  END;
```

```
bp=^b;
b=OBJECT(a)
  CONSTRUCTOR Init;
  PROCEDURE Ha; VIRTUAL;
  DESTRUCTOR Done; VIRTUAL
END;

cp=^c;
c=OBJECT(a)
  CONSTRUCTOR Init;
  PROCEDURE Ha; VIRTUAL;
  DESTRUCTOR Done; VIRTUAL
END;

CONSTRUCTOR a.Init; BEGIN END;
PROCEDURE a.Ha; BEGIN WriteLn('a: Hallo') END;
DESTRUCTOR  a.Done; BEGIN WriteLn('Ende a') END;

CONSTRUCTOR b.Init; BEGIN END;
PROCEDURE b.Ha; BEGIN WriteLn('b: Hallo') END;
DESTRUCTOR  b.Done; BEGIN WriteLn('Ende b') END;

CONSTRUCTOR c.Init; BEGIN END;
PROCEDURE c.Ha; BEGIN WriteLn('c: Hallo') END;
DESTRUCTOR  c.Done; BEGIN WriteLn('Ende c') END;

PROCEDURE WasBinIch(obj:ap);
BEGIN
  obj^.Ha;
  IF TypeOf(obj^)=TypeOf(a) THEN WriteLn('Objekt-Typ <a>');
  IF TypeOf(obj^)=TypeOf(b) THEN WriteLn('Objekt-Typ <b>');
  IF TypeOf(obj^)=TypeOf(c) THEN WriteLn('Objekt-Typ <c>')
END;

VAR
  o1:ap;
  o2:bp;
  o3:cp;
BEGIN
  New(o1,Init);      New(o2,Init);      New(o3,Init);
  WasBinIch(o1);     WasBinIch(o2);     WasBinIch(o3);
  Dispose(o1,Done); Dispose(o2,Done); Dispose(o3,Done)
END.
```

Siehe auch
VIRTUAL

UpCase

Zweck
Wandelt Kleinbuchstaben in die entsprechenden Großbuchstaben um.

Struktur

```
FUNCTION UpCase(c:CHAR):CHAR;
```

Bemerkung
Das Funktionsargument wird in den entsprechenden Großbuchstaben umgewandelt. Sonderzeichen, Zahlen und Großbuchstaben werden unverändert zurückgegeben. Die deutschen Sonderzeichen 'ä', 'ö', 'ü' und 'ß' werden nicht verändert.

Beispiel

```
UpCase('o') = 'O'
UpCase('ä') = 'ä'
UpCase('1') = '1'
UpCase('.') = '.'
```

UNIT

Reserviertes Wort

Zweck
Kopf einer Unit.

Bemerkung
Eine Unit stellt eine Einheit dar, die Prozeduren, Funktionen und weiteres mehr deklariert (und codiert), die bei Bedarf in ein Hauptprogramm eingebunden werden können (mittels USES).
Units werden einzeln compiliert; dies hat den Vorteil, daß die gesamten Compilations-Zeiten von umfangreichen Hauptprogrammen wesentlich verkürzt werden und Sie Units auf dem Software-Markt anbieten können, ohne den Quellcode preiszugeben.
Der Erfolg eines großen Software-Projektes hängt immer von der Übersichtlichkeit der Programme ab. Da Units die Zergliederung eines Pascal-Programmes in kleine Einheiten fördern, steht großen Software-Projekten nichts mehr im Wege (ich selbst halte die Möglichkeit, eigene Units zu bauen, für die bedeutendste Neuerung von Turbo Pascal 4.0, die ein Eintauschen der alten Version 3.0 mehr als nur rechtfertigt).
Eine Unit besteht aus folgenden Teilen:

- Unitkopf
- INTERFACE-Teil
- IMPLEMENTATION-Teil
- Initialisierungs-Teil

Folgender Code zeigt kurz den Aufbau einer Unit:

```
UNIT <name>;
INTERFACE
  USES <liste>     { Einbinden benötigter Units, fakultativ }
  { Öffentliche Deklarationen, Schnittstelle zur Außenwelt }

IMPLEMENTATION
  { ab 5.0: Einbinden benötigter Units (wie bei INTERFACE) }
  { Private Deklarationen                                  }
  { Programm-Code der Prozeduren und Funktionen            }

BEGIN
  { Initialisierung, fakultativ                            }
END.
```

Unitkopf: Dem reservierten Wort UNIT folgt ein Name, der zur Identifizierung der Unit dient und mit dem Dateinamen identisch sein muß:

```
UNIT standard;
```

INTERFACE-Teil: Er beginnt mit dem reservierten Wort INTERFACE und endet mit IMPLEMENTATION. Hier werden alle Prozeduren, Funktionen, Konstanten, Datentypen und Variablen deklariert, die von Programmen verwendet werden dürfen und somit öffentlich sind. Prozeduren und Funktionen werden hier nur mit ihren Namen und den Parameter-Listen aufgeführt, der eigentliche Programmcode wird im IMPLEMENTATION-Teil geschrieben.
Units, die von einer selbstgeschriebenen Unit verwendet werden, sind mit USES einzubinden (ausgenommen die Unit **System**):

```
UNIT standard;

INTERFACE
USES
  Crt;
VAR
  esc:BOOLEAN;

  PROCEDURE Beep;
    { Kurzer Signalton                 }
  PROCEDURE Upper(VAR zeile:STRING);
    { Wandelt eine Zeile in Großbuchstaben um }
```

```
  FUNCTION GetError:BYTE;
    { Ermittelt eine Fehlernummer          }
  FUNCTION ReadNumber:BYTE;
    { Liest eine Zahl im Bereich 0..9 ein    }
.
.
```

IMPLEMENTATION-Teil: Er beginnt mit dem reservierten Wort IMPLEMENTATION und enthält den eigentlichen Programmcode der im INTERFACE-Teil deklarierten Prozeduren und Funktionen. Alle weiteren Begriffe (Konstanten, Prozeduren ...), die im IMPLEMENTATION-Teil definiert werden, sind unsichtbar, d.h. sie können in einem Programm, das die entsprechende Unit eingebunden hat, nicht verwendet werden.
Der Köpfe der einzelnen Routinen, die bereits im INTERFACE-Teil deklariert sind, können im IMPLEMENTATION-Teil verstümmelt sein, denn es ist erlaubt, die Parameterliste oder der Funktionstyp nicht mehr aufzuführen (siehe hierzu auch FORWARD). Aus Gründen der Lesbarkeit ist es aber empfehlenswert, die vollständigen Prozedur- und Funktions-Köpfe aufzuführen:

```
.
.
IMPLEMENTATION
VAR
  fehler:BYTE;        { Diese beiden Variablen ... }
  altexit:POINTER;    { ... sind unsichtbar.       }

  PROCEDURE Beep;
  VAR
    i:BYTE;
  BEGIN
    FOR i:=1 TO 4 DO BEGIN
      Sound(440);
      Delay(100);
      Sound(880);
      Delay(100)
    END;
    NoSound
  END;

  PROCEDURE Upper(VAR zeile:STRING);
  VAR
    i:BYTE;
  BEGIN
    FOR i:=1 TO Length(zeile) DO
      IF Pos(zeile[i],'äöü')<>0 THEN
        fehler:=i
      ELSE
        zeile[i]:=UpCase(zeile[i])
  END;
```

```
  FUNCTION GetError:BYTE;
  BEGIN
    GetError:=fehler;
    fehler:=0
  END;

  FUNCTION ReadNumber:BYTE;
  VAR
    ch:CHAR;
  BEGIN
    esc:=FALSE;
    REPEAT
      ch:=ReadKey;
      IF Pos(ch,'0123456789'#27)=0 THEN Beep
    UNTIL Pos(ch,'0123456789'#27)<>0;
    IF ch=#27 THEN
      esc:=TRUE
    ELSE
      ReadNumber:=BYTE(ch)-48
  END;

{$F+}
  PROCEDURE FehlerOderEnde;  { Diese Prozedur ist unsichtbar }
  BEGIN
    Beep;
    ExitProc:=altexit
  END;
{$F-}
.
.
```

Initialisierungs-Teil: Jeder Unit kann fakultativ ein Teil hinzugefügt werden, der genau einmal ausgeführt wird: beim Starten des Programms. Er enthält Programm-Anweisungen, die einzelnen Variablen einen Wert zuweisen, auf dem Heap einen Puffer einrichten oder eine Exit-Prozedur installiert (siehe auch *ExitProc*). Der Initialisierungs-Teil wird zwischen den beiden reservierten Wörtern BEGIN und END geschrieben.

```
.
.
BEGIN
  esc:=FALSE;
  fehler:=0;
  altexit:=ExitProc;
  ExitProc:=Addr(FehlerOderEnde)
END.
```

Bitte beachten Sie, daß es bei Units, die als Overlays verwendet werden sollen (ab Version 5.0), nicht erlaubt ist, Initialisierungs-Teile zu schreiben (weiteres hierzu bei *Overlay*).
Zirkulare Abhängigkeiten: Wenn sich zwei oder mehrere Units gegenseitig voraussetzen, sind alle benötigten Units im IMPLEMENTATION-Teil aufzuführen (und nicht im INTERFACE-Teil; erst ab Version 5.0 möglich).

Units werden wie gewöhnliche Programme mit dem integrierten Editor geschrieben und compiliert (es entstehen dabei .TPU-Dateien, siehe auch Anhang B), jedoch können sie zu Testzwecken nicht gestartet werden. Schreiben Sie hierzu ein kleines Programm, das die zu überprüfende Unit einbindet.
Einzelne Begriffe, die in einer Unit öffentlich definiert sind, können mit ihrem Namen aufgerufen werden, sobald diese Unit von einem Programm oder einer anderen Unit eingebunden worden ist. Es besteht die Möglichkeit, einem Begriff den Unit-Namen und einen Punkt voranzustellen. Dies ist besonders dann notwendig, wenn mehrere Units bestehen, die die gleichen Namen für Bezeichner verwendet haben.

```
PROGRAM test;
USES
  unit1,unit2;
BEGIN
  unit1.beep;  { Verwendet <beep> aus der Unit <unit1> }
  unit2.beep   { Verwendet <beep> aus der Unit <unit2> }
END.
```

Folgendes Programm bindet die oben beschriebene Unit *Standard* ein:

```
PROGRAM UNIT_Test;
USES
  Standard;
VAR
  i:BYTE;
  s:STRING;
BEGIN
  Write('Ziffer (0..9): ');
  i:=ReadNumber;
  IF NOT esc THEN
    WriteLn(i)
  ELSE
    WriteLn('ESC gedrückt ...');
  Write('Text: ');
  ReadLn(s);
  Upper(s);
  i:=GetError;
  IF i<>0 THEN
    WriteLn('Fehler an der Stelle ',i);
```

```
    WriteLn(s);
    WriteLn('Nun wird <FehlerOderEnde> aufgerufen.')
  END.
```

Prozeduren und Funktionen, die in einer Unit definiert sind, jedoch in einem Programm unbenutzt bleiben, werden nicht eingebunden. Außerdem nimmt ein Programm den Code einer Unit nur einmal auf, auch dann, wenn mehrere Units diese einbinden. Beispielsweise benötigt die Unit **Turbo3** die Unit **Crt** und bindet diese mit der Anweisung USES ein. **Crt** wird aber nur dann eingebunden, wenn sie nicht schon durch das Hauptprogramm oder eine andere Unit eingebunden worden ist.
Variablen und typisierte Konstanten aller Units und des Hauptprogrammes werden in demselben Datensegment abgelegt (maximal 65'520 Bytes). Deshalb sollten die einzelnen Units das Datensegment nicht allzu stark belasten und Variablen mit großem Speicherbedarf dynamisch auf dem Heap erzeugen (ab der Version 5.0 entfernt der Linker jedoch alle Variablen und typisierten Konstanten, die in einem Programm nicht verwendet werden):

```
PROGRAM dynamische_variablen;
TYPE
  sehrgross=ARRAY [1..MaxInt] OF CHAR;
VAR
  test:^sehrgross;
BEGIN
  New(test);     { Legt Variable auf dem Heap an }
  test^[1]:='a';
  test^[2]:='z';
  WriteLn(test^[1],'..',test^[2]);
  Dispose(test)  { Gibt den Heap wieder frei      }
END.
```

Jede Unit erhält ein eigenes Codesegment von maximal 64 kByte, somit ist die Code-Größe des gesamten Programmes nur durch den Hauptspeicher begrenzt.

Zu Turbo Pascal werden mehrere Units mitgeliefert (siehe Crt, Dos, Graph, Graph3, Overlay, Printer, System und Turbo3), die den Sprachumfang wesentlich erweitern, wenn sie in den Programm-Code eingebunden werden (bitte beachten Sie, daß die Unit **System** immer automatisch in ein Programm eingefügt wird und deshalb nicht in einer USES-Anweisung erscheinen darf). Der Speicherbedarf im Datensegment betägt für die einzelnen Turbo Pascal-Versionen (in Bytes):

	4.0	5.0	5.5
Crt	26	20	20
Dos	6	6	6
Graph	834	1070	1070
Graph3	0	0	0
Overlay	-	10	24
Printer	256	256	256
System	585	664	664
Turbo3	256	256	256
Total	1963	2282	2296

Maximal stehen Ihnen 65'520 Bytes im Datensegment zur Verfügung.

Die meisten Units von Turbo Pascal sind in der Datei TURBO.TPL zusammengefaßt. Das auf einer der Systemdisketten vorhandene Programm TPUMOVER.EXE ermöglicht das Hinzufügen oder Löschen einzelner Units.
TPUMOVER.EXE wird folgendermaßen gestartet:

```
TPUMOVER [datei1 datei2]
```

datei1 wird ins erste, *datei2* ins zweite Fenster von TPUMOVER geladen; falls Sie jedoch keine Dateinamen angegeben, erscheint TURBO.TPL selbständig im ersten Fenster, das zweite bleibt leer.

```
                     Turbo Pascal Unit Librarian
                            Version 5.5

 ---- C:\TURBO5\NR2\PLUS.TPU ----          ==== C:\TURBO5\UNI
 Unit       Code  Data  Syms  Uses          Unit      Code  D

 BIOS        253    24   836  CRT   ...     STANDARD 3306
 SCREEN     2407    59  1353  CRT
 STANDARD   3306    16  1479


     File size:    36 K                        File size:
     Drive C:   15160 K free

F1-Help F2-Save F3-New F4-Info F6-Switch +-Mark INS-Copy DE
```

Folgend möchte ich kurz die einzelnen Befehle von TPUMOVER.EXE beschreiben:

F1	Aktiviert ein Hilfefenster.
F2	Schreibt die sich im aktuellen Fenster befindende Datei auf die Diskette/Festplatte.
F3	Erkundigt sich nach einem Dateinamen und lädt diesen, falls vorhanden, ins aktuelle Fenster, andernfalls wird eine neue Datei erzeugt.
F4	Öffnet ein Fenster, das Informationen (Größe der einzelnen Segmente, benötigte Units ...) über die mit dem Leuchtbalken gekennzeichnete Unit enthält.
F6	Wechselt zwischen den beiden Fenstern.
+	Markiert die mit dem Leuchtbalken gekennzeichnete Unit.
Ins	Kopiert alle mit **+** markierten Units vom aktuellen Fenster ins andere.
Del	Löschte alle mit **+** markierten Units im aktuellen Fenster.
Esc	Beendet TPUMOVER.EXE, ohne den aktuellen Stand zu speichern.

Units, die in eine .TPL-Datei aufgenommen werden sollen, sind in eines der Fenster zu laden (Taste **F3**), mit **+** zu markieren und mit **Ins** zu kopieren.

Beim Programmstart wird automatisch die Unit **System** eingebunden, weitere benötigte Units werden zuerst in der Datei TURBO.TPL gesucht, dann (falls nicht gefunden) als .TPU-Datei im aktuellen Directory und zu guter Letzt in den unter *Options, Directories, Unit directories* (siehe Anhang B) angegebenen Verzeichnissen (siehe auch Compiler-Befehl **U** im Anhang E, wenn Sie mit der Version 4.0 arbeiten).

Siehe auch
Crt, Dos, Graph, Graph3, Printer, System, Turbo3, USES

UnpackTime

MS-DOS

Zweck
Wandelt eine kompakte Zeitangabe in eine lesbare Form um.

Struktur

```
PROCEDURE UnpackTime(zeit:LONGINT; VAR dt:DateTime);
```

Bemerkung
UnpackTime ist in der Unit **Dos** enthalten.

Der Parameter *zeit* enthält Datum und Uhrzeit in kompaktem Format. Die Prozedur *UnpackTime* wandelt dieses Format um und übergibt das Resultat dem Parameter *dt*. Der dabei notwendige Datentyp *DateTime* ist in der Unit **Dos** folgendermaßen definiert:

```
TYPE
  DateTime=RECORD
    Year,Month,     { Jahr: 1980..2099, Monat: 1..12 }
    Day,Hour,       { Tag: 1..31, Stunde: 0..23      }
    Min,Sec:WORD    { Minute und Sekunde: 0..59      }
  END;
```

Bitte beachten Sie, daß die Prozedur *UnpackTime* nicht prüft, ob *zeit* einen gültigen Wert enthält.

Beispiel
Folgendes Programm liest Zeit und Datum einer Datei und wandelt den dabei ermittelten Wert in ein lesbares Format um.

```
PROGRAM UnpackTime_Test;
USES
  Dos;
VAR
  zeit:LONGINT;
  dt:DateTime;
  f:FILE;
  name:STRING;
BEGIN
  Write('Dateiname: ');
  ReadLn(name);
  Assign(f,name);
  Reset(f);
  GetFTime(f,zeit);
  Close(f);
  UnpackTime(zeit,dt);
  WITH dt DO BEGIN
    WriteLn('Datum: ',day,'.',month,'.',year);
    WriteLn(' Zeit: ',hour,':',min,':',sec)
  END
END.
```

Siehe auch
PackTime

USES

Reserviertes Wort

Zweck
Bindet eine Unit in ein Programm ein.

Bemerkung
Eine Unit enthält Prozeduren, Funktionen, Konstanten ..., die erst dann verfügbar sind, wenn sie mit der USES-Anweisung in ein Programm eingebunden wird.
Beim Programmstart wird automatisch die Unit **System** eingebunden, weitere benötigte Units werden zuerst in der Datei TURBO.TPL gesucht, dann (falls nicht gefunden) als .TPU-Datei im aktuellen Directory und zu guter Letzt in den unter *Options, Directories, Unit directories* (siehe Anhang B) angegebenen Verzeichnissen (siehe auch Compiler-Befehl **U** im Anhang E, wenn Sie mit der Version 4.0 arbeiten).
Falls zwei Units für einen Bezeichner denselben Namen verwenden, kann dem Bezeichner der Unitname und ein Punkt vorangestellt werden.

Beispiel

```
PROGRAM USES_Test;
USES
  Crt;
VAR
  i:BYTE;

  PROCEDURE ClrEol;
  VAR
    i,x,y:BYTE;
  BEGIN
    x:=WhereX;
    y:=WhereY;
    FOR i:=x TO 70 DO Write(' ');
    GotoXY(x,y)
  END;

BEGIN
  ClrScr;
  FOR i:=1 TO 160 DO Write('*');
  GotoXY(1,1);
  Write(Font8x8);
  Crt.ClrEol;        { Benutzt <ClrEol> aus dem Unit <Crt> }
  GotoXY(1,2);
  Write(Font8x8);
  ClrEol             { Verwendet unsere Prozedur <ClrEol>  }
END.
```

Siehe auch
Crt, Dos, Graph, Graph3, Printer, System, Turbo3, UNIT

VAR

Reserviertes Wort

Zweck
Ermöglicht das Definieren von Variablen.

Bemerkung
Jede Variable, die in einem Programm erscheint, muß vor dem Gebrauch definiert werden.
Die Variablendeklaration besteht aus dem reservierten Wort VAR, dem eine Liste von Bezeichnern folgt. Die Bezeichner werden mit einem Komma (,) voneinander getrennt. Am Ende der Liste steht ein Doppelpunkt (:), dem der Variablentyp folgen muß:

```
VAR
  x,y:INTEGER;
  ch:CHAR;
```

Variablen können an ganz bestimmten Stellen des Arbeitsspeichers abgelegt werden (näheres bei ABSOLUTE).
Variablen enthalten bei Programmstart einen undefinierten Wert. Typisierte Konstanten aber können wie initialisierte Variablen verwendet werden (siehe hierzu CONST).
Bitte beachten Sie, daß folgender Programmcode bei der Compilation einen Fehler erzeugt, da die zusammengesetzten Datentypen (mit ARRAY oder RECORD) nicht als identisch betrachtet werden:

```
VAR
  r1:ARRAY [1..2] OF CHAR;
  r2:ARRAY [1..2] OF CHAR;
BEGIN
  r1:=r2  { Fehler, da der strengen Typenprüfung zum Opfer gefallen }
END.
```

Folgende Typendeklarationen sind einwandfrei:

```
VAR
  r1,r2:ARRAY [1..2] OF CHAR;
BEGIN
  r1:=r2
END.

TYPE
  typ=ARRAY [1..2] OF CHAR;
VAR
  r1:typ;
  r2:typ;
```

```
BEGIN
  r1:=r2
END.
```

Ab der **Version 5.0** von Turbo Pascal ist es möglich, im Deklarationsteil eines Programmes, einer Prozedur oder Funktion Konstanten-Ausdrücke (berechnete Konstanten) zu verwenden (weitere Informationen hierzu erhalten Sie bei CONST). Weiter ist es möglich, Prozeduren und Funktionen als Datentypen einzusetzen (siehe hierzu PROCEDURE).

Siehe auch
ABSOLUTE, CONST, FUNCTION, LABEL, PROCEDURE, PROGRAM, TYPE

Val

String

Zweck
Wandelt eine Zeichenkette in einen numerischen Wert um.

Struktur

```
PROCEDURE Val(s:STRING; VAR r:REAL; VAR test:INTEGER);
PROCEDURE Val(s:STRING; VAR l:LONGINT; VAR test:INTEGER);
```

Bemerkung
Der String *s*, der in einen numerischen Wert umgewandelt werden soll, darf keine Zeichen enthalten, die nicht zu einer Zahl gehören.
Erlaubte Zeichen sind + - $. E 0 1 2 3 4 5 6 7 8 und 9.
Die Variable *test* enthält nach der Ausführung der Prozedur *Val* einen Code. Dieser ist 0, wenn *Val* ohne Fehler ausgeführt werden konnte; andernfalls zeigt *test* auf die fehlerhafte Stelle (*s[test]* ist die fehlerhafte Stelle).

Beispiel

```
s:='1234';
Val(s,i,test);  { ergibt für i=1234 und test=0            }
s:=' 344';
Val(s,i,test);  { i ist undefiniert, test=1 (Leerzeichen) }
s:='123.21';
Val(s,r,test);  { ergibt für r=123.21 und test=0          }
s:='$FF';
Val(s,i,test);  { ergibt für i=255 (=$FF)                 }
s:='44.';
Val(s,r,test);  { r ist undefiniert, test=3 (Punkt)       }
```

Siehe auch
Str

VIRTUAL

Reserviertes Wort (nur Version 5.5)

Zweck
Definiert eine Methode innerhalb eines Objekt-Typs als virtuell.

Bemerkung
Methoden eines Objektes können statisch definiert sein, d.h. ihre Adresse werden bereits bei der Compilierung einem Objekt bekanntgegeben. Im Gegensatz dazu werden die Adressen von virtuellen Methoden erst zur Laufzeit des Programmes einem Objekt zugeordnet.

```
TYPE
  PointPtr=^Point;
  Point=OBJECT
    x,y:INTEGER;
    CONSTRUCTOR Init(x1,y1:INTEGER);
    PROCEDURE Show;  { Statische Methoden, ...        }
    PROCEDURE Hide;  { ... Adressen bereits bei ...   }
    DESTRUCTOR Done  { ... der Compilierung bekannt. }
  END;

  LinePtr=^Line;
  Line=OBJECT(Point)
    x2,y2:INTEGER;
    CONSTRUCTOR Init(xo,yo,xu,yu:INTEGER);
    PROCEDURE Show;  { Statische Methoden, ...        }
    PROCEDURE Hide;  { ... Adressen bereits bei ...   }
    DESTRUCTOR Done  { ... der Compilierung bekannt. }
  END;

  CONSTRUCTOR Point.Init(x1,y1:INTEGER);
  BEGIN
    x:=x1; y:=y1;
    Show
  END;

  PROCEDURE Point.Show;
  BEGIN
    Graph.PutPixel(x,y,Graph.GetMaxColor)
  END;

  PROCEDURE Point.Hide;
  BEGIN
    Graph.PutPixel(x,y,Graph.GetBkColor)
  END;
```

```
DESTRUCTOR Point.Done;
BEGIN
  Hide
END;

CONSTRUCTOR Line.Init(xo,yo,xu,yu:INTEGER);
BEGIN
  x2:=xu; y2:=yu;
  x:=xo;  y:=yo;
  Show
END;

PROCEDURE Line.Show;
BEGIN
  Graph.SetColor(Graph.GetMaxColor);
  Graph.Line(x,y,x2,y2)
END;

PROCEDURE Line.Hide;
BEGIN
  Graph.SetColor(Graph.GetBkColor);
  Graph.Line(x,y,x2,y2)
END;

DESTRUCTOR Line.Done;
BEGIN
  Hide
END;
```

Die oben definierten Methoden *Done* sind bei beiden Objekt-Typen scheinbar identisch. Der Unterschied besteht lediglich darin, daß *Point.Done* die Methode *Point.Hide* und *Line.Done* die Methode *Line.Hide* aufruft.

```
TYPE
  PointPtr=^Point;
  Point=OBJECT
    x,y:INTEGER;
    CONSTRUCTOR Init(x1,y1:INTEGER);
    PROCEDURE Show; VIRTUAL;  { Virtuelle Methoden, ...     }
    PROCEDURE Hide; VIRTUAL;  { ... Adressen erst zur ... }
    DESTRUCTOR Done; VIRTUAL  { ... Laufzeit bekannt.     }
  END;

  LinePtr=^Line;
  Line=OBJECT(Point)
    x2,y2:INTEGER;
    CONSTRUCTOR Init(xo,yo,xu,yu:INTEGER);
    PROCEDURE Show; VIRTUAL;  { Virtuelle Methoden, Adressen ...    }
    PROCEDURE Hide; VIRTUAL   { ... erst zur Laufzeit bekant.       }
  END;
```

Wird der Kopf einer Methode mit dem reservierten Wort VIRTUAL gekennzeichnet, sind Methoden austauschbar geworden. Wie Sie sehen, erbt nun der Objekt-Typ *Line* die Methode *Done* von seinem Vorfahr *Point*; diese ruft nun eine virtuelle Methode (*Hide*) auf, deren Adresse ihr vom aktuellen Objekt beim Aufruf mitgeteilt wird. Da nun die virtuellen Methoden austauschbar geworden sind, leuchtet es unmittelbar ein, daß alle gleichnamigen virtuellen Methoden identische Prozedur- bzw. Funktionsköpfe aufweisen müssen.
Außer daß *Line.Init* die beiden zusätzlichen Felder x2 und y2 initialisiert, sehen sich die beiden Methoden *Point.Init* und *Line.Init* sehr ähnlich. Da die Methode *Show* virtuell ist, können wir *Line.Init* wie folgt schreiben:

```
CONSTRUCTOR Line.Init(xo,yo,xu,yu:INTEGER);
BEGIN
  x2:=xu; y2:=yu;
  Point.Init(xo,yo)
END;
```

Die Adressen aller virtuellen Methoden, die zu einem Objekt gehören, werden nach dem CONSTRUCTOR-Aufruf in einer Tabelle festgehalten (*VMT* genannt; engl. *virtual method tables*). Diese befindet sich im Datensegment und wird für jeden Objekt-Typ nur einmal erzeugt; die Methode CONSTRUCTOR initialisiert ihre Werte.
Falls Sie eine virtuelle Methode aufrufen wollen, obwohl die VMT noch nicht initialisiert worden ist, erzeugt Turbo Pascal den Laufzeit-Fehler **210** (jedoch nur bei aktivem Compiler-Befehl **R**; siehe Anhang E).
Anhand der oben definierten Objekt-Typen wollen wir zwei Objekte definieren und den Aufbau der VMT verdeutlichen:

```
VAR
  Punkt:Point;
  Linie:Line;
```

Die Objekte *Punkt* und *Linie* erzeugen folgende Struktur im Datensegment (jedes Rechteck entspricht einem Speicher-Wort oder 2 Bytes):

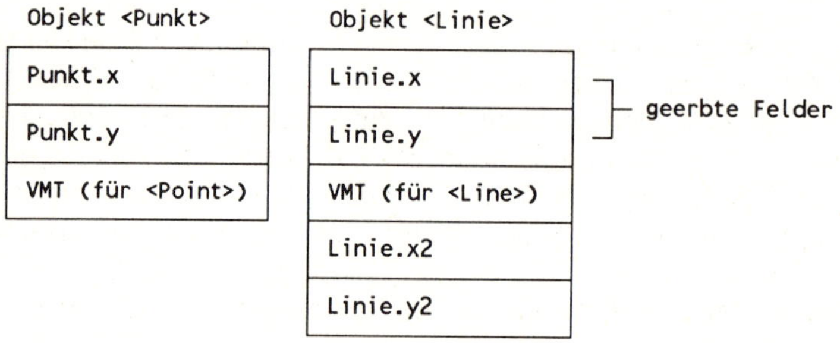

Das Feld *VMT* enthält den Offset-Teil der Speicheradresse, an der sich die Tabelle der virtuellen Methoden befindet (die VMT liegt im Datensegment).
Die Tabellen der virtuellen Methoden werden für die Objekt-Typen *Point* und *Line* und nur je einmal angelegt; sie sehen wie folgt aus:

VMT von <Point>

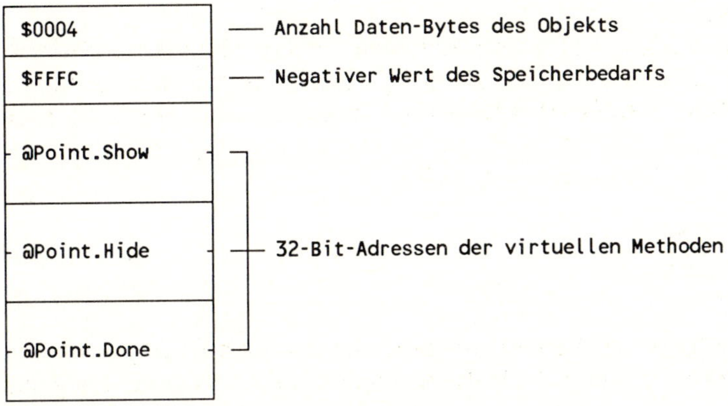

VMT von <Line>

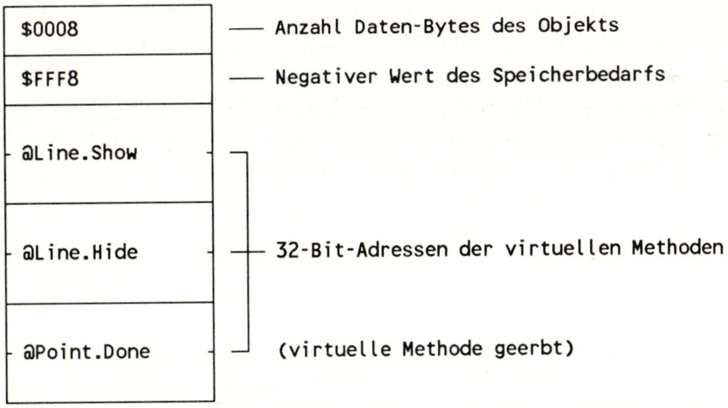

Die VMT muß zu Beginn eines Programmes initialisiert werden (siehe auch CONSTRUCTOR); mit Hilfe der beiden ersten Felder der VMT läßt sich prüfen, ob eine Initialisierung bereits stattgefunden hat. Falls beim Aufruf einer virtuellen Methode das erste Wort 0 beträgt oder die Summe der beiden ersten Wörter nicht 0 ergibt, bricht Turbo Pascal die Programm-Ausführung mit dem Laufzeitfehler 210 ab (nur bei aktivem Compiler-Befehl **R**).
Die Speicheradresse der VMT kann mit der Funktion *TypeOf* ermittelt werden.

Bevor eine virtuelle Methode ausgeführt werden kann, muß zuerst ihre Startadresse in der VMT gesucht werden. Dieses Suchen verlängert die Ausführungszeit der Methode etwas.

Siehe auch
OBJECT

WhereX/WhereY

Textbildschirm

Zweck
Bestimmen die Koordinaten der gegenwärtigen Cursorposition.

Struktur

```
FUNCTION WhereX:BYTE;
FUNCTION WhereY:BYTE;
```

Bemerkung
WhereX und *WhereY* sind in der Unit **Crt** enthalten.
Die Funktion *WhereX* ermittelt die X-Koordinate, *WhereY* die Y-Koordinate des Cursors.
Die obere linke Ecke des Bildschirmes entspricht dem Punkt (1,1).

Beispiel
Dieses Programm zeichnet auf dem Textbildschirm eine schiefe Linie, bestehend aus dem Zeichen '*'.

```
PROGRAM WhereY_Test;
USES
  Crt;
VAR
  i:INTEGER;
BEGIN
  ClrScr;
  FOR i:=1 TO 24 DO BEGIN
    GotoXY(i,WhereY+1);
    Write('*')
  END
END.
```

Siehe auch
GotoXY

WHILE ... DO

Reserviertes Wort

Zweck

Schleife mit der Abbruchbedingung am Anfang.

Bemerkung

Der Ausdruck (die Abbruch-Bedingung), der die Wiederholung kontrolliert, muß vom Typ BOOLEAN sein.
Die Schleife wird ausgeführt, wenn der Kontroll-Ausdruck TRUE ergibt. Ist der Ausdruck zu Beginn bereits FALSE, wird deshalb die Schleife kein einziges Mal ausgeführt.
Sollen mehrere Anweisung in der While-Schleife ausgeführt werden, müssen sie von den beiden reservierten Wörtern BEGIN und END eingeschlossen werden.

Beispiel

```
PROGRAM WHILE_Test;
VAR
  f,g:TEXT;
  quelle,ziel:STRING[14];
  zeile:STRING[255];
BEGIN
  WriteLn('Welche Textdatei soll kopiert werden?');
  Write('Quelldatei: '); ReadLn(quelle);
  Write(' Zieldatei: '); ReadLn(ziel);
  Assign(f,quelle);
  Reset(f);
  Assign(g,ziel);
  Rewrite(g);
  WHILE NOT Eof(f) DO BEGIN
    ReadLn(f,zeile);
    WriteLn(g,zeile)
  END;
  Close(f);
  Close(g)
END.
```

Siehe auch

FOR ... TO/DOWNTO ... DO, REPEAT ... UNTIL

WindMax/WindMin

Systemvariable

Zweck

Enthalten die absoluten Koordinaten des aktuellen Textfensters.

Struktur

```
VAR
  WindMin,
  WindMax:WORD;
```

Bemerkung
WindMin und *WindMax* sind in der Unit **Crt** enthalten.
Die Variable *WindMin* enthält die obere linke, *WindMax* die untere rechte Ecke des aktuellen Fensters. Das höherwertige Byte der beiden Variablen entspricht der y-, das niederwertige der x-Koordinate:

```
x1:=Lo(WindMin)+1;
y1:=Hi(WindMin)+1;
x2:=Lo(WindMax)+1;
y2:=Hi(WindMax)+1;
```

Mit Hilfe der beiden Variablen *WindMin* und *WindMax* ist es möglich, die Fenstergröße zu verändern, ohne daß der Cursor seine Position wechselt (im Gegensatz zur Prozedur *Window*).
Bitte beachten Sie, daß die linke obere Ecke des Bildschirms dem Punkt (0,0) und nicht dem Punkt (1,1) (wie bei *Window*, *GotoXY*, *WhereX* und *WhereY*) entspricht.

Siehe auch
GotoXY, WhereX, WhereY, Window

Window

Textbildschirm

Zweck
Definiert ein aktives Textfenster.

Struktur

```
PROCEDURE Window(x1,y1,x2,y2:BYTE);
```

Bemerkung
Die Prozedur *Window* ist in der Unit **Crt** enthalten.
Mit *Window* kann jeder Bereich des Bildschirmes als aktives Textfenster erklärt werden. Der Punkt *(x1,y1)* bestimmt die linke obere Ecke des neuen Fensters, der Punkt *(x2,y2)* die rechte untere Ecke.
Der voreingestellte Zustand entspricht dem ganzen Bildschirm mit 80x25, bzw. 40x25 Zeichen.
In einem neuen Fenster entspricht die linke obere Ecke dem Punkt (1,1).

Der Bildschirm außerhalb des aktuellen Fensters ist nicht ansprechbar.
Im aktuellen Fenster kann Text gelöscht, verschoben oder eingefügt werden, ohne daß sich der Inhalt der Bildschirmes außerhalb des Fensters verändert.

Beispiel
Dieses Programm füllt den gesamten Bildschirm mit dem Zeichen '*' und definiert schließlich ein neues Fenster, in das zufällig gewählte Zeichen geschrieben werden.

```
PROGRAM Window_Test;
USES
  Crt;
VAR
  x,y:INTEGER;
BEGIN
  ClrScr;
  FOR y:=1 TO 25 DO BEGIN
    FOR x:=1 TO 79 DO
      Write('*');
    WriteLn
  END;
  Window(20,5,60,20);
  ClrScr;          { löscht den Bereich des neuen Fensters }
  FOR x:=1 TO 2000 DO
    Write(Random(200));
  Window(1,1,80,25)
END.
```

WITH ... DO

Reserviertes Wort

Zweck
Verkürzt Ausdrücke, die bei der Verwendung von Datensätzen entstehen können.

Bemerkung
Der Gebrauch von Datensätzen führt manchmal zu langen Anweisungen. Es wäre bedeutend einfacher, wenn auf die einzelnen Felder wie auf Variablen zugegriffen werden könnte. Diesen Wunsch erfüllt die WITH-Anweisung: Sie eröffnet einen Datensatz und ermöglicht so den Zugriff auf die einzelnen Felder.

Ab der **Version 5.5** kann die WITH-Anweisung auch im Zusammenhang mit Objekten verwendet werden:

WITH-Anweisungen lassen sich schachteln.

Siehe auch
RECORD

WORD

Datentyp

Zweck
Datentyp, der einen Bereich von 0..65'535 zuläßt.

Bemerkung
Ein Datentyp definiert die Beschaffenheit der Werte, die eine Variable annehmen kann; dieser kann in einem Programm nur ein Datentyp zugeordnet werden.
Der Datentyp WORD bezeichnet ganze Zahlen und belegt 2 Bytes Speicher. Ein Überlauf bei arithmetischen Operationen wird vom Compiler nicht angezeigt.
Einer Variablen des Typs WORD können hexadezimale Zahlen übergeben werden; ihnen wird ein Dollar-Zeichen ($) vorangestellt:

```
VAR
  w:WORD;
BEGIN
  w:=$12FF;
```

Hexadezimale Zahlen für eine Variable des Typs WORD liegen im Bereich $0000..$FFFF.
Folgende Zuweisungen sind zugelassen:

```
VAR
  b:BYTE;
  s:SHORTINT;
  i:INTEGER;
  w:WORD;
  l:LONGINT;
  r:REAL;
BEGIN
  b:=255;
  s:=b;

  s:=-127;
  b:=s;

  i:=12345;
  b:=i; s:=i;
```

```
  i:=-12345;
  b:=i; s:=i; w:=i;

  l:=123456;
  w:=l; i:=l; b:=l; s:=l;

  r:=123;
  l:=Trunc(r); i:=Trunc(r); w:=Trunc(r);
  r:=l; r:=i; r:=w;
END.
```

Falls eine Variable des Typs WORD einem Variablenparameter übergeben wird, der nicht selbst vom Typ WORD ist, wird ein Fehler bei der Compilation ausgegeben:

```
VAR
  w:WORD;

  PROCEDURE ja(n:INTEGER);
  BEGIN
  END;

  PROCEDURE nein(VAR n:INTEGER);
  BEGIN
  END;

BEGIN
  ja(w);    { Kein Fehler }
  nein(w);  { Fehler!     }
```

Siehe auch
BYTE, INTEGER, LONGINT, SHORTINT

Write **Datei**

Zweck
Ausgabe von Zeichen, Zeichenketten, Zahlen und logischen Werten.

Struktur

```
PROCEDURE Write(VAR f:FILE OF typ_1; VAR x:typ_1);
PROCEDURE Write(x:typ_2);
PROCEDURE Write(VAR f:TEXT; x:typ_2);

- typ_1: beliebiger Typ
- typ_2: BYTE, SHORTINT, INTEGER, REAL, CHAR, STRING,
         LONGINT und 8087-Typen (vordefinierte Typen)
```

Bemerkung
Write schreibt Zeichen, Strings, Boolesche Werte und Zahlen auf den Bildschirm, den Drucker oder in eine Datei. Falls *Write* einen feststehenden TEXT ausgeben soll, ist dieser mit Hochkommas (') zu umschließen:

```
Write('Direkte Bildschirmausgabe');
```

Folgende Anweisung ermöglicht die Ausgabe eines Hochkommas:

```
Write('Wie geht''s?');  { Ausgabe: Wie geht's? }
```

Write kann einen Parameter enthalten, der die Ausgabedatei bezeichnet (Diskettendatei oder Ausgabegerät). Folgenden Anweisung:

```
Write(LST,'Druckerausgabe');  { LST ist in der Unit Printer definiert }
```

bewirkt eine Druckerausgabe (siehe auch LST). Um einen Seitenvorschub beim Drucker zu erreichen, muß mit *Write* ein Druckersteuerzeichen gesendet werden:

```
Write(LST,#12);  { LST ist in der Unit Printer definiert }
```

Diese Anweisung erzeugt bei einem zu EPSON kompatiblen Drucker einen Seitenvorschub (für Zeilenvorschub siehe *WriteLn*).
Die Dateiausgabe wird genauer bei den Begriffen FILE (typisierte Datei) und TEXT (Textdatei) beschrieben.
Es können mehrere Parameter *x* angegeben werden; diese werden mit einem Komma (,) voneinander getrennt.
Der Parameter *x* kann formatiert ausgegeben werden. Hierzu muß *x* ein Doppelpunkt (:) folgen und anschließend die Feldbreite angegeben werden. *x* wird immer rechtsbündig in einem Feld plaziert.
Folgende Tabelle erläutert die Bedeutung und Symbole der Formatierung:

ch	Das Zeichen *ch* vom Typ CHAR wird ausgegeben
ch:n	Das Zeichen *ch* wird rechtsbündig in ein Feld von *n* Zeichen geschrieben. Das restliche Feld wird mit Leerzeichen gefüllt
s	Die Zeichenkette *s* wird ausgegeben. Wenn Zeichen-Arrays zu Strings kompatibel sind, können auch sie ausgegeben werden (als Beispiel: *wort:ARRAY [1..20] OF CHAR;* sei vereinbart. Mit *Write(wort);* wird eine Zeichenkette ausgegeben)
s:n	Der String *s* wird linksbündig in einem Feld von *n* Zeichen ausgegeben. Die restlichen, nicht beschriebenen Zeichen eines Feldes werden mit Leerzeichen gefüllt

b Ausgabe des Booleschen Wortes TRUE oder FALSE

b:n Ein Boolescher Wert wird rechtsbündig in einem Feld von *n* Zeichen ausgegeben

i Ein ganzzahliger Wert wird ausgegeben

i:n *i* wird in einem Feld, das *n* Zeichen umfaßt, rechtsbündig ausgegeben

r Die reelle Zahl *r* wird in einem Feld von 18 Zeichen ausgegeben. Hierfür wird das Gleitkommaformat verwendet:

```
r>=0:  ___#.##########E±##
r<0:   _-#.##########E±##
```

_ entspricht einer Leerstelle
entspricht einer Ziffer
. entspricht dem Dezimalkomma
- entspricht dem Minuszeichen
± entspricht einem Plus oder Minus

r:n Die reelle Zahl *r* wird in ein Feld mit *n* Zeichen geschrieben. Wieder wird das Gleitkommaformat verwendet

r:n:m Die reelle Zahl *r* wird in ein Feld mit *n* Zeichen geschrieben. *m* bezeichnet die Anzahl der darzustellenden Kommastellen, mit der eine Zahl im Festkommaformat angezeigt werden soll. Der Dezimalpunkt nimmt im Feld mit den *n* Zeichen genau einen Platz ein. Nicht angezeigte Kommastellen werden bei der Rundung berücksichtigt

Tastaturumleitungen sind unter Turbo Pascal möglich (siehe hierzu *Read*). Wenn Sie *Write* oder *WriteLn* im Graphik-Modus verwenden wollen, weisen Sie bitte der Variablen *DirectVideo* den Wert FALSE zu. Wenn Sie eine Hercules-Karte besitzen, kann der ROM-Zeichensatz nicht im Graphik-Modus verwendet werden; dies bedeutet, daß *Write* und *WriteLn* zwar korrekt funktionieren, aber keinen Zeichen darstellen können.

Beispiel
Folgendes Programm erzeugt 100 INTEGER-Werte und schreibt diese in eine Textdatei, um sie schließlich wieder zu lesen und auf den angeschlossenen Drucker auszugeben.
Bitte beachten Sie, daß die einzelnen Zahlen so in eine Textdatei geschrieben werden müssen, daß sie durch mindestens ein Leerzeichen getrennt sind. Folgendes Programm belegt 5 Bytes für jeden INTEGER-Wert.

```
PROGRAM Write_Test1;
USES
  Printer;
VAR
  f:TEXT;
  i,zahl:INTEGER;
BEGIN
  Assign(f,'ZAHLEN.TXT');
  Rewrite(f);
  FOR i:=1 TO 100 DO BEGIN
    zahl:=Random(200)-100;
    Write(f,zahl:5)                     { Formatierte Datei-Ausgabe }
  END;
  Close(f);        { Schließen und Öffnen der Textdatei setzt ... }
  Reset(f);        { ... den Dateizeiger an den Anfang der Datei. }
  FOR i:=1 TO 100 DO BEGIN
    Read(f,zahl);
    Write(LST,zahl)
  END;
  Write(LST,#12);
  Close(f)
END.
```

Folgendes Programm zeigt dieselben Resultate wie oben, es werden lediglich die einzelnen Zahlen in eine typisierte Datei geschrieben. Dies hat den Vorteil, daß jede Zahl nur 2 Bytes belegt und nicht formatiert zu werden braucht.

```
PROGRAM Write_Test2;
USES
  Printer;
VAR
  f:FILE OF INTEGER;
  i,zahl:INTEGER;
BEGIN
  Assign(f,'ZAHLEN.INT');
  Rewrite(f);
  FOR i:=1 TO 100 DO BEGIN
    zahl:=Random(200)-100;
    Write(f,zahl)
  END;
  Seek(f,0);
  FOR i:=1 TO 100 DO BEGIN
    Read(f,zahl);
    Write(LST,zahl:10)
  END;
  Write(LST,#12);
  Close(f)
END.
```

Siehe auch
BlockWrite, Read, ReadLn, WriteLn

WriteLn

Datei

Zweck
Ausgabe von Zeichen, Zeichenketten, Zahlen und logischen Werten.

Struktur

```
PROCEDURE WriteLn(VAR f:FILE OF typ_1; VAR x:typ_1);
PROCEDURE WriteLn(x:typ_2);
PROCEDURE WriteLn(VAR f:TEXT; x:typ_2);
PROCEDURE WriteLn;
PROCEDURE WriteLn(VAR f:TEXT);

- typ_1: beliebiger Typ
- typ_2: BYTE, INTEGER, REAL, CHAR oder STRING
```

Bemerkung
Die Prozedur *WriteLn* entspricht der Prozedur *Write*, sie gibt jedoch nach dem letzten ausgegebenen Wert die Sequenz CR/LF (Zeilenende und Zeilenvorschub) aus. Ein erneutes Schreiben mit *Write* oder *WriteLn* beginnt somit auf einer neuen Zeile.
WriteLn(LST); erzeugt beim Drucker einen Zeilenvorschub (genaueres bei LST).
Die einzelnen Werte der Prozedur *WriteLn* können wie bei der Prozedur *Write* formatiert werden.

Beispiel
Dieses Programm schreibt eine reelle Zahl in verschiedenen Formaten auf den Bildschirm. *Pi* ist eine vordefinierte reelle Konstante.

```
PROGRAM WriteLn_Test;
VAR
  i:INTEGER;
BEGIN
  WriteLn('Gleitkommaformat: ',Pi);
  FOR i:=1 TO 15 DO WriteLn('Festkommaformat: ',Pi:20:i)
END.
```

Siehe auch
BlockWrite, Read, ReadLn, Write

XOR

Operator

Zweck
Arithmetisches oder logisches EXCLUSIV-ODER.

Bemerkung
Der Operator EXCLUSIV-ODER verknüpft zwei Werte folgender Typen:

Typ der Operanden	Ergebnistyp
BOOLEAN	BOOLEAN
SHORTINT	SHORTINT
BYTE	BYTE
INTEGER	INTEGER
WORD	WORD
LONGINT	LONGINT

EXCLUSIV-ODER liegt folgender Logiktabelle zugrunde:

Operand 1	Operand 2	Ergebnis
TRUE	TRUE	FALSE
TRUE	FALSE	TRUE
FALSE	TRUE	TRUE
FALSE	FALSE	FALSE

XOR wird meist bei Verknüpfungen von Tests verwendet:

```
IF (a=11) XOR (c=b) THEN ...
WHILE (i<Length(s)) XOR (p<>NIL) DO ...
REPEAT ... UNTIL (i>endwert) XOR verlassen;
```

XOR wird immer vor den Relations-Operatoren (z.B. =, <) ausgeführt, deshalb müssen in den obigen Beispielen Klammern gesetzt werden (siehe Anhang H).
Mit EXCLUSIV-ODER können auch zwei INTEGER-Werte miteinander verknüpft werden. In diesem Falle werden die einzelnen Bits der beiden Werte nach obiger Logiktabelle verknüpft (TRUE entspricht 1, FALSE entspricht 0):

Bit-Nummer	7	6	5	4	3	2	1	0
Operand 1	1	1	0	1	1	0	0	1
Operand 2	0	1	0	0	1	1	0	0
Ergebnis	1	0	0	1	0	1	0	1

Als kleines Kunstwerk der Logik läßt sich folgende Anwendung betrachten: Mit Hilfe des Operators XOR können die Werte zweier Variablen ohne eine weitere Variable miteinander vertauscht werden:

```
VAR
  a,b:LONGINT;
BEGIN
  a:=5;
  b:=123;
  a:=a XOR b;
  b:=a XOR b;  { b enthält nun 5   }
  a:=a XOR b   { a enthält nun 123 }
END.
```

Beispiel
Dieses Programm verschlüsselt einen Text und entschlüsselt ihn wieder:

- *InitKey* generiert einen zufälligen Verschlüsslungs-Code.
- *Change* verknüpft den Text mit dem Verschlüsslungs-Code.

```
PROGRAM XOR_Test;
TYPE
  str255=STRING[255];
VAR
  key,eingabe:str255;

  PROCEDURE InitKey(VAR key:str255);
  VAR
    i:INTEGER;
  BEGIN
    key:='';
    FOR i:=1 to 255 DO
      key:=key+CHAR(Random(256))
  END;

  PROCEDURE Change(VAR ein,key:str255);
  VAR
    i:INTEGER;
  BEGIN
    FOR i:=1 TO Length(ein) DO
      ein[i]:=CHAR(BYTE(ein[i]) XOR BYTE(key[i]))
  END;
```

```
BEGIN
  InitKey(key);
  Write('Worteingabe: ');
  ReadLn(eingabe);
  Change(eingabe,key);
  WriteLn('Verschlüsselt: ',eingabe);
  Change(eingabe,key);
  WriteLn('Entschlüsselt: ',eingabe)
END.
```

Siehe auch

AND, NOT, OR

Anhang

Anhang A
Begriffe nach Gruppen geordnet

Reservierte Wörter

ABSOLUTE	Variable an bestimmte Speicherstelle legen
ARRAY	Definieren eines Feldes
BEGIN ... END	Umschließt einen zusammengehörigen Block
CASE ... OF	Auswahl aus mehreren Möglichkeiten
CONST	Deklarieren von Konstanten
CONSTRUCTOR	Methode zur Initialisierung eines Objektes (nur Version 5.5)
DESTRUCTOR	Methode zur Freigabe eines Objektes (nur Version 5.5)
EXTERNAL	Routinen von außen holen
FILE	Definieren einer Datei
FOR ... TO	Schleife
FORWARD	Routine vor ihrem Auftreten bekannt machen
FUNCTION	Definition einer Funktion
GOTO	Unbedingter Sprung
IF ... THEN	Bedingte Ausführung
IMPLEMENTATION	Definiert den eigentlichen Programmcode in einer Unit
INLINE	Einbinden von Maschinencode
INTERFACE	Definiert alle Bezeichner in einem Unit, die der Außenwelt bekannt sein sollen
INTERRUPT	Eine Prozedur kann als Interrupt-Routine verwendet werden
LABEL	Deklarieren von Sprungmarken
OBJECT	Definieren eines Objekt-Typs (nur Version 5.5)
PACKED	Von Turbo Pascal unbenutzt
PROCEDURE	Definition einer Prozedur
PROGRAM	Programmkopf (fakultativ)
RECORD	Definieren eines Datensatzes
REPEAT ... UNTIL	Schleife, Abbruchbedingung am Schluß
SET	Definition einer Menge
TEXT	Definieren einer Textdatei
TYPE	Eigene Datentypen definieren
UNIT	Kopf einer Unit (Modul-Kopf)
USES	Einbinden von Units
VAR	Deklarieren von Variablen
VIRTUAL	Definieren von virtuellen Methoden (nur Version 5.5)

WHILE ... DO	Schleife, Abbruchbedingung am Anfang
WITH	Vereinfachen von RECORD-Ausdrücken

Units

Crt	Routinen für den Textbildschirm
Dos	Stellt Dos-Funktionen zur Verfügung
Graph	Graphik-Routinen
Graph3	Graphik-Routinen, kompatibel zur Version 3.0
Overlay	Verwalten von Overlays (ab 5.0)
Printer	Drucker-Definition
System	Standard- und System-Funktionen
Turbo3	Routinen, kompatibel zur Version 3.0

Datentypen

BOOLEAN	Falsch, wahr
BYTE	0..255
CHAR	#0..#255 (ASCII-Zeichen)
COMP	-9.2e18..9.2e18 (ganzzahlig, nur bei mathematischem Coprozessor oder Emulator)
DOUBLE	5.0e-324 bis 1.7e308, -5.0e-324 bis -1.7e308 (15-16 Stellen, nur bei mathematischem Coprozessor 80x87 oder Emulator)
EXTENDED	1.9e-4951 bis 1.1e4932, -1.9e-4951 bis -1.1e4932 (19-20 Stellen, nur bei mathematischem Coprozessor 80x87 oder Emulator)
INTEGER	-32'768..32'767
LONGINT	-2'147'483'648..2'147'483'647
POINTER	Zeigerwert (4 Bytes)
REAL	2.9e-39 bis 1.7e38, -2.9e-39 bis -1.7e38 (11-12 Stellen)
SHORTINT	-128..127
SINGLE	1.5e-45 bis 3.4e38, -1.5e-45 bis -3.4e38 (7-8 Stellen, nur bei mathematischem Coprozessor 80x87 oder Emulator)
STRING	Zeichenkette
WORD	0..65'535

Operatoren

AND	Logisches, arithmetisches UND
DIV	Division ohne Rest
IN	Prüft, ob Element in Menge enthalten
MOD	Restbetrag bei einer Division
NOT	Logisches, arithmetisches NICHT
OR	Logisches, arithmetisches ODER
SHL	Verschieben der Bits nach links
SHR	Verschieben der Bits nach rechts
XOR	Logisches, arithmetisches ENTWEDER-ODER

Arithmetik

Abs	Absoluter Betrag einer Zahl
ArcTan	Arcustangens
Cos	Cosinus
Exp	Exponentialfunktion (e^x)
Frac	Dezimalbruch einer Zahl
Int	Ganzzahliger Real-Wert einer Zahl
Ln	Natürlicher Logarithmus zur Basis e
Pi	Kreiszahl Pi (3.14159...)
Round	Runden einer reellen Zahl
Sin	Sinus
Sqr	Quadrat einer Zahl
Sqrt	Quadratwurzel einer Zahl
Trunc	Ganzzahliger Integer-Wert einer Zahl

Standard-Prozeduren und -Funktionen

Chr	Ermittelt den Ordinalwert eines ASCII-Zeichens
Dec	Erniedrigen einer ordinalen Variablen
Delay	Warten in Millisekunden
Exit	Prozedur, Funktion verlassen
FillChar	Variable mit einem Wert initialisieren
Halt	Programmabbruch
Hi	Höherwertiges Byte eines Integer- oder Word-Wertes
Inc	Erhöhen einer ordinalen Variablen
KeyPressed	Wahr, wenn Zeichen im Tastaturpuffer
Lo	Niederwertiges Byte eines Integer- oder Word-Wertes

Move	Bytes übertragen von der einen Variablen zur anderen
NoSound	Ausschalten des Tongenerators
Odd	Wahr, wenn Argument ungerade
Ord	Ermittelt Ordinalwert des Argumentes
Pred	Ermittelt unmittelbaren Vorgänger
Random	Ermittelt eine Zufallszahl
Randomize	Zufallszahlengenerator in undefinierten Zustand bringen
Sound	Tongenerator einschalten
Succ	Ermittelt unmittelbaren Nachfolger
Swap	Vertauscht höher- und niederwertiges Byte einer Integer- oder Word-Variablen
UpCase	Wandelt Kleinbuchstaben in die entsprechenden Großbuchstaben um

Strings

Concat	Fügt zwei (oder mehrere) Zeichenketten zusammen
Copy	Gibt einen Teil einer Zeichenkette aus
Delete	Löscht einzelne Zeichen eines Strings
Insert	Fügt einzelne Zeichen in einen String ein
Length	Ermittelt die Länge einer Zeichenkette
Pos	Ermittelt die Position eines Teilstrings, der in einer Zeichenkette vollständig enthalten ist
Str	Wandelt einen Zahlenwert in eine Zeichenkette um
Val	Wandelt eine Zeichenkette in einen Zahlenwert um

System

Addr	Ermittelt den Zeigerwert einer Variablen
ChDir	Wechselt das aktuelle Verzeichnis
CSeg	Ermittelt das aktuelle Code-Segment (für jede Unit einen anderen Wert)
DSeg	Ermittelt das Daten-Segment
GetDir	Ermittelt das aktuelle Verzeichnis (inkl. Laufwerksangabe)
IOresult	Ermittelt Ein- und Ausgabefehler
Mem	Speicherzugriff (byteweise)
MemL	Speicherzugriff (je 4 Bytes)
MemW	Speicherzugriff (wortweise)
MkDir	Erstellt ein neues Verzeichnis

Ofs	Bestimmt die Offset-Adresse von Variablen, Prozeduren und Funktionen
ParamCount	Ermittelt die Anzahl der vorliegenden Parameter
ParamStr	Übergibt einzelne Parameter als String
Port	Portzugriff (byteweise)
PortW	Portzugriff (wortweise)
Ptr	Wandelt eine Segment- und Offsetadresse in einen Zeigerwert um
RmDir	Löscht ein Verzeichnis
Seg	Ermittelt die Segment-Adresse von Variablen, Prozeduren und Funktionen
SizeOf	Ermittelt den Speicherbedarf einer Variablen oder eines Datentyps
SPtr	Ermittelt die Offset-Adresse der Stackspitze
SSeg	Ermittelt die Segment-Adresse des Stacks
TypeOf	Ermittelt die Adresse der Tabelle, die die virtuellen Methoden eines Objektes speichert (nur Version 5.5)

Dynamische Speicherverwaltung

Dispose	Gibt Speicherplatz auf dem Heap frei
Fail	Entfernt im Fehlerfall dynamisch erzeugte Objekte vom Heap (nur Version 5.5)
FreeMem	Gibt einen Speicherblock auf dem Heap frei
FreeMin	Minimaler Platz für die Fragmentliste
FreePtr	Zeigt auf die Fragmentliste
GetMem	Reserviert einen Speicherblock auf dem Heap
HeapError	Zeigt auf eine Routine, die bei einem Heap-Fehler aufgerufen wird
HeapOrg	Zeigt auf den Beginn des Heaps
HeapPtr	Zeigt auf die Spitze des Heaps
Mark	Weist den Wert des Heap-Zeigers einer Variablen zu
MaxAvail	Bestimmt den größten zusammenhängenden Speicherblock
MemAvail	Bestimmt den freien Speicherplatz auf dem Heap
New	Reserviert auf dem Heap für eine Variable Speicherplatz
Release	Gibt den Heap ab einer bestimmten Speicheradresse frei

MS-DOS

DiskFree	Ermittelt den freien Speicherplatz auf einem Datenträger
DiskSize	Ermittelt die gesamte Speicherkapazität eines Datenträgers
DosExitCode	Liefert den Exit-Code eines Programmes
DosVersion	Ermittelt die verwendete DOS-Version (ab 5.0)
EnvCount	Ermittelt die Anzahl Environment-Einträge (ab 5.0)
EnvStr	Stellt einen Environment-Eintrag zur Verfügung (ab 5.0)
Exec	Startet ein Programm (.EXE-, .COM- oder .BAT-Datei)
FExpand	Erweitert einen Dateinamen um Laufwerk und Suchpfad (ab 5.0)
FindFirst	Sucht nach einem bestimmten Dateinamen
FindNext	Sucht nach einem weiteren Dateinamen
FSearch	Sucht in mehreren Directories nach einem Dateinamen (ab 5.0)
FSplit	Teilt einen Dateinamen in die drei Stücke "Suchpfad", "Name" und "Erweiterung" (ab 5.0)
GetCBreak	Prüft, ob DOS-Funktionen mit Ctrl-Break abgebrochen werden können (ab 5.0)
GetDate	Ermittelt das Systemdatum
GetEnv	Sucht nach einem geeigneten Environment-Eintrag (ab 5.0)
GetFAttr	Ermittelt das Attribut einer Datei
GetFTime	Ermittelt Datum und Uhrzeit einer Datei
GetIntVec	Ermittelt die Adresse einer Interrupt-Routine
GetTime	Ermittelt die Systemzeit
GetVerify	Prüft, ob Daten beim Schreiben auf Diskette/Festplatte verifiziert werden (ab 5.0)
Intr	Ruft eine Interrupt-Routine auf
Keep	Beendet ein Programm, ohne den Programmcode aus dem Speicher zu löschen
MsDos	Ruft eine DOS-Funktion auf (Interrupt $21)
PackTime	Konvertiert Datum und Uhrzeit in eine kompakte Form (4 Bytes)
SetCBreak	Legt fest, ob DOS-Funktionen mit Ctrl-Break abgebrochen werden können (ab 5.0)
SetDate	Setzt das Systemdatum
SetFAttr	Setzt das Attribut einer Datei
SetFTime	Setzt Datum und Zeit einer Datei
SetIntVec	Setzt die Adresse einer Interrupt-Routine neu

SetTime	Setzt die Systemzeit
SetVerify	Legt fest, ob Daten beim Schreiben auf Diskette/ Festplatte verifiziert werden sollen (ab 5.0)
SwapVectors	Tauscht die aktuellen Werte der Interrupt-Vektoren mit den Original-Werten aus (und umgekehrt; ab 5.0)
UnpackTime	Konvertiert die kompakte Form für Datum und Uhrzeit in eine lesbare Form

Datei

Assign	Weist einer Dateivariablen einen Dateinamen zu
BlockRead	Liest einen Block von 128 Bytes
BlockWrite	Schreibt einen Block von 128 Bytes
Close	Schließt eine Datei
Eof	Wahr, wenn das Dateiende erreicht ist
Erase	Löscht eine Datei
Read	Liest aus der Datei
ReadLn	Liest aus der Datei eine Zeile
Rename	Benennt eine Datei um
Reset	Öffnet eine Datei
Rewrite	Erstellt eine noch nicht existierende Datei
Truncate	Löscht alle Daten, die nach der aktuellen Position des Dateizeigers stehen
Write	Schreibt in eine Datei
WriteLn	Schreibt eine Zeile in die Datei

Standarddateien

INPUT	Eingabegerät (Tastatur)
LST	Drucker (paralleler Ausgang, LPT1:)
OUTPUT	Ausgabegerät (Bildschirm)

Textdatei

Append	Erweitert eine Textdatei
EoLn	Wahr, wenn das Ende einer Zeile erreicht ist
Flush	Entleert den Textpuffer und schreibt dessen Inhalt auf Diskette
SeekEof	Wahr, wenn nach Leerzeichen und Tabulator das Dateiende erkannt wird

SeekEoLn	Wahr, wenn nach Leerzeichen und Tabulator das Zeilenende erkannt werden kann
SetTextBuf	Setzt für eine Datei einen Datenpuffer

Datei mit direktem Zugriff

FilePos	Ermittelt die Position des Datenzeigers
FileSize	Ermittelt die Anzahl der Datensätze
Seek	Setzt den Datenzeiger an eine beliebige Position

Textbildschirm

AssignCrt	Weist einer Dateivariablen den Bildschirm zu
ClrEol	Löscht bis ans Zeilenende
ClrScr	Löscht den Inhalt des aktuell gesetzten Fensters
DelLine	Löscht eine Zeile
GotoXY	Setzt den Cursor an eine beliebige Position
HighVideo	Eine Textfarbe im Bereich 8..15 wird in die entsprechende Textfarbe 0..7 gesetzt
InsLine	Fügt eine Leerzeile ein
LowVideo	Eine Textfarbe im Bereich 0..7 wird in die entsprechende Textfarbe 8..15 gesetzt
NormVideo	Setzt die Textfarbe auf den Anfangswert zurück
ReadKey	Liest ein einzelnes Zeichen von der Tastatur
TextBackground	Setzt die Hintergrundfarbe eines Zeichens
TextColor	Setzt die Zeichenfarbe
TextMode	Setzt einen Textmodus
WhereX	Ermittelt die aktuelle X-Koordinate des Cursors
WhereY	Ermittelt die aktuelle Y-Koordinate des Cursors
Window	Legt ein Textfenster fest

Graphik

Arc	Zeichnet eine Kreisbogen
Bar	Zeichnet einen Balken
Bar3D	Zeichnet einen dreidimensionalen Balken
Circle	Zeichnet einen Kreis
ClearDevice	Löscht den gesamten Bildschirm
ClearViewPort	Löscht den Inhalt des aktuellen Fensters
CloseGraph	Entfernt Graphik-Treiber und -Zeichensätze
DetectGraph	Sucht einen passenden Graphik-Treiber

DrawPoly	Zeichnet ein Vieleck
Ellipse	Zeichnet eine Ellipse
FillEllipse	Zeichnet eine gefüllte Ellipse (ab 5.0)
FillPoly	Zeichnet ein gefülltes Vieleck
FloodFill	Füllt eine Figur beliebiger Form mit einem Muster
GetArcCoords	Ermittelt die Endpunkte eines Kreisbogens
GetAspectRatio	Ermittelt das Seiten-/Höhenverhältnis eines Bildschirmes
GetBkColor	Ermittelt die aktuelle Hintergrundfarbe
GetColor	Ermittelt die aktuelle Zeichenfarbe
GetDefaultPalette	Ermittelt die Standard-Farbpalette, die beim Initialisieren eines Graphik-Treibers automatisch verwendet wird (ab 5.0)
GetDriverName	Ermittelt den Namen des aktuellen Graphik-Treibers (ab 5.0)
GetFillPattern	Ermittelt das aktuelle Füllmuster (vom Programmierer entworfen)
GetFillSettings	Ermittelt die aktuelle Nummer des Füllmusters
GetGraphMode	Ermittelt den aktuell gesetzten Graphik-Modus
GetImage	Liest einen rechteckigen Bildausschnitt
GetLineSettings	Ermittelt die Linienart
GetMaxColor	Ermittelt die höchste Farbnummer
GetMaxMode	Ermittelt die Nummer des letzten Graphik-Modus, der beim aktuellen Graphik-Treiber angesprochen werden kann (ab 5.0)
GetMaxX	Ermittelt die größte X-Koordinate des Bildschirmes
GetMaxY	Ermittelt die größte Y-Koordinate des Bildschirmes
GetModeName	Ermittelt den Namen des aktuellen Graphik-Modus (ab 5.0)
GetModeRange	Ermittelt den zulässigen Bereich für den Graphik-Modus
GetPalette	Ermittelt die aktuelle Farbpalette
GetPaletteSize	Ermittelt die Anzahl der Einträge, die sich in der Farbpalette befinden können (ab 5.0)
GetPixel	Ermittelt die Farbe eines Bildpunktes
GetTextSettings	Ermittelt die Schriftart, Schreibrichtung und Zeichengröße
GetViewSettings	Ermittelt die Eckpunkte des aktuellen Graphik-Fensters
GetX	Ermittelt die aktuelle Position des Graphik-Cursors (X-Koordinate)
GetY	Ermittelt die aktuelle Position des Graphik-Cursors (Y-Koordinate)

GraphDefaults	Setzt alle Parameter des Graphik-Paketes auf ihre Standardwerte zurück
GraphErrorMsg	Stellt eine englische Fehlermeldung zur Verfügung
GraphResult	Ermittelt eine Fehlernummer
ImageSize	Ermittelt den Speicherbedarf eines Bildausschnittes
InitGraph	Lädt einen Graphik-Treiber
InstallUserDriver	Installiert einen beliebigen Graphik-Treiber (ab 5.0)
InstallUserFont	Installiert einen beliebigen Vektor-Zeichensatz (ab 5.0)
Line	Zeichnet eine Linie
LineRel	Zeichnet eine Linie relativ zur aktuellen Cursor-Position
LineTo	Verbindet die aktuelle Cursor-Position mit einem beliebigen Punkt
MoveRel	Bewegt den Graphik-Cursor relativ zur aktuellen Cursor-Position
MoveTo	Setzt den Graphik-Cursor an einen beliebigen Punkt
OutText	Gibt einen Text aus
OutTextXY	Gibt an einem bestimmten Punkt einen Text aus
PieSlice	Zeichnet ein gefülltes Kuchenstück
PutImage	Kopiert den Inhalt einer Puffervariablen in den Graphik-Bildschirm
PutPixel	Setzt einen Bildschirm-Punkt
Rectangle	Zeichnet ein Rechteck
RegisterBGIdriver	Registriert einen Graphik-Treiber
RegisterBGIfont	Registriert einen Zeichensatz
RestoreCrtMode	Schalten in den Textmodus um
Sector	Zeichnet einen elliptischen Sektor (Kuchenstück), der mit einem Muster ausgefüllt werden kann (ab 5.0)
SetActivePage	Legt die aktuelle Graphik-Seite fest
SetAllPalette	Setzt die gesamte Farbpalette neu
SetAspectRatio	Ermöglicht das Setzen des typischen Höhen-/Seitenverhältnisses eines Bildschirms (ab 5.0)
SetBkColor	Setzt die Hintergrundfarbe
SetColor	Setzt die Zeichenfarbe
SetFillPattern	Definiert ein vom Programmierer entworfenes Füllmuster
SetFillStyle	Wählt ein vordefiniertes Füllmuster
SetGraphBufSize	Setzt einen Puffer für Graphik-Daten
SetGraphMode	Setzt einen bestimmten Graphik-Modus
SetLineStyle	Setzt die Linienart
SetPalette	Setzt einen Eintrag der Palette neu

SetRGBPalette	Setzt die Farbpalette bei Bildschirm-Adapter, die sich analog ansteuern lassen (ab 5.0)
SetTextJustify	Legt die Formatierung einzelner Zeilen fest
SetTextStyle	Legt die Schriftart, Schreibrichtung und Zeichengröße fest
SetUserCharSize	Ermöglicht das Setzen einer beliebigen Zeichengröße
SetViewPort	Definiert einen Bildausschnitt als Textfenster
SetVisualPage	Legt fest, welche der Graphik-Seiten angezeigt werden soll
SetWriteMode	Legt fest, ob Graphik-Linien den Bildschirm-Inhalt überschreiben oder diesen mit einer XOR-Operation verknüpfen sollen (ab 5.0)
TextHeight	Ermittelt die Höhe (in Punkten) eines Textes
TextWidth	Ermittelt die Länge (in Punkten) eines Textes

Overlay (ab Version 5.0)

OvrClearBuf	Löscht den Overlay-Puffer
OvrGetBuf	Ermittelt die aktuelle Größe des Overlay-Puffers
OvrGetRetry	Ermittelt die Größe der Puffer-Beobachtungs-Zone (nur 5.5)
OvrInit	Initialisiert die Overlay-Verwaltung
OvrInitEMS	Kopiert die .OVR-Datei in den Speicher der EMS-Karte
OvrSetBuf	Ermöglicht die Vergrößerung des Overlay-Puffers
OvrSetRetry	Definiert einen Bereich des Overlay-Puffers als Beobachtungs-Zone (nur 5.5)

Vordefinierte Datentypen

ArcCoordsType	Definiert für *GetArcCoords*
ComStr	Definiert für *Exec* (ab 5.0)
DateTime	Definiert für *PackTime* und *UnpackTime*
DirStr	Definiert für *FSplit* (ab 5.0)
ExtStr	Definiert für *FSplit* (ab 5.0)
FileRec	Definiert für den internen Gebrauch im Zusammenhang mit typisierten und untypisierten Dateien
FillPatternType	Definiert für *GetFillPattern*, *SetFillPattern*
FillSettingsType	Definiert für *GetFillSettings*
LineSettingsType	Definiert für *GetLineSettings*
NameStr	Definiert für *FSplit* (ab 5.0)

PaletteType	Definiert für *GetPalette*
PathStr	Definiert für *Exec*, *FExpand*, *FSearch* und *FSplit* (ab 5.0)
OvrReadFunc	Definiert für *OvrReadBuf* (nur 5.5)
PointType	Definiert für *DrawPoly* und *FillPoly*
Registers	Definiert für *Intr* und *MsDos*
SearchRec	Definiert für *FindFirst* und *FindNext*
TextBuf	Standard-Puffer für Textdateien (kann mit *SetTextBuf* vergrößert werden)
TextRec	Definiert für den internen Gebrauch im Zusammenhang mit Textdateien
TextSettingsType	Definiert für *GetTextSettings*
ViewPortType	Definiert für *GetViewSettings*

Vordefinierte Konstanten

FALSE	Wahrheitswert FALSCH
MaxInt	=32'767;
MaxLongInt	=2'147'483'647
NIL	Zeigerwert, zwei Null-Wörter
TRUE	Wahrheitswert WAHR

Weitere Konstanten sind in den Units **Crt**, **Dos**, **Graph** und **Overlay** definiert.

Variablen oder typisierte Konstanten

CheckBreak	Prüfung auf Ctrl-Break
CheckEof	Prüfung auf Ctrl-Z
CheckSnow	Unterdrückung von Bildschirmstörungen
DirectVideo	Direkter Zugriff auf den Bildschirmspeicher
DosError	Fehlernummer der letzten DOS-Funktion
ErrorAddr	Adresse des Laufzeitfehlers
ExitCode	Exitcode eines Programmes
ExitProc	Zeigt auf eine Prozedur, die bei Programmende ausgeführt wird
FileMode	Zugriffsmöglichkeiten bei einer Datei
FreeMin	Legt die Minimalgröße des Speicherplatzes zwischen der Heapspitze und der Fragmentliste fest
FreePtr	Startadresse der Fragmentliste
GraphFreeMemPtr	Zeigt auf eine Graphik-Routine, die auf dem Heap Speicherplatz reserviert

GraphGetMemPtr	Zeigt auf eine Graphik-Routine, die auf dem Heap Speicherplatz freigibt
HeapError	Enthält die Speicheradresse einer benutzerdefinierten Prozedur, die bei einem Fehler im Zusammenhang mit der Heapverwaltung aufgerufen wird
HeapOrg	Speicheradresse des Heapbeginns
HeapPtr	Speicheradresse der Heapspitze
InOutRes	Enthält einen Fehler-Code, der von Ein- und Ausgabe-Routinen gesetzt wird (ab 5.0)
INPUT	Standard-Eingabe (Bildschirm)
LastMode	Aktueller Textmodus
LST	Drucker-Ausgang (parallele Schnittstelle)
OUTPUT	Standard-Ausgabe (Tastatur)
OvrCodeList	Zeigt auf die Codesegment-Liste der Overlay-Verwaltung (ab 5.0)
OvrDebugPtr	Enthält die Einsprungsstelle innerhalb der Overlay-Verwaltung für den integrierten Debugger (ab 5.0)
OvrDosHandle	DOS-Kanalnummer für die Overlay-Datei (ab 5.0)
OvrEmsHandle	DOS-Kanalnummer für die EMS-Karte (ab 5.0)
OvrFileMode	Enthält den aktuellen Zugriffscode der geöffneten Overlay-Datei (nur 5.5)
OvrHeapEnd	Zeigt auf das Ende des Overlay-Puffers (ab 5.0)
OvrHeapOrg	Zeigt auf den Beginn des Overlay-Puffers (ab 5.0)
OvrHeapPtr	Zeigt auf die 1. freie Stelle im Overlay-Puffer (ab 5.0)
OvrHeapSize	Enthält die Minimal-Größe des Overlay-Puffers (ab 5.0)
OvrLoadCount	Enthält die Anzahl Ladevorgänge von Overlay-Units (nur 5.5)
OvrLoadList	Zeigt auf die Liste der geladenen Segmente (ab 5.0)
OvrReadBuf	Ermöglicht das Abfangen von Fehlern während des Lesens von Overlay-Units (nur 5.5)
OvrTrapCount	Zählt die Aufrufe der Units, die sich in der Beobachtungs-Zone befinden (nur 5.5)
PrefixSeg	Segment-Adresse des Programmvorspanns
RandSeed	Startwert für Zufallszahlengenerator
SaveInt00	Interrupt $00, Division durch null
SaveInt02	Interrupt $02, Nichtmaskierbarer Interrupt
SaveInt1B	Interrupt $1B, Ctrl-C-Behandlung
SaveInt23	Interrupt $23, Ctrl-C-Behandlung
SaveInt24	Interrupt $24, Behandlung von kritischen Fehlern (z.B. Laufwerk nicht bereit)

SaveInt3?	Insgesamt 12 Variablen (*SaveInt34..SaveInt3F*); die Interrupts $34..$3F werden unter Turbo Pascal für den Coprozessor-Emulator und die Overlay-Verwaltung verwendet (ab 5.0)
SaveInt75	Interrupt $75, Coprozessor: Fließkomma-Ausnahmezustand
StackLimit	Zeigt, wieviele Bytes auf dem Stack für bestimmte Anwendungen (z.B. Emulator) reserviert sind (ab 5.0)
Test8087	Zeigt zur Laufzeit, ob ein mathematischer Coprozessor verfügbar ist; wenn ja, wird dieser noch genauer spezifiziert (ab 5.0)
TextAttr	Aktuelle Textfarbe (inklusiv Hintergrund)
WindMax	Linke obere Ecke des aktuellen Fensters
WindMin	Rechte untere Ecke des aktuellen Fensters

Anhang B
Die Entwicklungsumgebung

Turbo Pascal stellt eine vorzügliche Entwicklungsumgebung zur Verfügung, die mit Hilfe von Pull-Down-Menüs ein einfaches und schnelles Arbeiten erlaubt. Der mit den Systemdisketten mitgeliefert Kommandozeilen-Compiler TPC.EXE wird in diesem Buch nicht besprochen, da er einerseits einen separaten Editor erfordert und andererseits die Entwicklungsarbeiten eines Programmierers eher bremst.
Folgende Menüs werden in der Entwicklungsumgebung angezeigt:

File	Zeigt ein Untermenü an, das die gesamte Dateiverwaltung steuert
Edit	Ruft den integrierten Editor auf
Run	Startet ein Programm (oder aktiviert (ab Version 5.0) den integrierten Debugger)
Compile	Zeigt ein Untermenü, mit dem sich Programme compilieren lassen
Options	Ruft ein Untermenü auf, das das Einstellen von verschiedensten Optionen ermöglicht
Debug	Ruft ein Untermenü auf, in dem sich die Arbeitsweise des integrierten Debuggers festlegen läßt (ab Version 5.0)
Break/watch	Dieses Untermenü ermöglicht das Setzen von Abbruchpunkten und die Eingabe von Variablen, die beobachtet werden sollen (ab Version 5.0)

Das Menü File

Dieses Menü stellt die gesamte Dateiverwaltung von Turbo Pascal zur Verfügung. Folgende Menüpunkte können gewählt werden:

Load	Laden einer Datei in den Editor
Pick	Anzeigen einer Liste der zuletzt bearbeiteten Dateien
New	Löscht den im Editor befindlichen Text
Save	Sichert den Text im Editor auf Diskette/Festplatte
Write to	Sichert einen Text unter einem beliebigen Namen
Directory	Zeigt, welche Dateien sich auf einem Datenträger befinden
Change dir	Ermöglicht das Wechseln des aktuellen Laufwerkes oder Directories

OS shell	Kehrt kurzfristig zur DOS-Ebene zurück
Quit	Beendet die Entwicklungsumgebung von Turbo Pascal und kehrt zum MS-DOS zurück

Load (Menü File)
Mit *Load* werden Sie nach dem Namen einer Datei (maximal acht Zeichen) gefragt, die in den Editor geladen werden soll. Falls Sie die Dateierweiterung (maximal drei Zeichen) nicht schreiben, wird automatisch .PAS angefügt. Beispiele für Dateinamen sind:

```
MIMI.PAS
MENUSYST.MIM
```

Falls Sie bei der Dateinameneingabe die Stellvertreterzeichen * und ? verwenden, werden (den Regeln von DOS entsprechend) eine ganze Reihe von Dateien angezeigt. mit Hilfe der folgenden Tasten können Sie einen der aufgeführten Dateien auswählen:

<Pfeiltaste>	Bewegt den Cursor in die entsprechende Richtung
Home	Setzt den Cursor auf den ersten Eintrag
End	Setzt den Cursor auf den letzten Eintrag
<Buchstabe>	Setzt den Cursor auf den ersten Dateinamen, dessen erster Buchstabe mit dem eingegebenen übereinstimmt. Bei einem erneuten Drücken derselben Buchstabentaste wird der zweite entsprechende Dateiname angesprungen. Wenn die Buchstabentaste zusammen mit SHIFT gedrückt wird, springt der Cursor zu einem entsprechende Directory.
Return	Lädt die ausgewählte Datei oder öffnet das mit dem Cursor markierte Directory

Wenn Sie versuchen, eine neue Datei zu laden, obwohl sich im Editor eine Datei befindet, die noch nicht auf der Diskette/Festplatte gesichert worden ist, werden Sie von Turbo Pascal darauf aufmerksam gemacht und erhalten die Möglichkeit, die alte Datei auf Diskette/Festplatte zu schreiben.
F3 entspricht diesem Menüpunkt.

Pick (Menü File)
Wenn Sie an einem großen Projekt arbeiten, werden Sie gezwungen sein, zwischen mehreren Dateien hin und her zu springen. Turbo Pascal speichert automatisch die letzten acht Namen der Dateien, mit denen Sie gearbeitet haben. Wollen Sie diese Dateinamen sehen, rufen Sie *Pick* auf. Mit den Cursortasten *auf* und *ab* können Sie einen Dateinamen auswählen

und mit einem Druck auf RETURN wird die gewünschte Datei in den Editor geladen.
Der Eintrag *--load file--* in der Pick-Liste bewirkt dasselbe wie der Menüpunkt *Load*.
Im Menüpunkt *Options, Directories, Pick file name* können Sie der aktuelle Pick-Liste einen Dateinamen geben, unter dem sie beim Verlassen von Turbo Pascal gesichert wird. Bei einem erneuten Starten haben Sie dann wieder die alte Pick-Liste zur Verfügung.
Mit dem Tastenbefehl **Alt F3** können Sie ebenso die Pick-Liste aktivieren.

New (Menü File)
Die aktuelle Datei des Editors wird gelöscht (und zuerst auf Wunsch gespeichert). Die neue Datei erhält den Dateinamen NONAME.PAS. Mit *File, Write to* kann diese Datei zu einem späteren Zeitpunkt unter einem anderen Namen abgespeichert werden.

Save (Menü File)
Mit *Save* wird die im Editor befindliche Datei auf den Datenträger geschrieben. Die Taste **F2** zeigt dieselbe Wirkung.
Die ältere Version einer Datei befindet sich als .BAK-Datei auf der Diskette, falls der Schalter *Backup source* (im Menü *Options, Environment*) auf **ON** steht.

Write to (Menü File)
Schreibt die aktuelle Datei unter einem bestimmten Namen auf den Datenträger. Falls Sie bei der Namensgebung auf eine Erweiterung verzichten, wird automatisch .PAS angehängt.
Existiert eine so benannte Datei bereits, werden Sie vom System darauf aufmerksam gemacht.
Der neue Dateiname ersetzt den alten Arbeitsdateinamen und wird am oberen Rand des Editors angezeigt.

Directory (Menü File)
Gibt ein Verzeichnis aller vorhandenen Dateien in einem Directory oder Laufwerk aus. Mit den beiden Stellvertreterzeichen * und ? kann (den Regeln von DOS entsprechend) ein Verzeichnis nach gewissen Kriterien erstellt werden.
Zur Bewegung des Cursors sind dieselben Tasten wie bei *File, Load* zu verwenden (siehe oben).

Change dir (Menü File)
Mit diesem Wahlpunkt kann das aktuelle Directory oder Laufwerk gewechselt werden. Mögliche Eingaben sind:

```
C:\TURBO5\MIMI\
A:\
```

Neben diesem Standard-Directory, das meist nur kurzfristig gesetzt wird, arbeitet Turbo Pascal mit fünf weiteren Directories, die bei *Options, Directories* gesetzt werden können (siehe weiter unten).

OS shell (Menü File)
Wählen Sie *OS shell*, wenn Sie kurz auf der DOS-Ebene etwas ausprobieren wollen (Dateien kopieren, .EXE- oder .COM-Dateien ausführen lassen).
TURBO.EXE und die aktuelle Datei im Editor bleiben erhalten. Falls der Schalter *Edit auto save* auf ON steht (siehe Menüpunkt *Options, Environment*), wird der Quelltext zuerst auf den Datenträger geschrieben. Dies kann vor unerwünschtem Datenverlust schützen.
Mit dem internen DOS-Befehl EXIT gelangen Sie wieder in die Entwicklungsumgebung von Turbo Pascal.

Quit (Menü File)
Mit Quit wird Turbo Pascal verlassen. Falls die aktuelle Datei im Editor noch nicht gesichert ist, werden Sie darauf hingewiesen.
Alt X hat die gleiche Wirkung wie *File, Quit.*

Der Befehl Edit

Edit ruft den integrierten Editor von Turbo Pascal auf. Er wird immer dann gebraucht, wenn ein Quelltext verändert oder erweitert werden muß. Der Befehlssatz des Editors ist weitgehend mit dem Textverarbeitungsprogramm WordStar identisch. Er wird im Anhang C beschrieben.

Der Befehl Run (nur Version 4.0)

Run startet ein Programm. Falls dieses noch nicht compiliert ist, wird dieser Vorgang automatisch eingeleitet (Aufruf von *Compile, Make*, siehe weiter unten).
Falls mittels *Compile, Primary file* (siehe weiter unten) eine Hauptdatei angegeben wurde, wird nicht die im Editor enthaltene Datei, sondern diese Hauptdatei gestartet.
Die bei *Options, Parameters* (siehe weiter unten) angegebenen Parameter werden dem zu startenden Programm übergeben.

Das Menü Run (ab Version 5.0)

Ab Turbo Pascal 5.0 verbirgt sich hinter *Run* ein Menü, mit dem ein Programm oder der integrierte Debugger gestartet werden kann (dieser wird im Anhang D ausführlich beschrieben):

Run	Starten des aktuellen Programmes
Program reset	Beenden des Debuggers
Go to cursor	Führt das Programm bis zu jener Zeile aus, in der sich der Cursor befindet
Trace into	Führt das Programm Zeile für Zeile aus
Step over	Führt das Programm Zeile für Zeile aus, wobei eigene Prozeduren und Funktionen in einem Zug abgearbeitet werden
User screen	Zeigt den Ausgabebildschirm (Graphik- oder Textmodus) des Programmes

Das Menü Compile

Dieser Menüpunkt zeigt ein Untermenü mit folgenden Einträgen:

Compile	Compiliert die aktuelle Datei im Editor
Make	Compiliert ein modular aufgebautes Programm, wobei nur diejenigen Units compiliert werden, die seit der letzten Compilation verändert worden sind
Build	Compiliert ein modular aufgebautes Programm, wobei alle Units neu compiliert werden
Destination	Zeigt an, ob ein Programm in den Arbeitsspeicher oder auf eine Diskette/Festplatte compiliert wird
Find error	Sucht an einer angegebenen Speicherstelle einen Laufzeitfehler
Primary file	Die hier angegebene Datei wird compiliert; steht hier kein Dateiname, wird der Quelltext im Editor compiliert
Get info	Liefert Informationen zur aktuellen Datei im Editor

Compile (Menü Compile)
Mit *Compile* wird das im Editor befindliche Programm in Maschinencode übersetzt. Mit dem Schalter *Compile, Destination* kann festgelegt werden, ob das Programm in den Speicher oder auf Diskette/Festplatte compiliert werden soll.

Während der Compilation wird der aktuelle Stand der Arbeit angezeigt. Bei einem Syntax-Fehler wird die fehlerhafte Stelle im Programmtext angezeigt und eine Fehlermeldung erscheint im oberen Teil des Bildschirmes. Bei einer erfolgreichen Compilation erscheint die Meldung *Success: Press any key.*
Es ist empfehlenswert, Programme nur dann mit dem Menüpunkt *Compile* zu übersetzen, wenn sie keine selbstgeschriebenen Units (die ständig erweitert und verbessert werden) aufnehmen.
Die Compilation (und deren Produkt) kann mit verschiedenen Compilerbefehlen (siehe Anhang E und Menüpunkt *Options, Compiler*) beeinflußt werden.

Make (Menü Compile)
Mit *Make* wird ein Programm compiliert, das modular (aufgeteilt in Units) aufgebaut ist. Folgende Punkte sind zu beachten:

a) Wenn bei *Compile, Primary file* eine Hauptdatei angegeben wurde, wird diese compiliert, andernfalls die Datei im Editor.
b) Alle Units, die im zu compilierenden Programm mit dem reservierten Wort USES angegeben sind, werden nur dann compiliert, wenn ihr Datum jünger ist als das des zu compilierenden Programmes.
c) Bei einer Veränderung des Interface-Teils einer Unit werden alle Units, die diese Unit benützen, compiliert.
d) Bindet eine Unit mit dem Compilerbefehl **I** (siehe Anhang E) Dateien ein, wird sie neu compiliert, wenn die einzubindenden Dateien jünger sind als die Unit.
e) Falls eine Unit eine .OBJ-Datei mit dem Compilerbefehl **L** aufnimmt, wird sie compiliert, wenn die .OBJ-Datei jünger als die Unit ist.

Die Compilation (und deren Produkt) kann mit verschiedenen Compilerbefehlen (siehe Anhang E und Menüpunkt *Options, Compiler*) beeinflußt werden.

Build (Menü Compile)
Hier werden modular aufgebaute Programme (mit Units) compiliert. Im Gegensatz zu *Compile, Make* compiliert *Build* alle an einem Programm beteiligten Dateien.
Build ist besonders dann nützlich, wenn die Compilierung mit Symbolen (siehe Anhang E) unterschiedlichen Code erzeugt, abhängig von der Hardware-Ausstattung.

Destination (Menü Compile)
Schaltet um zwischen *Memory* und *File* und zeigt an, ob ein Programm in den Arbeitsspeicher oder als .EXE-Datei compiliert wird.

Unabhängig vom aktuellen Stand dieses Schalters werden Units immer als .TPU-Dateien auf der Diskette oder Festplatte erzeugt.

Find error (Menü Compile)
Sucht einen Laufzeitfehler an einer bestimmten Adresse. Dies ist nur dann wichtig, wenn ein als .EXE-Datei compiliertes Programm durch einen Fehler abgebrochen wird:

```
Runtime error 207 at 10FF:4A0D
```

Gehen Sie in diesem Fall wie folgt vor:

a) Laden Sie den Compiler TURBO.EXE.
b) Lesen Sie das fehlerhafte Quellprogramm ein.
c) Setzen Sie den Schalten *Compiler, Destination* auf *Disk.*
d) Wenn nicht bereits geschehen: Setzen Sie den Schalter *Options, Compiler, Debug information* auf ON.
e) Rufen Sie nun *Compile, Find error* auf und geben Sie die genaue Fehleradresse (z.B. 10FF:4A0D) ein. Jetzt sucht der Compiler die Fehleradresse und zeigt sie, wenn gefunden, im Editor an.

Bei Programmen, die in der Entwicklungsumgebung von Turbo Pascal gestartet werden, wird die Fehlerstelle automatisch im Editor angezeigt. Im Editor kann mit dem Befehl **Ctrl Q W** beliebig oft die letzte Fehlerstelle gefunden werden.

Get info (Menü Compile)
Dieser Menüpunkt öffnet ein Fenster, das folgende Informationen über den im Editor befindlichen Programmcode enthält:

Primary file: Name der Hauptdatei, falls vorhanden
Current file: Aktueller Dateiname
File size: Größe der Datei
Available memory: Verfügbare Speichergröße
Lines compiled: Anzahl der compilierten Zeilen
Code size: Größe des Programmcodes
Data size: Anzahl Bytes für Daten (Variablen)
Stack size: Größe des Stacks
Minimum heap size: Minimale Größe des Heaps
Maximum heap size: Maximale Größe des Heaps
Program exit code: Exit-Code eines Programmes
Error message: Fehlermeldung
Error module: Name der Unit, in der ein Fehler aufgetreten ist
Error address: Speicheradresse des Fehlers

Das Informationsfenster kann mit beliebigem Tastendruck geschlossen werden.

Das Menü Options

Dieses Menü ermöglicht das Festlegen zahlreicher Schalter, die die Compilation und weitere Vorgänge steuern und beeinflussen.
Folgende Untermenüpunkte werden beim Aufruf von *Options* angeboten:

Compiler	Legt verschiedene Schalter für die Compilation fest
Linker	Legt die Arbeitsweise des Linkers fest (ab Version 5.0)
Environment	Legt verschiedene Eigenschaften der Entwicklungsumgebung von Turbo Pascal fest
Directories	Gibt zahlreiche Suchpfade für die verschiedenartigen Dateien an
Parameters	Ermöglicht die Eingabe von Parametern, die von den Programmen beim Start übernommen werden können
Save options	Sichert die aktuellen Einstellungen der Entwicklungsumgebung in einer Datei
Retrieve options	Lädt eine Konfigurations-Datei für die Entwicklungsumgebung von Turbo Pascal (in der Version 4.0 heißt dieser Menüpunkt *Load options*)

Compiler (Menü Options)
Dieser Wahlpunkt stellt verschiedene Schalter zur Verfügung, die die Compilation beeinflussen. Compilerbefehle, die in einem Programm geschrieben werden (z.B. {$I-}), setzten die im Menüpunkt *Options, Compiler* ersichtlichen Schalter außer Kraft.
Im integrierten Editor können die momentan gesetzten Compilerbefehle mit dem Befehl **Ctrl F7** in den Programmtext eingefügt werden (nur Version 4.0).
Folgend werden die einzelnen Schalter beschrieben (ausführliche Informationen erhalten Sie im Anhang E):

Range-checking: Entspricht dem Compilerbefehl **R** und legt fest, ob der Compiler zusätzlichen Prüfcode generieren soll bei der Indizierung von Strings und Arrays und bei der Zuordnung von skalaren Datentypen und Unterbereichen.
Stack-checking: Entspricht dem Compilerbefehl **S** und legt fest, ob Prüfcode generiert werden soll, der den Stack kontrolliert.

I/O checking: Entspricht dem Compilerbefehl **I** und legt fest, ob bei Ein- und Ausgabeoperationen bei einem Fehler das Programm abgebrochen werden soll. Ein allfälliger Fehler kann mit der Funktion *IOresult* ermittelt werden.
Force far calls: Entspricht dem Compilerbefehl **F** und legt fest, ob Prozeduren und Funktionen immer als *far* definiert werden sollen.
Overlays allowed: Ab Version 5.0. Entspricht dem Compilerbefehl O und legt fest, ob eine Unit als Overlay verwendet werden kann.
Allign data: Ab Version 5.0. Entspricht dem Compilerbefehl **A** und legt fest, ob bei der Anordnung von Variablen und typisierten Konstanten auf Wortgrenzen geachtet werden soll.
Var-string checking: Entspricht dem Compilerbefehl **V** und bestimmt, wie streng die Typenprüfung von VAR-Parametern zu nehmen ist.
Boolean evaluation: Entspricht dem Compilerbefehl **B** und zeigt an, ob ein zusammengesetzter Boolescher Ausdruck ausführlich geprüft wird.
Numeric processing: Entspricht dem Compilerbefehl **N** und legt fest, ob ein vorhandener arithmetischer Coprozessor (8087, 80287 oder 80387) verwendet werden soll.
Emulation: Ab Version 5.0. Entspricht dem Compilerbefehl **E** und legt fest, ob der Coprozessor-Emulator ins Hauptprogramm eingebunden werden soll.
Debug information: Entspricht dem Compilerbefehl **D** und legt fest, ob bei der Compilation zusätzliche Informationen (Zeilennummern und Symbolnamen) erzeugt werden sollen. Um einen Laufzeitfehler in einer .EXE-Datei zu finden, muß dieser Schalter auf ON stehen.
Local Symbols: Ab Version 5.0. Entspricht dem Compilerbefehl L und legt fest, ob beim Compilieren zusätzliche Informationen über lokale Symbole in die .EXE-Datei aufgenommen werden sollen.
Conditional defines: Ermöglicht eine Compilation, die, abhängig von den Hardware-Voraussetzungen, verschiedene Maschinen-Codes generiert.
Memory sizes: Entspricht dem Compilerbefehl **M** und legt drei Werte (Stack-, minimale und maximale Heap-Größe) fest.
Turbo Pascal map file: Nur Version 4.0. Entspricht dem Compilerbefehl **T** und teilt dem System mit, ob bei der Compilation eine Datei mit der Erweiterung .TPM erstellt werden soll. Diese Datei kann von symbolischen Debuggern verwendet werden.
Link buffer: Nur Version 4.0. Entspricht dem Compilerbefehl **L** und teilt dem System mit, wo der integrierte Linker seine Informationen ablegt (Arbeitsspeicher oder Diskette, Festplatte).

Environment (Menü Options)
In diesem Menüpunkt können verschiedene Eigenschaften des Entwicklungssystems von Turbo Pascal gesetzt werden:

Backup source files: Wenn auf ON gesetzt, bleibt beim Sichern einer Datei die letzte Version als .BAK-Datei erhalten.
Edit auto save: Wenn auf ON gesetzt, wird die aktuelle Datei beim Ausführen von *Run* oder *File, OS shell* automatisch auf die Diskette geschrieben.
Config auto save: Wenn auf ON gesetzt, wird die Konfiguration der Entwicklungsumgebung beim Beenden durch *File, Quit* oder **Alt X** automatisch auf der Diskette gesichert.
Retain saved screen: Wenn auf ON gesetzt, reserviert das System immer Speicherplatz für den Ausgabe-Bildschirm, der während der Laufzeit von einem Programm beschrieben wird. Dieser Ausgabebildschirm kann im Editor mit **F6** angesehen werden. Falls *Retain saved screen* auf OFF gesetzt ist, wird nur dann Speicherplatz zur Verfügung gestellt, wenn dieser nicht anderswo gebraucht wird.
Zoom windows: Wenn auf OFF gesetzt, werden gleichzeitig die Fenster des Editors und der Programmausgabe angezeigt. Bei ON ist eines der beiden in voller Größe sichtbar. Im Editor kann auch mit **F5** zwischen diesen beiden Zuständen umgeschaltet werden. **F6** wechselt zwischen den Fenstern Editor und Programmausgabe.
Screen size: In Abhängigkeit der Bildschirmkarte kann die maximale Anzahl der angezeigten Zeilen festgelegt werden (25 Zeilen für jede Bildschirmkarte, 43 für EGA, 50 für VGA).
Tab size: Legt den Abstand der Tabulatorenstopps im Editor fest. Um eine Wirkung zu erzielen, muß der automatische Tabulator mit dem Editorbefehl **Ctrl O T** ausgeschaltet werden.

Linker (Menü Options; ab Version 5.0)
Der Linker tritt nach der fehlerfreien Compilierung in Aktion und entfernt alle unbenutzten Routinen (toter Programmcode), Variablen und typisierten Konstanten. Der Menüpunkt *Linker* öffnet ein Untermenü mit folgenden Einträgen:

Map file	Kennt die vier Modi *Off*, *Segments*, *Publics* und *Detailed* und legt fest, welche Daten eine zu erzeugende .MAP-Datei enthalten soll (.MAP-Dateien werden von symbolischen Debuggern benötigt). Bei *Segments* werden nur die Segment-Namen und die relativen Adressen eines Programmes abgelegt, bei *Publics* zusätzlich alle globalen Bezeichner (Prozeduren, Variablen ...), bei *Detailed* schließlich kommen die Zeilen-Nummern des Quelltextes noch hinzu.
Link buffer	Legt fest, ob der Linker seinen Puffer im Arbeitsspeicher (*Memory*) oder auf der Festplatte/Diskette (*Disk*) einrichten soll. Im Modus

Memory ist der Linker immer schneller als im Modus *Disk*, jedoch kann es bei großen Programmen notwendig werden, den Puffer auf die Festplatte/Diskette auszulagern.

Directories (Menü Options)
In diesem Menüpunkt können verschiedene Suchwege für die einzelnen Dateiarten festgelegt werden. Falls Sie mehrere Suchwege angeben, sind diese durch einen Strichpunkt (;) voneinander zu trennen. Bitte beachten Sie, daß zwischen zwei Pfaden keine Leerzeichen stehen dürfen:

```
C:\TURBO55\INC;C:\TURBO55\MOD
```

Folgende Pfade können gesetzt werden:

Turbo directory: In diesem Directory werden beim Start von TURBO.EXE die Dateien TURBO.TPL (Laufzeitbibliothek), TURBO.PCK (Pick-Datei) und TURBO.TP (Konfigurationsdatei) gesucht, falls diese nicht im aktuellen Directory zu finden sind.
Executable directory: In dem hier angegebenen Directory werden die .EXE-Dateien abgelegt.
Include directories: In den hier angegebenen Directories werden Include-Dateien (eingebunden durch den Compilerbefehl *{$I dateiname }*) gesucht, falls sie nicht im aktuellen Directory enthalten sind.
Unit directories: In den hier angegebenen Directories werden Units (mit der Dateierweiterung .TPU) gesucht, wenn sie nicht im aktuellen Directory zu finden sind.
Object directories: In den hier angegebenen Directories werden .OBJ-Dateien gesucht (eingebunden durch den Compilerbefehl **L**), falls sie im aktuellen Directory nicht zu finden sind.
Pick file name: Der Inhalt der hier angegebenen Pick-Datei wird bei *File, Pick* automatisch angezeigt.
Current pick file: Zeigt den Namen der gesetzten Pick-Datei an.

Parameters (Menü Options)
Programmen können beim Start Parameter übergeben werden (siehe auch *ParamCount* und *ParamStr*), die ein bestimmtes Verhalten der Programme provozieren können. Die hier angegebenen Wörter, getrennt durch eine Leerstelle, werden dem Programm als Parameter übergeben.
Bitte beachten Sie, daß die Entwicklungsumgebung von Turbo Pascal die Umleitung der Ein- und Ausgabe (die auf DOS-Ebene aber ohne weiteres möglich ist) nicht unterstützt. Solche Umleitungen werden mit den Zeichen <, | und > eingeleitet (weiteres hierzu bei *Write* und *Read*).

Save options (Menü Options)
Sichert die momentane Konfiguration der Entwicklungsumgebung von Turbo Pascal. Diese wird in eine Datei mit der Erweiterung .TP geschrieben. Beim Starten von TURBO.EXE sucht Turbo Pascal automatisch nach der Konfigurationsdatei TURBO.TP und setzt darauf die verschiedenen Schalter im Menü *Option.*

Retrieve options (Menü Options)
Ermöglicht das Laden einer Konfigurationsdatei (mit der Erweiterung .TP), die zuvor mit *Options, Save options* auf Diskette/Festplatte geschrieben worden ist (in der Version 4.0 heißt dieser Menüpunkt *Load options*).

Das Menü Debug (ab Version 5.0)

Mit Hilfe dieses Menüs lassen sich spezielle Funktionen des Debuggers ansprechen (der Debugger wird ausführlich im Anhang D beschrieben):

Evaluate	Ermöglicht das Betrachten einzelner Variablen
Call stack	Zeigt alle momentan aufgerufenen Routinen an, die noch nicht abgeschlossen sind
Find procedure	Sucht innerhalb des aktuellen Programmes den Beginn einer Prozedur oder Funktion
Integrated debugging	Der integrierte Debugger kann nur verwendet werden, wenn dieser Schalter auf *On* steht (bei Speicherplatz-Problemen besteht die Möglichkeit, diesen Schalter auf *Off* zu setzen)
Standalone debugging	Legt fest, ob Informationen für einen symbolischen Debugger in die .EXE-Datei geschrieben werden sollen
Display swapping	Die drei Modi *Smart*, *Always* und *None* bestimmen, wann der Debugger den Ausgabebildschirm zeigen soll (dieser kann auch jederzeit mit ALT F5 angesehen werden)
Refresh display	Baut den Turbo Pascal-Bildschirm neu auf

Das Menü Break/watch (ab Version 5.0)

Ermöglicht das Setzten von Abbruchstellen und die Eingabe von Variablen, die während des Programmlaufs beobachtet werden sollen (der Debugger wird im Anhang D ausführlich beschrieben):

Add watch	Fügt eine Variable ins Watch-Fenster ein (siehe Anhang D) und zeigt ab diesem Zeitpunkt ständig den aktuellen Variablen-Inhalt an
Delete watch	Löscht eine Variable aus dem Watch-Fenster
Edit watch	Ermöglicht die Editierung des aktuellen Watch-Ausdrucks
Remove all watches	Entfernt alle Variablen und Watch-Ausdrücke aus dem Watch-Fenster
Toggle breakpoint	Setzt an der aktuellen Cursor-Position eine Abbruchstelle
Clear all breakpoints	Löscht alle Abbruchstellen innerhalb eines Programms
View next breakpoint	Setzt den Cursor auf die folgende Abbruchstelle (ohne nur eine einzige Programmzeile auszuführen)

Anhang C
Der Editor

Der Editor von Turbo Pascal wird von der Entwicklungsumgebung aus mit **E** oder **ALT E** aufgerufen. Die gesamte Länge einer Datei ist auf 64 KByte begrenzt, eine einzelne Zeile kann höchstens 249 Zeichen umfassen, wobei der Compiler nur die ersten 126 Zeichen bearbeitet.
Viele Kommandos werden mit der Taste **Ctrl**, einige mit der Taste **Alt** eingeleitet. Beispielsweise bedeute **Alt R**, daß Sie die Taste **Alt** gedrückt halten müssen, wenn Sie den Buchstaben **R** eingeben.
Die Tastenbefehle des integrierten Editors entsprechen weitgehend dem Textverarbeitungsprogramm WordStar, die ich folgend kurz beschreiben möchte.

Editor verlassen

Ctrl K D	Verlassen des Editors ohne Speicherung des Textes (dieser bleibt jedoch im Arbeitsspeicher erhalten), entspricht **F10**

Text sichern

Ctrl K S	Sichern des Textes auf Diskette und im Editor bleiben, entspricht **F2**

Cursor-Steuerung

<-	Zeichen nach links
->	Zeichen nach rechts
Ctrl <-	Wort nach links
Ctrl ->	Wort nach rechts
Pfeil auf	Zeile auf
Pfeil ab	Zeile ab
Home	Zeilenanfang
End	Zeilenende
Ctrl Home	Bildschirm oben
Ctrl End	Bildschirm unten

PgUp	Seite nach oben
PgDn	Seite nach unten
Ctrl PgUp	Dateianfang
Ctrl PgDn	Dateiende
Ctrl W	Aufwärtsrollen
Ctrl Z	Abwärtsrollen

Tabulator

->| (Tab)	Sprung zum nächsten Tabulatorstopp
Ctrl O T	Automatischer Tabulator ein/aus (Cursor stellt sich entweder unter einen Wortanfang der oberen Zeile oder springt um eine festgelegt Anzahl Zeichen nach rechts)
Ctrl O I	Ab Version 5.0: Automatisches Einrücken am Anfang einer Zeile ein/aus (wenn aktiv, erscheint in der Statuszeile das Wort *Indent*)
Ctrl O U	Ab Version 5.0: Automatisches "Zurück-Rücken" nach links (ein aktiv, erscheint in der Statuszeile das Wort *Unindent*)
Ctrl O F	Ab Version 5.0: Legt fest, ob mehrere Leerzeichen durch ein Tab-Zeichen ersetzt werden sollen oder nicht

Löschen

Del	Löschen des Zeichens, das sich unter dem Cursor befindet
|<- (BS)	Löschen des Zeichens, das sich links des Cursors befindet
Ctrl T	Löschen des Wortes rechts
Ctrl Y	Löschen einer Zeile
Ctrl Q Y	Löschen ab Cursorposition bis ans Ende der Zeile
Ctrl K Y	Löschen des markierten Blockes

Einfügen

Ins	Einfügmodus ein/aus
Ctrl N	Einfügen einer Zeile
Ctrl Q L	Verwerfen von Veränderungen in einer Zeile

Blockoperationen

Ctrl K B	Markieren des Blockanfanges
Ctrl K K	Markieren des Blockendes
Ctrl K T	Markieren eines Wortes
Ctrl K H	Markierung eines Blockes ein/aus
Ctrl K V	Verschieben eines Blockes
Ctrl K C	Kopieren eines Blockes
Ctrl K Y	Löschen eines Blockes
Ctrl K R	Einlesen einer Datei. Dieser Tastenbefehl öffnet ein Fenster, in dem Sie nach dem einzulesenden Dateinamen gefragt werden. Falls Sie hier die Return-Taste drücken, erscheinen in einem weiteren Fenster die vorhandenen Dateinamen, die Sie mit den Cursorsteuertasten markieren und einen davon auswählen können (siehe hierzu im Anhang B die Beschreibung zum Menü *File*).
Ctrl K W	Schreiben eines Blockes auf Diskette
Ctrl K P	Drucken eines Blockes
Ctrl K I	Ab Version 5.0: Block um ein Zeichen nach rechts verschieben (einrücken)
Ctrl K U	Ab Version 5.0: Block um ein Zeichen nach links verschieben

Springen

Ctrl Q B	Blockanfang
Ctrl Q K	Blockende
Ctrl Q <n>	Springen zur Marke <n> (Setzen einer Marke mit Ctrl K <n>)
Ctrl Q P	Zur letzten Cursorposition springen

Suchen und Ersetzen

Ctrl Q F	Suchen eines Wortes
Ctrl Q A	Suchen und Ersetzen eines Wortes
Ctrl L	Letzten Suchvorgang wiederholen
Ctrl U	Suchvorgang abbrechen

Optionen beim Suchen und Ersetzen

G	Gesamten Text durchsuchen
N	Ersetzen ohne Rückfrage
B	Gesamten Text durchsuchen, wobei der Text rückwärts durchsucht wird
U	Groß- und Kleinschreibung vernachlässigen
W	Suchen nur von ganzen Wörtern
<n>	Suchen beim <n>-ten Vorkommen, <n> Mal ersetzen

Spezielle Steuerbefehle

Ctrl P	Nächstes Zeichen ist kein Steuerzeichen
Ctrl Q W	Letzte Fehlermeldung anzeigen lassen
Ctrl Q [	Falls sich der Cursor auf einem der Zeichen [, {, (, <, ' oder " befindet, wird er durch diesen Steuerbefehl automatisch auf das passende Gegenstück gesetzt.
Ctrl Q]	Sucht für eines der Zeichen], },), >, ' oder " das passende Gegenstück. Die Suche beginnt bei der aktuellen Cursor-Position und erstreckt sich in Richtung Textanfang.
Ctrl O O	Ab Version 5.5: Einfügen der aktuellen Compiler-Befehle (in der Version 4.0 zeigt **Ctrl F7** dieselbe Wirkung, für die Version 5.0 existiert kein solcher Tastencode)

Funktionstasten (Version 4.0)

F1	Hilfesystem aufrufen
Ctrl F1	Beschreibung des Schlüsselwortes, das sich an der aktuellen Cursorposition befindet
Alt F1	Zeigt den zuletzt aktivierten Hilfetext

F2	Sichern des Textes auf Diskette/Festplatte (entspricht Ctrl K S)
F3	Laden einer Datei in den Editor
Alt F3	Zuvor geladene Dateinamen werden angezeigt (siehe auch *Das Menü File, Pick* im Anhang B)
F5	Aktives Fenster vergrößern/verkleinern
Alt F5	Gesamter Ausgabebildschirm wird angezeigt
F6	Umschalten zwischen Editor und Ausgabebildschirm
Ctrl F7	Aktuelle Compilerbefehle einfügen
F9	Aufrufen von MAKE
Alt F9	Aufrufen des Compilers
F10	Editor ohne Sichern verlassen (entspricht Ctrl K D)
Alt F10	Anzeigen der Copyrightmeldung und der Versionsnummer von Turbo Pascal

Funktionstasten (ab Version 5.0)

F1	Hifesystem aufrufen
Ctrl F1	Beschreibung des Schlüsselwortes, das sich an der aktuellen Cursorposition befindet
Alt F1	Zeigt den zuletzt aktivierten Hilfetext
F2	Sichern des Textes auf Diskette/Festplatte (entspricht Ctrl K S)
Ctrl F2	Debugger zurücksetzten
F3	Laden einer Datei in den Editor
Ctrl F3	Anzeigen des Prozeduren- und Funktionen-Stacks (siehe hierzu Anhang B, *Das Menü Debug, Call Stack*)
Alt F3	Zuvor geladene Dateinamen werden angezeigt (siehe auch *Das Menü File, Pick* im Anhang B)
F4	Führt das Programm bis zur aktuellen Cursorposition aus (unter Umständen wird zuerst der Debugger gestartet)
Ctrl F4	Ermöglicht die Berechnung von Turbo Pascal-Ausdrücken (siehe auch *Das Menü Debug, Evaluate* im Anhang B)
F5	Aktives Fenster vergrößern/verkleinern
Alt F5	Schaltet zwischen aktivem Fenster und DOS-Ausgabebildschirm um
F6	Umschalten zwischen den einzelnen Fenstern *Edit/Watch* oder *Edit/Output* um

Alt F6	Schaltet zwischen *Text1/Text2* im Editor oder *Watch/Output* um
F7	Führt ein Programm Zeile um Zeile aus (siehe hierzu Anhang B, *Das Menü Run, Trace*)
Ctrl F7	Eingabe eines Ausdruckes, der während der Fehlersuche verfolgt werden soll (siehe auch Anhang B, *Das Menü Break/watch, Add watch*)
F8	Führt ein Programm Zeile um Zeile aus; eigene Prozeduren und Funktionen werden im Gegensatz zu F7 in einem Stück ausgeführt (siehe hierzu Anhang B, *Das Menü Run, Step over*)
Ctrl F8	Aktivieren oder Desaktivieren eines Abbruchpunktes (siehe auch Anhang B, *Das Menü Break/watch, Toggle breakpoint*)
F9	Aufrufen von MAKE
Ctrl F9	Starten eines Programmes
Alt F9	Compiliert den aktuellen Quelltext (entspricht dem Menüpunkt *Compile, Compile*)
F10	Wechselt zwischen dem aktiven Fenster und der Menü-Leiste
Shift F10	Anzeigen der Copyrightmeldung und der Versionsnummer von Turbo Pascal

Kurzbefehle

Alt B	Ab Version 5.0: Menü *Break/watch* aktivieren
Alt C	Menü *Compile* aktivieren
Alt D	Ab Version 5.0: Menü *Debug* aktivieren
Alt F	Menü *File* aktivieren
Alt O	Menü *Options* aktivieren
Alt R	Version 4.0: Einleiten der Compilation (entspricht F9) und Starten des Programmes
Alt R	Ab Version 5.0: Menü *Run* aktivieren
Alt X	Turbo Pascal beenden

Anhang D
Der Debugger (ab Version 5.0)

Debugger werden dazu gebraucht, um logische Programmier-Fehler rasch aufzuspüren. Diese beruhen oft auf Denkfehlern des Programmierers und treten trotz einer erfolgreichen Compilierung auf. Mit Hilfe des integrierten Debuggers von Turbo Pascal wird es möglich, ein Programm Zeile für Zeile ausführen zu lassen und dabei beliebige Variablen-Inhalte zu beobachten, um so einen Fehler einzukreisen und schließlich zu entdekken.
Der erfahrene Software-Entwickler kann oft auf einen Debugger verzichten, denn einerseits kennt er seine Vorlieben für Fehler (Grenzwerte richtig gesetzt? Variablen initialisiert? Boolesche Verknüpfungen sinnvoll?), andererseits spürt er bereits aufgrund der Fehler-Symptome, wo der Quellcode noch etwas wacklig sein könnte (und nicht selten durchzuckt es ihn einfach so: "Ah, natürlich!").

Voraussetzungen: Damit Sie mit dem integrierten Debugger arbeiten können, muß der Compilerschalter **D** aktiv sein (also {$D+}) und der Menüpunkt *Integrated debugging* im Menü *Debug* auf *On* stehen. Wenn auch lokale Routinen und Variablen überprüft und beobachtet werden sollen, ist ebenfalls der Compiler-Befehl **L** zu aktivieren.
Wichtig: Wenn der Debugger trotz den erforderlichen Compiler-Schaltern nicht arbeiten will, muß das gesamte Programm zuerst mit **F9** (Menüpunkt *Compile, Make*) compiliert werden.
Eine .EXE-Datei nimmt übrigens erst dann Zusatzinformationen auf (sprich wird umfangreicher), wenn der Menüpunkt *Debug, Standalone debugging* auf *On* gesetzt wird.

Starten des Debuggers

Wenn die oben erwähnten Voraussetzungen erfüllt sind, wird der Debugger automatisch mit dem Menüpunkt *Run, Run* gestartet (oder auch mit **Ctrl F9**). Wenn Sie jedoch keine *Break-Points* (siehe weiter unten) gesetzt haben, erfolgt die Programm-Ausführung ohne Unterbruch. Mit den beiden Tasten **F7** und **F8** kann aber ein Programm Zeile um Zeile ausgeführt werden:

F7 *Trace into* (auch im Menü *Run* enthalten); führt ein Programm Zeile für Zeile aus (inkl. Prozeduren und Funktionen, bei denen der Compiler-Befehl *{$D+}* gilt)

F8 *Step over* (auch im Menü *Run* enthalten); führt ein Programm Zeile für Zeile aus, wobei alle aufzurufenden Prozeduren und Funktionen in einem Stück (und ohne Unterbruch) ausgeführt werden

Alle Tasten-Befehle, die den integrierten Debugger steuern, werden am Schluss dieses Anhangs in einer Übersicht aufgeführt.

Das Fenster Watch

Dieses Fenster enthält die Namen derjenigen Variablen, die beobachtet werden sollen. Wenn dieses Fenster nicht sichtbar ist, läßt es sich mit der Taste **F5** (*Zoom*) anzeigen; falls nun das Output-Fenster erscheint, drükken Sie bitte **Alt F6** (*Swap*). Mit Hilfe der Taste **F6** (*Switch*) können Sie zwischen den beiden Fenstern *Editor* und *Watch* hin und her wechseln. Bei aktivem Watch-Fenster sind einzelnen Tasten besondere Funktionen zugeordnet:

Ins Einfügen eines Watch-Ausdruckes (entspricht dem Menüpunkt *Break/watch, Add watch*).

Del Löschen des aktuellen Watch-Ausdruckes, der invers dargestellt wird (entspricht dem Menüpunkt *Break/watch, Delete watch*; der Menüpunkt *Break/watch, Remove all watches* löscht übrigens alle Watch-Ausdrücke).

Return Editieren des aktuellen Watch-Ausdruckes (entspricht dem Menüpunkt *Break/watch, Edit watch*).

<auf>, <ab> Mit den beiden Cursor-Tasten *auf* und *ab* kann jeder Ausdruck im Watch-Fenster angewählt werden.

Der Watch-Ausdruck

In den meisten Fällen entspricht der Watch-Ausdruck einem Variablen-Namen. Es können jedoch alle Operatoren (+, -, *, /, MOD, DIV, AND, OR, XOR, NOT, SHR, SHL) und die folgenden Standard-Funktionen verwendet werden:

Abs	Length	MemL	Ptr	SSeg
Addr	Lo	MemW	Round	Succ
Chr	MaxAvail	Ofs	Seg	Swap
Hi	Mem	Ord	SizeOf	TypeOf
IOResult	MemAvail	Pred	SPtr	Trunc

Variablen und typisierte Konstanten innerhalb von Prozeduren oder Funktionen können **qualifiziert** werden. Dies bedeutet, daß den einzelnen Variablen oder typisierten Konstanten der Routinename vorangestellt wird. Beispielsweise könnte mit folgenden Ausdrücken:

```
Ausgabe.LRand
Spell.NextKey.Plus
```

die Variable *LRand* in der Prozedur *Ausgabe* oder die typisierte Konstante *Plus* innerhalb der Routine *NextKey* (die sich in der Unit *Spell* befindet) gemeint sein.
Die einzelnen Werte der Watch-Ausdrücke werden (in Abhängigkeit des Datentyps) normalerweise wie folgt dargestellt:

BOOLEAN	Ausgabe der Wörter *TRUE* oder *FALSE*
CHAR	Ausgabe des Zeichens in Hochkommas (z.B. *'A'*), bei nicht druckbaren Zeichen wird der ASCII-Code angezeigt (z.B. *#27*)
INTEGER	Ausgabe in dezimaler Form (z.B. *-34* oder *4711*)
REAL	Ausgabe im Fließkomma-Format (z.B. *3.14149*)
STRING	Ausgabe eines Wortes in Hochkommas (z.B. *'Rad'*), nicht druckbare Zeichen werden als ASCII-Code dargestellt (z.B. *'Rad'#13#10*)
Mengen	Ausgabe der Menge in gewohnter Form, wobei nach Möglichkeit Unterbereiche gebildet werden (z.B. *['1','A'..'Z']*)
Aufzähltypen	Ausgabe der einzelnen Werte, geschrieben in Großbuchstaben (z.B. *JOHN,PAUL,GEORGE,RINGO*)
Zeiger	Ausgabe des Segment- und des Offset-Teils, wobei die hexadezimale Schreibweise verwendet wird (z.B. *PTR($12FF,$90)*, *PTR(CSEG,$0)* oder *NIL*)
Arrays	Ausgabe aller Elemente, getrennt durch ein Komma (z.B. *(1,2,3)* oder *((0,0,0),(1,2,1),(2,1,0))*; wie Sie sehen, wird hier die Schreibweise wie bei der Definition von typisierten Konstanten verwendet). Durch die Angabe eines Startwerts und die Anzahl der zu zeigenden Elemente lassen sich große Arrays übersichtlicher darstellen (z.B. zeigt

	a[44],10 insgesamt nur zehn Elemente des Arrays *a*, wobei als erstes das Element mit der Nummer 44 gezeigt wird)
Records	Ausgabe der Feldinhalte, getrennt durch ein Komma (z.B. *('Paul','Musiker',1942)*)
Objekte	Die Ausgabe entspricht derjenigen eines Records
Dateien	Ausgabe des aktuellen Zustandes (CLOSED, OPEN, INPUT, OUTPUT) und des zugeordneten Dateinamens (wenn bereits mit *Assign* geschehen; z.B. OPEN 'SPELL.LEX'). Die beiden Datentypen *FileRec* und *TextRec* aus der Unit **Dos** ermöglichen eine genaue Analyse der Dateivariablen (siehe Beispiel weiter unten)

Mit Hilfe folgender Zeichen lassen sich die oben aufgeführen Standard-Darstellungen formatieren:

C	"character", Steuerzeichen werden nicht in der Form #*nn* angezeigt, sondern als Bildschirm-Zeichen (mit den beiden Zeichen #1 und #2 lassen sich beispielsweise die Veränderung Ihrer Hautfarbe darstellen, wenn Sie beim Sonnenbad Ihr Gesicht irrtümlicherweise mit Zahnpasta einreiben in der Meinung, es sei Sonnenmilch)
S	"string", Steuerzeichen werden in der Form #*nn* angezeigt (nur sinnvoll zusammen mit dem Formatierungszeichen *M*)
D	"decimal", ganzzahlige Werte werden in dezimaler Form dargestellt
H, X	"hex", ganzzahlige Werte werden in hexadezimaler Form dargestellt (unter Verwendung des Zeichens '$')
Fn	"floating point", *n* steht für eine Zahl im Bereich 2..18, wobei *n-1* die Anzahl Nachkomma-Stellen bei reellen Zahlen festlegt (*r,F2* also stellt die reelle Zahl *r* mit einer Nachkomma-Stelle dar)
M	"memory dump", gibt den Inhalt einer Variablen in hexadezimaler Form und Byte für Byte aus (ohne das Zeichen '$' zu verwenden); zusammen mit den Zeichen *C*, *S*, *D*, *H* und *X* läßt sich die Formatierung weiter spezifizieren (der Ausdruck *Mem[$f000:$fff5],8MC* beispielsweise gibt Ihnen 8 Bytes des ROM-Bereiches aus und stellt diese in Zeichen dar - das ROM-Freigabedatum Ihres Computers wird auf diese Weise ersichtlich)
P	"pointer", gibt die Speicher-Adresse aus, auf die eine Zeiger-Variable zeigt
R	"record", zeigt Namen und Inhalt der einzelnen Felder

Um die Verwendung der Formatierungszeichen besser veranschaulichen zu können, wollen wir folgendes Beispielsprogramm heranziehen:

```
PROGRAM WatchFormat_Test;
USES
  Dos;  { für den Datentyp <TextRec> im Watch-Fenster }
VAR
  i:INTEGER;
  s:STRING;
  r:REAL;
  a:ARRAY [1..5] OF BYTE;
  d:RECORD
    name:STRING;
    alter:BYTE
  END;
  f:TEXT;
BEGIN
  FOR i:=1 TO 5 DO a[i]:=i;
  i:=1234;
  s:='Beispiel';
  r:=Pi;
  d.name:='Wolf';
  d.alter:=12;
  Assign(f,'TEST.TST');
  Rewrite(f)
END.
```

Durch die einzelnen Formatierungen werden nun folgende Ausgaben im Watch-Fenster erzielt:

Ausdruck	Ausgabe
i	1234
i,m	D2 04
i,mx	$D2 $4
i,md	210 4
s,x	'Beispiel'
r,f6	3.14159
a	(1,2,3,4,5)
a[2],3	2,3,4
d	('Wolf',12)
d,r	(NAME:'Wolf';ALTER:12)
f	(OUTPUT,'TEST.TST')
TextRec(f),rx	(HANDLE:$5;MODE:$D7B2;BUFSIZE:$80; ...

Evaluate: Mit dem Debugger-Befehl *Evaluate* lassen sich genauso wie im Watch-Fenster Variableninhalte anschauen (und sogar verändern). Die Tasten-Kombination **Ctrl F4** (entspricht auch dem Menüpunkt *Debug, Evaluate*) öffnet ein Fenster folgender Form:

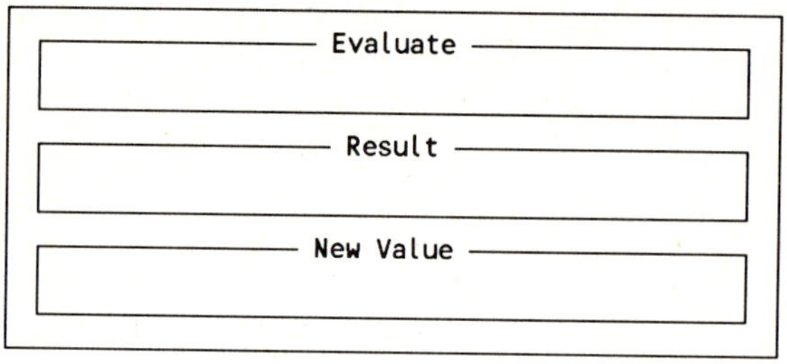

Beim Aufruf von *Evaluate* wird der an der aktuellen Cursor-Position befindliche Ausdruck automatisch ins *Evaluate-Feld* geschrieben (inverse Darstellung) und steht unmittelbar zur Verfügung. Mit Hilfe der Cursortaste *rechts* werden weitere Zeichen des Quellcodes direkt ins Evaluate-Feld eingefügt.
Der Unterschied zwischen *Evaluate* und *Watch* liegt darin, daß mit *Watch* mehrere Ausdrücke gleichzeitig während einer gewissen Zeitspanne beobachtet werden können, *Evaluate* hingegen vom Programmierer besonders dann aufgerufen wird, wenn schnell der Inhalt einer Variablen überprüft oder verändert werden soll.
Durch die Eingabe eines Wertes im Feld *New Value* kann der Inhalt einer Variablen (die im *Evaluate*-Feld steht) innerhalb des gültigen Werte-Bereiches verändert werden.

Break-Points im Quellprogramm

Manchmal ist es zu ermüdend, sich in einem umfangreichen Programm Zeile um Zeile an eine vermeintliche Fehlerstelle heranzutasten. Aus diesem Grund erlaubt es der integrierte Debugger von Turbo Pascal, sogenannte *Break-Points* (Abbruchpunkte) an beliegigen Stellen innerhalb eines Programmes zu setzen (mit der Tastenkombination **Ctrl F8** oder dem Menüpunkt *Break/watch, Toggle breakpoint*). Ein mit **Ctrl F9** gestartetes Programm (Menüpunkt *Run, Run*) führt nun alle Zeilen bis zum ersten gesetzten Abbruchpunkt aus; die als Abbruchstelle definierte Programmzeile wird dabei noch *nicht* ausgeführt und kann nun mit **F7** (*Run, Trace into*) oder **F8** (*Run, Step over*) einzeln abgearbeitet werden. Ein weiterer Druck auf die Tasten **Ctrl F9** fährt mit der Programmausführung fort (ab der Abbruchstelle).

Die Taste **F4** (*Run, Go to cursor*) führt ein Programm bis zur aktuellen Cursorposition aus, so daß das Setzen einer Abbruchstelle entfällt. Falls sich der Cursor beim Tastendruck **F4** an einer Stelle im Programm befindet, die vom Debugger nicht ausgeführt werden kann (z.B. im Deklarationsteil), wird eine Fehlermeldung ausgegeben.

Break/watch, View next breakpoint setzt den Cursor auf die nächste Abbruchstelle (ohne eine einzige Programmzeile auszuführen), und mit dem Menüpunkt *Break/watch, Clear all breakpoints* lassen sich alle Abbruchstellen innerhalb eines Programmes auf einen Schlag löschen.

Wenn Sie ein Programm neu starten wollen, obwohl die Programmausführung noch nicht abgeschlossen worden ist, setzten Sie bitte den Debugger mit der Tastenkombination **Ctrl F2** (*Run, Program reset*) zurück und starten Sie das Programm erneut mit **Ctrl F9**.

Weitere Funktionen des Debuggers

Die hier aufgeführten Funktionen der Entwicklungsumgebung und des Debuggers unterstützen eine effektive Fehlersuche.
Ausgabe-Fenster: Alle Programm-Ausgaben gelangen in ein separates Fenster, das jederzeit mit der Tastenkombination **Alt F5** (*Run, User screen*) angesehen werden kann. Es spielt dabei keine Rolle, ob sich das Ausgabe-Fenster im Graphik- oder Textmodus befindet.
Routinen-Stack: Manchmal kann es notwendig sein zu wissen, wie tief Funktions- oder Prozeduraufrufe geschachtelt sind (beispielsweise bei rekursiver Programmierung oder in großen Projekten). Mit Hilfe der Tastenkombination **Ctrl F3** (*Debug, Call stack*) öffnet sich ein Fenster, in dem alle momentan aufgerufenen Routinen und deren aktuellen Parameter-Werte aufgeführt sind. Zu unterst steht der Name des Haupt-Programms, zuoberst die zuletzt aufgerufene Routine, die noch nicht verlassen worden ist. Mit Hilfe der Cursor-Tasten *auf* und *ab* lassen sich die einzelnen Routinen-Namen hervorheben; die *Return*-Taste schließt das *Call stack*-Fenster und setzt den Cursor an diejenige Position, bei der die hervorgehobene Routine durch einen weiteren Routinen-Aufruf verlassen worden ist.
Routinen-Namen suchen: Der Menüpunkt *Debug, Find procedure* fragt nach dem Namen einer Funktion oder Prozedur und sucht diese im aktuellen Programm. Bei Bedarf werden zusätzliche Dateien geladen (Include-Dateien oder Units, die zum aktuellen Programm gehören), wobei eine Routine nur dann überall gefunden werden kann, wenn alle Programmteile mit {$D+,L+} compiliert worden sind (siehe auch Anhang E). Routinen, die wiederum innerhalb von Routinen definiert sind oder nur im IMPLEMENTATION-Teil einer Unit auftauchen, erfordern eine qualifizierte Bezeichnung (siehe weiter oben unter dem Titel *Der Watch-Ausdruck*).

Übersicht der einzelnen Hot-Keys

Alle Befehle, die den Debugger steuern, sind in den Menüs *Run*, *Debug* und *Break/watch* enthalten; die wichtigsten jedoch lassen sich direkt auf Tastendruck ausführen:

F4	Führt das aktuelle Programm bis zur momentanen Cursorposition aus (Menüpunkt *Run, Go to cursor*)
F7	Führt die nächste Programmzeile aus, wobei auch aufgerufene Prozeduren und Funktionen zeilenweise abgearbeitet werden; lokale Routinen (deklariert innerhalb von Routinen) können dabei nur schrittweise ausgeführt werden, wenn der Compiler-Befehl **L** aktiviert ist (Menüpunkt *Run, Trace into*)
F8	Führt die nächste Programmzeile aus, wobei aufgerufene Prozeduren und Funktionen in einem Zug abgearbeitet werden (Menüpunkt *Run, Step over*)
Ctrl F2	Stoppt den Debugger, schließt alle Dateien und gibt den Speicher auf dem Heap frei (Menüpunkt *Run, Program reset*)
Ctrl F3	Öffnet ein Fenster, in dem alle Prozeduren und Funktionen aufgeführt sind, die zwar aufgerufen, aber noch nicht abgeschlossen sind (Menüpunkt *Debug, Call stack*)
Ctrl F4	Öffnet das *Evaluate*-Fenster und ermöglicht so das Betrachten und Verändern von Variablen (Menüpunkt *Debug, Evaluate*)
Ctrl F7	Öffnet ein kleines Fenster und ermöglicht die Eingabe eines Watch-Ausdruckes, der direkt ins Watch-Fenster eingefügt wird (entspricht der Taste **Ins** innerhalb des Watch-Fensters; Menüpunkt *Break/Watch, Add watch*)
Ctrl F8	Setzt in der aktuellen Programm-Zeile (Cursorposition) einen *Break-Point* (bzw. löscht diesen, wenn die Zeile bereits einen enthält; Menüpunkt *Break/Watch, Toggle breakpoint*)
Ctrl F9	Startet das aktuelle Programm oder führt es an der gestoppten Stelle fort (Menüpunkt *Run, Run*)

Anhang E
Compilerbefehle

Compilerbefehle teilen dem Compiler mit, wie er einen Maschinencode zu erzeugen hat. Meist handelt es sich hierbei um die Frage, ob Prüfroutinen in ein Programm eingebaut werden sollen (und somit aus Sicherheitsgründen auf maximale Geschwindigkeit zu verzichten ist) oder nicht.
Compilerbefehle werden wie Kommentare geschrieben: Einer geschweiften Klammer folgt ein Dollarzeichen ($), darauf wird ein Buchstabe geschrieben, der einen der Compilerbefehle bezeichnet. Das letzte Zeichen, ein Plus (+) oder Minus (-), zeigt an, ob die Eigenschaften eines Compilerbefehls aktiv oder passiv sein sollen:

```
{$D+}
```

Die geschweiften Klammern können durch (* und *) ersetzt werden:

```
(*$D+*)
```

Es ist möglich, eine ganze Liste mit Compilerbefehlen anzugeben, wenn mehrere Schalter gleichzeitig gesetzt werden sollen:

```
{$I-,F+,V-}
```

Bitte beachten Sie, daß vor und nach dem Dollarzeichen kein Leerzeichen geschrieben werden darf, da sonst der Compiler die gesetzten Befehle nicht mehr richtig erkennen würde.
Einige Compilerbefehle sind global, d.h. sie können in einem Programm nur einmal (am Anfang) gesetzt werden. Diese müssen unmittelbar nach dem Programmtitel (z.B. PROGRAM test;) oder dem Unitnamen (z.B. UNIT sonstwas;) geschrieben werden, da sie sonst keine Wirkung zeigen.
Compilerbefehle können auch im Menü *Options, Compiler* gesetzt werden. Wird jedoch ein Compilerbefehl im Programm geschrieben, hebt er die Wirkung der aktuellen Schalterstellung im Menü *Options, Compiler* auf. Mit der Tastenkombination **Ctrl F7** (für die Version 4.0) oder **Ctrl O O** (für die Version 5.5; die Version 5.0 kennt keine solche Tastenkombination) lassen sich die aktuellen Compilerbefehle ins Programm einfügen.
Alle gesetzten Compilerbefehle gelten nur innerhalb eines Hauptprogramm oder einer Unit. So ist es also möglich, daß die Compilerschalter der einzelnen Module, die an einem Programm beteiligt sind, nicht übereinstimmen und diese somit auf Fehler verschieden reagieren können.

Ausrichtung von Variablen (ab Version 5.0)

Voreinstellung: Word (+)
Buchstabe: A

Dieser Compilerbefehl legt fest, ob bei der Anordnung von Variablen und typisierten Konstanten auf Wortgrenzen geachtet werden soll.

{$A+} Modus *Word*: Variablen und typisierte Konstanten werden bei ihrer Anordnung immer auf eine gerade Speicheradresse gelegt. Dadurch werden die Speicherzugriffe des 8086 (und seinen Nachfolgern 80286, 80386) beschleunigt. Bei einem 8088 Prozessor zeigt dieser Compilerbefehl keine Wirkung (auf Grund des 8-Bit-Datenbusses).
Variablen und typisierte Konstanten, die nur ein Byte Speicherplatz belegen (Typen BYTE, CHAR und BOOLEAN), werden nie besonders ausgerichtet.

{$A-} Modus *Byte*: Variablen und typisierte Konstanten werden ohne Lücken im Speicher angeordnet.

Dieser Compilerbefehl kann auch mit dem Menüpunkt *Options, Compiler, Align data* verändert werden.
Der Compilerbefehl A läßt sich in einem Programm nur einmal setzen.

Auswertung Boolescher Ausdrücke

Voreinstellung: passiv (-)
Buchstabe: B

Der Compilerbefehl **B** legt fest, wie zusammengesetzte Boolesche Ausdrücke (mit AND oder OR) behandelt werden sollen.

{$B+} Zusammengesetzte Boolesche Ausdrücke werden vollständig ausgewertet, auch dann, wenn das Gesamtresultat bereits zu Beginn bekannt ist.

{$B-} Zusammengesetzte Boolesche Ausdrücke werden nur solange ausgewertet, bis das Gesamtresultat feststeht. So erzeugte Programme werden schneller ausgeführt.

Bei passiver Schalterstellung (-) werden Boolesche Ausdrücke wie folgt behandelt:

a AND b WENN a="wahr" DANN
gesamtresultat:=b
SONST
gesamtresultat:="falsch";

a OR b WENN a="wahr" DANN
gesamtresultat:="wahr"
SONST
gesamtresultat:=b;

Dieser Compilerbefehl kann auch mit dem Menüpunkt *Options, Compiler, Boolean evaluation* gesetzt werden.
Der Compilerbefehl **B** läßt sich in einem Programm beliebig oft anwenden.

Zusatzinformationen zur Fehlersuche

Voreinstellung: passiv (-)
Buchstabe: D

Mit diesem Compilerbefehl kann festgelegt werden, ob bei der Compilation zusätzliche Informationen über den Programmcode erzeugt werden sollen:

{$D+} Zusatzinformationen zur Fehlersuche werden erzeugt. Sie bestehen aus einer Tabelle mit Zeilennummern für jede Routine, mit deren Hilfe eine Verbindung zwischen den Speicheradressen und den einzelnen Routinen im Quelltext hergestellt werden können. Diese Informationen werden zur Lokalisierung von Laufzeitfehlern (siehe Beschreibung im Anhang B zu *Compile, Find error*) benötigt.

{$D-} Zusatzinformationen werden nicht erzeugt.

Bei der Compilation von Units werden die erzeugten Informationen direkt in der entsprechenden .TPU-Datei gespeichert. Bei Hauptprogrammen, die in den Arbeitsspeicher compiliert werden, werden die Zusatzinformationen ebenfalls im Arbeitsspeicher abgelegt.

Version 4.0: Eine Compilation als .EXE-Datei ignoriert den Befehl **{$D+}**, wenn der Compilerbefehl **T** passiv (-) ist; andernfalls wird ein Datei mit der Erweiterung .TPM erstellt, die mit dem Programm TPMAP.EXE (befindet sich auf einer der Systemdisketten) in eine .MAP-Datei umgewandelt werden kann. Diese neu erzeugte Datei kann von symbolischen Debuggern (z.B. Periscope, Turbo Debugger) verwendet werden.

Ab Version 5.0: Mit Hilfe des Compilerbefehls **L** kann festgelegt werden, wie ausführlich die Zusatzinformationen sein sollen.
Die Größe einer .EXE-Datei verändert sich beim Befehl {$D+} nur dann, wenn der Menüpunkt *Debug, Standalone debugging* auf ON gesetzt ist (siehe hierzu Anhang B). Der Menüpunkt *Options, Linker, Map file* legt fest, ob eine .MAP-Datei erzeugt werden soll (wird von symbolischen Debuggern benötigt, siehe Anhang B).

Der Compilerbefehl **{$D+}** vergrößert zwar .TPU-Dateien und belegt mehr Arbeitsspeicher, beeinflußt aber nicht die Ausführungsgeschwindigkeit eines Programmes.
Dieser Compilerbefehl kann auch mit dem Menüpunkt *Options, Compiler, Debug information* gesetzt werden.
Der Compilerbefehl **D** darf nur einmal im Programm gesetzt werden.

Einbinden des Emulators (ab Version 5.0)

Voreinstellung: aktiv (+)
Buchstabe: E

Ein Emulator, der ab Turbo Pascal 5.0 eingebunden werden kann, ermöglicht es, die IEEE-Datentypen (SINGLE, DOUBLE, EXTENDED und COMP) auch dann zu verwenden, wenn das Computersystem über keinen Emulator verfügt.
Die Wirkung des Compilerschalters **E** hängt direkt vom Compilerschalter **N** ab. Folgende Fälle sind möglich:

{$N+,E+} Nimmt den Emulator ins Hauptprogramm auf. Wenn ein Coprozessor vorhanden ist, übernimmt er alle Rechenoperationen, andernfalls werden diese von den Routinen des Emulators ausgeführt.
Ein mit diesen Schalterstellungen compiliertes Programm kann die Datentypen SINGLE, DOUBLE, EXTENDED und COMP jederzeit verwenden.

{$N+,E-} Der Emulator wird nicht ins Programm aufgenommen; dieses kann somit nur auf Systemen mit verfügbarem Coprozessor ausgeführt werden (Datentypen SINGLE, DOUBLE, EXTENDED und COMP sind einsetzbar).

{$N-,E?} Das compilierte Programm verwendet weder den Coprozessor noch die Ersatz-Routinen des Emulators. Wie Sie sehen, spielt die Schalterstellung des Compilerbefehls **E** hier keine Rolle.

Bitte beachten Sie, daß das Arbeiten mit dem Datentyp REAL im {$N+}-Modus langsamer ist als im {$N-}-Modus, da dieser nicht zu den IEEE-Standardtyp gehört und deshalb für die Coprozessor-Register umgewandelt werden muß.
Dieser Compilerbefehl kann auch mit dem Menüpunkt *Options, Compiler, Emulation* verändert werden.
Der Compilerbefehl **E** läßt sich in einem Programm nur einmal setzten.

Erzwingen von far-Aufrufen

Voreinstellung: passiv (-)
Buchstabe: F

Teilt dem Compiler mit, ob Prozeduren oder Funktionen als *far* codiert werden sollen.

{$F+} Prozeduren und Funktionen werden immer als *far* codiert, es sei denn, sie sind lokal zu einer anderen Prozedur oder Funktion deklariert. Dies wird beispielsweise bei Routinen nötig, die beim Auslösen eines Interrupts aufgerufen werden sollen (siehe auch INTERRUPT, *ExitProc* und *HeapError* im lexikalischen Teil dieses Buches).

{$F-} Prozeduren und Funktionen werden nur dann als *far* codiert, wenn sie im Interface-Teil einer Units erscheinen und somit anderen Modulen zur Verfügung stehen sollen.

Folgende Prozedur wird als *far* codiert:

```
{$F+}
  PROCEDURE WriteUpper(wort:STRING);
  VAR
    i:INTEGER;
  BEGIN
    FOR i:=1 TO Length(wort) DO Write(UpCase(wort[i]))
  END;
{$F-}
```

Dieser Compilerbefehl kann auch mit dem Menüpunkt *Options, Compiler, Force far calls* gesetzt werden.

Der Compilerbefehl **F** läßt sich in einem Programm beliebig oft anwenden.

Handhabung der Ein- und Ausgabefehler

Voreinstellung: aktiv (+)
Buchstabe: I

Beim Arbeiten mit Dateien können immer wieder Fehler auftreten. So wollen Sie beispielsweise auf die Diskette im Laufwerk A zugreifen, obwohl sich darin keine Diskette befindet oder dann möchten Sie eine Datei öffnen, die gar nicht existiert.

{$I+}	Bei einem Ein- oder Ausgabefehler wird das Programm abgebrochen und eine Fehlermeldung wird ausgegeben.
{$I-}	Ein- und Ausgabefehler unterbrechen ein Programm nicht. Mit der Funktion *IOresult* kann überprüft werden, ob ein Fehler aufgetreten ist; eine Zusammenstellung der möglichen Fehler finden Sie im Anhang F.

Dieser Compilerbefehl kann auch mit dem Menüpunkt *Options, Compiler, I/O checking* gesetzt werden.
Der Compilerbefehl **I** läßt sich in einem Programm beliebig oft anwenden.

Include-Dateien

Struktur: {$I *dateiname*}

Mit dieser Anweisung wird der Compiler veranlaßt, einen Pascal-Quelltext ins Programm einzulesen; somit wird es möglich, ein Programm in Teile zu gliedern, ohne Units zu verwenden:

```
{$I CODE2.MIM}
{$I A:\INC\FUNC.INC}
```

Wenn bei Include-Dateien der Dateiname weggelassen wird, hängt Turbo Pascal automatisch .PAS an.
Include-Dateien, denen kein Suchpfad vorangestellt wird, werden zuerst im aktuellen Directory und dann in allen Verzeichnissen gesucht, die beim Menüpunkt *Options, Directories, Include directories* angegeben sind.

Include-Dateien können bis zu einer Tiefe von acht Ebenen geschachtelt werden, d.h. eine Include-Datei kann selbst wieder Include-Anweisungen enthalten.
Bitte beachten Sie, daß die Compilerbefehle **{$I+}** und **{$I-}** denselben Buchstaben wie die Include-Anweisung benützen.

Link-Puffer (nur Version 4.0)

Voreinstellung: aktiv (+)
Buchstabe: L

Ein Programm, das aus mehreren Moduln (Units) besteht, muß bei der Compilation durch einen Link-Vorgang zusammengebunden werden.

{$L+} Der für den Link-Vorgang notwendige Speicherplatz wird im Arbeitsspeicher belegt.

{$L-} Eine temporäre Datei wird als Speicher für den Link-Vorgang verwendet. Dies kann bei umfangreichen Programmen notwendig werden.

Dieser Compilerbefehl kann auch mit dem Menüpunkt *Options, Compiler, Link buffer* gesetzt werden.
Der Compilerbefehl **L** läßt sich in einem Programm nur einmal setzen.
Bitte beachten Sie, daß ab Turbo Pascal 5.0 nicht mehr direkt im Quelltext festgelegt werden kann, welches Speichermedium der Linker verwenden soll (nur einstellbar über den Menüpunkt *Options, Linker, Link buffer*).

Erzeugen lokaler Symbole (ab Version 5.0)

Voreinstellung: aktiv (+)
Buchstabe: L

Dieser Compilerbefehl legt fest, ob beim Compilieren zusätzliche Informationen über lokale Symbole in die .EXE-Datei aufgenommen werden sollen.

{$L+} Informationen über alle lokal definierten Variablen, Konstanten, Prozeduren und Funktionen werden in die .EXE-Datei aufgenommen. Darin eingeschlossen sich auch alle Bezeichner einer Unit, die nur im Implementation-Teil definiert sind (und außerhalb der Unit nicht verfügbar sind).

{$L-} Aufnahme nur von global definierten Symbolen.

Falls der Compilerbefehl **B** passiv ist ({$B-}), zeigt der Compilerbefehl **L** keine Wirkung.
Dieser Compilerbefehl kann auch mit dem Menüpunkt *Options, Compiler, Local symbols* gesetzt werden (siehe auch im Anhang B, *Das Menü Debug, Standalone debugging*).
Der Compilerbefehl **L** läßt sich in einem Programm nur einmal setzen.

Einbinden von Objekt-Dateien

Struktur: {$L *dateiname*}

Weist den Linker (der beim Compilieren automatisch zum Einsatz kommt) an, eine Objektdatei in das Programm aufzunehmen:

```
{$L TEST.OBJ}
{$L C:\TURBO5\GRAPH\GOTH.OBJ}
```

Wenn keine Dateierweiterung angegeben wird, hängt Turbo Pascal selbständig .OBJ an. Wird dem Dateinamen kein Suchpfad vorangestellt, durchsucht Turbo Pascal zuerst das aktuelle Verzeichnis und dann all diejenigen Directories, die beim Menüpunkt *Options, Compiler, Object directories* angegeben sind.
Eine Objekt-Datei muß dem *Intel-Object-Format* entsprechen, also von einem Assembler erzeugt worden sein.
Bezeichner einer Objekt-Datei, auf die von Turbo Pascal zugegriffen werden sollen, sind innerhalb der Objekt-Datei als PUBLIC und im Pascal-Programmtext als EXTERNAL zu deklarieren.
Mit Hilfe dieser Compiler-Anweisung können die dem System beiliegenden Graphik-Zeichensätze und -Treiber ins bestehende Programm eingebunden werden (siehe hierzu im lexikalischen Teil *RegisterBGIfont* und *RegisterBGIdriver*).
Bitte beachten Sie, daß die Compiler-Befehle **{$L+}** und **{$L-}** denselben Buchstaben verwenden wie die hier beschriebene Compiler-Anweisung.

Speicherbelegung

Struktur: {$M *stack,heapmin,heapmax*}
Voreinstellung: 16384,0,655360
Buchstabe: M

Mit diesem Compilerbefehl wird es möglich, die Größe des Stacks und des Heaps festzulegen.
Die Größe des Stacks muß im Bereich 1024..65520, die minimale und maximale Heapgröße im Bereich 0..655360 liegen (diese Zahlen geben eine Größe in Bytes an), wobei darauf zu achten ist, daß *heapmin* nie größer als *heapmax* angegeben wird. Dieser Compilerbefehl wird dann gebraucht, wenn die voreingestellte Stackgröße nicht ausreicht (bei rekursiver Programmierung beispielsweise) oder die Prozeduren *Keep* oder *Exec* verwendet werden.
Dieser Compilerbefehl kann auch mit dem Menüpunkt *Options, Compiler, Memory sizes* gesetzt werden.
Der Compilerbefehl **M** läßt sich in einem Programm nur einmal setzen.

Numerische Operationen (Coprozessor)

Voreinstellung: passiv (-)
Buchstabe: N

Legt fest, ob Operationen mit reellen Zahlen vom vorhandenen arithmetischen Coprozessor (8087, 80287 oder 80387) übernommen werden sollen.

{$N+} Der vorhandene Coprozessor übernimmt arithmetische Operationen mit reellen Zahlen. In diesem Modus stehen Ihnen neben REAL weitere reelle Datentypen zur Verfügung (SINGLE, DOUBLE, EXTENDED und COMP, siehe im lexikalischen Teil).

{$N-} In diesem Modus werden Operationen mit reellen Zahlen von der Laufzeitbibliothek ausgeführt.

Weitere Informationen finden Sie etwas weiter unten bei *Bedingte Compilierung*.
Dieser Compilerbefehl kann auch mit dem Menüpunkt *Options, Compiler, Numeric processing* gesetzt werden.
Der Compilerbefehl **N** läßt sich in einem Programm nur einmal setzen.
Ab der Version 5.0 läßt sich ein Coprozessor-Emulator einbinden, der das Rechnen mit den Datentypen SINGLE, DOUBLE, EXTENDED und COMP auch dann ermöglicht, wenn kein Coprozessor verfügbar ist (siehe hierzu Compilerbefehl **E**).

Unit als Overlay zulassen (ab Version 5.0)

Voreinstellung: passiv (-)
Buchstabe: O

Dieser Compilerbefehl legt fest, ob sich eine Unit als Overlay verwenden läßt. Damit eine Unit als Overlay eingesetzt werden kann, müssen einige Regeln beachtet werden (siehe *Overlay* im lexikalischen Teil dieses Buches).

{$O+}	Veranlaßt den Compiler, einige Zusatzprüfungen durchzuführen (betrifft die Übergabe von String- und Mengen-Konstanten) und ermöglicht so die Verwendung der Unit als Overlay.
{$O-}	Unit läßt sich nicht als Overlay verwenden.

Eine Unit wird erst dann als Overlay verwendet, wenn dies ausdrücklich mit Hilfe der Compileranweisung {$O *unitname*} gewünscht wird (siehe weiter unten).
Dieser Compilerbefehl kann auch mit dem Menüpunkt *Options*, Compiler, Overlay allowed gesetzt werden.
Der Compilerbefehl O läßt sich in einem Programm nur einmal setzen.

Unit als Overlay einbinden (ab Version 5.0)

Struktur: {$O *unitname*}

Die Compileranweisung steht im Hauptprogramm und teilt der Overlay-Verwaltung mit, daß die Unit *unitname* als Overlay verwendet werden soll:

```
PROGRAM Test;
USES
  Overlay,ovr1,ovr2,ovr3,Printer,Crt;

{$O ovr1}
{$O ovr3}

VAR
  gr,mo:INTEGER;
BEGIN
  .
  .
```

Die Units *ovr1*, *ovr2* und *ovr3* sind mit dem Compilerbefehl **{$O+}** compiliert worden (siehe weiter oben); als Overlays werden hier aber nur *ovr1* und *ovr3* verwendet.
Ausführliche Informationen über Overlays erhalten Sie im lexikalischen Teil dieses Buches beim Begriff **Overlay**.
Bitte beachten Sie, daß die Compiler-Befehle **{$O+}** und **{$O-}** denselben Buchstaben verwenden wie die hier beschriebene Compiler-Anweisung.

Bereichs-Prüfung

Voreinstellung: passiv (-)
Buchstabe: R

Legt fest, ob der Compiler bei der Indizierung von Strings und Arrays, bei der Zuordnung von skalaren Typen und Unterbereichen die zulässigen Grenzen überprüfen soll.

{$R+} Überprüfungsroutinen werden in den Programmcode eingefügt, was die Ausführungszeiten eines Programmes verlängert. Es empfiehlt sich, in der Entwicklungsphase eines Programmes diesen Schalter zu setzen.

{$R-} Es findet keine Bereichsüberprüfung statt.

Dieser Compilerbefehl kann auch mit dem Menüpunkt *Options, Compiler, Range checking* gesetzt werden.
Der Compilerbefehl **R** läßt sich in einem Programm beliebig oft anwenden.

Stack-Prüfung

Voreinstellung: aktiv (+)
Buchstabe: S

Legt fest, ob ein Stacküberlauf einen Programmabbruch zur Folge hat.

{$S+} Der Stack wird zur Speicherung von Rücksprungadressen, Parametern und lokalen Variablen verwendet. Bei einem Überlauf wird das ausgeführte Programm unterbrochen. Es empfiehlt sich, während der Programmentwicklung diesen Schalter zu setzen.

{$S-} Ein Stacküberlauf wird nicht gemeldet. Dieser hat aber in der Regel einen Systemabsturz zur Folge, deshalb sollte dieser

Schalter nur dann inaktiv gesetzt werden, wenn das entwikkelte Programm sicher keinen Stacküberlauf produziert.

Dieser Compilerbefehl kann auch mit dem Menüpunkt *Options, Compiler, Stack checking* gesetzt werden.
Der Compilerbefehl **S** läßt sich in einem Programm beliebig oft anwenden.

Erzeugung von .TPM-Dateien (nur Version 4.0)

Voreinstellung: passiv (-)
Buchstabe: T

Diese Compiler-Anweisung legt fest, ob bei der Compilierung zusätzlich eine .TPM-Datei erzeugt werden soll, die Informationen über Bezeichner, Zeilennummern und Speicheradressen enthält (der Menüpunkt *Compile, Find error* setzt diese Datei voraus). Bitte beachten Sie, daß zusätzlich der Compiler-Befehl **D** aktiv sein muß, damit alle Laufzeit-Fehler gefunden werden können.
Das Programm TPMAP.EXE (auf einer der Systemdisketten enthalten) konvertiert .TPM-Dateien in .MAP-Dateien, die von den handelsüblichen Debuggern (z.B. Periscope) gelesen werden können.
Falls ein Programm in den Speicher compiliert wird, zeigt **{$T+}** keine Wirkung.

{$T+} Erzeugt zusätzlich eine .TPM-Datei
{$T-} Erzeugt keine .TPM-Datei

Dieser Compilerbefehl kann auch mit dem Menüpunkt *Options, Compiler, Turbo Pascal map file* gesetzt werden.
Der Compilerbefehl **T** läßt sich in einem Programm nur einmal setzen.

Unit-Dateiname (nur Version 4.0)

Struktur: {$U *dateiname*}

Mit dieser Compiler-Anweisung wird es möglich, Units in einem Programm zu verwenden, die in einer Datei zusammengefaßt sind. Dies kann mit dem Programm TPUMOVER.EXE (das sich auf einer der Systemdisketten befindet) erreicht werden (genaueres hierzu lesen Sie bitte im lexikalischen Teil bei UNIT).

Die {$U}-Anweisung muß in der USES-Anweisung unmittelbar dem gewünschten Unit-Namen vorangestellt werden:

```
USES
  {$U c:\units\biblio} Func;
```

Im obigen Beispiel wird in der Datei BIBLIO.TPU (die sich im Directory \UNITS und auf dem Laufwerk C befindet) die Unit *Func* gesucht und ins Programm eingebunden.
Wird, wie in unserem Beispiel, die Dateierweiterung weggelassen, hängt Turbo Pascal selbständig .TPU an.
Falls dem Dateinamen kein Suchweg vorangestellt ist, werden neben dem aktuellen Directory auch alle Verzeichnisse durchsucht, die im Menüpunkt *Options, Directories, Unit directories* (siehe Anhang B) angegeben sind.

Überprüfung von VAR-Strings

Voreinstellung: aktiv (+)
Buchstabe: V

Strings, die einer Prozedur oder Funktion als Variablenparameter übergeben werden, unterliegen einer strengen Typenprüfung, d.h. die maximale Länge der String-Variablen, die der Prozedur oder Funktion übergeben wird, muß genau derjenigen des Variablenparameters entsprechen.

{$V+}	Einschalten der Überprüfung
{$V-}	Ausschalten der strengen Überprüfung

Dieser Compilerbefehl kann auch mit dem Menüpunkt *Options, Compiler, Var-string checking* gesetzt werden.
Der Compilerbefehl V läßt sich in einem Programm beliebig oft anwenden.

Bedingte Compilierung

Turbo Pascal erlaubt es, Programmteile unter gewissen Bedingungen von der Compilation auszuschließen oder bei der Compilation zu berücksichtigen.
Folgende Befehle zur bedingten Compilierung sind definiert:

DEFINE Definiert Symbole, die bis an das Programmende erhalten bleiben. Diese lassen sich auch im Menüpunkt *Options, Com-*

piler, Conditional defines definieren (Beispiel: {$DEFINE test}).

UNDEF Löscht ein zuvor mit DEFINE definiertes Symbol (Beispiel: {$UNDEF test}).

IFDEF Prüft, ob ein bestimmtes Symbol definiert ist. Der nachfolgende Programmtext (bis ENDIF) wird nur bei definiertem Symbol in die Compilation eingeschlossen (Beispiel: {$IFDEF test}).

IFNDEF Prüft, ob ein Symbol bis zu diesem Zeitpunkt ein Symbol nicht definiert ist. Der nachfolgende Programmtext (bis ENDIF) wird nur dann compiliert, wenn das geprüfte Symbol nicht definiert ist (Beispiel: {$IFNDEF etwas}).

IFOPT Prüft, ob ein gewisser Compiler-Befehl aktiv/inaktiv ist; wenn ja, wird der folgende Programmtext (bis ENDIF) in die Compilation eingeschlossen (Beispiel: {$IFOPT N+}).

ELSE Dieser optionalen Anweisung folgen Programmzeilen, die genau dann compiliert werden, wenn eine der Anweisungen IFDEF, IFNDEF oder IFOPT keine Compilation bewirken.

ENDIF Schließt einen bedingt zu compilierenden Programmblock ab, eingeleitete durch eine der Anweisungen IFDEF, IFNDEF oder IFOPT. ENDIF gehört immer zur letzten IF*xx*-Anweisung.

Die Befehle zur bedingten Compilation lassen sich bis zu einer Tiefe von 16 Ebenen schachteln.
Zur Namensbildung von Symbolen sind die gleichen Regeln zu beachten wie bei Bezeichnern: Das erste Zeichen ist ein Buchstabe, dem eine beliebige Folge aus Buchstaben, Ziffern und dem Tiefstrich (_) folgen kann (Umlaute und das "ß" sind nicht erlaubt, Groß- und Kleinbuchstaben werden nicht unterschieden). Die Symbollänge ich nicht beschränkt, jedoch werden nur die ersten 63 Zeichen betrachtet.
Folgende Symbole werden von Turbo Pascal unter gewissen Voraussetzungen selbständig definiert:

VER40 Zeigt, daß mit der Turbo Pascal-Version 4.0 gearbeitet wird (nur 4.0)

VER50 Zeigt, daß mit der Turbo Pascal-Version 5.0 gearbeitet wird (nur 5.0)

VER55 Zeigt, daß mit der Turbo Pascal-Version 5.5 gearbeitet wird (nur 5.5)

MSDOS Zeigt, daß der Compiler unter MS-DOS arbeitet

CPU86 Zeigt, daß der Compiler einen Prozessor der Familie 80x86 voraussetzt

CPU87 Dieses Symbol ist nur dann definiert, wenn ein mathematischer Coprozessor (8087 ...) vorhanden ist

Folgendes Programm zeigt, wie die einzelnen Befehle zur bedingten Compilation eingesetzt werden:

```
PROGRAM bedingte_Compilation;
{$IFDEF CPU87}
  {$N+}
{$ELSE}
  {$N-}
{$ENDIF}
{$IFDEF CPU87}
  TYPE
    REAL=EXTENDED;
{$ENDIF}
VAR
  r:REAL;
BEGIN
  {$IFOPT N+}
    WriteLn('Sie arbeiten mit einem mathematischen Coprozessor');
  {$ENDIF}
  {$IFDEF VER40}
    WriteLn('Turbo Pascal, Version 4.0 (es gibt schon neuere Versionen)');
    {$IFNDEF MSDOS}
      WriteLn('Sie arbeiten nicht unter MS-DOS');
    {$ELSE}
      WriteLn('Betriebssystem: MS-DOS');
    {$ENDIF}
  {$ENDIF}
END.
```

Anhang F
Fehlermeldungen

Turbo Pascal kennt zwei Arten von Laufzeitfehlern:

Ein- und Ausgabefehler: Ein auftretender Fehler liefert einen Code, der im Bereich 1..199 liegt. Mit dem Compiler-Befehl **I** (siehe Anhang E) läßt sich dieser Fehler abfangen (siehe auch *IOresult*).

Fatale Fehler: Der Code dieses Fehlers liegt im Bereich 200..255. Ein Fehler dieser Art bricht die Programmausführung in der Regel ab (siehe hierzu *ExitProc* und *ErrorAddr*).

Falls ein Programm durch einen Laufzeitfehler unterbrochen wird, erhalten Sie folgende Meldung:

```
Runtime error nnn at xxxx:yyyy
```

nnn steht für die Fehlernummer (dezimal), *xxxx:yyyy* für die Speicheradresse des Befehls, der den Fehler ausgelöst hat (*xxxx* entspricht dem Segment, *yyyy* dem Offset).

DOS-Fehlercodes

Diese Fehler lassen sich mit dem Compiler-Befehl **I** und der Funktion *IOresult* abfangen.

2	Datei nicht gefunden (ausgelöst durch *Append*, *Reset*, *Rename* und *Erase*)
3	Suchpfad nicht gefunden (ausgelöst durch *Append*, *Reset*, *Rewrite*, *Rename*, *Erase*, *ChDir* oder *RmDir*)
4	Zuviele Dateien offen (wenn dieser Fehler auftritt, erweitern Sie bitte die Datei CONFIG.SYS um die Anweisung FILES=20)
5	Dateizugriff verweigert
6	Datei-Handler zerstört oder nicht definiert (sollte unter Turbo Pascal nicht auftreten)
12	Ungültige Zugriffsart
15	Unzulässige Laufwerksnummer
16	Aktuelles Verzeichnis kann nicht gelöscht werden

17 *Rename* kann nicht ausgeführt werden (tritt auf, wenn Sie versuchen, eine Datei mittels *Rename* von einem Laufwerk in ein anderes zu kopieren)

Fehler bei der Bearbeitung von Dateien

Diese Fehler können mit dem Compiler-Befehl **I** und der Funktion *IOresult* abgefangen werden.

100 Fehler beim Lesen der Diskette (es wurde versucht, über das Ende der Datei hinaus zu lesen)
101 Fehler beim Beschreiben der Diskette (Diskette voll)
102 Dateivariable ist keiner Datei zugeordnet (siehe *Assign*)
103 Datei ist nicht geöffnet
104 Datei ist nicht für Leseoperationen geöffnet (nur bei Textdateien)
105 Datei ist nicht für Schreiboperationen geöffnet (nur bei Textdateien)
106 Numerisches Format ungültig (tritt bei *Read* oder *ReadLn* auf, wenn die von einer Textdatei gelesenen Werte nicht dem numerischen Format der Variablen entsprechen)

Kritische Fehler

Diese Fehler können mit dem Compiler-Befehl **I** und der Funktion *IOresult* abgefangen werden und treten auf, wenn beispielsweise die Laufwerksklappe offen ist oder der Drucker nicht antwortet. Damit ein Abfangen dieser Fehler möglich ist, verbiegt Turbo Pascal den Interrupt-Vektor $24 (siehe auch *SaveInt24*).

150 Diskette ist schreibgeschützt
151 Peripheriegerät (z.B. Drucker) nicht bekannt oder nicht angeschlossen
152 Laufwerk nicht bereit (Klappe offen)
153 Ungültige DOS-Funktion
154 Prüfsumme beim Lesen vom Datenträger nicht korrekt
155 Ungültiger Laufwerks-Parameterkopf
156 Positionierungsfehler des Schreib-/Lesekopfes (Datenträger)
157 Unbekanntes Sektorformat
158 Diskettensektor nicht gefunden
159 Drucker ohne Papier
160 Schreibfehler beim Peripheriegerät

161 Lesefehler beim Peripheriegerät
162 Nicht definierbarer Hardware-Fehler

Fatale Fehler

Diese Fehler führen immer zu einem Programmabbruch, dennoch besteht die Möglichkeit, ein Programm ordnungsgemäß zu verlassen (siehe *ErrorAddr* und *ExitProc*).

200 Division durch null.
201 Bei der Bereichsüberprüfung ist ein Fehler aufgetreten (tritt nur dann auf, wenn der Compiler-Befehl **R** aktiv ist)
202 Bei der Stacküberprüfung ist ein Fehler aufgetreten (tritt nur dann auf, wenn der Compiler-Befehl **S** aktiv ist; die Stackgröße läßt sich mit dem Compiler-Befehl **M** setzen)
203 Kein Platz mehr auf dem Heap (siehe hierzu auch *HeapError*)
204 Ungültige Zeiger-Operation (tritt auf, wenn die Fragmentliste keine weiteren Einträge aufnehmen kann (siehe *FreeMin*) oder versucht wird, mit *New* oder *FreeMem* Speicher freizugeben und die Zeigervariable dabei den Wert NIL hat oder auf eine Speicheradresse außerhalb des Heaps zeigt)
205 Überlauf bei Fließkomma-Zahlen
206 Unterlauf bei Fließkomma-Zahlen (nur bei der Verwendung eines mathematischen Coprozessors)
207 Fließkomma-Fehler (z.B. bei *Sqrt(-4);*)
208 Overlay-Verwaltung nicht installiert (ab 5.0)
209 Fehler beim Lesen einer Overlay-Datei (ab 5.0)
210 Tabelle der virtuellen Methoden (VMT) nicht initialisiert (tritt nur dann auf, wenn der Compiler-Befehl **R** aktiv ist; nur Version 5.5)

Anhang G
Spezielle Zeichen im Programmtext

$	Bezeichnet eine hexadezimale Zahl
#	Bezeichnet ein ASCII-Zeichen (z.B. #65 = 'A')
^	Bezeichnet einen Druckcode (z.B. ^G = Glocke)
+	Addition
-	Subtraktion
*	Multiplikation
/	Division
.	Dezimalpunkt bei reellen Zahlen (z.B. 3.14)
:=	Zuweisung (z.B. a:=7; { 7 in a speichern })
=	gleich
<>	ungleich
<	kleiner als
<=	kleiner gleich
>	größer als
>=	größer gleich
..	Trennt Start- und Endwert eines Teilbereiches
[,]	Umschließen Index (Array) oder Menge
(,)	Umschließen Parameterliste; Mathematik
{, }	Umschließen einen Kommentar
(*	Bezeichnet den Anfang eines Kommentars
*)	Bezeichnet das Ende eines Kommentars
'	Umschließt einen Text, der ausgegeben wird
@	Entspricht der Funktion *Addr*

Anhang H
Prioritäten der Operatoren

Operatoren werden in fünf Rangstufen (Prioritäten) aufgeteilt. Ein Operator mit niedriger Rangstufe wird bei der Berechnung vor denjenigen mit höherer Rangstufe behandelt.

Rangstufe 1	Monadisches Minus (z.B. -3)
Rangstufe 2	NOT
Rangstufe 3	*, /, AND, DIV, MOD, SHL, SHR
Rangstufe 4	+, -, OR, XOR
Rangstufe 5	=, <>, <, <=, >, >=, IN

Operationen gleicher Rangstufen werden von links nach rechts abgearbeitet.
Mit den runden Klammern lassen sich die Prioritäten beliebig verändern, da ein Ausdruck in Klammern immer zuerst berechnet wird.
Bitte beachten Sie, daß Boolesche Operatoren AND, OR, XOR vor den Relations-Operatoren =, <>, <, <=, >, >= behandelt werden. Dies erzwingt ein Setzen von Klammern:

```
richtig: IF (a=5) AND (b>7) THEN ...
falsch : IF a=5 AND b>7 THEN ...
                └─────┘
                   └──── würde zuerst verknüpft werden
```

Anhang I
Tastencodes

Bei der Programmierung werden oft die Tastaturcodes von Funktionstasten oder Cursor-Steuertasten benötigt. Diese erzeugen, wenn sie gedrückt werden, zwei Eintragungen im Tastaturpuffer.
Die Codes der einzelnen Tasten wurden mit folgendem Programm ermittelt:

```
PROGRAM Tastencodes;
USES
  Crt;
VAR
  ch:CHAR;
BEGIN
  ClrScr;
  WriteLn('Dieses Programm kann mit <ESC> abgebrochen werden.');
  WriteLn;
  WriteLn('Bitte drücken Sie eine Taste ...');
  REPEAT
    ch:=ReadKey;
    IF ch=#0 THEN BEGIN
      ch:=ReadKey;
      WriteLn('2 Codes: 0, ',BYTE(ch)) END
    ELSE
      WriteLn('Code: ',BYTE(ch)
  UNTIL ch=#27
END.
```

Funktionstasten

Taste	allein	Shift	Ctrl	Alt
F1	0 59	0 84	0 94	0 104
F2	0 60	0 85	0 95	0 105
F3	0 61	0 86	0 96	0 106
F4	0 62	0 87	0 97	0 107
F5	0 63	0 88	0 98	0 108
F6	0 64	0 89	0 99	0 109
F7	0 65	0 90	0 100	0 110
F8	0 66	0 91	0 101	0 111
F9	0 67	0 92	0 102	0 112
F10	0 68	0 93	0 103	0 113

Cursor-Steuertasten

Taste	allein	Shift	Ctrl	Alt
<-	0 75	52	0 115	4
->	0 77	54	0 116	6
Pfeil auf	0 72	56	--	8
Pfeil ab	0 80	50	--	2
Home	0 71	55	0 119	7
End	0 79	49	0 117	1
PgUp	0 73	57	0 132	9
PgDn	0 81	51	0 118	3

Sonstige Tasten

<table>
<tr><th>Taste</th><th>allein</th><th>Shift</th><th>Ctrl</th><th>Alt</th></tr>
<tr><td>Ins</td><td>0 82</td><td>48</td><td>--</td><td>--</td></tr>
<tr><td>Del</td><td>0 83</td><td>46</td><td>--</td><td>80</td></tr>
<tr><td>Esc</td><td>27</td><td>27</td><td>27</td><td>--</td></tr>
<tr><td>|<- (BS)</td><td>8</td><td>8</td><td>127</td><td>--</td></tr>
<tr><td>->| (Tab)</td><td>9</td><td>0 15</td><td>--</td><td>--</td></tr>
<tr><td>Return</td><td>13</td><td>13</td><td>10</td><td>--</td></tr>
</table>

Buchstaben-Tasten

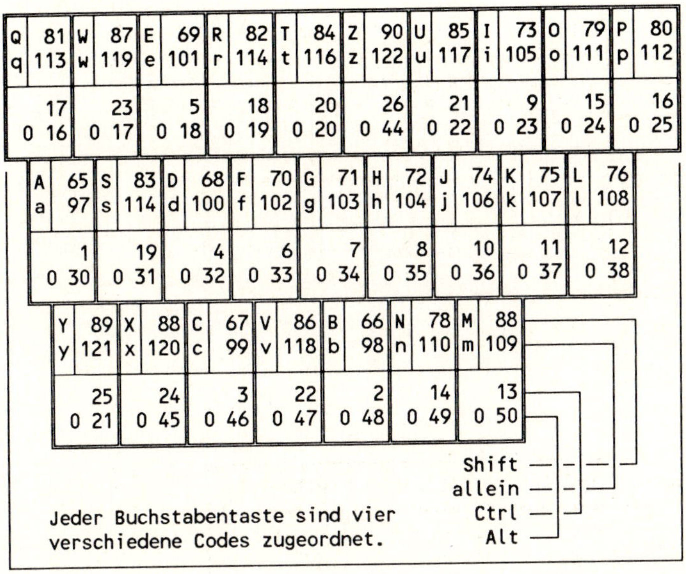

Anhang J
Graphikzeichen für Tabellen

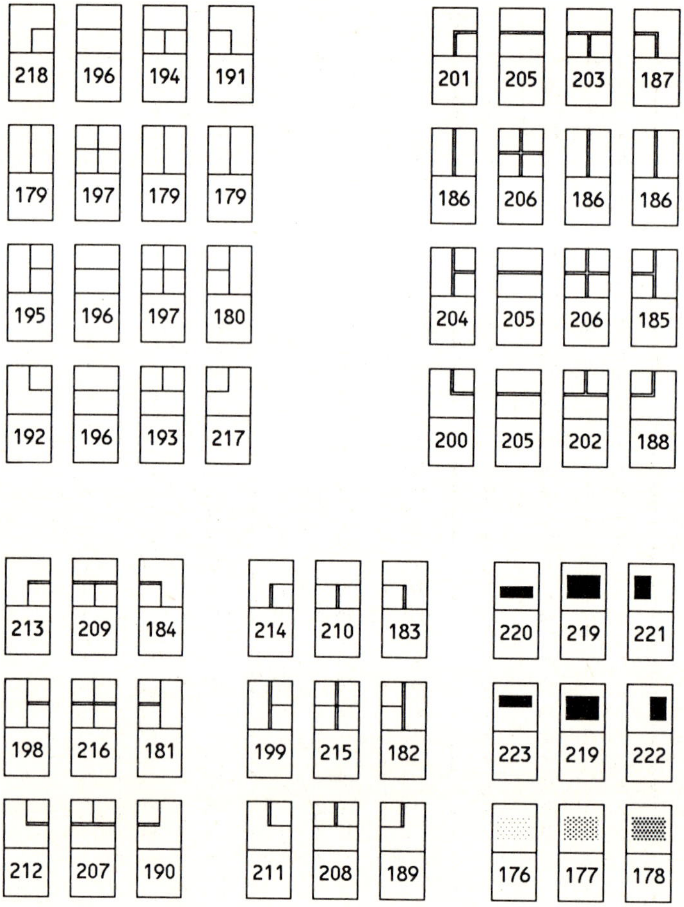

Anhang K
IBM-Zeichensatz

Dez	Hex	Zch	Dez	Hex	Zch	Dez	Hex	Zch	Dez	Hex	Zch
0	0	NUL	32	20		64	40	@	96	60	`
1	1	SOH	33	21	!	65	41	A	97	61	a
2	2	STX	34	22	"	66	42	B	98	62	b
3	3	ETX	35	23	#	67	43	C	99	63	c
4	4	EOT	36	24	$	68	44	D	100	64	d
5	5	ENQ	37	25	%	69	45	E	101	65	e
6	6	ACK	38	26	&	70	46	F	102	66	f
7	7	BEL	39	27	'	71	47	G	103	67	g
8	8	BS	40	28	(	72	48	H	104	68	h
9	9	HT	41	29	)	73	49	I	105	69	i
10	A	LF	42	2A	*	74	4A	J	106	6A	j
11	B	VT	43	2B	+	75	4B	K	107	6B	k
12	C	FF	44	2C	,	76	4C	L	108	6C	l
13	D	CR	45	2D	-	77	4D	M	109	6D	m
14	E	SO	46	2E	.	78	4E	N	110	6E	n
15	F	SI	47	2F	/	79	4F	O	111	6F	o
16	10	DLE	48	30	0	80	50	P	112	70	p
17	11	DC1	49	31	1	81	51	Q	113	71	q
18	12	DC2	50	32	2	82	52	R	114	72	r
19	13	DC3	51	33	3	83	53	S	115	73	s
20	14	DC4	52	34	4	84	54	T	116	74	t
21	15	NAK	53	35	5	85	55	U	117	75	u
22	16	SYN	54	36	6	86	56	V	118	76	v
23	17	ETB	55	37	7	87	57	W	119	77	w
24	18	CAN	56	38	8	88	58	X	120	78	x
25	19	EM	57	39	9	89	59	Y	121	79	y
26	1A	SUB	58	3A	:	90	5A	Z	122	7A	z
27	1B	ESC	59	3B	;	91	5B	[	123	7B	{
28	1C	FS	60	3C	<	92	5C	\	124	7C	|
29	1D	GS	61	3D	=	93	5D	]	125	7D	}
30	1E	RS	62	3E	>	94	5E	^	126	7E	~
31	1F	US	63	3F	?	95	5F	_	127	7F	DEL

Dez	Hex	Zch	Dez	Hex	Zch	Dez	Hex	Zch	Dez	Hex	Zch
128	80	Ç	160	A0	á	192	C0	└	224	E0	α
129	81	ü	161	A1	í	193	C1	┴	225	E1	β
130	82	é	162	A2	ó	194	C2	┬	226	E2	Γ
131	83	â	163	A3	ú	195	C3	├	227	E3	π
132	84	ä	164	A4	ñ	196	C4	─	228	E4	Σ
133	85	à	165	A5	Ñ	197	C5	┼	229	E5	σ
134	86	å	166	A6	ª	198	C6	╞	230	E6	µ
135	87	ç	167	A7	º	199	C7	╟	231	E7	τ
136	88	ê	168	A8	¿	200	C8	╚	232	E8	Φ
137	89	ë	169	A9	⌐	201	C9	╔	233	E9	Θ
138	8A	è	170	AA	¬	202	CA	╩	234	EA	Ω
139	8B	ï	171	AB	½	203	CB	╦	235	EB	δ
140	8C	î	172	AC	¼	204	CC	╠	236	EC	∞
141	8D	ì	173	AD	¡	205	CD	═	237	ED	φ
142	8E	Ä	174	AE	«	206	CE	╬	238	EE	ε
143	8F	Å	175	AF	»	207	CF	╧	239	EF	∩
144	90	É	176	B0	░	208	D0	╨	240	F0	≡
145	91	æ	177	B1	▒	209	D1	╤	241	F1	±
146	92	Æ	178	B2	▓	210	D2	╥	242	F2	≥
147	93	ô	179	B3	│	211	D3	╙	243	F3	≤
148	94	ö	180	B4	┤	212	D4	╘	244	F4	⌠
149	95	ò	181	B5	╡	213	D5	╒	245	F5	⌡
150	96	û	182	B6	╢	214	D6	╓	246	F6	÷
151	97	ù	183	B7	╖	215	D7	╫	247	F7	≈
152	98	ÿ	184	B8	╕	216	D8	╪	248	F8	°
153	99	Ö	185	B9	╣	217	D9	┘	249	F9	•
154	9A	Ü	186	BA	║	218	DA	┌	250	FA	·
155	9B	¢	187	BB	╗	219	DB	█	251	FB	√
156	9C	£	188	BC	╝	220	DC	▄	252	FC	η
157	9D	¥	189	BD	╜	221	DD	▌	253	FD	²
158	9E	₧	190	BE	╛	222	DE	▐	254	FE	■
159	9F	ƒ	191	BF	┐	223	DF	▀	255	FF	

Literaturhinweise

Jeder Autor müßte eigentlich, um sein Buchthema vollständig auszuschöpfen und jede Unklarheit zu bereinigen, mehrere tausend Seiten schreiben. Da solche Bücher jedoch nicht besonders handlich sind und der Autor noch viele Interessen hat (Familie, Sonntagsbraten), verweist er gerne auf Bücher, die ihm gefallen und weitergeholfen haben. Nun gut:

BAUMANN, Rüdeger:
Programmieren mit PASCAL; Vogel-Verlag, Würzburg

COFFRON, James W.:
Programmierung des 8086/8088; Sybex-Verlag, Düsseldorf

DUNCAN, Ray:
MS-DOS für Fortgeschrittene; Vieweg-Verlag, Wiesbaden

DUNCAN, Ray:
Programmierhandbuch für MS-DOS; Vieweg-Verlag, Wiesbaden

EDLINGER, B.; HOFFMANN, R.; KERN, U.; SCHWALM, T.:
CHIP SPECIAL EXTRA; Das Allerbeste aus der Turbo-Reihe; Vogel-Verlag, Würzburg

HÖFS, Wolfgang:
MS-DOS Ratgeber; Sybex-Verlag, Düsseldorf

HOGAN, Thom:
Die PC-Referenz für Programmierer; SYSTHEMA-Verlag, München

JOEPGEN, Hans-Georg:
Turbo Pascal; Das Kompendium für die Programmierpraxis; Hanser-Verlag, München

JOEPGEN, Hans-Georg:
Fortgeschrittene Programmiertechniken mit Turbo Pascal 3 bis 5; Hanser-Verlag, München

LAMMERS, Susan:
Faszination Programmierung; Interviews mit neunzehn führenden PC-Programmierern; Markt & Technik, Haar bei München

LIEBETRAU, Anton:
Turbo Pascal 5.5 Units und Utilities; Die optimale Toolbox für den Profi; Vieweg-Verlag, Wiesbaden

MARTY, Rudolf:
Methodik der Programmierung in Pascal; Springer-Verlag, Berlin

NORTON, Peter:
Die verborgenen Möglichkeiten des IBM PC; Hanser-Verlag, München

NORTON, Peter:
Programmierhandbuch für den IBM PC; Vieweg-Verlag, Wiesbaden

NORTON, Peter; SOCHA, John:
Peter Norton's Assemblerbuch; Eine meisterhafte Einführung in die Maschinensprache-Programmierung; Markt & Technik, Haar bei München

SCHÄPERS, Arne:
Turbo Pascal 5.0; Konzepte, Analysen, Tips & Tricks; Addison-Wesley, Bonn

WOLVERTON, Van:
MS-DOS, Vieweg-Verlag, Wiesbaden

ZAKS, Rodnay:
Einführung in Pascal und Turbo Pascal; Sybex-Verlag, Düsseldorf

Sachwortverzeichnis